●収録内容一覧

■2025年度中学受験用

日本学園中学校

5年間(＋3年間HP掲載)スーパー過去問

入試問題と解説・解答の収録内容

2024年度　１回	算数・社会・理科・国語	実物解答用紙DL
2024年度　２回	算数・社会・理科・国語 （解答のみ）	実物解答用紙DL
2023年度　１回	算数・社会・理科・国語	実物解答用紙DL
2023年度　２回	算数・社会・理科・国語 （解答のみ）	実物解答用紙DL
2022年度　１回	算数・社会・理科・国語	実物解答用紙DL
2021年度　１回	算数・社会・理科・国語	
2020年度　１回	算数・社会・理科・国語	
2019～2017年度（HP掲載） 「カコ過去問」 （ユーザー名）koe （パスワード）w8ga5a1o	問題・解答用紙・解説解答DL **◇著作権の都合により国語と一部の問題を削除しております。** ◇一部解答のみ（解説なし）となります。 ◇９月下旬までに全校アップロード予定です。 ◇掲載期限以降は予告なく削除される場合があります。	

～本書ご利用上の注意～　以下の点について，あらかじめご了承ください。

★別冊解答用紙は巻末にございます。実物解答用紙は，弊社サイトの各校商品情報ページより，一部または全部をダウンロードできます。

★編集の都合上，学校実施のすべての試験を掲載していない場合がございます。

★当問題集のバックナンバーは，弊社には在庫がございません（ネット書店などに一部在庫あり）。

合格を勝ち取るための
『スーパー過去問』の使い方

本書に掲載されている過去問をご覧になって，「難しそう」と感じたかもしれません。でも，多くの受験生が同じように感じているはずです。なぜなら，中学入試で出題される問題は，小学校で習う内容よりも高度なものが多く，たくさんの知識や解き方のコツを身につけることも必要だからです。ですから，初めて本書に取り組むさいには，点数を気にしすぎないようにしましょう。本番でしっかり点数を取れることが大事なのです。

過去問で重要なのは「まちがえること」です。自分の弱点を知るために，過去問に取り組むのです。当然，まちがえた問題をそのままにしておいては意味がありません。

本書には，長年にわたって中学入試にたずさわっているスタッフによるていねいな解説がついています。まちがえた問題はしっかりと解説を読み，できるようになるまで何度も解き直しをしてください。理解できていないと感じた分野については，参考書や資料集などを活用し，改めて整理しておきましょう。

このページも参考にしてみましょう！

◆どの年度から解こうかな　「入試問題と解説・解答の収録内容一覧」

本書のはじめには収録内容が掲載されていますので，収録年度や収録されている入試回などを確認できます。

※著作権上の都合によって掲載できない問題が収録されている場合は，最新年度の問題の前に，ピンク色の紙を差しこんでご案内しています。

◆学校の情報を知ろう!!「学校紹介ページ」

このページのあとに，各学校の基本情報などを掲載しています。問題を解くのに疲れたら息ぬきに読んで，志望校合格への気持ちを新たにし，再び過去問に挑戦してみるのもよいでしょう。なお，最新の情報につきましては，学校のホームページなどでご確認ください。

◆入試に向けてどんな対策をしよう？「出題傾向＆対策」

「学校紹介ページ」に続いて，「出題傾向＆対策」ページがあります。過去にどのような分野の問題が出題され，どのように対策すればよいかをアドバイスしていますので，参考にしてください。

◇別冊「入試問題解答用紙編」

本書の巻末には，ぬき取って使える別冊の解答用紙が収録してあります。解答用紙が非公表の場合などを除き，(注) が記載されたページの指定倍率にしたがって拡大コピーをとれば，実際の入試問題とほぼ同じ解答欄の大きさで，何度でも過去問に取り組むことができます。このように，入試本番に近い条件で練習できるのも，本書の強みです。また，データが公表されている学校は別冊の１ページ目に過去の「入試結果表」を掲載しています。合格に必要な得点の目安として活用してください。

本書がみなさんの志望校合格の助けとなることを，心より願っています。

株式会社　声の教育社　編集部

日本学園中学校

所在地	〒156-0043 東京都世田谷区松原2-7-34
電　話	03-3322-6331
ホームページ	https://www.nihongakuen.ed.jp
交通案内	京王線・京王井の頭線「明大前駅」より徒歩5分，京王線・東急世田谷線「下高井戸駅」より徒歩10分，小田急線「豪徳寺駅」より徒歩15分

くわしい情報はホームページへ

トピックス

★2026年4月1日より，明治大学付属世田谷中学校（男女共学）となります。
★明治大学への付属高等学校推薦入学試験による受け入れは2029年度からとなります。

創立年 明治18年 / 男子校 / 高校募集あり

応募状況

年度	募集数		応募数		受験数	合格数	倍率
2024	①	70名	4科	330名	306名	101名	3.0倍
	②	30名	4科	425名	344名	54名	6.4倍
	③	20名	4科	438名	306名	37名	8.3倍
2023	①	70名	2科	79名	77名	7名	11.0倍
			4科	339名	311名	76名	4.1倍
	②	30名	2科	91名	72名	4名	18.0倍
			4科	400名	309名	26名	11.9倍
	③	20名	2科	72名	58名	2名	29.0倍
			4科	341名	261名	26名	10.0倍

2024年度春の主な大学合格実績（現役生のみ）

早稲田大，青山学院大，明治大，立教大，中央大，法政大，成蹊大，成城大，明治学院大，國學院大，獨協大，日本大，東洋大，駒澤大，専修大，東京農業大，工学院大，東海大，帝京大，亜細亜大，桜美林大，玉川大，大東文化大，拓殖大，順天堂大，麻布大，北里大，杏林大，立命館大

入試説明会等日程（※予定）

入試説明会【要予約】

７月６日/８月24日/10月12日/11月24日/12月14日/２月22日*

※７月６日・８月24日・11月24日は10：00，10月12日・12月14日・２月22日は14：00開始です。

※小６生対象（＊は小４・５生対象）になります。

日学祭（学園祭）

９月28日・29日

例年，入試相談コーナーがあります。

※詳細は学校HPでご確認ください。

入試情報（参考：昨年度）

【第１回】募集数：70名
・試験日時…　２月１日　８：20分集合
・試験科目…　４科（国算理社）

【第２回】募集数：30名
・試験日時…　２月４日　８：20分集合
・試験科目…　４科（国算理社）

【第３回】募集数：20名
・試験日時…　２月５日　８：20分集合
・試験科目…　４科（国算理社）

＜各回共通＞

①　国算は各50分，各100点満点，理社は各30分，各50点満点で実施。

②　合格発表は，試験当日の22時にWeb発表で実施。

編集部注―本書の内容は2024年5月現在のものであり，変更されている場合があります。正確な情報は，学校のホームページ等で必ずご確認ください。

算数 出題傾向＆対策

◆基本データ（2024年度１回）

試験時間／満点	50分／100点
問題構成	・大問数…６題 計算１題（３問）／応用小問２題（８問）／応用問題３題 ・小問数…19問
解答形式	すべて解答のみを記入する形式になっている。必要な単位などは解答用紙にあらかじめ印刷されている。
実際の問題用紙	Ｂ５サイズ，小冊子形式
実際の解答用紙	Ｂ４サイズ

◆出題傾向と内容

▶過去３年の出題率トップ３
１位：四則計算・逆算21％　２位：角度・面積・長さ12％　３位：整数・小数・分数の性質７％
▶今年の出題率トップ３
１位：四則計算・逆算，角度・面積・長さ13％　３位：計算のくふうなど７％

計算問題は，整数・小数・分数の四則計算のほかに，逆算をして□を求めるものなどがあることにも注意しましょう。

応用小問ではおもに和と差，割合と比，速さの分野からはば広く出題されます。

応用問題では，規則性，場合の数，速さ，数の性質，図形分野などが出題されています。図形分野からは，平面図形，立体図形のどちらも取り上げられています。

全体的に見てみると，基本レベルの問題がほとんどで，出題内容もかたよりのない構成となっています。

◆対策～合格点を取るには？～

本校の問題には，難問や奇問はありません。ですから，基礎力がしっかり身についているかどうかが重要になります。なるべく早めに計画を立てて，一つひとつの単元を基本からしっかりと習得していくことが大切です。

まず，算数の基本となる計算力を確実なものにする必要があります。手ごろな計算問題集を用意して，毎日５問でも10問でも継続的に練習することが大切です。毎日の積み重ねによって，少しずつ実力がついていくのがわかるはずです。そのうえで，特殊算，図形問題などに取り組んでください。

分野＼年度		2024		2023		2022	2021
		１回	２回	１回	２回		
計算	四則計算・逆算	◎	◎	◎	◎	●	●
	計算のくふう	○	○	○	○	○	○
	単位の計算						
和と差	和差算・分配算		○	○			
	消去算	○					
	つるかめ算	○	○	○		○	
	平均とのべ						
	過不足算・差集め算						
	集まり						
	年齢算						
割合と比	割合と比	○				○	
	正比例と反比例						
	還元算・相当算					○	
	比の性質	○	○		○	○	○
	倍数算				○		
	売買損益		○	○			
	濃度	○	○	○	○	○	○
	仕事算				○		
	ニュートン算						○
速さ	速さ						○
	旅人算			○		○	
	通過算		○				
	流水算				○		
	時計算						
	速さと比	○					
図形	角度・面積・長さ	◎	◎	○	◎	○	●
	辺の比と面積の比・相似		◎	○			◎
	体積・表面積			○		●	
	水の深さと体積	○	○		○		○
	展開図						
	構成・分割			○		○	
	図形・点の移動						
表とグラフ			○				
数の性質	約数と倍数						
	N進数						
	約束記号・文字式						
	整数・小数・分数の性質	○		◎	◎		○
規則性	植木算						
	周期算		○				
	数列			○			○
	方陣算						
	図形と規則	○				○	
場合の数							
調べ・推理・条件の整理				○	○		
その他							

※　○印はその分野の問題が１題，◎印は２題，●印は３題以上出題されたことをしめします。

社会 出題傾向＆対策

◆基本データ（2024年度１回）

試験時間／満点	30分／50点
問題構成	・大問数…３題 ・小問数…27問
解答形式	記号選択と用語の記入がほとんどだが，記述問題も出題されている。
実際の問題用紙	Ｂ５サイズ，小冊子形式
実際の解答用紙	Ｂ４サイズ

分野 ＼ 年度			2024		2023		2022	2021
			1回	2回	1回	2回		
日本の地理		地図の見方	○		○			
		国土・自然・気候	○	★	★	○	★	★
		資源						
		農林水産業		○	○	○		○
		工業	○		○			
		交通・通信・貿易			○		○	
		人口・生活・文化	○			○		
		各地方の特色	○				○	
		地理総合	★			★		
世界の地理								
日本の歴史	時代	原始～古代	○	○	○	○	○	○
		中世～近世	○	○	○	○	○	○
		近代～現代	○	○	○	○	○	○
	テーマ	政治・法律史						
		産業・経済史						
		文化・宗教史						
		外交・戦争史						
		歴史総合	★	★	★	★	★	★
世界の歴史								
政治		憲法	★	○				
		国会・内閣・裁判所		★	★	★	★	★
		地方自治						○
		経済		○				
		生活と福祉						
		国際関係・国際政治				○		
		政治総合						
環境問題								
時事問題				○	○	○	○	○
世界遺産								
複数分野総合								

※　原始～古代…平安時代以前，中世～近世…鎌倉時代～江戸時代，近代～現代…明治時代以降

※　★印は大問の中心となる分野をしめします。

◆出題傾向と内容

●地理…ある県とそれに接する都道府県について，およびある県に面積・人口などが近い都道府県について出題され，自然や気候，産業などさまざまな地理的な知識が問われています。また，地形図と写真を使った問題もあります。地理に関する時事的な話題にも気を配る必要があるでしょう。

●歴史…特定のテーマについて書かれた文章を読んで答える設問が中心で，政治や文化の歴史などを中心に，古代から現代までさまざまな時代から，はば広く取り上げられるのが特ちょうといえます。基本的な問題が大半をしめていますが，資料を参考にして答える記述問題もあり，注意が必要です。

●政治…日本国憲法について出題されています。憲法の三大原則をはじめ，新しい人権や時事的な話題からの問題など，しっかりとした知識が必要です。例年，憲法をはじめ，国会・内閣・裁判所における三権のしくみなどが取り上げられることが多いようです。

◆対策～合格点を取るには？～

まず，基礎を固めることが大切です。教科書を使って学習することはもちろん大事ですが，説明がていねいでやさしい参考書を選んで基本事項をくり返し復習し，確実に身につけるようにしましょう。そして，きちんと覚えられたかどうかを，簡単な問題集で確認してみましょう。

地理分野では，地図や，グラフなどの統計資料を使って全国の地形や気候，産業などをまとめておきましょう。白地図帳を利用して地形と気候をまずかきこみ，次に産業のようすに広げてみるのも有効な学習方法です。

歴史分野では，設問が時代順になっていることが多いので，年表をつくる学習が効果的です。政治，外交，文化などの分野ごとにらんを設けて重要な年代やことがらをかきこみ，各時代についてまとめるときに利用してみましょう。

政治分野では，三権のしくみが憲法でどう定められているかをおさえておきましょう。また，時事的な内容をからめた問題も出されていますので，新聞やテレビのニュース，中学受験用の時事問題資料集などを活用するのもよいと思われます。

理科 出題傾向＆対策

◆基本データ（2024年度１回）

試験時間／満点	30分／50点
問題構成	・大問数…４題 ・小問数…14問
解答形式	計算問題と記号や用語の記入が中心になっている。作図問題などは見られない。
実際の問題用紙	Ｂ５サイズ，小冊子形式
実際の解答用紙	Ｂ４サイズ

分野＼年度		2024		2023		2022	2021
		1回	2回	1回	2回		
生命	植物			★		★	
	動物	★					
	人体		★		★		★
	生物と環境						
	季節と生物						
	生命総合						
物質	物質のすがた						
	気体の性質			○		○	
	水溶液の性質	★		○		○	★
	ものの溶け方	○	★		★	○	○
	金属の性質						
	ものの燃え方						
	物質総合			★		★	
エネルギー	てこ・滑車・輪軸		★	★		★	★
	ばねののび方						
	ふりこ・物体の運動	★					
	浮力と密度・圧力				○	○	
	光の進み方				○		
	ものの温まり方						
	音の伝わり方		★	★			
	電気回路	★					
	磁石・電磁石						
	エネルギー総合				★		
地球	地球・月・太陽系	★		★		★	★
	星と星座	○			★		
	風・雲と天候		○				
	気温・地温・湿度		★				
	流水のはたらき・地層と岩石						
	火山・地震						
	地球総合						
実験器具							
観察							
環境問題							
時事問題							○
複数分野総合							

※　★印は大問の中心となる分野をしめします。

◆出題傾向と内容

各分野からバランスよく取り上げられており，環境問題からの出題も見られます。基礎的な知識問題が中心ですが，発展的な計算問題が出題されていることも見逃せません。

●生命…植物のつくりとはたらき，昆虫のからだと育ち方，種子のつくりと発芽の条件，ヒトや動物の血液の流れ，ヒトの消化のはたらきなどが取り上げられています。この分野は，知識を問う問題が多いことが特ちょうです。

●物質…中和，気体の性質，水溶液の性質，ものの溶け方などから出題されており，計算問題をメインにすえた大問も見られます。

●エネルギー…力のつり合い（てこ，滑車，輪軸），浮力，電気回路，音の伝わり方，光の進み方などから出題されています。計算を要する問いをふくむものが多いことをおさえておきましょう。

●地球…フェーン現象，月食，太陽の動き，太陽系の惑星，星座の観察などから出題されています。また，天体などに関する時事問題が出されることもあるので注意しましょう。

◆対策～合格点を取るには？～

本校の理科は，各分野からバランスよく出題されているので，不得意分野をつくらないことが合格のカギとなりそうです。

「生命」は，多くの基礎知識を必要とする分野です。ヒトや動物のからだのつくり，植物のつくりとはたらきを中心に，ノートにまとめながら知識を深めましょう。

「物質」は，気体の性質やものの溶け方などに重点をおいて学習してください。そのさい，表やグラフをもとに計算させる問題にも積極的に取り組んでおきましょう。

「エネルギー」は，力のつり合いで計算問題が多く出されます。滑車，てこ，浮力など，それぞれの基本的な内容をマスターし，さまざまな形式の計算問題にチャレンジしてください。

「地球」は，太陽・月・地球の動きが重要なポイントです。天体の見え方やそれぞれの位置関係を理解しておきましょう。

また，環境問題や時事問題にも対応できるように，日ごろからテレビや新聞などに目を通すなどして，身近な自然現象に関心を持つことも大切です。

国語　出題傾向＆対策

◆基本データ（2024年度１回）

試験時間／満点	50分／100点
問　題　構　成	・大問数…３題 　文章読解題２題／知識問題１題 ・小問数…30問
解　答　形　式	記号選択と適語の記入，本文中のことばの書きぬきで構成されており，記述問題は見られない。
実際の問題用紙	Ｂ５サイズ，小冊子形式
実際の解答用紙	Ｂ４サイズ

◆出題傾向と内容

▶近年の出典情報（著者名）
説明文：齋藤　孝　畑村洋太郎　鷲田清一
小　説：佐川光晴　谷　瑞恵　乾　ルカ

●読解問題…説明文と小説が１題ずつ出題されることが多いです。文章量が多めですが，内容的にはそれほど難しくありません。適語・適文補充，内容理解，主題や要旨，文脈の理解や心情・性格の読み取りなど，正統的な設問が多くなっています。また，解答形式も，穴うめ，記号選択，書きぬき，記述問題などがバランスよく配置されています。

●知識問題…漢字の読みと書き取り以外に，慣用句・ことわざ，熟語の組み立て，敬語に関する問題などを中心に，基礎的な内容のものが出題されています。

◆対策～合格点を取るには？～

読解力を養うには，いろいろなジャンルの本を読むことが第一です。しかし，ただ本を読むだけでは入試問題で高得点をあげることはできません。一冊の本を単に読みすすめるのとちがい，入試では内容や心情の読み取りなどが細部にわたって質問されるうえに，似たような選択肢がいくつも用意されているからです。したがって，本を読むさいには，①指示語のさす内容，②段落・場面の構成，③人物の性格と心情などに注意しながら読みすすめてください。

漢字や語句については，問題集や参考書で単に暗記するのではなく，意味や使い方，同意語・反意語などを多面的にとらえることが大切です。

分野＼年度			2024		2023		2022	2021
			1回	2回	1回	2回		
読	文章の種類	説明文・論説文	★	★	★	★	★	★
		小説・物語・伝記	★	★	★	★	★	★
		随筆・紀行・日記						
		会話・戯曲						
		詩						
		短歌・俳句						
解	内容の分類	主題・要旨	○			○	○	○
		内容理解	○	○	○	○	○	○
		文脈・段落構成		○	○	○	○	○
		指示語・接続語	○	○	○	○	○	○
		その他	○	○	○	○	○	○
知	漢字	漢字の読み	○	○	○	○	○	○
		漢字の書き取り	○	○	○	○	○	○
		部首・画数・筆順						
	語句	語句の意味		○	○	○		○
		かなづかい						
		熟語	○	○	○	○	○	○
		慣用句・ことわざ	○	○	○			
	文法	文の組み立て						
		品詞・用法		○		○		○
		敬語						
識	形式・技法						○	
	文学作品の知識							
	その他							
	知識総合							
表現	作文							
	短文記述							
	その他							
放送問題								

※　★印は大問の中心となる分野をしめします。

2024年度 日本学園中学校

【算　数】〈第１回試験〉（50分）〈満点：100点〉

注意　問題に指示がないかぎり円周率は3.14とします。

1　次の計算をしなさい。

(1)　$\{23+(85\div17)-7\times2+4\}\div9+1$

(2)　$4.84\times8.3-6.54\times4.15+3.14\times5.71-3.14\times4.86$

(3)　$2.024-\left\{0.1\times\left(2\frac{1}{4}-20\div24\right)-0.0185\right\}\times6$

2　次の □ にあてはまる数を答えなさい。

(1)　2.85 ÷ 1.85 を小数で表したとき、小数第 139 位の数は □ です。

(2)　１個 290 円のももと１個 180 円のりんごを合わせて 29 個買ったところ、合計金額は 7090 円でした。このとき、りんごは □ 個買いました。

(3)　a, b, c の３つの数があり、a と b の比は７：３、b と c の比は５：２です。a と c の差が 1885 のとき、c は □ です。

(4)　太郎君は１冊の本を読んでいます。11 月には 120 ページ読みました。12 月には 11 月よりも □ %多く読み、１月には 12 月よりも 25%多い 210 ページ読みました。

(5)　ある水そうに □ Ｌの水が入っています。Ａのポンプで給水し、Ｂのポンプで排《はい》水して、水そうの水を 960Ｌにしようとしていましたが、間違えてＢのポンプで給水し、Ａのポンプで排水してしまったので、水そうの水は 660Ｌになりました。

(6)　下の図の円Ｏと三角形ABCにおいて、AEの長さと円Ｏの半径が等しいとき、㋐の角の大きさは［　　　］度です。

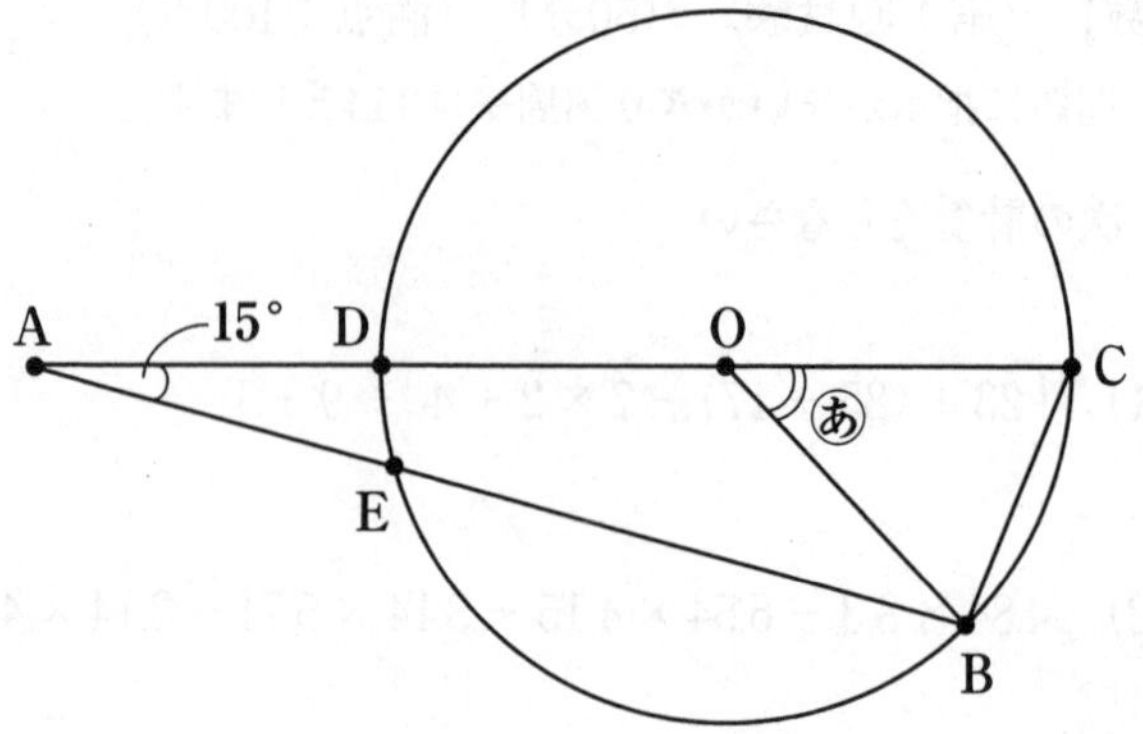

3　次の各問いに答えなさい。

(1)　図は、２つのおうぎ形と長方形でつくられた図形です。色のついた部分の面積を求めなさい。

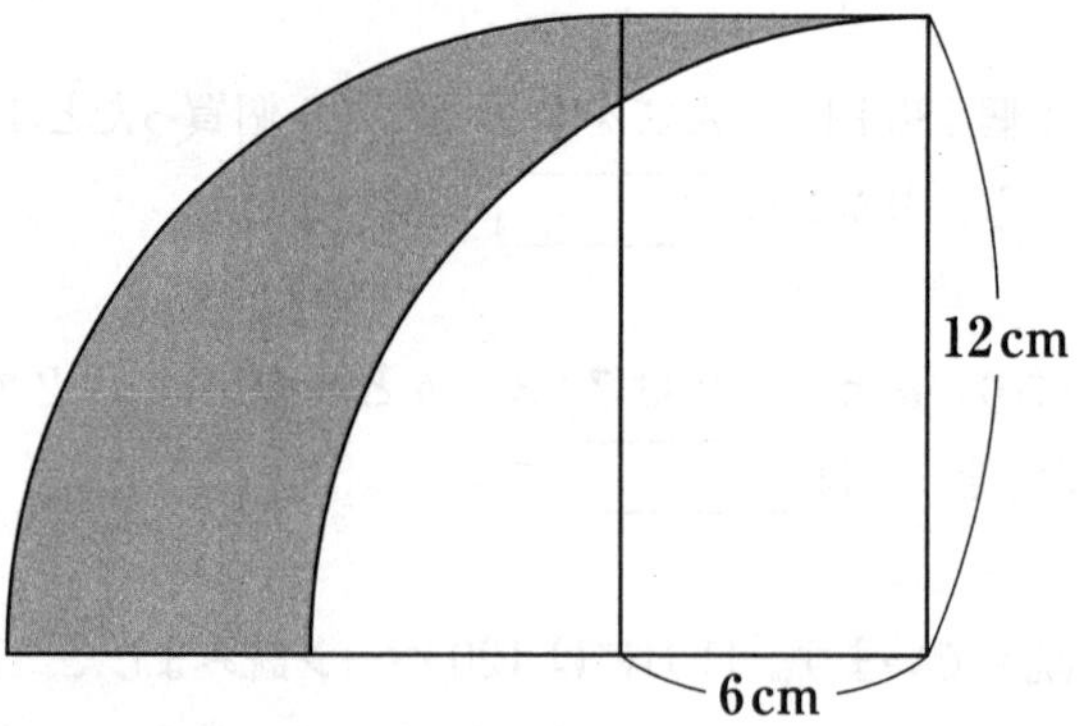

(2)　図のような、底面の半径が 4 cm、高さが 10 cm の円柱から、底面が中心角 45° のおうぎ形をした高さが 4 cm の柱体を取り除いた立体の容器が水平な机の上にあります。
このとき、次の各問いに答えなさい。

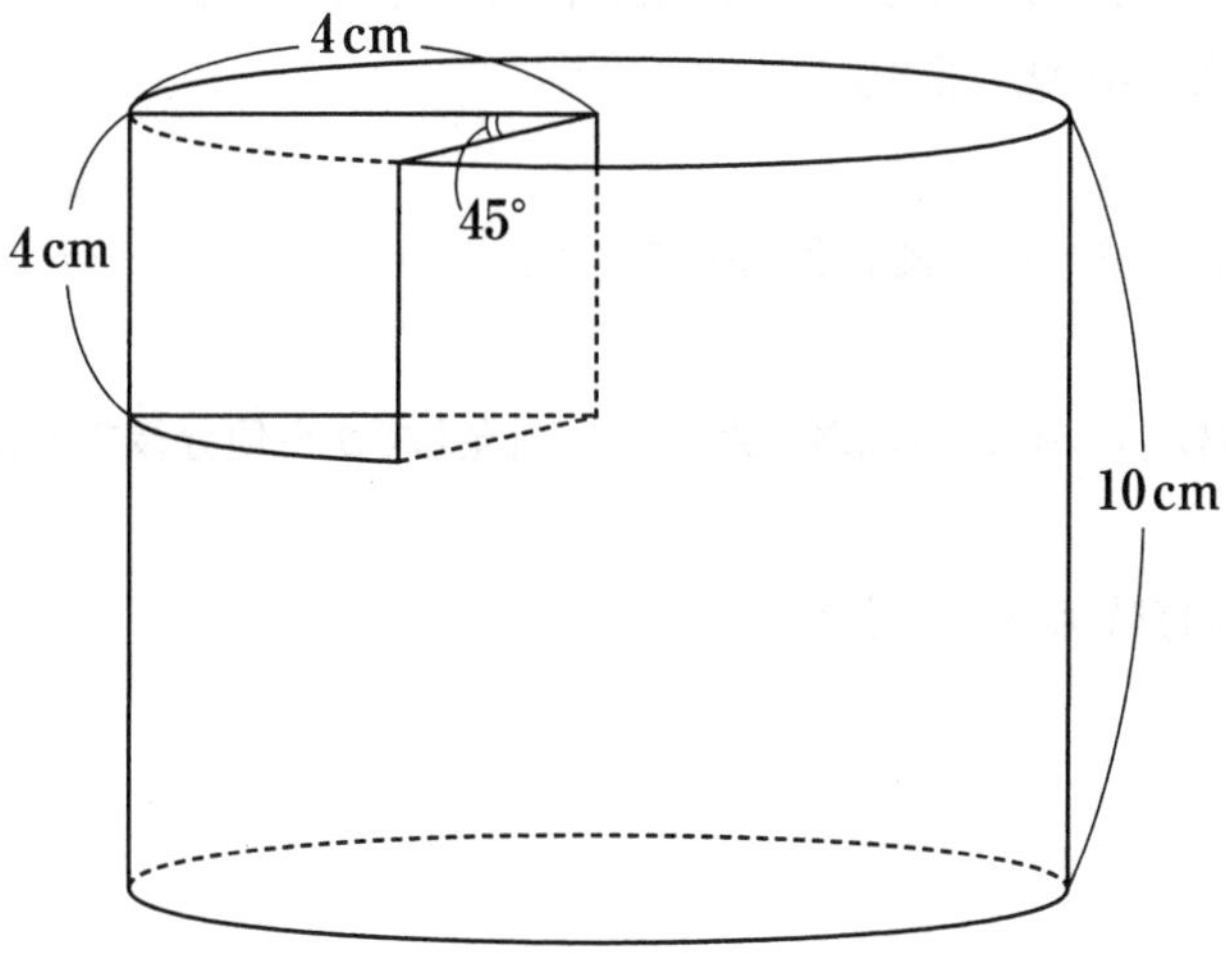

①　この容器の体積を求めなさい。

②　この容器に 6 cm の高さまで水を入れた後、しっかりとふたをして逆さにしたときの水面の高さを求めなさい。

4　図のように、マッチ棒を並べてひし形をつくります。このとき、次の各問いに答えなさい。

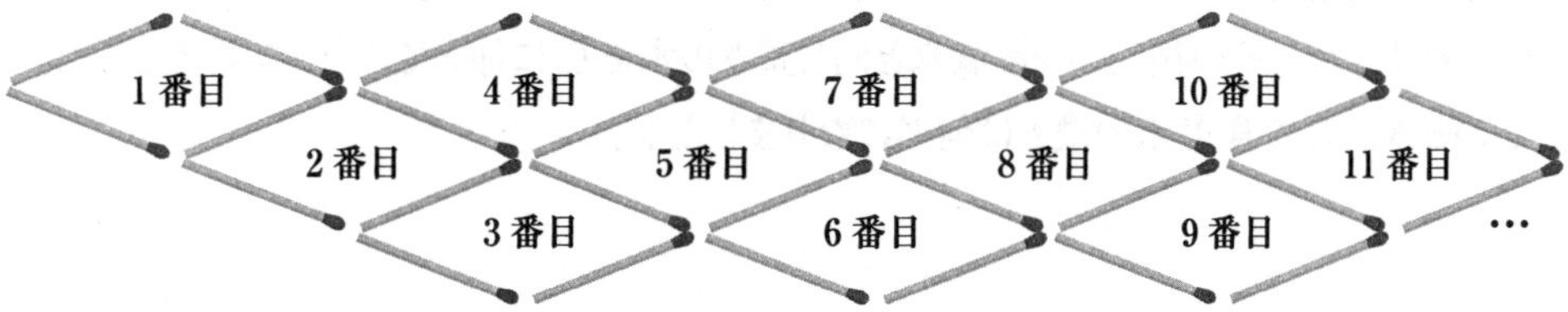

(1)　29 番目までのひし形をつくるとき、マッチ棒は何本必要ですか。

(2)　2024 本のマッチ棒があるとき、ひし形は最大で何番目まで完成しますか。

5　太郎君、次郎君、三郎君の３人は同時にＡ地点を出発しＢ地点まで行きました。太郎君は三郎君の1.2倍の速さで行き、Ｂ地点には三郎君よりも６分早く着きました。次郎君は２km地点まで三郎君と行き、そこから先は三郎君の1.2倍の速さで行ったところ、Ｂ地点には三郎君よりも２分早く着きました。このとき、次の各問いに答えなさい。ただし、三郎君の速さは一定であるものとします。

(1)　Ａ地点からＢ地点までの距離《きょり》は何kmですか。

(2)　次郎君と三郎君が２km地点に着いたのは、出発してから何分後ですか。

(3)　三郎君の速さは毎時何kmですか。

6　120ｇの水に５ｇの食塩を加えて、よくかき混ぜて食塩水をつくりました。これを２つの容器Ａ，Ｂに４：１の比になるように分けました。このとき、次の各問いに答えなさい。

(1)　Ａの食塩水の濃《こ》さは何％ですか。

(2)　Ｂの食塩水に食塩５ｇを加えてよくかき混ぜました。このとき、Ｂの食塩水の濃さは何％になりましたか。

(3)　(2)のあと、Ａ，Ｂの容器に入っている食塩水をすべて合わせたところに、水127ｇと食塩３ｇを加えてよくかき混ぜ、これを４：１の比になるように分けてそれぞれ容器Ｃ，Ｄに入れました。その後、Ｄの食塩水と同じ重さの水をＣに加えてよくかき混ぜました。このとき、Ｃの食塩水の濃さは何％になりましたか。

【社　会】〈第１回試験〉（30分）〈満点：50点〉

〈編集部注：実物の試験問題では，1の地図１・２と2の円グラフ以外はカラー印刷です。〉

1　太郎君は社会科の夏休みの課題で「都道府県の地域調査」に取り組み、以前富士登山で訪れた山梨県について調べることにしました。

A　まず、山梨県と接している都道府県との比《ひ》較《かく》のために、地図１と表１を作りました。

問１　地図１の②、③のデータとしてあてはまるものを、表１中のア～オからそれぞれ選んで記号で答えなさい。

地図１

	面積(km^2)	人口(千人)	人口密度
山梨県	4465	802	179.6
ア	3798	7337	1932.0
イ	2416	9232	3820.9
ウ	2194	14038	6398.3
エ	13562	2020	148.9
オ	7777	3582	460.6

表１

人口密度は１㎢あたりの人数
日本国勢図会 2023/24 より作成

問２　以下の語群のうち、地図１中の①、⑤に立地する代表的な寺社をそれぞれ下から１つずつ選んで記号で答えなさい。

ア．鶴岡八幡宮　　イ．秩父神社　　ウ．善光寺　　エ．浅草寺　　オ．修善寺

Ｂ　次に太郎君は、山梨県と面積・人口・人口密度が近い都道府県について調べ、下の表２および〔１〕～〔４〕の説明文にまとめました。

面積		人口		人口密度	
順位	都道府県	順位	都道府県	順位	都道府県
31	京都府	40	和歌山県	31	〔２〕
32	山梨県	41	山梨県	32	山梨県
33	〔１〕	42	〔３〕	33	〔４〕
34	〔２〕	43	〔２〕	34	新潟県

表２　日本国勢図会 2023/24 より作成

表２　〔１〕～〔４〕の各県の説明

〔１〕：　北アルプスの山間部には、①山梨県にも生息している特別天然記念物がいます。産業別人口割合では、第二次産業の割合が日本の中でもっとも高く、化学工業がさかんです。平野部は豊富な水資源を生かして水田単作地帯となっています。

〔２〕：　沿岸部は、「原発銀座」と呼ばれるように、原子力発電所が多く立地しています。また、②メガネフレームの生産地として知られる都市も立地しています。

〔３〕：　唐津や伊万里など、陶磁器《とうじき》の産地として有名な都市が複数あります。県東部の県境を流れる川の下流域は、用水、排《はい》水、貯水など多様な機能をもつ水路が網《あみ》の目状に作られて水田地帯となっており、麦との二毛作もおこなわれています。

〔４〕：　火山と温泉が多く、湯布院や③源泉数日本最多の温泉地などがあります。県庁がある都市では、石油化学コンビナートや製鉄所などの重化学工業が臨海部に集中しています。

問３　上の〔１〕～〔４〕が示す県名を答えなさい。

問４　上の文中下線部①にあてはまる生物を下から１つ選んで記号で答えなさい。

ア．ホタルイカ　　イ．ライチョウ　　ウ．タンチョウ　　エ．アマミノクロウサギ

問５　上の文中下線部②、③にあてはまる都市名を、それぞれ答えなさい。

C　次に太郎君は、山梨県内の各市町村について調べ、県庁所在地の都市と、日本で二番目に高い山である北岳《だけ》がある南アルプス市に着目しました。

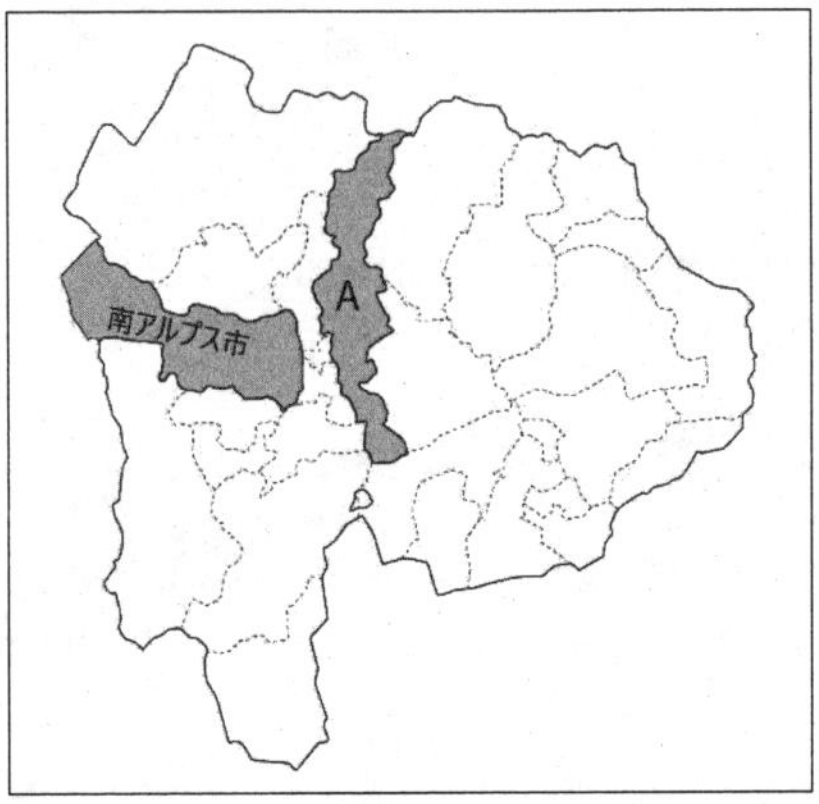

地図２

問６　上の地図中Ａ市は県庁所在地です。この市の名前を答えなさい。

問７　下の雨温図ア～エのうち、Ａ市にあてはまるものを下から1つ選んで記号で答えなさい。

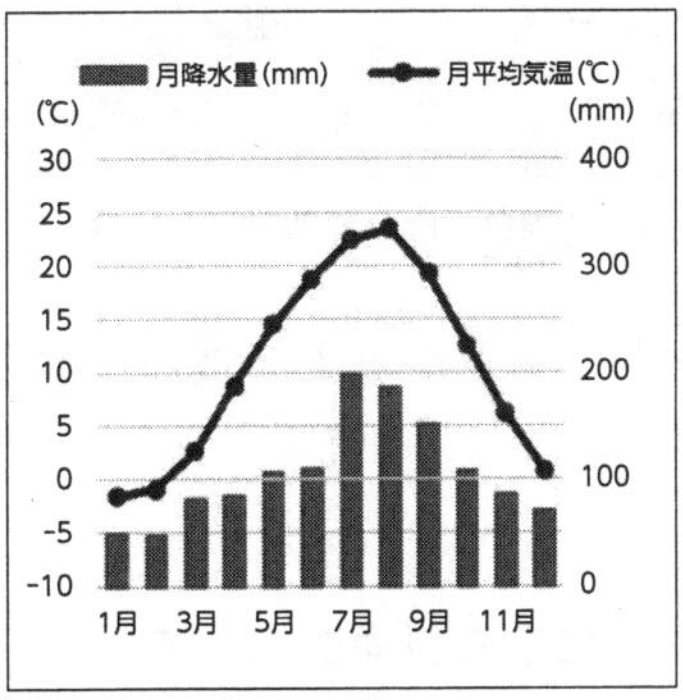

ア

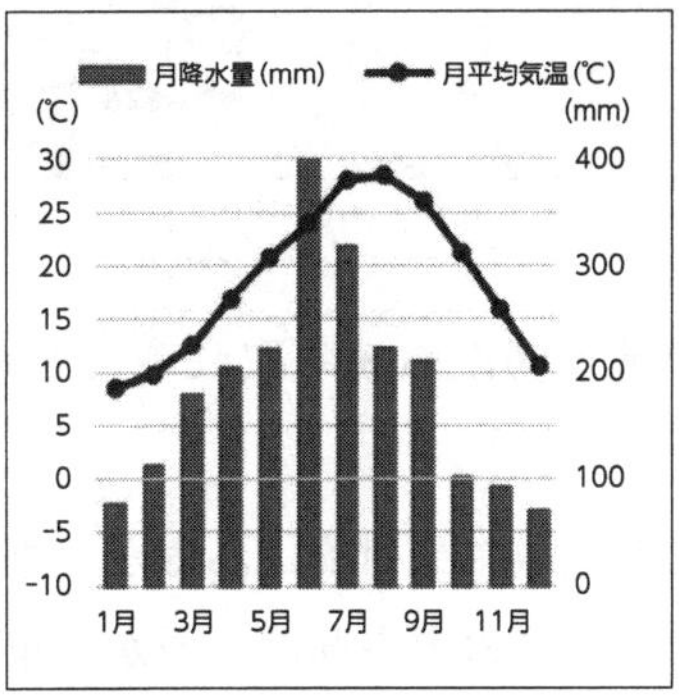

イ

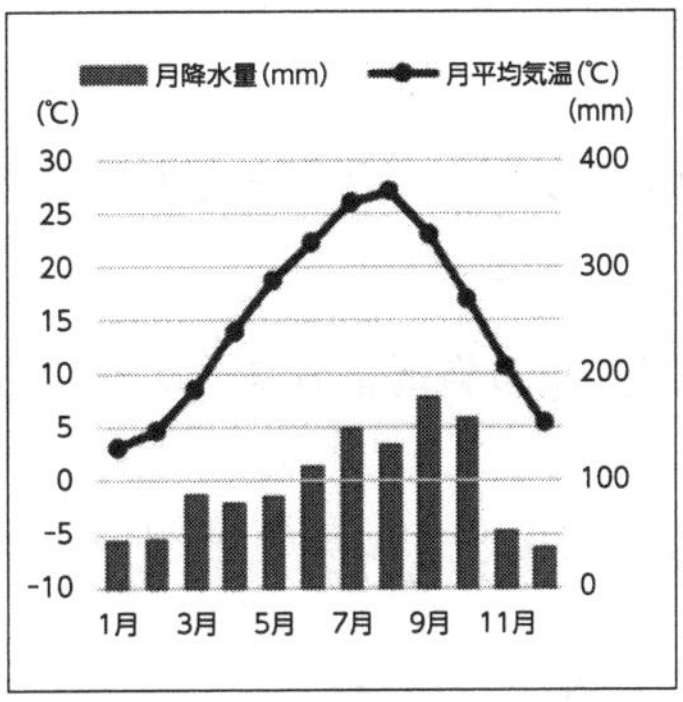

ウ

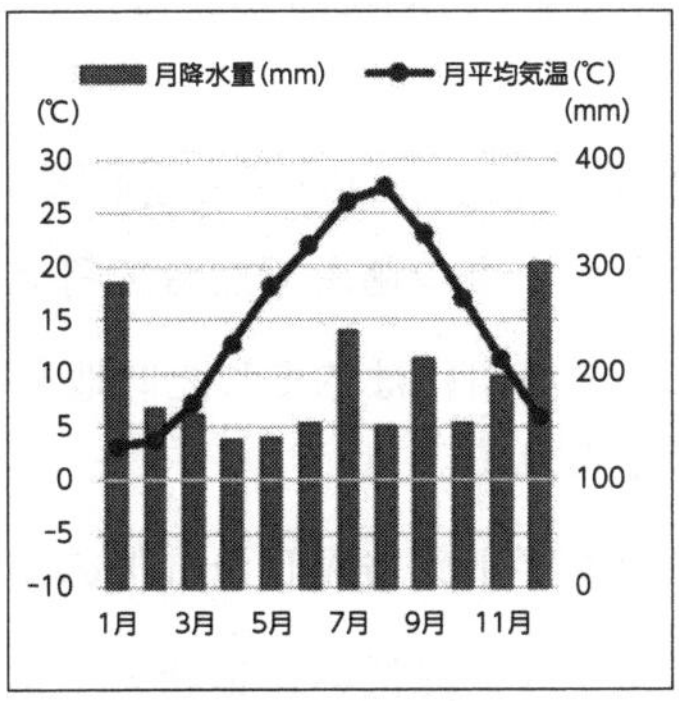

エ

Ｄ　夏休みを利用して、太郎君は南アルプス市を訪れました。地図３は、その一部を示したものです。

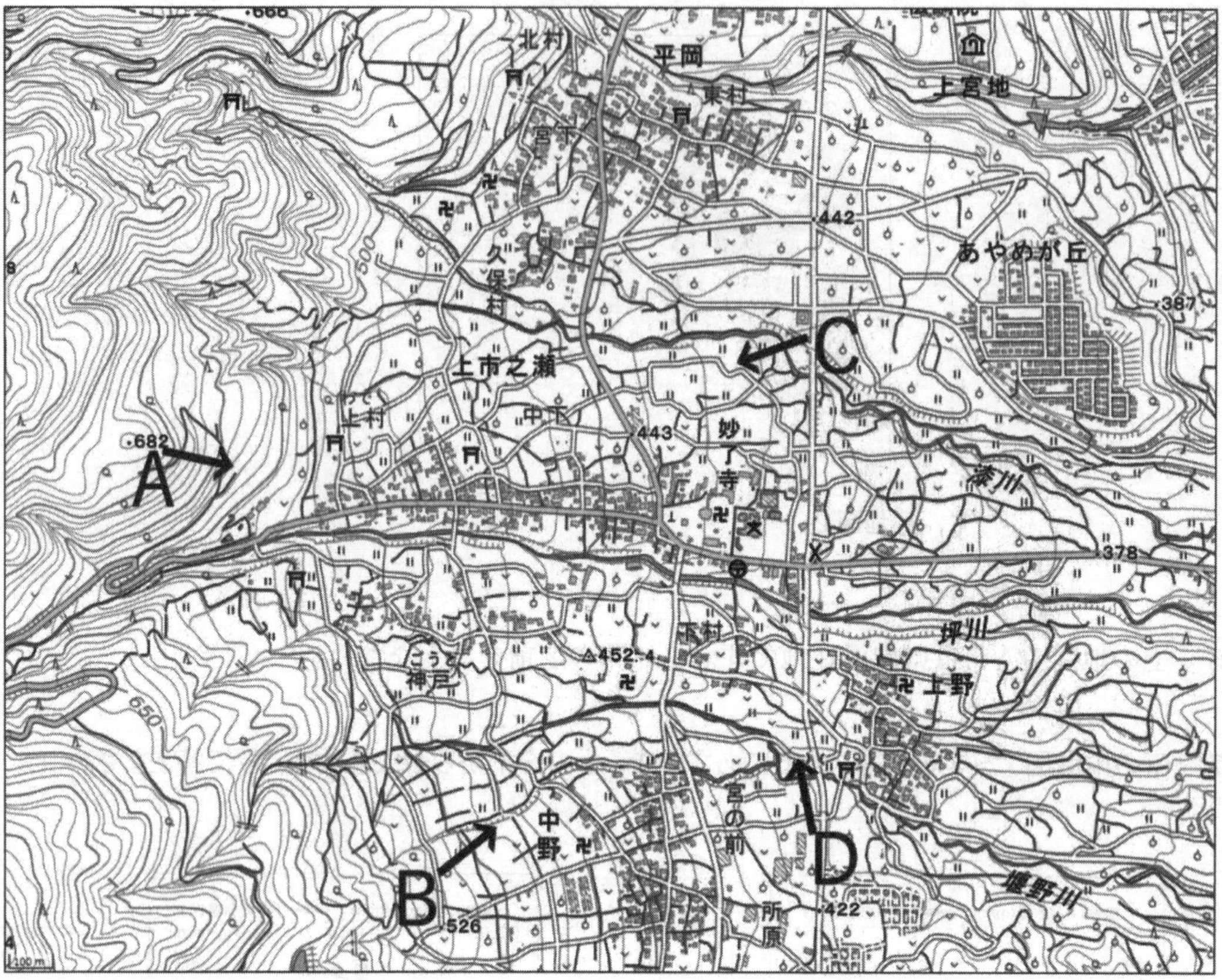

地図３　　国土地理院「地理院地図」を加筆して作成

問８　この地形図から読み取れることがらとして正しいものを下から１つ選んで記号で答えなさい。

ア．この地域に果樹園はあるが、畑はない。

イ．この地図の中央部は、西から東に向かってゆるやかに下る斜面《しゃめん》となっている。

ウ．郵便局の道路をはさんだ向かい側に、高等学校がある。

エ．「上宮地」に図書館が立地している。

問９　「あやめが丘《おか》」について、地形図から読み取って、考えられることがらとして正しいものを下から１つ選んで記号で答えなさい。

ア．二つの河川にはさまれた低地を堤《てい》防で囲んで作った、他の集落より新しい住宅地と考えられる。

イ．台地を平坦《たん》に造成した、他の集落より新しい住宅地と考えられる。

ウ．周囲より一段低い盆地《ぼんち》状の平地に作られた住宅地と考えられる。

エ．道路や住宅の配列から、他の集落より古い時代に作られた集落と考えられる。

問10　現地をおとずれた太郎君は、下のような写真を撮影《さつえい》しました。この写真を撮影《さつえい》した場所と方向を、地図３中のＡ～Ｄより選んで記号で答えなさい。

問11　地図３は坪川《つぼかわ》が作った扇状地《せんじょうち》ですが、事前調べや現地調査の結果、この地区については扇状地《せんじょうち》の中部から上部に水田が多く分布していることや、ブドウの果樹園は平地に近いエリアに多く立地していることがわかりました。下の写真はこの地区の水田を撮影《さつえい》したものです。このように、階段状に切りひらいた耕作地を何というか答えなさい。

2　次の先生と生徒の会話を読み、あとの問いに答えなさい。

生徒：先生、①明日は日本国憲法が公布された日ですね。

先生：お、よく知っているね。

生徒：憲法ができてからもう70年以上たつけど、一度も改正されていないって本当ですか？

先生：そうだよ。日本国憲法の改正には、通常の法律の改正よりも厳しい手続きが必要になる。こういう憲法を、（　１　）というね。

生徒：でも、昔よりも技術も進歩していたり、世界情勢もどんどん変化しているのだから、時代によって変わっていかなくてはいけないこともあると思います。

先生：そういう意見ももちろんあるよ。これは、2023年５月におこなわれた、NHKの世論調査結果だ。憲法改正が必要だと思うかどうかについての回答をまとめたものだよ。

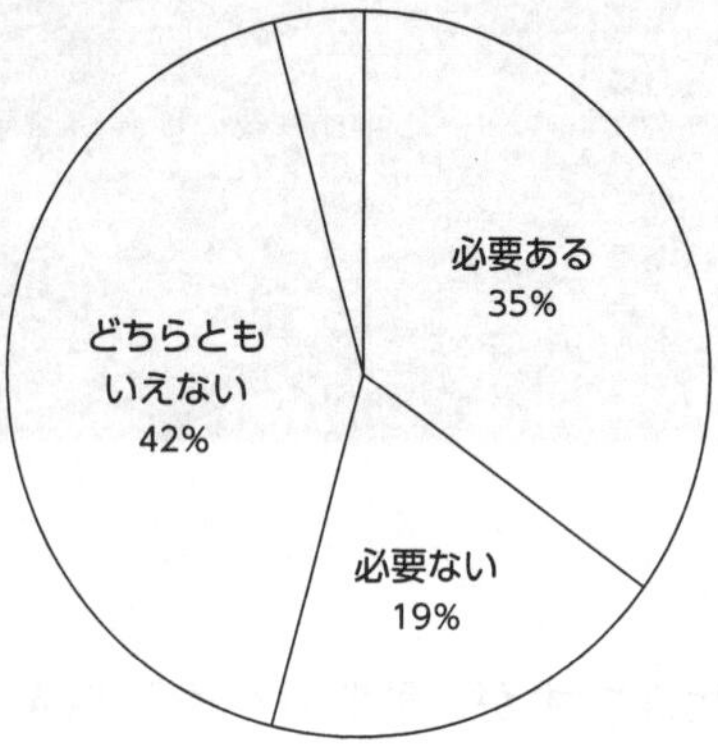

NHK NEWS WEB　2023.5.3

生徒：「必要ある」という意見の方が多いけど、それ以上に「どちらともいえない」という人がいるんですね。なんでだろう？

先生：一つには、時代に応じて変化すべきことはあるけれど、あえて憲法を変えなくても対応してこられたから、というのがあるね。

生徒：え、そうなんですか？

先生：そう。たとえば…そうだな、日本国憲法の三大原理は覚えているかい？

生徒：はい。（　２　）、②平和主義、（　３　）の尊重、ですよね。

先生：そうだね。このうち平和主義に関わる部分だと、政府は長年、「日本が攻《せ》められたら自国を守るために戦うけれど、たとえ同盟国であっても日本が攻《せ》められていないのなら戦わない」という立場をとってきた。

生徒：はい。

先生：だけど、日本と同盟を結んでいる国が攻撃《こうげき》されたら、日本も危ないんじゃないか？という意見が、近年出てきた。たとえば、日本は資源のほとんどを輸入にたよっているよね。輸入のための海上交通路で日本の同盟国が他国と紛争《ふんそう》をしていたら、味方をしないと国民生活に大きな影響《えいきょう》が出るんじゃないだろうか。そういったことを考えて、2014 年に、③同盟国が攻撃《こうげき》された場合に共に戦う権利を限定的に認める、と政府は決定した。

生徒：これまではそれはできないといっていたのに、変わったんですね。

先生：そうなんだ。こうやって、憲法を改正しなくても、憲法の解釈《かいしゃく》を変えることで対応してきた部分がある。ただしこのことに関しては、ここまで大きな変更《へんこう》をするなら憲法改正の手続きをふむべきだという批判も強かった。

生徒：ほかにもこういったことはあるんですか？

先生：三大原理の一つである（　3　）の尊重についても、時代によって変わってきた部分はあるよ。公害が起きたり、マスメディアや情報技術が発展したりしたことで、国民の権利をおびやかすようなことが起きるようになった。憲法には明確に書いていないけれど、保障されるべき権利はたくさんあるとして、憲法第 13 条の幸福追求権や第 25 条の④生存権などを根拠《こんきょ》に⑤新しい人権が要求されるようになったんだ。

生徒：それは、ちゃんと認められているんですか？

先生：裁判を通して認められたり、そうした権利を保障するための法整備がおこなわれたりしているよ。

生徒：なるほど、だから、憲法に新しい人権を追加しなくても何とかなっているんですね。

先生：そういうことだね。じゃあ、もう一つ資料を見てみよう。先ほどの NHK の世論調査は、毎年同じ時期におこなわれているんだ。その結果をまとめたものだよ。

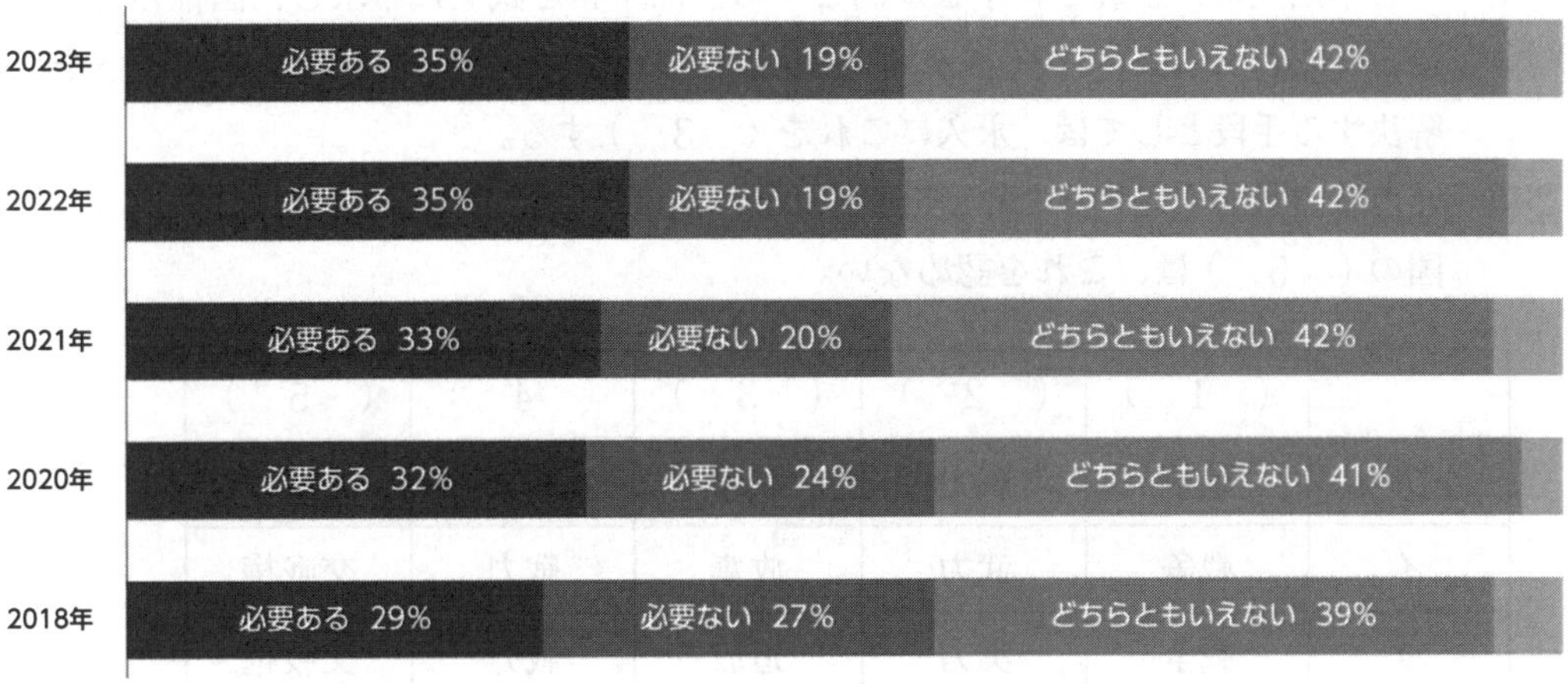

生徒：こうしてみると、[　A　]。

先生：そうなんだ。では、この資料のうち、変化している部分に注目して、⑥なぜこのような変化が起きているのか、考えてみよう。

問1　(　1　)～(　3　)にあてはまる言葉を答えなさい。

問2　[　A　]にあてはまるものとしてふさわしくない文章を、下から1つ選んで記号で答えなさい。

ア．どの調査でも、「どちらともいえない」という回答が最も多い割合をしめていますね
イ．「必要ない」という回答は、減ってきていますね
ウ．「必要ある」という回答は、増えてきていますね
エ．「必要ある」という回答と「必要ない」という回答を足しても、「どちらともいえない」という回答には届かないんですね
オ．2022年と2023年では、結果に差がないんですね

問3　下線部①について、この日は何の日か。下から1つ選んで記号で答えなさい。

ア．憲法記念日　　イ．建国記念日　　ウ．昭和の日
エ．文化の日　　オ．みどりの日

問4　下線部②について、下の文章は、平和主義を規定した憲法第9条である。
(　1　)～(　5　)にあてはまる言葉の組み合わせとして正しいものを下のア～オから1つ選んで記号で答えなさい。

第1項《こう》　日本国民は、正義と秩序《ちつじょ》を基調とする国際平和を誠実に希求し、国権の発動たる(　1　)と、(　2　)による威嚇《いかく》または(　2　)の行使は、国際紛争《ふんそう》を解決する手段としては、永久にこれを(　3　)する。

第2項《こう》　前項《ぜんこう》の目的を達するため、陸海空軍その他の(　4　)は、これを保持しない。国の(　5　)は、これを認めない。

	(　1　)	(　2　)	(　3　)	(　4　)	(　5　)
ア	戦争	戦力	放棄《ほうき》	武力	交戦権
イ	戦争	武力	放棄《ほうき》	戦力	交戦権
ウ	戦争	実力	追放	戦力	交戦権
エ	紛争《ふんそう》	武力	追放	実力	自衛権
オ	紛争《ふんそう》	実力	追放	武力	自衛権

問５　下線部③について、このような権利を何というか。

問６　下線部④について、生存権と同じ分類の権利を下から１つ選んで記号で答えなさい。

ア．財産権　　イ．表現の自由　　ウ．法の下の平等
エ．職業選択《せんたく》の自由　　オ．教育を受ける権利

問７　下線部⑤について、新しい人権や、それを保障するための法律や制度について説明した次の文章のうち、まちがっているものを下から１つ選んで記号で答えなさい。

ア．私生活を他人に知られないというプライバシーの権利は、情報化社会の中で個人の尊厳を守るために大切な権利となっており、これを保障するために個人情報保護法が2005年に施行《しこう》された。

イ．良好な環境《かんきょう》のもとで生活することを求める権利を環境《かんきょう》権といい、日の光を浴びて生活するための日照権や、静かな環境《かんきょう》で生活するための静穏《せいおん》権もこれに含《ふく》まれる。

ウ．国民が国家や社会の情報を知る権利は、国民が主権者として国政に参加するにあたり重要な権利だと考えられている。2001年には情報公開法が施行《しこう》され、行政機関に対する情報公開請求《せいきゅう》の仕組みが整えられた。

エ．プライバシーの権利に関連して、近年、本人に不都合なインターネット上の情報の検索《けんさく》結果を、一定の基準に基づいて削除《さくじょ》することを求める権利が主張されている。この権利を「忘れられる権利」という。

オ．自分の生き方を自分で決定する権利を自己決定権といい、特に生命に直結する医《い》療《りょう》に関する権利として注目されている。2023年には安楽死法が制定され、終末期の自己決定権が保障されるようになった。

問８　下線部⑥について、なぜこうした変化がみられるのか。問題文を参考に、あなたの意見を述べなさい。

3　次の文章を読み、あとの問いに答えなさい。

今回は「旅」をテーマに日本の歴史をふり返ってみましょう。ここでいう「旅」とは、楽しむための旅だけではなく、さまざまな目的の旅がふくまれています。

奈良時代から平安時代にかけて、遣唐使船に乗って多くの留学生が危険な航海の旅をして唐に渡《わた》りました。奈良時代、（　1　）は唐の皇帝《こうてい》から重く用いられましたが、日本に帰国できないまま唐で世を去っています。平安時代の初めには（　2　）と（　3　）が唐で新しい仏教を学んで帰国し、（　2　）は天台宗を開いて延暦寺を建て、（　3　）は真言宗を開いて高野山に金剛峯寺を建てました。

律令のきまりでは、地方の農民は都まで①税を運んで行かなければなりませんでした。これも旅の一種ですが、食料が無くなり、途中《とちゅう》で行き倒《だお》れになる者が出るという痛ましいことも起こりました。

平安時代、（　4　）は土佐国の国司をつとめて都に帰るまでのことを『土佐日記』に書いています。（　4　）は天皇の命令によって、『古今和歌集』という和歌集も編集しました。

鎌倉時代、時宗を開いた（　5　）は多くの信者を連れて各地を旅し、踊念仏を民衆の間に広めてゆきました。室町時代には、商人や職人で各地を旅して回る人たちがいました。年貢米などを運んだ運送業者である［　A　］は村から村、町から町へと旅しました。近江坂本の［　A　］は、1428年の正長の徳政一揆の口火を切りました。

江戸時代、各藩《はん》の大名は、３代将軍徳川家光が武家諸法度で定めた［　B　］の制度のため、１年ごとに国元と江戸を大名行列で行き来しました。大名にとっては大きな負担となりましたが、江戸と地方の文化が交流するという一面もありました。

江戸時代、俳人の（　6　）は東北地方を旅して『奥の細道』という紀行文を書き、今の岩手県②平泉で次のような句を作っています。

③夏草や　兵どもが　夢のあと

また、18世紀後半、菅江真澄《すがえますみ》は東北地方を旅して、天明のききんで多くの人びとが飢《う》え死にした悲惨《ひさん》な光景を記録に残しました。百姓一揆や打ちこわしが起こる中、老中の田沼意次は辞任し、白河藩主の（　7　）が新しく老中となって、寛政の改革をおこないました。

江戸時代には庶民《しょみん》も旅を楽しむようになりました。（　8　）は２人連れの男が旅先でこっけいなできごとに会うという『東海道中膝栗毛』を書いて、たいへんな人気となりました。また（　9　）は、東海道の宿場町の様子を浮世絵の『東海道五十三次』にえがきました。

江戸幕府が倒《たお》れた後、明治の新政府は条約改正の予備交渉《こうしょう》のため、④岩倉具視ひきいる使節団を欧米《おうべい》諸国に送りましたが、結局、条約改正には成功しませんでした。

1872（明治５）年、日本で初めての⑤鉄道が開かれました。この鉄道開通に力をつくしたのが、のちに立憲改進党をつくってイギリス流の議会政治をめざした(　10　)らでした。その後、鉄道は全国へと広がり、人びとは国内を旅行しやすくなりました。

近代になると、政府高官や学者が外国へ留学などで出かけるようになりましたが、日本学園の創立者である杉浦重剛も、明治の初めにイギリスへ化学を学びに留学しています。ただし、第二次世界大戦前の日本では外国旅行ができたのはごく少数の人びとでした。

実は近代の日本で、ふだんは海外旅行に行けない民衆が外国に行く機会となったのは、戦争でした。⑥太平洋戦争の時には、数百万の人びとが中国や東南アジア、太平洋の島々《しまじま》という異国の世界に兵士として旅立ってゆきましたが、その多くは戦場で命を落として祖国に帰ることができませんでした。

第二次世界大戦後、高度経済成長で人びとの生活が向上すると、旅行は国民のレジャーの一つとなり、1970年代以降は海外旅行や海外留学も国民の間で広くおこなわれるようになりました。

問1　(　1　)～(　10　)に当てはまる語句を下から選んで記号で答えなさい。

ア．阿倍仲麻呂	イ．伊藤博文	ウ．一遍	エ．歌川広重
オ．大隈重信	カ．柿本人麻呂	キ．葛飾北斎	ク．紀貫之
ケ．大久保利通	コ．空海	サ．十返舎一九	シ．最澄
ス．清少納言	セ．近松門左衛門	ソ．徳川吉宗	タ．松尾芭蕉
チ．法然	ツ．松平定信	テ．与謝蕪村	ト．水野忠邦

問2　[　A　]、[　B　]に当てはまる言葉を答えなさい。

問3　下線部①「税」について、正しいものを下から1つ選んで記号で答えなさい。

ア．班田収授法にもとづき、8歳《さい》以上の男女には口分田があたえられた。
イ．租は、稲《いね》の収穫《しゅうかく》の約10%を税として納めた。
ウ．調は、布や糸などその地方の特産物を税として納めた。
エ．庸は、国司のもとで土木工事の労働などにあたった。
オ．雑徭は、都で労働するか、代わりに布を納めた。

問4　平安時代後期、下線部②「平泉」につくられた阿弥陀堂のある建物を漢字6文字で答えなさい。

問５　下線部③の俳句は、芭蕉が平泉を訪ねる500年前にこの地で起こった戦いをもとに詠《よ》んだものである。その戦いに当てはまるものを下から１つ選んで記号で答えなさい。

ア．平将門が「新皇」を名のって反乱を起こした。
イ．四代つづいた奥州藤原氏がほろぼされた。
ウ．後三年合戦で源義家が清原氏の争いに関わった。
エ．坂上田村麻呂が蝦夷と戦ってこれを降参させた。
オ．前九年合戦で源頼義が安倍氏の反乱をしずめた。

問６　下線部⑤について、日本で初の鉄道は新橋駅からどこの駅まで走ったか答えなさい。

問７　下線部⑥の前後の時期について、Ａ～Ｅのできごとを起こった順番に並べた時、２番目と４番目に来るものの組み合わせとして正しいものを下から１つ選んで記号で答えなさい。

Ａ．真珠湾攻撃
Ｂ．日独伊三国同盟が結ばれる
Ｃ．日中戦争の始まり
Ｄ．広島・長崎への原爆投下
Ｅ．連合国がポツダム宣言を発表

ア．２番目：Ａ、４番目：Ｄ　　イ．２番目：Ｂ、４番目：Ｅ
ウ．２番目：Ｂ、４番目：Ｃ　　エ．２番目：Ｃ、４番目：Ａ
オ．２番目：Ｃ、４番目：Ｅ　　カ．２番目：Ｄ、４番目：Ｂ

問８　下線部④の使節団についての以下の２つの資料を見て、問いに答えなさい。

＜使節団のメンバー＞
①使節団　46名(平均年齢《ねんれい》はおよそ32歳《さい》)…大使は右大臣の岩倉具視
②使節団にしたがった人びと　18名
③留学生　43名(津田梅子など女子の留学生が５名)
合計で107名

＜岩倉使節団が回った国々《くにぐに》＞

1871(明治４)年12月23日　使節団が日本を出発

↓

1872(明治５)年１月15日　アメリカ合衆国のサンフランシスコに着く

↓

８月17日　イギリスのロンドンに着く

↓

12月16日　フランスのパリに着く

↓

1873(明治６)年２月17日　ベルギーのブリュッセルに着く

↓

２月24日　オランダのハーグに着く

↓

３月９日　ドイツのベルリンに着く

↓

３月30日　ロシアのサンクトペテルブルグに着く

↓

４月18日　デンマークのコペンハーゲンに着く

↓

４月24日　スウェーデンのストックホルムに着く

↓

５月１日　ドイツのハンブルグに着く

↓

５月９日　イタリアのフィレンツェに着く

↓

６月３日　オーストリアのウィーンに着く

↓

６月19日　スイスのチューリヒに着く

↓

７月15日　フランスのリヨンに着く

↓

７月20日　フランスのマルセイユを出発

↓

９月13日　使節団が日本に帰国

（１）　岩倉使節団が回った国で、使節団がその国にいた日数が多かった国を、１番目から３番目まで答えなさい。

（２）　岩倉使節団の条約改正予備交渉《こうしょう》以外の目的は何であったと考えられますか。資料を参考にして答えなさい。

【理　科】〈第１回試験〉（30分）〈満点：50点〉

1　次の各問いに答えなさい。

問１　図1のような振り子の装置《そうち》を作り、手を放してから５回目に放した地点に戻ってくるまでの時間を測る実験を行いました。振り子の糸の長さを10cm～100cmまで10cmごとに変えて実験を行った結果を表にまとめました。(表1)

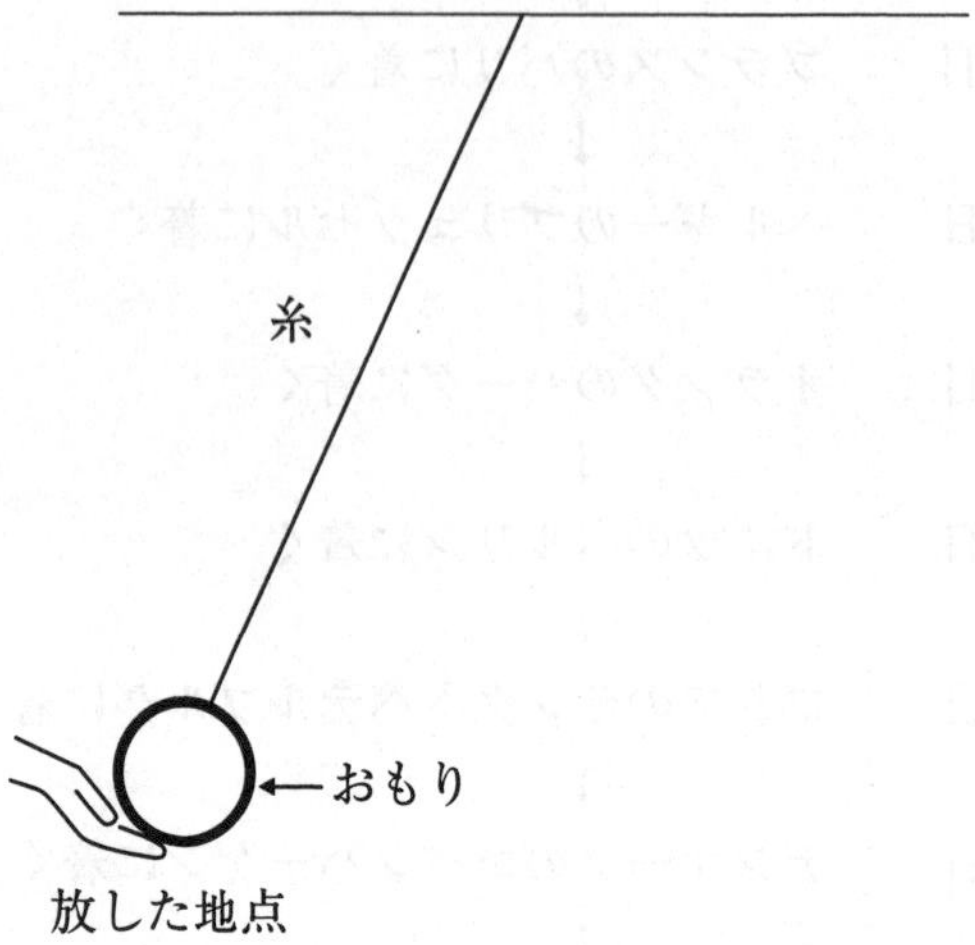

図１

表１

振り子の糸の長さ(cm)	10	20	30	40	50	60	70	80	90	100
振り子を放してから５回目に戻ってくるまでの時間(秒)	3.2	4.5	5.5	6.4	7.1	7.8	8.4	9.0	9.6	10

（１）　表1から読み取れる内容として正しいものを次の(ア)～(エ)から選び、記号で答えなさい。

（ア）振り子のおもりは一番低い地点でもっとも速くなる。

（イ）振り子の糸の長さを長くするほど５回目に放した地点に戻ってくる時間が増える。

（ウ）振り子のおもりの重さを変えても放した地点に戻ってくる時間は変わらない。

（エ）振り子が１回目に放した地点に戻ってくる時間は５回目に放した地点に戻ってくる時間を５で割ったものである。

（２）　振り子を放してから５回目に戻ってくるまでの時間が５秒の振り子を作りたい。振り子の糸の長さを何cmにすればよいか求めなさい。

（３） 実験で用いた振り子の中から、糸の長さが異なる振り子を２つ選び、同時に放したところ、9.9 秒後に初めて同時に放した地点に戻ってきた。２つの振り子のうち、長い方の糸の長さは何 cm か求めなさい。

（４） 振り子のおもりが、手を放した地点と同じ高さに来たときに糸が切れました。(図２)
その後、おもりはどの方向に動きますか。正しい方向を（ア）～（オ）から選び、記号で答えなさい。

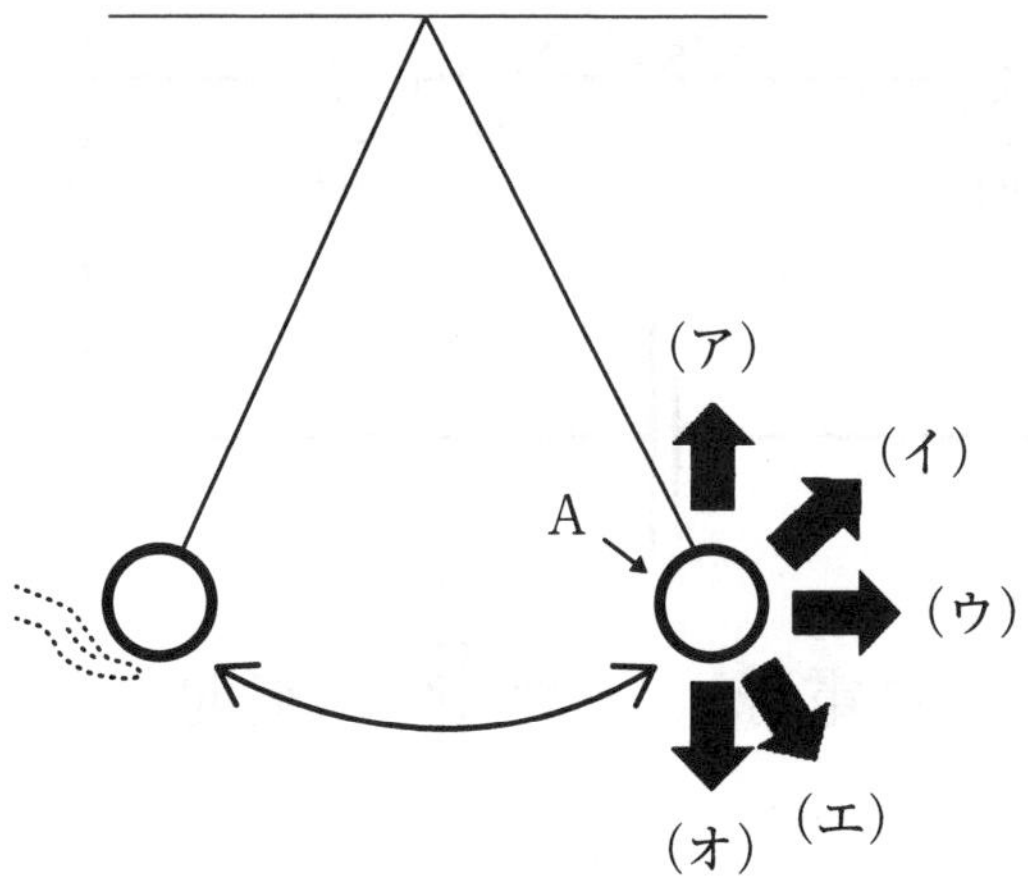

図２

問２　同じ豆電球、導線《どうせん》、電池、スイッチを組み合わせて下の回路を作り実験を行いました。

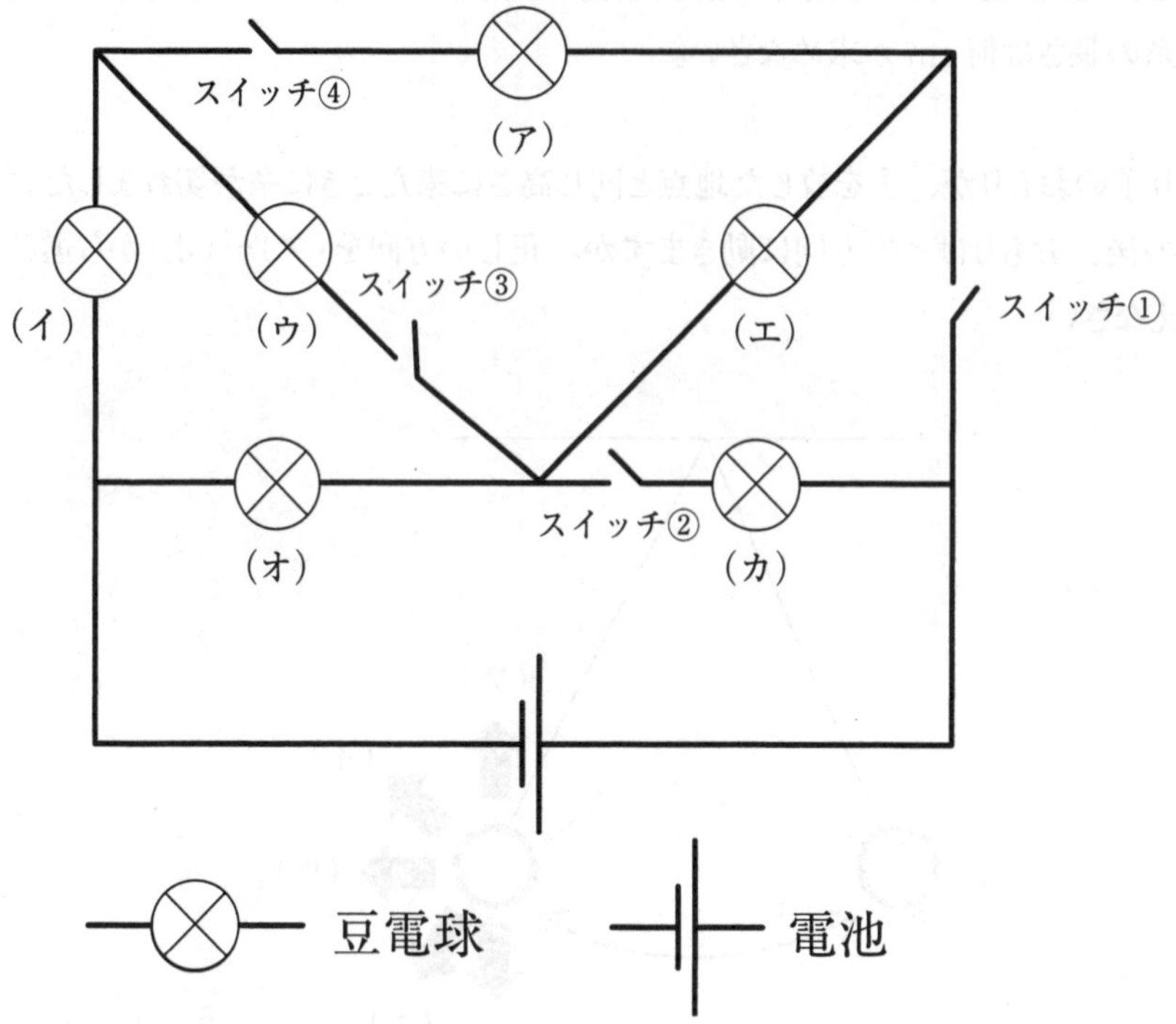

図３

（１）　スイッチ①だけを入れた時に光る豆電球を図３の(ア)～(カ)から全て選び、記号で答えなさい。

（２）　スイッチ①とスイッチ②だけを入れた時に光っている豆電球のみを表す回路図はどれですか。次の(ア)～(エ)から選び、記号で答えなさい。

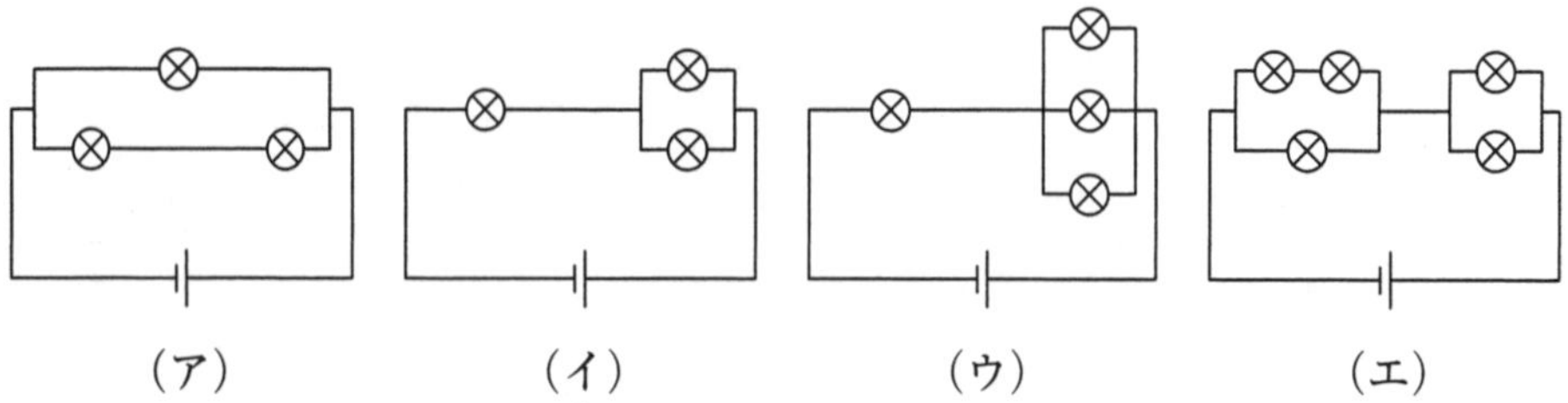

（３）　光っている豆電球が全て同じ明るさになるように、もっとも多くのスイッチを同時に入れたい。スイッチ①～④のうち入れる必要があるスイッチを全て選び、①～④の番号で答えなさい。

2 水酸化ナトリウム 80 g を水に溶《と》かして、水酸化ナトリウム水溶液を 500 cm^3 つくり、5つのビーカーA〜E にそれぞれ 100 cm^3 ずつ入れました。その後、このビーカーに濃さが分からない塩酸を 25 cm^3 〜 125 cm^3 加えてよくかきまぜました。反応が落ち着くまで十分に時間をおき、ビーカーA〜E を加熱して水を蒸発させたところ、それぞれのビーカーで固体が残りました。このときの結果をまとめたものが次の表です。塩酸の濃さは全て同じものとして、次の各問いに答えなさい。

	A	B	C	D	E
水酸化ナトリウム水溶液〔cm^3〕	100	100	100	100	100
加えた塩酸〔cm^3〕	25.0	50.0	75.0	100	125
加熱後に残った固体〔 g 〕	17.9	19.7	21.6	23.4	23.4

問1　水酸化ナトリウム水溶液と塩酸をそれぞれ 10 cm^3 ずつビーカーにとり、水を蒸発させるとどのようになりますか。次の(ア)〜(エ)から選び、記号で答えなさい。

(ア) 白色の粉末が残る　(イ) 無色の結晶が残る

(ウ) ねばり気のある液体が残る　(エ) 何も残らない

問2　ビーカーA〜E のうち、反応後の液体に赤色リトマス紙をひたしたとき青色に変化するものを全て選び、記号で答えなさい。

問3　ビーカーC を加熱した後に残った固体と重さについて正しく表しているものを次の(ア)〜(エ)から選び、記号で答えなさい。

(ア) 水酸化ナトリウム 21.6 g　(イ) 水酸化ナトリウム 16.0 g と食塩 5.6 g

(ウ) 水酸化ナトリウム 4.0 g と食塩 17.6 g　(エ) 食塩 21.6 g

問4　ビーカーD･E では加熱した後に残った固体の重さに変化が見られなかった。その理由を説明した文章として正しいものを次の(ア)〜(エ)から選び、記号で答えなさい。

(ア) 水溶液中の水酸化ナトリウムが反応し、飽和《ほうわ》状態になったため。

(イ) 塩酸が反応し、気体となって空気中に放出されたため。

(ウ) 水溶液中の水酸化ナトリウムがすべて反応し、中和しきったため。

(エ) 塩酸がすべて反応し、固体となって水溶液中に再結晶したため。

問5　実験で使用した水酸化ナトリウム水溶液の濃さを求めなさい。なお、水酸化ナトリウム水溶液 1 cm^3 あたりの重さ(密度)を 1.15 g として計算し、小数第2位を四捨五入して、小数第1位まで答えなさい。

3 昆虫のからだと育ち方について、次の各問いに答えなさい。

問１　昆虫ではないものを次の(ア)～(オ)から全て選び、記号で答えなさい。

(ア) コガネグモ　(イ) ダニ　(ウ) アリ　(エ) ミジンコ　(オ) カマキリ

問２　次の文章は、昆虫のからだのつくりの特徴をまとめたものです。(①)～(⑥)に当てはまる語句の組み合わせとして正しいものを下の(ア)～(オ)から選び、記号で答えなさい。

> 昆虫のからだは(　①　)部に(　②　)本の足がついている。また、(　③　)部はいくつかのふしに分かれていて、そのふしごとに1対ずつの小さな穴があいている。その穴を(　④　)といい、昆虫は(　④　)からつながる(　⑤　)で呼吸を行っている。頭部には2つの(　⑥　)という大きな目を持っている。

(ア)	①頭	②8	③胸	④気管	⑤気門	⑥複眼
(イ)	①胸	②6	③腹	④気管	⑤気門	⑥複眼
(ウ)	①腹	②8	③胸	④気管	⑤気門	⑥単眼
(エ)	①胸	②6	③腹	④気門	⑤気管	⑥複眼
(オ)	①腹	②6	③胸	④気門	⑤気管	⑥単眼

問３　モンシロチョウは幼虫の時と成虫の時でエサのとり方に違いがあります。それぞれのエサのとり方として正しいものを次の(ア)～(オ)から選び、記号で答えなさい。

(ア) 葉の裏《うら》側でまちぶせして、小さな虫をつかまえて食べる。
(イ) 木についている樹液を吸う。
(ウ) 細長い管のような口で、花のみつを吸う。
(エ) キャベツなどの葉をかみ切って食べる。
(オ) 舌のような口で花びらをとかして食べる。

問４　昆虫の育ち方について、卵→幼虫→さなぎ→成虫とすがたを変えて成長することを何というか名称を答えなさい。また、そのような育ち方をする昆虫を次の(ア)～(カ)から全て選び、記号で答えなさい。

(ア) オオカマキリ　(イ) カイコガ　(ウ) スズメバチ
(エ) トンボ　(オ) アブラゼミ　(カ) ハエ

4 日本学園中学校では、３年生の春にオーストラリアのアデレードで語学研修を行ってきました。研修先で見られた天体の動きについて、次の各問いに答えなさい。

問１　ある年、語学研修の日程が日本の春分の日と重なりました。図1はその日の太陽の通り道を天球上に表したものです。

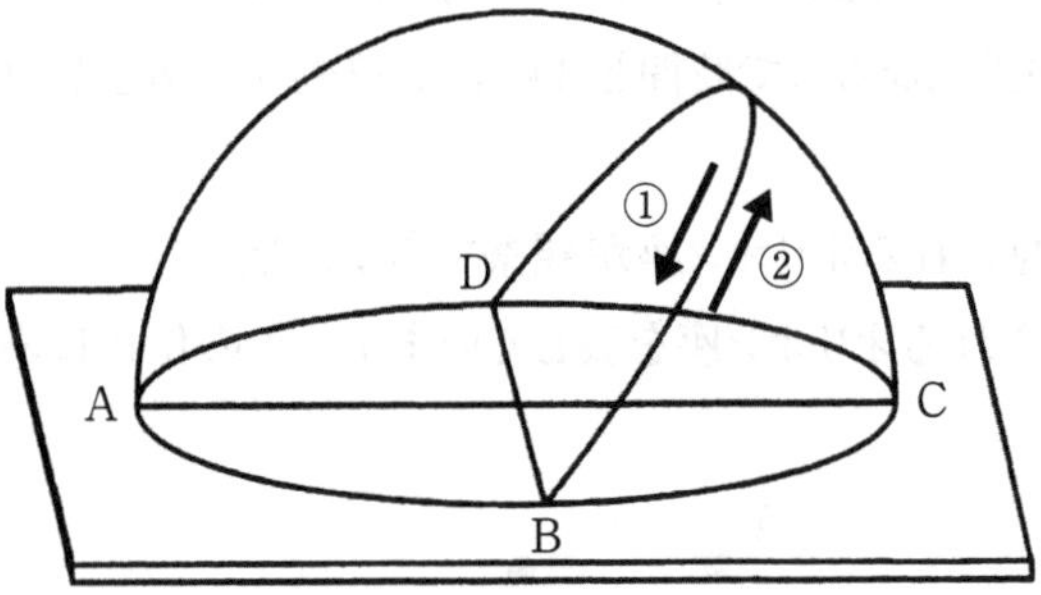

図１

（１）　図1のA~Dの方角として正しい組み合わせを次の(ア)~(エ)から選び、記号で答えなさい。

(ア) A北　B東　C南　D西　　(イ) A北　B西　C南　D東

(ウ) A南　B東　C北　D西　　(エ) A南　B西　C北　D東

（２）　太陽の進む方向として正しく表しているのは①、②のどちらか、番号で答えなさい。

（３）　３か月後の太陽の通り道はどのようになるでしょうか。次の(ア)~(ウ)から選び、記号で答えなさい。

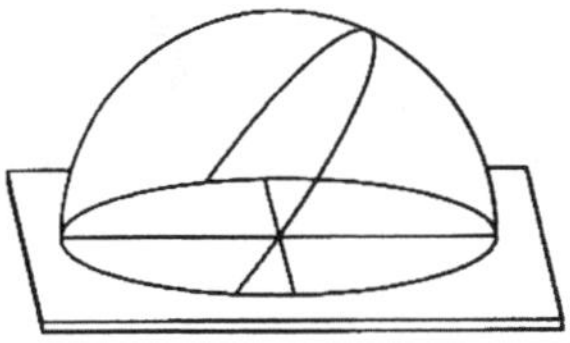

(ア)

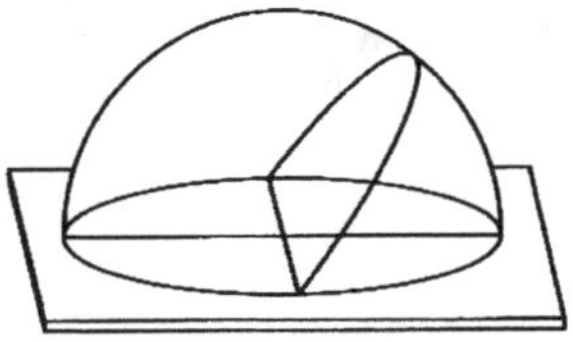

(イ)

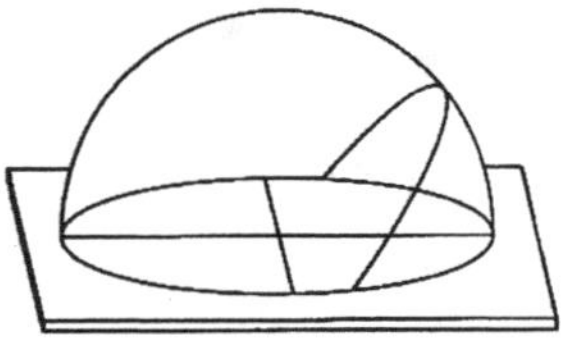

(ウ)

問２　夜になり、月を観察するとちょうど満月でした。しかし、日本で見る月と少し違うような気がしました。この理由として正しいものを次の(ア)～(エ)から選び、記号で答えなさい。

(ア)　南半球では日本で見る月の反対側(裏側)が見えているから。

(イ)　南半球で見る月は日本で見るときと上下左右が反対に見えるから。

(ウ)　南半球で見ると太陽と月の位置がいつもと異なるので、月の輝き方が異なるから。

(エ)　月の回り方が逆になるので時間と共に影が移動する向きが逆になるから。

問３　夜空には日本でも見られるオリオン座が観察できました。

(１)　下図は日本で見られるオリオン座を表しています。Ａの位置にある赤く輝く星の名前を答えなさい。

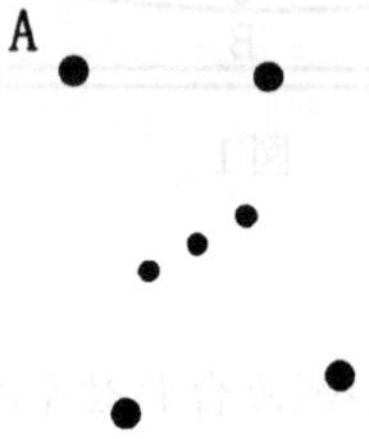

(２)　オーストラリアのアデレードで観察すると、オリオン座が天球の一番高い場所に来たときにはどのように見えるでしょうか。次の(ア)～(エ)から選び、記号で答えなさい。ただし、Ａはすべて同じ星を示しています。

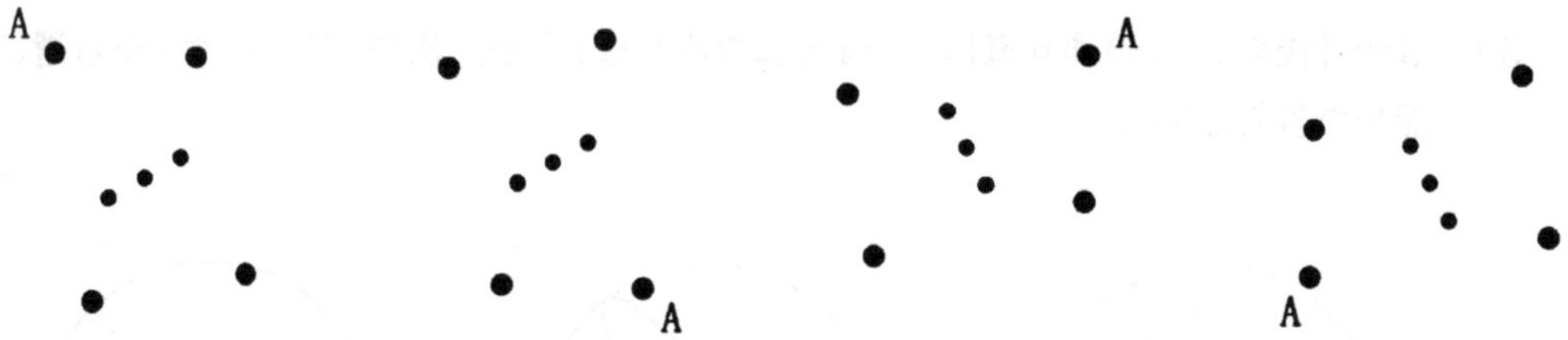

(ア)　(イ)　(ウ)　(エ)

問八　[　F　]～[　H　]に当てはまる語句としてふさわしいものを次の中からそれぞれ選び、記号で答えなさい。

ア　しかし　　イ　たとえば　　ウ　あるいは　　エ　つまり

問九　――線部⑥「その類《たぐい》のことは、願望的な未来で盛り上がっているその場の空気の中にいると、ちょっと言いにくいところがあります」とありますが、その理由について説明した次の文の[　Ⅰ　]～[　Ⅲ　]にふさわしいことばを、それぞれ指定された字数で文章中からぬき出して答えなさい。

> 他の人たちが願望的な空気の中で盛り上がっていると、冷静で[　Ⅰ（9字）　]をする人が[　Ⅱ（5字）　]や最善の代替《だいたい》案の必要性について主張すると、その場の[Ⅲ（2字）]をそぐことになるから。

問十　この文章を読み、授業中に教室で話し合いをしました。それぞれの意見のうち、文章の内容と合わないものを一つ選び、記号で答えなさい。

生徒A「失敗について述べているのが興味深かったな。日本軍の失敗は、確率の発想や統計的な考えを用いずに願望的に盛り上がってしまい、絶望的な未来像に取り込《こ》まれていったということだね。」

生徒B「国語と数学の関係について述べていたのが面白かった。二つの関係について意識したことはなかったけれど、数学の考えの筋道を言葉で表すことが大切であることが分かったよ。」

生徒C「人は誰でも営業的なことを行なっているというのが印象に残ったな。人をその気にさせ意思決定させようとするあまり、いつのまにか現実を忘れてしまう危険性があるんだね。」

生徒D「ドラマ的な印象を残す物語のほうが心に残るという点が考えさせられたよ。その出来事がどうして起こったのかを考えて、現実の姿をとらえるようにしないといけないね。」

問五　[B]～[E]には、「数学」か「国語」のどちらかが入ります。その組み合わせとしてふさわしいものを次の中から選び、記号で答えなさい。

ア　B　国語　C　数学　D　数学　E　数学
イ　B　数学　C　国語　D　数学　E　国語
ウ　B　国語　C　数学　D　数学　E　国語
エ　B　数学　C　国語　D　国語　E　国語
オ　B　国語　C　数学　D　国語　E　数学

問六　――線部④「大学の会議などでも、考えられる要素はこれしかないよというところまでいった時に、そこから何かが出てくることがあります」とありますが、その理由について説明した次の中から最もふさわしいものを選び、記号で答えなさい。

ア　それぞれが考える可能性について構造的にすべて取りあげないと、全員の思いを満たすことができないから。
イ　全員が議論をつくして出した選択肢《せんたくし》を構造的にしぼることができてはじめて、決断が可能になるから。
ウ　あらゆる可能性についてくわしく取りあげて構造的な整理が進むことで、新しい考えや選択肢が生み出せるから。
エ　せっかく浮《う》かんだ面白いアイディアや柔軟《じゅうなん》な発想も、構造的に理解しないと決定することができないから。

問七　――線部⑤「未検討」とありますが、「未」を頭に用いて否定《ひてい》（打ち消し）の意味となる熟語を次の中から選び、記号で答えなさい。

ア　反応　　イ　開発　　ウ　安定　　エ　常識

問一　――線部①「机上の空論」とありますが、似たような意味をもつことばとして最もふさわしいものを次の中から選び、記号で答えなさい。

ア　釈迦《しゃか》に説法　　イ　医者の不養生《ふようじょう》　　ウ　絵に描《か》いた餅《もち》　　エ　河童《かっぱ》の川流れ

問二　――線部②「樹形図」とありますが、その利点はどういう点ですか。「点」につながるように文章中から三十六字でさがし、初めと終わりの五字をそれぞれ答えなさい。

問三　［Ａ］に当てはまる数字を「樹形図」の仕組みから考えて、漢数字で答えなさい。

問四　――線部③「会議の時などに、この樹形図をホワイトボードに書いて、参加者みんなで見ながら話をするといい」とありますが、その理由としてふさわしくないものを次の中から選び、記号で答えなさい。

ア　想定されるあらゆる可能性について検討できるから。

イ　一定の手順を踏まえて持続的に考えることができるから。

ウ　議論に参加する人の判断する時間が短縮されるから。

エ　時間に左右されず先のことも一目で見れば分かるから。

に、ストーリーを事細かに知りたくなるのでしょう。

そういった個々の※9ケーススタディに意味がないわけではありませんが、その一例をもって、凶悪犯罪が増えたからこうしなければいけないという結論にしてしまうと、やはりおかしなことになります。テレビのワイドショーなどでは、そんな時に統計データを見る人や、それに基づいた解説をする人がほとんどいないわけですが、それも、人々の関心が物語のほうに傾いて統計的な話には人気がないからですね。重大な犯罪が起きた時に凶悪犯罪は実は減っていると説明されたって、ぴんとこないということです……。

でも、数値というものからイマジネーションを起こす能力、数値を見て現実を思い描く力を持って、統計的な数字とその見方を頭に入れて議論をする人と、その背景なしに議論を進める人とでは、やはりミスをする比率がまるで違《ちが》ってくることを忘れてはいけないでしょう。

（齋藤孝『数学力は国語力』より）

（注）

※１　国体護持《こくたいごじ》…天皇を中心とした国のあり方（天皇制）を維持《いじ》すること。

※２　網羅《もうら》的に…物事を全て残さずに集めている様子。

※３　可視化…目に見えるようにすること。

※４　量子力学《りょうしりきがく》…物質を構成している最小の単位である素粒子《そりゅうし》の性質を解き明かす学問。素粒子は原子レベル以下の極めて小さいエネルギーや物質であり、目には見えない。

※５　オプション…与えられる選択肢《せんたくし》。

※６　バトナ…ビジネスにおける、交渉《こうしょう》がうまく行かなかった時のために用意しておく、かわりの選択肢。

※７　時宜《じぎ》を得た…発言や行動がその場にふさわしいこと。

※８　楔形《くさびがた》文字…メソポタミア時代に用いられていた古代文字。

※９　ケーススタディ…事例研究。実際に起こった出来事をくわしく分析《ぶんせき》・検討すること。

て結果が影響《えいきょう》されてしまうという困ったことが生じます。結局、何にも影響されない正確な観察をすることはできないのですが、それでも、確率的にみると、だいたいこのへんにあるだろうと有意な推定をすることはできるわけですね。これは、実は非常に冷静な見方で、未来というのは決して確定できないものだけれども、この確率でだいたいこうなると推定することはできるわけで、その冷静な見方にいつも戻《もど》っていくようにしないと、願望的なあるいは絶望的な未来像に取り込《こ》まれていってしまう。

私たちの社会では、会社の営業担当の人に限らず、誰でもある種の営業行為を行なっていると思うんですね。［F］、社会ではみんながある種の自分の願望を語って相手を誘《さそ》い、願望を共有することによってその気にさせ、意思決定してもらうということをやり合っている。それはそれで勢いがつくわけだけれども、そこで冷静になる人はやはり必要です。［G］三人で議論をしている時に二人が願望で盛り上がったとして、三人目もただ盛り上がるだけでは、話がどんどんリアルでなくなっていく。

［H］、三番目の人が仮に確率的なものの見方を担当するとすれば、必ずしもネガティブな意味ではなく、実行した時に起こり得るリスクを考えて別の選択肢も持っておいたほうがいいとか、あるいは※5オプションを含《ふく》めて契約《けいやく》が成立しない時のために、第一講で述べた※6バトナと呼ばれる「決裂《けつれつ》に備えた最善の代替案《だいたいあん》」のようなものを準備しておいたほうがいい、といったことを考えてみることができます。

⑥その類《たぐい》のことは、願望的な未来で盛り上がっているその場の空気の中にいると、ちょっと言いにくいところがありますが、※7時宜《じぎ》を得た確率や統計的なデータを持ち込むことで、かえって説得力が増すことになります。

日本では今、犯罪がどんどん増えていて、凶悪《きょうあく》犯罪も悪質になったというイメージがありますが、統計データでみると凶悪犯罪そのものは減っています。でも、報道が凶悪な犯罪を何度も何度も取り上げるものだから、最近は子どもを殺す親が増えたとか、子どもや生徒が、親を親、教師を教師と思わなくなったというような不安を感じる人が多いと思います。では、そのどちらが現実の姿に近いかと考えてみると、やはり統計的なデータが示すもののほうが正確である場合がほとんどだと思うんです。

人の心にはドラマ的な強い印象を残すエピソードのほうが、残念ながら長く残ります。小説がこんなに読まれ続けることの理由の一つもそうですし、私たちの心というものは、もともと物語に向くようにできています。物語を好む本質は神話的な世界からこの方、ずっと変わっていませんし、そういう視点で見ると、典型的な物語の形も、※8楔形《くさびがた》文字の時代から原形は変わっていません。だからこそ私たちは、興味を惹《ひ》く事件が起きた場合に、なんでそんなことをしたのか、その家はどういう家だったのかというふう

間的な行為《こうい》の世界を無理なく往復できるようになったところではじめて、柔軟《じゅうなん》な頭になって、現実世界のミスが少なくなるのではないかと思うんです。

ですから数学と国語と、両側から攻《せ》めるということが大事です。［ E ］の側だけですと、とうとうと喋り続けているけれど本質がとらえられていないとか、あるいは構造を理解していないとか、大事なことはそっちのけでわけのわからないマイナーなものにしがみついているという印象が強くなって、相手側からみると、この人は頭が柔軟でないとか、心の整理ができていないという感じになってしまうわけですね。

そういう印象を与《あた》えてしまう人の多くが、いろいろなものをゴチャゴチャにして整理しないまま手順を踏まずに歩き出してしまったり、一覧性のある構造的な理解をしないまま前に進んだりしているのではないでしょうか。面白いアイデアや発想の転換《てんかん》、あるいはあるべき決断のようなものは、樹形図的な発想を使って考えられる可能性をつぶさにあげてみて、ここから先はもうありませんというところにいきついて、ようやく生まれるものなのかもしれません。

④大学の会議などでも、考えられる要素はこれしかないよというところまでいった時に、そこから何かが出てくることがあります。可能性をあげていって、もう何も考えられないとなってはじめて、じゃ今度は一つずつ検討して消去してみようということになるし、そこで選択肢《せんたくし》が二つしかなければ、ではここで決断しましょうということになります。

そういうふうに自分が今、どんな条件の中で何を選べばいいのかが構造としてわかっていないと、いい決断はできません。構造的な理解ができていないと、⑤未検討のほかの可能性がまだ残っているかもしれないという思いが残って、決断を甘《あま》くしてしまうのでしょう。決断力が乏《とぼ》しかったり意志が弱かったりという人に、樹形図的な図で実際に構造を見せて、もうほかに可能性はない、今やらないと仕方がないということを伝えてあげると、腹が決まりやすいのですね。

確率というのは、数学的な発想の中では日常生活でいちばんよく使う考え方だと思います。たとえば、あるレストランにいくとする。でも、今日は休日の前の日だから席がいっぱいになっている確率が高いとかいうことがよくあるわけですが、そういう確率的な考え方をすると事前にリスクが回避《かいひ》しやすくなります。いきあたりばったりの人は、未来について思い描《えが》く図が願望的になって失敗することが多いわけですから、自分の未来を確率的にとらえることが必要でしょう。

※4量子力学《りょうしりきがく》などでは、最小の単位である素粒子《そりゅうし》がどこにあるのかということを観察したい場合に、観察者の観察それ自体によっ

確率の考え方に馴染《なじ》むことによって営業効率がよくなったり、無駄《むだ》なコストを使わなくなったりという効用が出てくることは当然あります。たとえば二つのサイコロを使って、はじめのサイコロに何が出たら、次のサイコロの出目《でめ》が何になるかというシミュレーションをしてみると、たとえば二つが2、3の組み合わせになるのと比べて、1、1とか2、2のようないわゆるゾロ目は出にくいわけですね。2と3の組み合わせなら3、2でもいいわけで、そのことは確率の考えの基本をなす②樹形図を書いてみれば、たちどころにわかります。

樹形図というのは、順列組み合わせに出てくる考え方で、一つ目のサイコロに1が出た時には二つ目のサイコロの出目は1から6まで、2が出た場合も1から6までが出る可能性があって、さらに3ならば、4ならば……というように、あり得るケースを整理した順序に従ってすべて列挙していくやり方です。非常に数学的な考え方ですが、どこが数学的かといいますと、あらゆるケースを列挙して漏《も》れがないというところですね。これを見ると、二つのサイコロを振《ふ》った場合の出目には［　A　］種類あって、二つとも1になるケースは一つだけ、1と2になるケースは二つあるということが、たちどころにわかります。

私は、③会議の時などに、この樹形図をホワイトボードに書いて、参加者みんなで見ながら話をするといいと思っています。自分でよく使う方法は、たとえばあることがらをやるかやらないかを決めるという問題が持ち上がったとして、やらない場合はどんなことが想定できるのか、やった場合にはどうなのかということを※2網羅《もうら》的に列挙して※3可視化していく方法です。すると、それだけで参加者の判断がスピードアップする。

樹形図にある、考えられる未来の展開を漏れなく記述し、あり得る可能性を図の形で一覧できるというところが、数学のよさです。議論したり本を読んだりする場合は、あるていどの持続が必要になりますから、その意味では時間に支配されてしまって、ある秩序《ちつじょ》に従って一定の手順を踏《ふ》まないと先のことがわかりません。これに対し、樹形図や統計的な図表などは、時間に支配されずに、一覧してすぐに理解することができるわけですね。

数学と国語のよい関係というのは、数学の授業でいえば数学的に表記されたことがらを国語の豊かな表現力で細部にわたって肉づけする、つまり［　B　］が示す骨組みを［　C　］の力でわかりやすく説明することにあるんだと思います。国語の授業でいえば、文章を書く時に、数学的な式に近い論理の骨格がきちんとあって、そこをはずさなければ、安心して途中《とちゅう》の寄り道や少々の［　D　］的な脱線《だっせん》ができるということですね。式や図表で得る数学的な理解と、喋《しゃべ》る、聞く、読む、書くといった国語の時

問十　文章中の点線で囲んだ最後の部分について、授業中に教室で話し合いをしました。それぞれの意見のうち、読みまちがっているものを一つ選び、記号で答えなさい。

生徒Ａ「祐也がベッドの上に正座をしたのは面白いと思う。将棋を指すときの姿勢をしているということで、まだ将棋に夢中でいることが感じられるね。」

生徒Ｂ「祐也が米村君のことを想像しているのは純粋《じゅんすい》な気持ちで将棋に取り組んでいたころを振り返り、さらにその気持ちについて野崎君とも話をしてみたいと考えているということだね。」

生徒Ｃ「祐也がこの日の対局について振《ふ》り返っているけれど、落ち着いた気持ちで自分の将棋を見つめなおして、ミスを反省しているあたり、次の勝利への意気ごみが感じられる場面だね。」

生徒Ｄ「祐也が体をふるわせているのは、将棋への正直な思いをことばにして、その思いを全身でかみしめているように感じるね。この後ひさしぶりに安らかにねむりについたんじゃないかな。」

三

次の文章を読んであとの問いに答えなさい。

統計的な考え方というのは、例外はもちろんありますけれども、こうなってきたものは十中八九こうなる、おおよそのところはこうなるという傾向《けいこう》を教えてくれます。その陰《かげ》には莫大《ばくだい》な量の失敗例とか、いろいろなものが隠《かく》されています。その意味で、この思考法は失敗を減らしていく考え方だということができる。

日本軍は、アメリカと戦争をはじめ、アメリカ本土にいきつくことができないまま、滅多打《めったう》ちにあって負けたわけですけれども、その時に、軍の会議の中で確率論とか統計的な考え方を冷静に持ち出せる人がほとんどいなかったらしい。知人に日本軍の会議の研究をしている人がいるのですが、日本軍の会議のディベートは、やはり①机上の空論的なある種の精神論に傾《かたむ》いていたらしい。議論の後ろ盾《だて》になるものとして最終的に※1国体護持《こくたいごじ》みたいな考えがあったわけですから、それがからんだ議論を確率的な発想や統計的な考え方で変えていくのはかなり難しかったのだと思います。

問八　――線部⑥「ずっと頭をおおっていたモヤが晴れていくのがわかった」とありますが、どういうことですか。その説明として最もふさわしいものを次の中から選び、記号で答えなさい。

ア　父にプロになることをやめるように言われ、その悲しさからかつてないぐらいに涙を流し続けているうちに、もうプロになることなどどうでもいいことだと感じ始めたということ。

イ　あふれる思いにまかせて泣いているうちに幼少のころを思い出し、兄に負けたくないというプレッシャーが自分の将棋を思い通りにできなくさせていたことに気づいたということ。

ウ　人目も気にせず思いのまま泣いているうちに、研修会入会以来思うように勝てず、奨励会に入るという家族の希望をかなえられずに苦しんだ思いがうすらいでいったということ。

エ　父に将棋を休むように言われて、今までの苦しい思いが一気にあふれ我《われ》を忘れて涙を流すうちに、プロにならなければならないという重圧から解き放たれていったということ。

問九　この小説の中で「父」は祐也にどのような願いをもっていますか。最もふさわしいものを次の中から選び、記号で答えなさい。

ア　好きなものに打ちこむことは大切だが、人生が取り返しがつかなくなることもあるので、将来のためには大切な勉強をおろそかにしないでほしい。

イ　自分が一生を通じて打ちこみたいものを、目先の結果よりも自分の楽しみかたを大切にしながら、自分のペースで打ちこみ続けてほしい。

ウ　他人と自分をくらべるのではなく、自分が打ちこみたいものが本当に自分や人のためになるかどうかを考えて、あせらずに努力してほしい。

エ　打ちこめるものが自分にあるならば、今は褒《ほ》められなくてもいつかは誰《だれ》かが評価してくれることを信じて、あきらめることなく努力してほしい。

問五　――線部④「祐也はもはや虚勢《きょせい》を張ることすらできなかった」とありますが、「虚勢を張る」とは、「自分の弱いところをかくすために強がったふるまいをする」という意味です。祐也が虚勢を張っている様子が表われている一文を文章中からさがし、初めの五字をぬき出して答えなさい。

問六　――線部⑤「野崎君が声をかけてくれた」とありますが、祐也は野崎君に対してどのように考えていますか。それを説明した次の文の［Ⅰ］・［Ⅱ］にふさわしいことばを、それぞれ指定された字数で文章中からぬき出して答えなさい。

> プロになるにはおそい年齢で入会してきた野崎君に対して、初めは［Ⅰ（８字）］と快く思っていなかったが、焦《あせ》ってばかりいる自分と対照的な野崎君の［Ⅱ（７字）］に、人知れず好感を持っている。

問七　文章中の～～～線部ａ～ｄの表現について説明した次の中から正しくないものを一つ選び、記号で答えなさい。

ア　ａの表現は、祐也が対局で負けたことを『頭をさげた』という言葉で分かるように表現していて、その時の様子が思いうかぶような描《えが》き方になっている。

イ　ｂの表現は、対局のために将棋会館に向かうときには、楽しそうな街の様子を気にとめることがないくらい、心に余裕《よゆう》がなかったことが読み取れる表現になっている。

ウ　ｃの表現は、祐也を止められなくて長い間苦しませて悪かったというお父さんに対して、そんな気持ちにならないでほしいという祐也の思いが表れている。

エ　ｄの表現は、お父さんの成長に対する考えが表れており、ひとの成長は年齢《ねんれい》によってはやい時もあれば、おそい時もあるのであせらなくていいという意味である。

問一　Ａ～Ｄにふさわしい身体の一部を表す漢字一字をそれぞれ答えなさい。

問二　――線部①「しかし、将棋にうそはつけない」とありますが、どういうことですか。その説明として最もふさわしいものを次の中から選び、記号で答えなさい。

ア　将棋を見れば言葉が本心であるかどうかが分かってしまうということ。

イ　将棋には物事に動じない強い気持ちがとても大切であるということ。

ウ　将棋は家族からの応援《おうえん》で勝てるほど簡単なものではないということ。

エ　将棋には本当の実力や気持ちがそのまま表れてしまうということ。

問三　――線部②「祐也は立つ瀬《せ》がなかった」とありますが、このときの祐也の気持ちの説明として最もふさわしいものを次の中から選び、記号で答えなさい。

ア　学校の勉強を二の次にしてでも将棋で勝ちたいという気持ちが両親に伝わらないことに、はげしくいらだっている。

イ　自分が悪いとは感じていなかったが、両親が怒鳴《どな》らなかったことで、悪いことをしたことに気づかされている。

ウ　勉強していなかったことを両親に気づかれたが、二人が感情的になってしかることはなく、いたたまれなく感じている。

エ　将棋に対する気持ちを両親は理解してくれており、成績が悪くても怒《おこ》らないでいてくれることを感謝している。

問四　――線部③「将棋と勉強を両立させてみせる」とありますが、このことばに反する祐也の行動が描《えが》かれている部分を文章中から四十五字以内でさがし、初めの五字をぬき出して答えなさい。

浴槽《よくそう》につかっているあいだも、夕飯のあいだも、祐也は何度も眠りかけた。２年と２ヵ月、研修会で戦ってきた緊張《きんちょう》がとけて、ただただ眠たかった。

悲しみにおそわれたのは、ベッドに入ってからだ。

「もう、棋士にはなれないんだ」

祐也の目から涙があふれた。布団をかぶって泣いているうちに眠ってしまい、ふと目をさますと夜中の１時すぎだった。父と母も眠っているらしく、家のなかは物音ひとつしなかった。

常夜灯がついた部屋で、ベッドのうえに正座をすると、祐也は将棋をおぼえてからの日々を思い返した。米村君はどうしているだろう。中学受験をして都内の私立に進んでしまったが、いまでも将棋を指しているだろうか。いつか野崎君と、どんな気持ちで研修会に通っていたのかを話してみたい。

祐也は、頭のなかで今日の４局を並べ直した。どれもひどい将棋だと思っていたが、１局目と２局目はミスをしたところで正しく指していれば、優勢に持ち込めたことがわかった。

「おれは将棋が好きだ。プロにはなれなかったけど、それでも将棋が好きだ」

うそ偽《いつわ》りのない思いにからだをふるわせながら、祐也はベッドに横になり、深い眠りに落ちていった。

（佐川光晴『駒音高く』より）

（注）※１　三和土《たたき》…土やコンクリートで固められた、土足で利用できるスペース。

祐也より頭ひとつ大きな父が言った。

「2週間後の研修会を最後にして、少し将棋を休むといい。いまのままだと、きみは取り返しのつかないことになる。わかったね?」

「はい」

そう答えた祐也の目から涙《なみだ》が流れた。足が止まり、あふれた涙が頰《ほお》をつたって、地面にぽとぽと落ちていく。胸がわななき、祐也はしゃくりあげた。こんなふうに泣くのは、保育園の年少組以来だ。身も世もなく泣きじゃくるうちに、⑥ずっと頭をおおっていたモヤが晴れていくのがわかった。

「将棋をやめろと言っているんじゃない。将棋は、一生をかけて、指していけばいい。しかし、おととしの10月に研修会に入ってから、きみはあきらかにおかしかった。おとうさんも、おかあさんも、気づいてはいたんだが、将棋については素人同然だから、どうやってとめていいか、わからなかった。2年と2ヵ月、よくがんばった。今日まで、ひとりで苦しませて、申しわけなかった」

父が頭をさげた。

c「そんなことはない」

祐也は首を横にふった。

「たぶん、きみは、秀也が国立大学の医学部に現役合格したことで、相当なプレッシャーを感じていたんだろう」

父はそれから、dひとの成長のペースは千差万別なのだから、あわてる必要はないという意味の話をした。

千駄ヶ谷駅で総武線《そうぶせん》に乗ってからも、父は、世間の誰《だれ》もが感心したり、褒《ほ》めそやしたりする能力だけが人間の可能性ではないのだということをわかりやすく話してくれた。

「すぐには気持ちを切り換《か》えられないだろうが、まだ中学1年生の12月なんだから、いくらでも挽回はきく。高校は、偏差値《へんさち》よりも、将棋部があるかどうかで選ぶといい。そして、自分なりの将棋の楽しみかたを見つけるんだ」

ありがたい話だと思ったが、祐也はしだいに眠《ねむ》たくなってきた。錦糸町《きんしちょう》駅で乗り換えた東京メトロ半蔵門線《はんぞうもんせん》のシートにすわるなり、祐也は眠りに落ちた。午後6時すぎに家に着くと、玄関《げんかん》で母がむかえてくれた。

「祐ちゃん、お帰りなさい。お風呂が沸《わ》いているから、そのまま入ったら」

いつもどおり、張り切った声で話す母に、祐也は顔がほころんだ。

4局目も、中盤の入り口で、銀《ぎん》をタダで取られるミスをした。祐也は大広間から廊下《ろうか》に出て、頭を抱《かか》えた。

「祐也」

呼ばれて顔をあげると、※1三和土《たたき》に背広を着た父が立っていた。

「どうした?」

心配顔の父に聞かれて、祐也は4連敗しそうだと言った。

「そうか。それじゃあ、もう休もう。ずいぶん、苦しかったろう」

祐也は父に歩みよった。肩に手を置かれて、その手で背中をさすられた。

「挽回《ばんかい》できそうにないのか?」

手を離《はな》した父が一歩さがって聞いた。

「無理だと思う」

祐也は目を伏《ふ》せた。

「そうか。それでも最後まで最善を尽《つ》くしてきなさい」

「わかった」

父に背をむけて、祐也は大広間に戻った。どう見ても逆転などあり得ない状況《じょうきょう》で、こんな将棋にしてしまった自分が情けなかった。

a 10手後、祐也は頭をさげた。次回の、今年最後の研修会で1局目から3連勝しないかぎり、D1で2度目の降級点がつき、D2に落ちる。これでは奨励会試験に合格するはずがない。しかし、そんなことよりも、いまのままでは、将棋自体が嫌《きら》いになりそうで、それがなによりこわかった。

祐也はボディーバッグを持ち、大広間を出た。

「負けたのか?」

父に聞かれて、祐也はうなずいた。そのまま二人で1階まで階段をおりて、JR千駄ヶ谷《せんだがや》駅へと続く道を歩いていく。b いきには気づかなかったが、街はクリスマスの飾《かざ》りでいっぱいだった。

「プロを目ざすのは、もうやめにしなさい」

「小倉君。持ち時間なしの一手10秒で一局指さない？」

今日の2局目に対戦した⑤野崎君が声をかけてくれたが、祐也は首を横に振《ふ》った。1年前、野崎君は将棋を始めてわずか2年で研修会に入ってきた。入会試験の1局目を祐也が指したので、よくおぼえていた。朝霞《あさか》こども将棋教室に通っていて、二段になったばかり、歳《とし》は祐也よりひとつ上だという。

「中1で二段？　それで、どうやってプロになるんだよ。こいつ研修会をなめてるだろ」

むやみに腹が立ち、祐也は野崎君を容赦《ようしゃ》なく叩《たた》きつぶした。じっさい、野崎君は入会試験の8局を3勝5敗の成績で、E2クラスでの入会となった。

「あんなやつはE2が最高で、あとは落ちていくだけさ」

祐也がいつになくイジワルな気持ちになったのは、野崎君と同じ朝霞こども将棋教室に通っていた山沢貴司《やまさわたかし》君にまったく［　D　］が立たなかったからだ。祐也より4ヵ月あとに入会してきた山沢君は小学3年生にして四段だった。評判通り、破格の強さで、8月の奨励会試験に合格して小学4年生での奨励会入りとなり、ちょっとしたニュースになった。

一方、野崎君も派手さはないが、着実に自力をつけていた。祐也の予想に反してE2からE1へ、そしてさらにD2へと昇級《しょうきゅう》し、2ヵ月ほど前から祐也とも対局が組まれるようになった。もっとも祐也のほうが力は上で、最初の試験対局と合わせて3連勝していたが、今日の2局目でついに初黒星を喫《きっ》してしまったのである。

祐也は、野崎君に密《ひそ》かに感心していた。D2では、奨励会試験に合格するのはかなり難しい。野崎君はもう中学2年生なのだから、かりにこのままのペースで昇級したとしても、合格ラインであるC2にあがるのは1年後だ。奨励会へは6級で入会するのが普通《ふつう》だから、高校1年生での入会では、20歳の誕生日までに初段というハードルはまず越えられない。

つまり野崎君は祐也以上に焦《あせ》らなければならないはずなのに、いまもひとりで黙々《もくもく》と詰《つ》め将棋を解いている。その落ち着いた態度は、祐也がまねしたくても、まねようのないものだった。

やがて1時15分が近づき、ひとりまたひとりと対局場である大広間にむかっていく。祐也も桂《かつら》の間を出て盤《ばん》の前にすわったが、とたんに緊張しだして、呼吸が浅くなるのがわかった。

3局目の将棋も、まるでいいところがなかった。飛車《ひしゃ》を振る位置を三度も変える体たらくで、かつてなくみじめな敗戦だった。

「みんな鬼《おに》のようだった。おれは、とてもあんなふうにはなれない」

内心で白旗をあげながらも、祐也は両親と兄にむかい、来年こそは奨励会試験に合格してみせると意気込《こ》みを語った。両親と兄も、がんばるようにと言ってくれた。①しかし、将棋にうそはつけない。祐也は研修会の対局でさっぱり勝てなくなった。中学校の勉強もしだいに難しくなり、２学期の中間テストではどの教科も10点以上点数をさげた。数学と理科にいたっては赤点に近かった。驚《おどろ》いた両親はテストの解答用紙を見て、祐也がいかに勉強していなかったかを見抜《ぬ》いた。二人とも教師だけに、感情にまかせて怒鳴《どな》ることはなかったが、②祐也は立つ瀬《せ》がなかった。

「③将棋と勉強を両立させてみせるというおまえのことばを信じてきたが、あれはうそだったのか」

「将棋のプロになれるかどうかが不安で勉強が B につかなかったというなら、もう将棋はさせられないぞ」

おもに父が話し、母は悲しそうな顔でじっと考えこんでいた。２学期の期末テストで点数がさらに落ちるようなら将棋はやめると、祐也は誓った。

しかし C 水の陣《じん》を敷《し》いても、なにも変わらなかった。あいかわらず、授業中には将棋のことを考えてしまい、研修会での対局中に苦手な数学や理科のことが頭をよぎる。まさに悪循環《じゅんかん》で、なんでもない局面なのに迷いが生じ、つまらないミスをおかして、負けを重ねた。10月の第２日曜日には、ついに初の４連敗をきっして二度目の降級点を取り、祐也はＣ２からＤ１に降級した。

その後は持ち直したが、前回、11月第４日曜日の研修会で再び４連敗して、気持ちが折れた。今日も、正直に言えば、研修会にくるのがこわかった。自信を失った状態で勝てるほど、研修会の将棋は甘《あま》くない。

悪い予感は当たり、祐也は午前中の２局に連敗して降級点がついた。立ち直りのきっかけすらつかめない、最悪の内容だった。

これまでは、午前中の対局で２連敗しても、お昼に父と電話で話すうちに気力がわいた。しかし、④祐也はもはや虚勢《きょせい》を張ることすらできなかった。

鳩森八幡《はとのもりはちまん》神社の電話ボックスから将棋会館に戻《もど》り、祐也は４階の柱の間で幕の内弁当を食べた。胃が痛いし、まるで味がしないのに、どんどん食べられるのがふしぎだった。

二　次の文章を読んであとの問いに答えなさい。

祐也《ゆうや》は転校してきた米村君にさそわれて、小学3年生の時に将棋《しょうぎ》を始める。めきめきと力をつけた祐也は将棋センターに通い始め、5年生の10月に三段に上がり、研修会入会を果たす。中学生になった祐也は、プロ棋士《きし》をこころざす若者が集まる奨励会《しょうれいかい》への合格を目指すが、思うように勝つことができない。この日の研修会でも午前の対局で2連敗を喫《きっ》し、祐也は将棋会館をぬけ出し電話ボックスから父の携帯《けいたい》電話へ電話をかける。会話を終えた祐也は、将棋を始めてからこれまでのことを思い出す。

今年の4月、祐也は中学生になった。兄の秀也《しゅうや》は東北大学医学部に進学した。医学部は合格するのも大変だが、入学してからがさらにいそがしくなるという。じっさい、仙台《せんだい》での慣れない独り暮らしで、兄はかなり苦労しているようだった。それでも兄は祐也のことを気にかけて、電話のたびに、将棋も勉強もがんばるようにと励《はげ》ましてくれた。

祐也は、勉強ではとても兄にかなわなかった。父も母も、それはしかたがないと思っているようなのが悔《くや》しかった。

「絶対に棋士《きし》になってやる」

祐也は毎日のように誓《ちか》ったが、負けたくない気持ちが先に立ち、思いきった将棋が指せなくなっていた。とくに自分より実力が上のCクラスが相手だと、ほとんど勝てない。これでは、まぐれで奨励会試験に合格しても、そこから先はさらに険しい道のりになる。金剛《こんごう》さんも、江幡《えばた》さんも、奨励会の途中《とちゅう》でプロになるのを断念していた。

しかし、プロの棋士になる以外に、国立大学の医学部に現役で合格した兄と肩《かた》を並べる方法はない。棋士になれば、兄に対して引け[A]を感じなくて済む。中学生になってから、祐也は夜中に目をさますことが増えた。授業中も、ふと気がつくと将棋のことを考えている。反対に、将棋を指しているときには、学校の勉強をおろそかにしていることが気になってしまう。

それでも、1学期の成績はそこそこ良かった。がんばれば、もっと点を取れたはずだが、8月半ばに二度目の奨励会試験をひかえていたので、祐也は期末テストの前日もネット将棋を5局も指した。

それだけに、奨励会試験には万全の態勢でのぞんだ。初日の研修会員どうしでの対局はなんとか勝ち越《こ》したが、2日目の奨励会員との対戦では1勝もあげられなかった。技術よりも気魄《きはく》で圧倒《あっとう》されて、祐也は落ちこんだ。

2024年度

日本学園中学校

【国　語】〈第一回試験〉（五〇分）〈満点：一〇〇点〉

注意　字数制限のある問題は、記号や句読点も字数に含みます。

一　次の――線部の漢字はひらがなに、カタカナは漢字に直しなさい。

①　むだな時間を省く。
②　山道を尾根づたいに歩く。
③　若気のいたり。
④　悪天候で計画に支障が生じる。
⑤　今にも泣き出しそうな空模様だ。
⑥　友人の読みアヤマりに気づく。
⑦　目的地までのウンチンを調べる。
⑧　エンドウで祭り見物をする。
⑨　祖父のおトモをして外出する。
⑩　ゾウキイショク手術が行われる。

2024年度

日本学園中学校 ▶解説と解答

算 数 ＜第１回試験＞（50分）＜満点：100点＞

解 答

1 (1) 3 (2) 15.7 (3) 1.285 2 (1) 5 (2) 12 (3) 390 (4) 40 (5) 810 (6) 45 3 (1) 72cm^2 (2) ① 477.28cm^3 ② 6.5cm 4 (1) 79本 (2) 758番目 5 (1) 3 km (2) 24分後 (3) 毎時５km 6 (1) 4 % (2) 20% (3) 4 %

解 説

1 四則計算，計算のくふう

(1) $\{23+(85\div17)-7\times2+4\}\div9+1=(23+5-14+4)\div9+1=18\div9+1=2+1=3$

(2) $A\times C+B\times C=(A+B)\times C$となることを利用すると，$4.84\times8.3-6.54\times4.15+3.14\times5.71-3.14\times4.86=4.84\times2\times4.15-6.54\times4.15+3.14\times(5.71-4.86)=9.68\times4.15-6.54\times4.15+3.14\times0.85=(9.68-6.54)\times4.15+3.14\times0.85=3.14\times4.15+3.14\times0.85=3.14\times(4.15+0.85)=3.14\times5=15.7$

(3) $2.024-\left\{0.1\times\left(2\frac{1}{4}-20\div24\right)-0.0185\right\}\times6=2.024-\left\{0.1\times\left(\frac{9}{4}-\frac{5}{6}\right)-0.0185\right\}\times6=2.024-\left\{0.1\times\left(\frac{27}{12}-\frac{10}{12}\right)-0.0185\right\}\times6=2.024-\left(0.1\times\frac{17}{12}-0.0185\right)\times6=2.024-\left(\frac{1}{10}\times\frac{17}{12}-\frac{37}{2000}\right)\times6=2.024-\left(\frac{17}{120}-\frac{37}{2000}\right)\times6=2.024-\left(\frac{850}{6000}-\frac{111}{6000}\right)\times6=2.024-\frac{739}{6000}\times6=2.024-\frac{739}{1000}=2.024-0.739=1.285$

2 小数の性質，つるかめ算，比の性質，割合と比，消去算，角度

(1) $2.85\div1.85=1.540540540\cdots$より，$2.85\div1.85$を小数で表すと，小数点以下は，｛5，4，0｝の３つの数字がこの順番でくり返し現れる。すると，$139\div3=46$余り１より，小数第139位の数は，３つの数字が46回くり返された後の１番目なので，５とわかる。

(2) ももを29個買ったとすると，合計金額は，$290\times29=8410$(円)になるが，実際は7090円なので，$8410-7090=1320$(円)の差がある。もも１個をりんご１個に置きかえるごとに，合計金額が，$290-180=110$(円)少なくなるので，りんごは，$1320\div110=12$(個)買ったとわかる。

(3) $a:b=7:3$，$b:c=5:2$より，bを３と５の公倍数である⑮とすると，aは，⑮$\times\frac{7}{3}$＝㉟，cは，⑮$\times\frac{2}{5}$＝⑥になる。aとcの比の差の，㉟－⑥＝㉙が1885にあたるので，比の①の値は，$1885\div29=65$で，cは，$65\times6=390$となる。

(4) 太郎君が１月に読んだ210ページは，12月に読んだページ数よりも25％多いから，12月に読んだページ数は，$210\div(1+0.25)=168$(ページ)である。これは，11月に読んだ120ページよりも，$(168-120)\div120\times100=40$(％)多い。

(5) Ａのポンプで給水したり排水《はいすい》したりする水の量をア，Ｂのポンプで給水したり排水したりする量をイとして，水そうの水の増減を図で表すと，下の図１のようになる。図１から，660＋ア×２

ーイ×２＝960（Ｌ）となり，960−660＝300（Ｌ）が，ア×２ーイ×２にあたることがわかる。すると，アーイは，300÷２＝150（Ｌ）であり，（はじめの水の量）＋アーイ＝960（Ｌ）だから，はじめ，水そうには，960−150＝810（Ｌ）の水が入っていたことになる。

図１

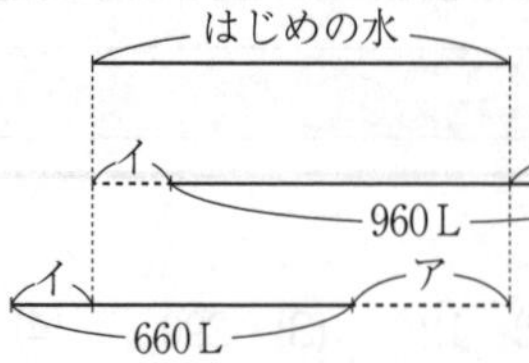

図２

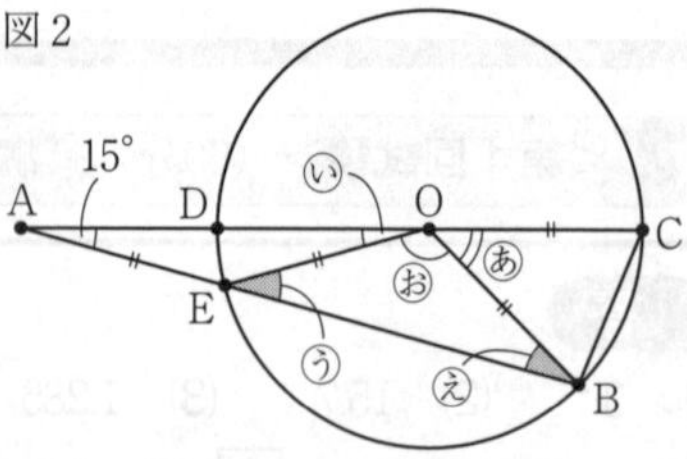

(6)　上の図２で，AEとEOの長さは等しいので，三角形AEOは二等辺三角形である。すると，い⃝の角の大きさは15度とわかる。また，三角形の外角はとなり合わない２つの内角の和になるから，う⃝の角の大きさは，15＋15＝30(度)である。さらに，EOとOBの長さは等しいので，三角形EOBも二等辺三角形となり，え⃝の角の大きさは，う⃝の角と等しく30度である。したがって，お⃝の角の大きさは，180−(30＋30)＝120(度)になり，あ⃝の角の大きさは，180−(15＋120)＝45(度)と求められる。

３　面積，水の深さと体積

(1)　問題文中の図で色のついた部分は，おうぎ形と長方形を合わせた図形から，同じおうぎ形を除いたものである。よって，求める面積は長方形の面積と等しく，12×６＝72(cm^2)となる。

(2)　①　底面の半径が４cm，高さが10cmの円柱の体積は，４×４×3.14×10＝160×3.14(cm^3)である。また，半径が４cm，中心角が45度のおうぎ形を底面とした，高さが４cmの柱体の体積は，４×４×3.14×$\frac{45}{360}$×４＝８×3.14(cm^3)である。よって，円柱から柱体を取り除いた形の容器の体積は，160×3.14−８×3.14＝(160−８)×3.14＝152×3.14＝477.28(cm^3)となる。　②　容器に６cmの高さまで水を入れ，容器を逆さにすると，右の図のようになる。容器を逆さにしても，水の体積は変わらず，水のない部分の体積も変わらない。また，水の体積は，４×４×3.14×６＝96×3.14(cm^3)で，水のない部分の体積は，152×3.14−96×3.14＝(152−96)×3.14＝56×3.14(cm^3)である。

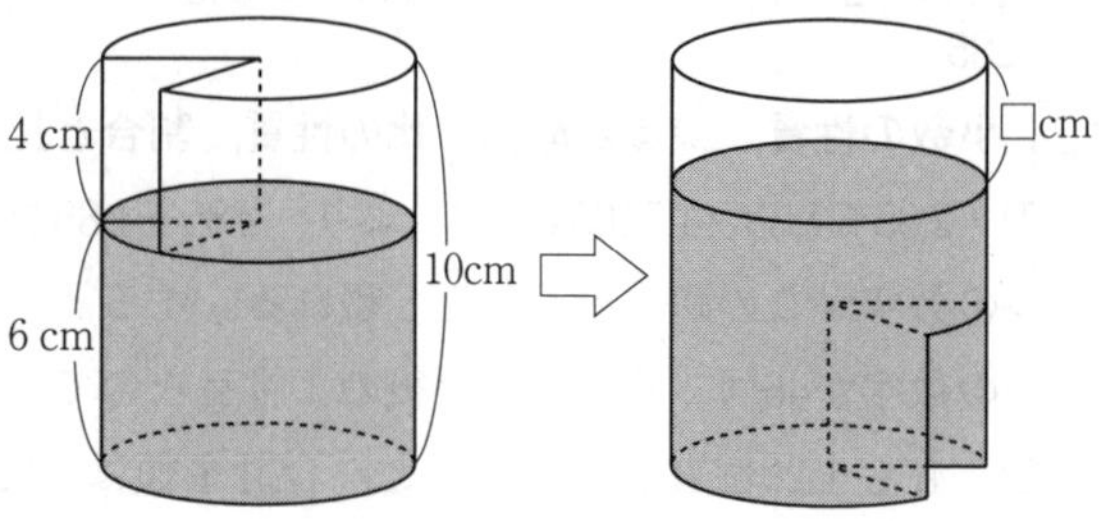

容器を逆さにすると，水のない部分は円柱になり，そのときの高さ(□)は，56×3.14÷(４×４×3.14)＝56×3.14÷(16×3.14)＝56÷16＝3.5(cm)だから，水面の高さは，10−3.5＝6.5(cm)になる。

４　図形と規則

(1)　下の図のように，３個のひし形を１つのまとまりとして考える。まず，３番目までのひし形をつくるのに，マッチ棒を，４＋３＋３＝10(本)並べる。その後は，３個のひし形をつくるのに，マッチ棒を，３＋２＋３＝８(本)ずつ追加する。29番目までのひし形をつくるとき，29÷３＝９余り２より，３個のひし形のまとまりを９回つくり，さらにひし形を２個つくる必要がある。よって，マッチ棒は，10＋８×(９−１)＋３＋２＝79(本)必要である。

(2)　(1)と同様に考えると，(2024−10)÷８＝251余り６より，2024本のマッチ棒があるとき，はじめに３個のひし形をつくった後，さらに３個のひし形を251回つくり，６本のマッチ棒が余る。こ

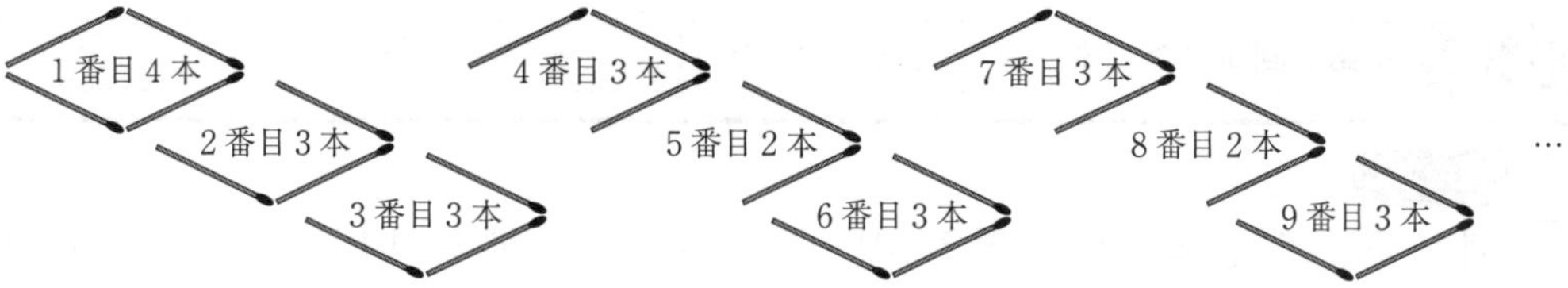

の6本は，3＋2＝5(本)より多く，3＋2＋3＝8(本)より少ないので，あと2個のひし形をつくれる。よって，2024本のマッチ棒があるとき，ひし形は最大で，3＋3×251＋2＝758(番目)まで完成する。

5 速さと比

⑴　A地点から2km離《はな》れた地点をC地点とする。太郎君，次郎君，三郎君の進んだ様子を図に表すと，右の図のようになる(太線部分は1.2倍の速さで進んでいる)。この図より，アとウの和は，イとエの和より6分短く，ウはエより2分短いので，アはイより，6－2＝4(分)短い。よって，太郎君と三郎君がA地点からC地点までの2kmを進むのに，4分の差ができたことになるので，6分の差ができたA地点からB地点までの距離《きょり》は，$2\times\frac{6}{4}=3$(km)である。

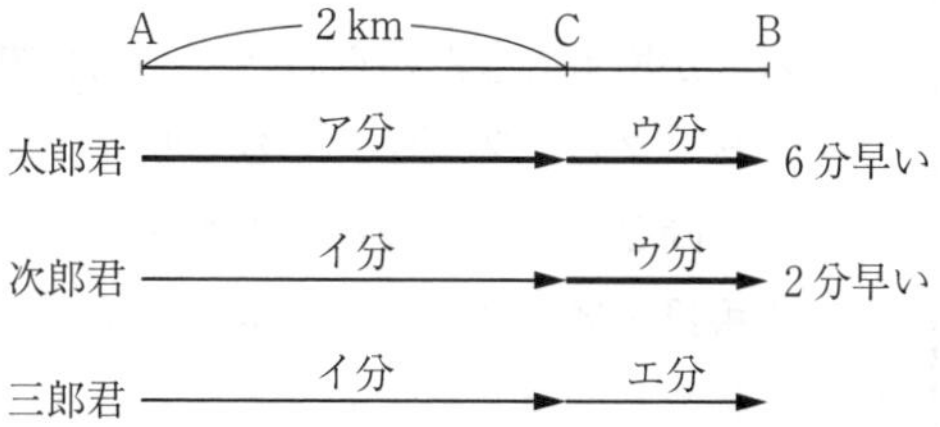

⑵　太郎君と三郎君の速さの比は，1.2：1＝6：5だから，太郎君と三郎君がA地点からC地点まで進むのにかかった時間，つまりアとイの比は，$\frac{1}{6}:\frac{1}{5}=5:6$である。この比の差の，6－5＝1が4分にあたるので，イ＝4×6＝24(分)となり，次郎君と三郎君が2km地点に着いたのは，出発してから24分後とわかる。

⑶　⑵より，三郎君の速さは，毎時，$2\div\frac{24}{60}=5$(km)である。

6 濃度《のうど》

⑴　120gの水に5gの食塩を加えると，濃《こ》さが，5÷(120＋5)×100＝4(%)の食塩水が，120＋5＝125(g)できる。これを2つの容器A，Bに4：1の比になるように分けると，Aの食塩水は，$125\times\frac{4}{4+1}=100$(g)，Bの食塩水は，125－100＝25(g)になるが，濃さはどちらも変わらず4%である。

⑵　Bの食塩水には，食塩が，25×0.04＝1(g)ふくまれている。この食塩水に，食塩を5g加えると，Bの食塩水の濃さは，(1＋5)÷(25＋5)×100＝20(%)になる。

⑶　まず，⑵のA，Bの容器に入っている食塩水をすべて合わせると，食塩水の重さは，100＋(25＋5)＝130(g)，ふくまれる食塩の重さは，5＋5＝10(g)になる。これに，水127gと食塩3gを加えると，食塩水の重さは，130＋127＋3＝260(g)，ふくまれる食塩の重さは，10＋3＝13(g)になり，濃さは，13÷260×100＝5(%)になる。さらに，これを4：1の比になるように分けて容器C，Dに入れると，Cの食塩水の重さは，$260\times\frac{4}{4+1}=208$(g)，Dの食塩水の重さは，260－208＝52(g)になり，濃さはどちらも5%である。このとき，Cの食塩水にふくまれる食塩の重さは，208×0.05＝10.4(g)とわかる。最後に，Dの食塩水と同じ重さの水をCに加えると，Cの食塩水の重さは，208＋52＝260(g)になる。よって，ふくまれる食塩の重さは変わらないから，Cの食塩水の濃さは，10.4÷260×100＝4(%)になる。

社　会　＜第１回試験＞（30分）＜満点：50点＞

解　答

1 **問1** ② ア　③ オ　**問2** ① ウ　⑤ ア　**問3**〔**1**〕富山　〔**2**〕福井　〔**3**〕佐賀　〔**4**〕大分　**問4** イ　**問5** ② 鯖江　③ 別府　**問6** 甲府　**問7** ウ　**問8** イ　**問9** イ　**問10** C　**問11** 棚田　**2** **問1** **1** 硬性憲法　**2** 国民主権　**3** 基本的人権　**問2** エ　**問3** エ　**問4** イ　**問5** 集団的自衛権　**問6** オ　**問7** オ　**問8** （例）憲法解釈の変更で対応するよりも憲法改正をした方がいいという考えの人が増えたから。(70年以上も改正していないことで，時代に合わないと感じる人が増えてきたから。)　**3** **問1** **1** ア　**2** シ　**3** コ　**4** ク　**5** ウ　**6** タ　**7** ツ　**8** サ　**9** エ　**10** オ　**問2**〔**A**〕馬借　〔**B**〕参勤交代　**問3** ウ　**問4** 中尊寺金色堂　**問5** イ　**問6** 横浜　**問7** イ　**問8** (1) **1番目**…アメリカ　**2番目**…イギリス　**3番目**…フランス　(2)（例）欧米(西洋)諸国の文物や制度などを学ぶこと。

解　説

1 **山梨県についての問題**

問1　地図１中の①は長野県，②は埼玉県，③は静岡県，④は東京都，⑤は神奈川県である。表１中のエは面積が最も大きいことから長野県，ウは人口が最も多いことから東京都，イは人口が２番目に多いことから神奈川県，アは人口が３番目に多いことから埼玉県，残ったオは静岡県となる。

問2　①　善光寺は，長野市にある寺院で，７世紀後半に建てられたとされ，百済《くだら》から日本に伝わった最古の仏像を信濃《しなの》(長野県)に持ちこんだ本田善光の名にちなんで名づけられたと伝わる。
⑤　鶴岡《つるがおか》八幡宮は，神奈川県鎌倉市にある武士の信仰《しんこう》を集めた神社で，11世紀半ばに源頼義が奥州を平定して鎌倉に帰り，京都の石清水《いわしみず》八幡宮を由比ヶ浜にまつり，その後，源頼朝が現在の地に移した。　なお，イは埼玉県，エは東京都，オは静岡県に立地する寺社である。

問3〔**1**〕富山県は，北アルプスと呼ばれる飛騨《ひだ》山脈が連なり，第二次産業の人口割合は33.9％(2022年)である。　〔**2**〕福井県の沿岸部には，高浜原発，大飯《おおい》原発，美浜原発，敦賀《つるが》原発などが立地している。　〔**3**〕佐賀県は，唐津《からつ》焼，伊万里焼，有田焼の産地で，筑後《ちくご》川の下流域にクリークと呼ばれる水路がつくられている。　〔**4**〕大分県のほぼ中央には有名な温泉地である湯布院が位置している。

問4　ライチョウは，中部地方の高山で暮らす，国の特別天然記念物に指定されている鳥で，富山県，長野県，岐阜県の県鳥にもなっている。

問5　②　鯖江《さばえ》市(福井県)では，大雪が降るため農業ができない冬の副業として20世紀初めからメガネフレームの生産が始まり，1980年代に新しい素材の加工技術を開発して，現在は日本におけるメガネフレームの90％以上を生産し，世界にも知られるようになった。　③　別府市(大分県)には，８か所の温泉郷で構成された別府温泉がある。温泉湧出《ゆうしゅつ》量や源泉数が全国第１位(2021年)で，地熱発電や温室にも利用されている。

問6　山梨県の県庁所在地である甲府市は，山梨県のほぼ中央に位置し，南北に細長い形をしている。戦国時代には武田氏の本拠地《ほんきょち》，江戸時代には甲州街道の宿場町として栄えた。

問７　甲府市は，内陸部にある盆地《ぼんち》特有の気候で，夏は蒸し暑く７，８月の月平均気温は25度を超《こ》え，冬は寒さが厳しいものの０度を下回らない。また，１年を通して比較《ひかく》的降水量が少ない(ウ…○)。

問８　特にことわりのないかぎり，地形図では上が北を表す。地形図中のＡ付近の標高は682m，そこから東(右)に向かって443m，378mと低くなっているので，ゆるやかに下る斜面《しゃめん》である(イ…○)。なお，果樹園(ȯ)も畑(∨)もある(ア…×)。郵便局(〶)の向かい側にあるのは高等学校(⊗)ではなく小・中学校(文)である(ウ…×)。「上宮地」に立地しているのは図書館(🕮)ではなく老人ホーム(⌂)である(エ…×)。

問９　「あやめが丘」の東側や南側には人工的につくられた急斜面などを示す土崖《つちがけ》(┬┬┬┬┬)が見られることから，丘をけずって平らに造成した，新しい住宅地と考えられる(イ…○)。

問10　写真には奥《おく》に山々，手前には田が写り，その間には住宅地があることがわかる。また，住宅地と田の間に道路が伸びているので，Ｃから撮影《さつえい》したと考えられる。

問11　棚田は，斜面が多く，平地が少ない地域で土地を有効活用するために，山の斜面や傾斜《けいしゃ》地に階段状につくられた田で，全国各地に分布している。

2　日本国憲法についての問題

問１　**1**　日本国憲法は一般《いっぱん》の法律よりも改正手続きがきびしい硬性《こうせい》憲法となっており，ときの政治家によって不当に憲法が変えられることを防ぎ，さまざまな意見が交わされたうえで多くの人々に受け入れられるものになることが期待されている。　**2**　国の政治をどのように進めていくのかを最終的に決める権限を主権といい，日本国憲法では主権が国民にあることが定められている。これを国民主権という。　**3**　人が生まれながらにして持っている，侵《おか》すことのできない永久の権利を基本的人権といい，これを尊重することが日本国憲法の三大原理の１つとなっている。

問２　世論調査で「必要ある」という回答と「必要ない」という回答を足すと，2018年と2020年は56％，2021年は53％，2022年と2023年は54％であるので，いずれの年も「どちらともいえない」という回答を上回っている(エ…×)。

問３　日本国憲法が公布されたのは，1946年11月３日である。11月３日は，1948年に法律で「文化の日」として国民の祝日に定められ，「自由と平和を愛し，文化をすすめる」日とされた。なお，アの憲法記念日は５月３日，イの建国記念の日は２月11日，ウの昭和の日は４月29日，オのみどりの日は５月４日である。

問４　日本国憲法は，平和主義の理念を具体化するために，第９条１項で戦争の放棄《ほうき》と武力の不行使および放棄，２項で陸海空軍その他の戦力の不保持と交戦権の否認を定めている。

問５　集団的自衛権は，自分の国と同盟関係にある国が武力攻撃《こうげき》を受けたときに，自分の国に対する攻撃とみなし，同盟国を守るために共同して反撃できるとする権利である。2014年７月，日本国民に明白な危険がある場合，集団的自衛権の行使を認めることが閣議決定された。

問６　生存権は，だれもが人間らしい生活を送れることを保障する社会権に分類される。教育を受ける権利，勤労の権利，労働三権(団結権・団体交渉権・団体行動権)がこれに当てはまる。

問７　自分の生き方を自分で決定する権利である自己決定権の考えから，安楽死を肯定《こうてい》する意見がある一方，倫理《りんり》的な観点や，患者《かんじゃ》を殺害する義務を担《にな》わされ，患者の意思の確認を怠《おこた》ったことで自殺の手助けをしたと罰《ばっ》せられる危険性を持つ医師の側からは，安楽死に慎重《しんちょう》な意見もある。そうした背景のもと2023年現在，安楽死法は制定されていない(オ…×)。

問８　資料からは，憲法改正の必要があるという意見が増加傾向《けいこう》にあることが読み取れる。この理由として，憲法の解釈《かいしゃく》を変えることで対応してきたことに対して，憲法改正の手続きをふむべきだという批判が強かったことや，制定されてから70年以上たっても改正されていない中で時代の変化に合わせて憲法を変えていかなくてはならないと感じる人が増えてきたからと考えられる。

３　旅を題材とした歴史についての問題

問１　**１**　阿倍仲麻呂《なかまろ》は，８世紀初めに留学生として遣唐《けんとう》使とともに唐(中国)にわたって皇帝の玄《げん》宗《そう》に仕えたが，帰国する船が難破して日本にたどりつくことができず，唐でその一生を終えた。

２　最澄は，平安時代の初めに唐にわたり，帰国すると比叡《ひえい》山(滋賀県)に延暦《えんりゃく》寺を建て天台宗を開いた。　**３**　空海は，遣唐使船で唐にわたり，帰国すると高野山(和歌山県)に金剛峯《こんごうぶ》寺を建て真言宗を開いた。　**４**　紀貫之《つらゆき》は，10世紀前半に土佐(高知県)での任務を終えて京都に帰るまでの出来事や心情を紀行文『土佐日記』に書いたことや，醍醐《だいご》天皇の命令を受けて『古今和歌集』を編集したことで有名である。　**５**　一遍《いっぺん》は，鎌倉時代に時宗を開き，南無阿弥陀仏《なむあみだぶつ》と念仏を唱えながら踊《おど》る踊念仏を広めた。　**６**　松尾芭蕉《ばしょう》は，1689年３月27日に弟子の曾良《そら》と江戸の深川を出発して東北・北陸地方の名所・旧跡を旅し，８月に美濃《みの》(岐阜県)の大垣《おおがき》に到着《とうちゃく》するまでの紀行文『奥の細道』を著した。　**７**　松平定信は，白河藩主(福島県)時代の政治力をかわれ，失脚《しっきゃく》した田沼意次に代わって老中となり，寛政の改革を行った。しかし，さまざまな統制がきびしかったために民衆からの評判は悪く，大きな効果を上げることができなかった。　**８**　十返舎一九《じっぺんしゃいっく》は，19世紀初めに弥次郎兵衛《やじろべえ》と喜多八が江戸から京都・大阪まで東海道を旅する様子を『東海道中膝栗《ひざくり》毛《げ》』に面白く書いた。　**９**　歌川広重は，江戸時代後期に活躍《かつやく》した浮世絵画家で，江戸と京都を結んだ東海道の53の宿場の風景を『東海道五十三次』に描《えが》いた。　**10**　大隈重信は，肥前《ひぜん》藩(佐賀県)出身の政治家で，1882年にイギリス流の議会政治を唱える立憲改進党を設立し，1898年に日本初の政党内閣を組織した。

問２　**〔Ａ〕**　馬借は，室町時代に交通の要地に住み，馬の背に年貢米などの物資を乗せて運んだ陸送業者である。1428年，近江《おうみ》(滋賀県)坂本の馬借の蜂起《ほうき》をきっかけに，京都周辺の農民が徳政を求めて立ち上がり，正長の土一揆《いっき》となった。　**〔Ｂ〕**　参勤交代は，1635年に江戸幕府の第３代将軍徳川家光が，大名を統制するための法令である武家諸法度を改定し，制度化したものである。これにより，大名は１年おきに江戸と領地に住むことを義務づけられ，大名の妻子は人質として江戸におくことを命じられた。

問３　調は，律令制度のもとで男子に課せられた税の１つで，布や糸などその地方の特産物を自ら都まで徒歩で運んで納めた(ウ…○)。なお，６歳《さい》以上の男女に口分田が与《あた》えられた(ア…×)。租は稲の収穫《しゅうかく》の約３％であった(イ…×)。雑徭《ぞうよう》は国司のもとで土木工事などの労働にあたり(エ…×)，庸は都で労働するか，代わりに布を納めた(オ…×)。

問４　中尊寺金色堂は，平泉(岩手県)を根拠地として東北地方に一大勢力を築いた奥州藤原氏の初代清衡《きよひら》が1124年に建てた浄土教の阿弥陀堂で，建物の内外が金箔《きんぱく》でおおわれ，内部には阿弥陀如来《にょらい》像や地蔵菩薩《ぼさつ》像など33体の仏像が安置されている。

問５　「夏草や／兵《つわもの》どもが／夢のあと」は，17世紀に松尾芭蕉が平泉の高館で詠《よ》んだ句であるので，この500年前は12世紀にあたる。奥州藤原氏は４代100年にわたって栄華《えいが》を極めたが，1189年，源義経をかくまっていたことを口実に義経と敵対していた兄の源頼朝に攻《せ》められ，滅亡《めつぼう》した(イ…○)。なお，アの平将門の乱が起こったのは10世紀前半，ウの後三年合戦は1083～87年，エの坂上田村麻呂の活躍は９世紀初めごろ，オの前九年合戦は1051～62年のことである。

問６　1872年，イギリス人技術者エドモンド＝モレルの指導によって，日本で初の鉄道が新橋—横浜間に開通した。その後，神戸—大阪間などの主要な港と大都市とを結ぶ鉄道が，開通していった。

問７　Ａは1941年(真珠湾攻撃)，Ｂは1940年(日独伊三国同盟)，Ｃは1937年(日中戦争の開始)，Ｄは1945年８月(広島・長崎への原爆《げんばく》投下)，Ｅは1945年７月(連合国がポツダム宣言を発表)のことなので，年代の古い順に，Ｃ→Ｂ→Ａ→Ｅ→Ｄとなる(イ…○)。

問８　(1)　資料より，アメリカにいたのは約７か月，イギリスにいたのは約４か月，フランスにいたのは約２か月であり，ほかの国々にいた日数は２か月に満たないことがわかる。　(2)　使節団のメンバーに留学生が多くふくまれていることから，欧米《おうべい》諸国の制度や文化を学ぶ目的があったと考えられる。実際，1873年に帰国した岩倉使節団は，欧米を見習って日本の近代化を進めるべきだと主張した。

理　科　＜第１回試験＞(30分)＜満点：50点＞

解　答

1　**問１**　(1)　(イ)　(2)　25cm　(3)　30cm　(4)　(オ)　**問２**　(1)　(エ)，(オ)　(2)　(イ)　(3)　①，③，④　**2**　**問１**　**水酸化ナトリウム水溶液**…(ア)　**塩酸**…(エ)　**問２**　Ａ，Ｂ，Ｃ　**問３**　(ウ)　**問４**　(ウ)　**問５**　13.9％　**3**　**問１**　(ア)，(イ)，(エ)　**問２**　(エ)　**問３**　**幼虫**…(エ)　**成虫**…(ウ)　**問４**　**名称**…完全変態　**記号**…(イ)，(ウ)，(カ)　**4**　**問１**　(1)　(ウ)　(2)　②　(3)　(ウ)　**問２**　(イ)　**問３**　(1)　ベテルギウス　(2)　(イ)

解　説

1　**振《ふ》り子の運動，豆電球の回路についての問題**

問１　(1)　表１より，振り子の糸の長さを10cm，20cm，30cm，…と長くしていくと，振り子を放してから５回目に戻《もど》ってくるまでの時間が3.2秒，4.5秒，5.5秒，…と増えていくとわかる。

(2)　振り子の糸の長さを40cmから10cmに，$10 \div 40 = \frac{1}{4} = \frac{1}{2} \times \frac{1}{2}$(倍)にすると，振り子を放してから５回目に戻ってくるまでの時間が6.4秒から3.2秒に，$3.2 \div 6.4 = \frac{1}{2}$(倍)になるとわかる。ここで，糸の長さが100cmの振り子は，振り子を放してから５回目に戻ってくるまでの時間が10秒で，作りたい振り子とくらべて時間が，$5 \div 10 = \frac{1}{2}$(倍)になっているから，振り子の糸の長さは，$100 \times \frac{1}{2} \times \frac{1}{2} = 25$(cm)にすればよい。　(3)　振り子を放してから１回目に放した地点へ戻ってくるまでの時間は，振り子の糸の長さが10cmのとき，$3.2 \div 5 = 0.64$(秒)，20cmのとき，$4.5 \div 5 = 0.9$(秒)，30cmのとき，$5.5 \div 5 = 1.1$(秒)，…とわかる。よって，振り子を放してから9.9秒後に，糸の長さが20cmの振り子は，$9.9 \div 0.9 = 11$(回)戻り，糸の長さが30cmの振り子は，$9.9 \div 1.1 = 9$(回)戻るので，ここでの条件を満たすと考えられる。以上より，このときの２つの振り子のうち，長い方の糸の長さは30cmとわかる。なお，表１にある長さ40cm以上の振り子ではちょうど9.9秒後に放した地点に戻ってくるものはない。　**(4)**　振り子のおもりが手を放した地点と同じ高さまでくると，振り子のおもりはその場でいったん静止し，それまでとは反対向きへ振れる。したがって，振り子のおもりが静止している図２のＡの位置で糸が切れると，振り子のおもりはそのまま真下へ落ちる。

問２　**(1)**　図３でスイッチ①だけを入れると，電池のプラス極から流れ出した電流は，(エ)の豆電球と(オ)の豆電球が直列につながれた部分を流れた後，電池のマイナス極に入る。　**(2)**　スイッチ①とスイッチ②だけを入れたとき，電池のプラス極から流れ出した電流は，(エ)の豆電球と(カ)の豆電球が並列につながれた部分を流れてから，(オ)の豆電球を流れ，電池のマイナス極に入る。したがって，このとき，(イ)のような回路図になる。　**(3)**　スイッチ①とスイッチ④だけを入れたときの回路図は右の図ａのようになるから，このとき，(ア)，(イ)，(エ)，(オ)の豆電球は全く同じ明るさで光るとわかる。ここで，さらにスイッチ③を入れたときの回路図は右の図ｂのようになるが，この場合，豆電球のつなぎ方が左右対称《たいしょう》になるので，(ウ)の豆電球には電流が流れない。よって，(ア)，(イ)，(エ)，(オ)の豆電球の明るさは図ａのときと変わらない。以上より，ここでの条件を満たすのは，スイッチ①，③，④を入れたときと考えられる。

図ａ
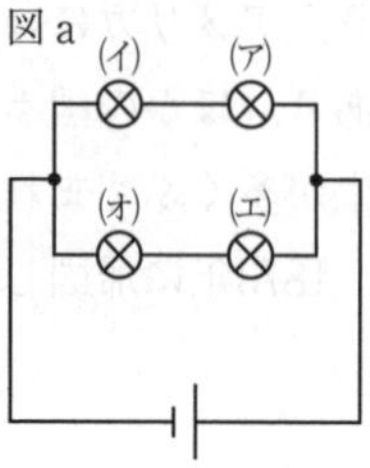

図ｂ
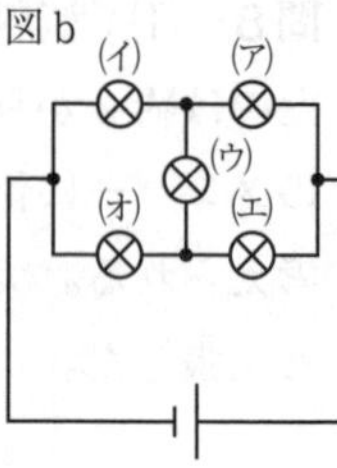

2　水酸化ナトリウム水溶液《すいようえき》と塩酸の反応についての問題

問１　水酸化ナトリウム水溶液には白色の固体の水酸化ナトリウムが溶《と》けているので，水を蒸発させると水酸化ナトリウムの白い固体が残る。塩酸には気体の塩化水素が溶けているので，水を蒸《じょう》発《はつ》させても何も残らない。

問２　表より，加熱後に残った固体の重さはビーカーＤまでは塩酸が25cm^3増えるごとに，19.7－17.9＝1.8(ｇ)，21.6－19.7＝1.9(ｇ)，23.4－21.6＝1.8(ｇ)と増えている。一方で，ビーカーＤとビーカーＥでは加熱後に残った固体の重さがいずれも23.4ｇで，ビーカーＤとビーカーＥの間では加熱後に残った固体の重さが増えていない。したがって，ビーカーＤで塩酸を100cm^3加えたときに，水酸化ナトリウム水溶液100cm^3がちょうど反応していると考えられる。よって，赤色リトマス紙はアルカリ性の水溶液にひたしたときに青色に変化するから，ここではアルカリ性の水酸化ナトリウム水溶液が残っているビーカーＡ，Ｂ，Ｃが選べる。

問３　問２より，加えた塩酸が100cm^3のときに水酸化ナトリウム水溶液100cm^3と過不足なく反応すると考えられるので，水酸化ナトリウム水溶液と塩酸は，100：100＝１：１で過不足なく反応する。よって，ビーカーＣで塩酸と反応せずに残っている水酸化ナトリウム水溶液の体積は，100－75＝25(cm^3)とわかる。この実験で用いた水酸化ナトリウム水溶液100cm^3には固体の水酸化ナトリウムが，$80\times\frac{100}{500}=16$(ｇ)溶けているから，このとき残った水酸化ナトリウム水溶液25cm^3には，$16\times\frac{25}{100}=4.0$(ｇ)の水酸化ナトリウムの固体が溶けている。また，水酸化ナトリウム水溶液と塩酸が反応すると食塩ができるので，ビーカーＣの加熱後に残った固体21.6ｇのうち，21.6－４＝17.6(ｇ)が食塩となる。

問４　問２で述べたことより，ビーカーＤとビーカーＥでは水酸化ナトリウム水溶液がすべて塩酸と反応して中和しきったため，加熱した後に残る固体の重さが変化しない。

問５　この実験では水酸化ナトリウム水溶液500cm^3，つまり，500×1.15＝575(ｇ)に，水酸化ナトリウムの固体が80ｇ溶けている。よって，その濃《こ》さは，80÷575×100＝13.91…より，13.9％と求められる。

3　昆虫《こんちゅう》のからだと育ち方についての問題

問１　コガネグモとダニはクモのなかま，ミジンコはエビやカニのなかまで昆虫ではない。

問２　昆虫のからだは胸部に６本の足があり，腹部(や胸部)にある気門からつながる気管で呼吸している。また，頭部には２つの複眼を持つ。

問３　モンシロチョウの幼虫は一般《いっぱん》にアオムシとよばれ，キャベツなどのアブラナ科の植物の葉を好んで食べる。一方で，モンシロチョウの成虫は細長い管のようなストロー状の口で花のみつを吸う。

問４　卵→幼虫→さなぎ→成虫とすがたを変えて成長することを完全変態，卵→幼虫→成虫とすがたを変えて成長することを不完全変態という。カイコガ，スズメバチ，ハエは完全変態をする昆虫である。

4　天体の動きについての問題

問１　(1)　オーストラリアのアデレードなど南半球の地点では，正午に太陽が空高くにのぼるときの方角は北になる。したがって，図１のＣが北とわかるので，反対側のＡが南，Ｂが東，Ｄが西とわかる。　(2)　地球は西から東の方向に自転をしているので，南半球でも北半球と同様に，太陽は東の空からのぼり西の空へしずむ。よって，太陽はＢ(東)からＤ(西)へと進む。　(3)　春分の日から３か月後は日本の夏至の日ごろにあたり，南半球では日本が夏のときに冬になる。よって，日本の夏至の日ごろに南半球での正午の太陽高度は１年で最も低くなるので，(ウ)が選べる。

問２　右の図のように，月を見るときの姿勢は，南半球にいる人と北半球にいる人で反対になるため，南半球で観察できる月面のようすは北半球とは上下左右が反対に見える。

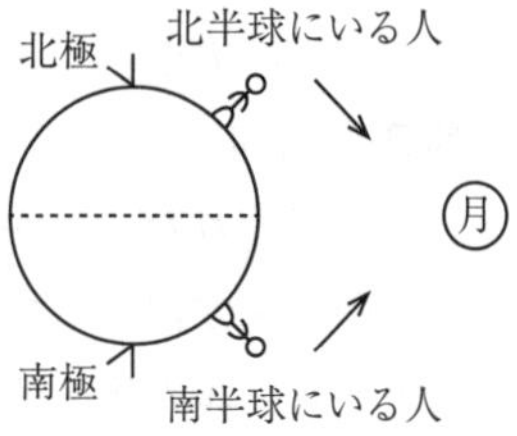

問３　(1)　オリオン座のＡの位置にある星はベテルギウスで，赤色に輝《かがや》く一等星である。　(2)　南半球で観察できる星座の星の位置関係は，問２の月と同様に，北半球とは上下左右が反対に見える。よって，(イ)のように見える。

国　語　＜第１回試験＞（50分）＜満点：100点＞

解　答

一　①　はぶ(く)　②　おね　③　わかげ　④　ししょう　⑤　そらもよう　⑥～⑩　下記を参照のこと。　二　**問１**　**Ａ**　目　**Ｂ**　手　**Ｃ**　背　**Ｄ**　歯　**問２**　エ　**問３**　ウ　**問４**　授業中には　**問５**　内心で白旗　**問６**　Ⅰ　研修会をなめてる　Ⅱ　落ち着いた態度　**問７**　エ　**問８**　エ　**問９**　イ　**問10**　**生徒**…Ｃ　三　**問１**　ウ　**問２**　考えられる～一覧できる(点)　**問３**　三十六　**問４**　イ　**問５**　エ　**問６**　イ　**問７**　イ　**問８**　**Ｆ**　エ　**Ｇ**　イ　**Ｈ**　ア　**問９**　Ⅰ　確率的なものの見方　Ⅱ　別

の選択肢　Ⅲ　勢い　**問10　生徒…D**

●漢字の書き取り

㊀　⑥　誤(り)　⑦　運賃　⑧　沿道　⑨　供　⑩　臓器移植

解　説

㊀　漢字の読みと書き取り

①　音読みは「セイ」「ショウ」で，「反省」「省略」などの熟語がある。訓読みにはほかに「かえり(みる)」がある。　②　山頂と山頂を結ぶ道筋。谷にはさまれた山地の一番高い部分の連なり。　③「若気のいたり」は，若さのために無分別な行いをしてしまうこと。　④　都合の悪いこと。さしつかえ。　⑤　天候のようす。空の具合。　⑥　音読みは「ゴ」で，「正誤」などの熟語がある。　⑦　旅客《りょかく》や貨物の運送料金。　⑧　道に沿った所。道端《みちばた》。　⑨　音読みは「キョウ」「ク」で，「提供」「供養《くよう》」などの熟語がある。訓読みにはほかに「そな(える)」がある。

⑩　事故や病気によって臓器が機能しなくなった人に，ほかの人の臓器を移植して，健康を回復させる医療《いりょう》。

㊁　出典：佐川光晴《さがわみつはる》「それでも，将棋《しょうぎ》が好きだ」(『駒音《こまおと》高く』所収)。プロ棋士《きし》を志す中学一年生の祐也《ゆうや》は，奨励会《しょうれいかい》への合格を目指しているが，なかなか結果が出せず，次第《しだい》に対局で勝てなくなったうえに，学校の成績も落ちてきてしまう。

問１　**A**「引け目を感じる」は，“自分が他人よりも劣《おと》っていると思って，恥《は》ずかしくなったり，気おくれしたりする”という意味。　**B**「手につかない」は，ほかのことが気になって，集中すべきことに身が入らず，落ち着いて対処できないようす。　**C**「背水の陣《じん》」は，もう少しも後にはひけない絶体絶命の状況《じょうきょう》で，ものごとに取り組むことのたとえ。　**D**「歯が立たない」は，相手の力が自分の力を大きく超《こ》えていて，とても勝ち目がないさま。

問２「来年こそは奨励会試験に合格してみせる」と語る祐也に，両親と兄は「がんばるように」と言ってくれた。しかし，将棋は「意気込《こ》み」や周囲の応援《おうえん》で勝てるようなものではなく，実力どおりの結果が出るものなので，祐也は「研修会の対局でさっぱり勝てなく」なってしまった。このことから，エが選べる。

問３「立つ瀬《せ》がない」は，自分の立場がなくなり面目《めんぼく》が保てずに困ってしまうようす。教師をしている両親は，祐也が「いかに勉強していなかったか」を見抜《みぬ》いたが，「感情にまかせて怒鳴《どな》ること」はしなかった。学校の勉強よりも優先していた将棋で勝てず，二学期の成績も大きく下がったのに，きつくしかられることがなかった祐也は，自分の立場を失ってその場にいることがつらく感じられたのである。

問４「将棋と勉強を両立させてみせる」という言葉とは逆に，祐也は，将棋でも勉強でも思うような結果が得られず，どちらにも集中することができなくなった。そのようすは，「授業中には将棋のことを考えてしまい，研修会での対局中に苦手な数学や理科のことが頭をよぎる」という行動に表れている。

問５　祐也は，二日目の「奨励会員との対戦では１勝もあげられ」ず，ほかの会員に圧倒《あっとう》されて落ちこんだが，「内心で白旗をあげながらも，祐也は両親と兄にむかい，来年こそは奨励会試験に合格してみせると意気込み」を語り，強がったのである。

問６　Ⅰ，Ⅱ　一年前は「中１で二段」という遅《おそ》いペースでプロを目指している野崎君のことを，「研修会をなめてる」と不快に思っていた祐也だが，今は，自分以上に「焦《あせ》らなければならないはず」の野崎君が「ひとりで黙々《もくもく》と詰《つ》め将棋を解いている」のを見て，その「落ち着いた態度」に感心している。

問７　ａでは，負けを認めた祐也のようすが，「頭をさげた」という表現によって，読者に想像できるように描《えが》かれている。ｂの表現からは，研修会での対局を前に「クリスマスの飾《かざ》り」に気づく余裕《よゆう》などなかった祐也の緊張《きんちょう》感が感じられる。また，「ひとりで苦しませて，申しわけなかった」とわびた父に対し，祐也が「そんなことはない」と答えてｃのような反応をみせたことから，父は悪くないからあやまらないでほしいと祐也が思っていることが読み取れる。ｄの「ひとの成長のペースは千差万別《せんさばんべつ》なのだから」という父の言葉は，兄の秀也《しゅうや》と祐也を比較《ひかく》したもので，一人の人間の成長のスピードが人生の時期によって変化する，という意味ではない。

問８　医学部に現役合格した兄に対抗《たいこう》し，祐也は「絶対に棋士になってやる」「将棋と勉強を両立させてみせる」という二つの重圧になやまされていた。しかし，父に「プロを目ざすのは，もうやめにしなさい」「少し将棋を休むといい」と言われ，それまで「ずっと頭をおおっていた」苦しみから解放され，その気持ちが頬《ほお》を伝う涙《なみだ》とともに祐也のなかからあふれ出した。そのようすを「モヤが晴れていく」と表現しているのである。

問９　「少し将棋を休むといい」と助言はしたが，父は，祐也に勉強に専念するように言っているわけではなく，高校は「偏差値《へんさち》よりも，将棋部があるかどうかで選ぶといい」と話している。さらに父は，結果がすぐに出なくても「あわてる必要はない」し，「世間の誰《だれ》もが感心したり，褒《ほ》めそやしたりする能力だけが人間の可能性ではない」と祐也に伝えている。それを受けて祐也は，「プロにはなれなかったけど，それでも将棋が好きだ」と思えているのだから，イの内容が合う。

問10　それまでの自分と将棋とのかかわりを思い起こしている祐也が，対局のときと同じように「正座」をしている描写《びょうしゃ》からは，まだ将棋に熱意を持っていることが読み取れるので，生徒Ａは正しい。自分を将棋にさそってくれた米村君のことを思い出していることから，将棋を始めたころの純粋《じゅんすい》な気持ちをふり返っていると想像でき，野崎君とも，いつかは心を開いて語り合いたいと思っているのだから，生徒Ｂも合っている。そして，今日の対局を正面からふり返ってみて，「おれは将棋が好きだ」という「うそ偽《いつわ》りのない思い」に気づいた祐也は，「深い眠《ねむ》りに落ちていった」のだから，生徒Ｄも正しい。父に「少し将棋を休むといい」と言われたとおり，しばらく将棋を休もうと思っているので，生徒Ｃの意見は正しくない。

三　**出典：齋藤孝《さいとうたかし》『数学力は国語力』**。筆者は，樹形図や確率的な発想といった数学的な考え力は，何かを決めたり，文章を書いたりなど日常生活のなかでも役に立つので，「国語力」だけでなく「数学力」も身につけるべきだと主張している。

問１　「机上《きじょう》の空論」と「絵に描《か》いた餅《もち》」は，頭のなかで思い描いただけで実際にはまったく役に立たない考えや計画のこと。なお，「釈迦《しゃか》に説法」は，その分野の専門家に向かって中途半端《ちゅうとはんぱ》な知識を説こうとするおろかさを表したことわざ。「医者の不養生」は，正しいとわかっているのに自分ではそのとおりに実行しないこと。「河童《かっぱ》の川流れ」は，その道の名人でもときには油断して失敗することがあるということわざ。

問２　樹形図は，数学の順列組み合わせに出てくる「あり得るケースを整理した順序に従ってすべて列挙していくやり方」で，会議などで用いて，「やらない場合はどんなことが想定できるのか」「やった場合にはどうなのか」を可視化していくと，素早《すばや》い判断ができると述べられている。ぼう線部②の三つ後の段落にあるように，この樹形図や数学のよい点は「考えられる未来の展開を漏《も》れなく記述し，あり得る可能性を図の形で一覧できる」ところだと述べられているので，この部分をぬき出せばよい。

問３　算数の“場合の数”の考え方を用いる。二つのサイコロを振ったときの出目を考える場合，「一つ目のサイコロに１が出た時には二つ目のサイコロの出目は１から６まで」の六通りとなり，一つ目のサイコロに「２が出た場合」も二つ目のサイコロに「１から６までが出る可能性」がある。よって，二つのサイコロを振った場合の出目は，六×六の三十六通りとなる。

問４　問２でみたように，樹形図は「あり得るケース」を「図の形で一覧できる」ので，「時間に支配されずに，一覧してすぐに理解」でき，会議の参加者の「判断がスピードアップする」。よって，ア，ウ，エがふさわしい。イは，「議論したり本を読んだりする場合」について述べている内容なので，ふさわしくない。

問５　数学には「論理の骨格」という「骨組み」に相当するはたらきがあり，国語には「豊かな表現力で細部にわたって肉づけする」というはたらきがあると筆者は述べている。つまり，数学が示す「骨組み」を，国語の力で「わかりやすく説明する」ことができるので，Ｂには「数学」，Ｃには「国語」が入る。文章を書くときにも，数学的な「論理の骨格」をはずさなければ，国語的な「途《と》中《ちゅう》の寄り道」が安心してできることになるが，国語の側だけから考えていくと「本質がとらえられて」おらず，「構造を理解」できていない印象を与《あた》えてしまう。だから，「数学と国語と，両側から攻《せ》めるということが大事」になってくると書かれているので，ＤとＥに入れる言葉は「国語」がよい。

問６　ぼう線部④の前後に，「樹形図的な発想」によって「可能性をあげて」いき，「もう何も考えられない」という状況になって初めて，「じゃ今度は一つずつ検討して消去してみよう」という作業に移れるようになり，最終的にあるべき決断が生まれると書かれている。よって，イの内容が合う。

問７　「未開発」という熟語になるので，イが選べる。ほかは，「無反応」「不安定」「非常識」となる。

問８　**Ｆ**　空欄《くうらん》の後にある，「社会ではみんながある種の自分の願望を語って相手を誘《さそ》い」「意思決定してもらうということをやり合っている」というのは，その前の，「私たちの社会」では「誰でもある種の営業行為《こうい》を行っている」という内容を言い換《か》えたものなので，“要するに”という意味の「つまり」が入る。　**Ｇ**　社会では，自分の願望を語って相手を誘って意思決定させ合っているが，「冷静になる人はやはり必要」だということを説明するための例が，後に述べられている。よって，具体的な例をあげるときに用いる「たとえば」がよい。　**Ｈ**　前では，議論している三人のうち，二人が盛り上がっているのに続いて三人目も盛り上がってしまったのでは，「話がどんどんリアルでなくなっていく」とあり，後では，「三番目の人」が冷静に「確率的なものの見方」をすれば，「実行した時に起こり得るリスク」も考えることができるという内容がある。よって，前のことがらを受けて，それに反する内容を述べるときに用いる「しかし」が合う。

問９　Ⅰ～Ⅲ　「その類《たぐい》のこと」とは，「『決裂《けつれつ》に備えた最善の代替《だいたい》案』のようなもの」を指す。みんながそれぞれの願望を語って盛り上がっているときに，冷静な人が「確率的なものの見方」をして，「別の選択肢《せんたくし》」や代替案も持っておいたほうがいいなどと提案すると，盛り上がっている「勢い」をそぐことになるので，口に出すのは難しいのである。

問10　日本軍は，会議において，冷静に「確率論とか統計的な考え方」を持ち出さず，「未来について思い描く図が願望的」になってしまったために失敗したのだから，生徒Ａは正しい。「数学的に表記されたことがらを国語の豊かな表現力」で説明することに，「数学と国語のよい関係」があると述べられているので，生徒Ｂもふさわしい。また，私たちの社会では，自分の願望を語って相手を誘う「営業行為」のようなことを互いにやり合っているが，「勢い」がついて願望だけが盛り上がると現実を見失いがちになるとあるので，生徒Ｃも合っている。「人の心にはドラマ的な強い印象を残すエピソードのほう」が長く残ってしまうものではあるが，「その出来事がどうして起こったのか」などの背景を探《さぐ》るよりも，「数値を見て現実を思い描く力」を持って「統計的な数字とその見方を頭に入れて議論をする」ことが大切だと述べられているので，生徒Ｄの意見は文章の内容に合わない。

Dr.福井の
入試に勝つ！脳とからだのウルトラ科学

睡眠時間や休み時間も勉強!?

みんなは寝不足になっていないかな？　もしそうなら大変だ。睡眠時間が少ないと，体にも悪いし，脳にも悪い。なぜなら，眠っている間に，脳は海馬《かいば》という部分に記憶をくっつけているんだから。つまり，自分が眠っている間も頭は勉強しているわけだ。それに，成長ホルモン（体内に出される背をのばす薬みたいなもの）も眠っている間に出されている。昔から言われている「寝る子は育つ」は，医学的にも正しいことなんだ。

寝不足だと，勉強の成果も上がらないし，体も大きくなりにくく，いいことがない。だから，睡眠時間はちゃんと確保するように心がけよう。ただし，だからといって寝すぎるのもダメ。アメリカの学者タウブによると，10時間以上も眠ると，逆に能力や集中力がダウンしたという研究報告があるんだ。

睡眠時間と同じくらい大切なのが，休み時間だ。適度に休憩するのが勉強をはかどらせるコツといえる。何時間もぶっ続けで勉強するよりも，50分勉強して10分休むことをくり返すようにしたほうがよい。休み時間は，散歩や体操などをして体を動かそう。かたまった体をほぐして，つかれた脳を休ませるためだ。マンガを読んだりテレビを見たりするのは，頭を休めたことにならないから要注意！

頭の疲れに関連して，勉強の順序にもふれておこう。算数の応用問題や理科の計算問題，国語の読解問題などを勉強するときには，脳のおもに前頭葉という部分を使う。それに対して，国語の知識問題（漢字や語句など）や社会などの勉強では，おもに海馬《かいば》という部分を使う。したがって，それらを交互に勉強すると，１日中勉強しても疲れにくい。

Dr.福井（福井《ふくい》一成《かずしげ》）…医学博士。開成中・高から東大・文Ⅱに入学後，再受験して翌年東大・理Ⅲに合格。同大医学部卒。さまざまな勉強法や脳科学に関する著書多数。

2024
年度

日本学園中学校

【算　数】〈第２回試験〉（50分）〈満点：100点〉

注意　問題に指示がないかぎり円周率は3.14とします。

1　次の計算をしなさい。

(1)　$24 - 15 \div 3 + 7 \times 2$

(2)　$93 \times 1\frac{4}{7} + 59 \times 4\frac{3}{7} - 186 \div 2\frac{4}{5}$

(3)　$\left\{5\frac{2}{5} + 4.2 \times \left(6 - 3\frac{5}{7} + 0.75\right)\right\} \div \left(4.5 - 1\frac{1}{20} \div 0.6\right)$

2　次の □ にあてはまる数を答えなさい。

(1)　$4\frac{2}{3} : 2\frac{1}{7} =$ □ $: 2\frac{1}{2}$

(2)　長さ 60 m の電車が長さ 600 m のトンネルを通過するとき、電車が完全にトンネルに入っていた時間は 36 秒でした。この電車の速さは毎時 □ km です。

(3)　定価が 6120 円の商品を 2 割引きで売ったところ、396 円の利益がありました。この商品を定価で売れば、原価の □ ％の利益がありました。

(4)　中心角の大きさが 72°、弧の長さが 9.42 cm のおうぎ形の半径は □ cm です。

(5)　5％の食塩水 □ g と 12％の食塩水 210 g を混ぜ合わせたところ、8％の食塩水になりました。

(6)　下の図において㋐の角の大きさは □ 度です。

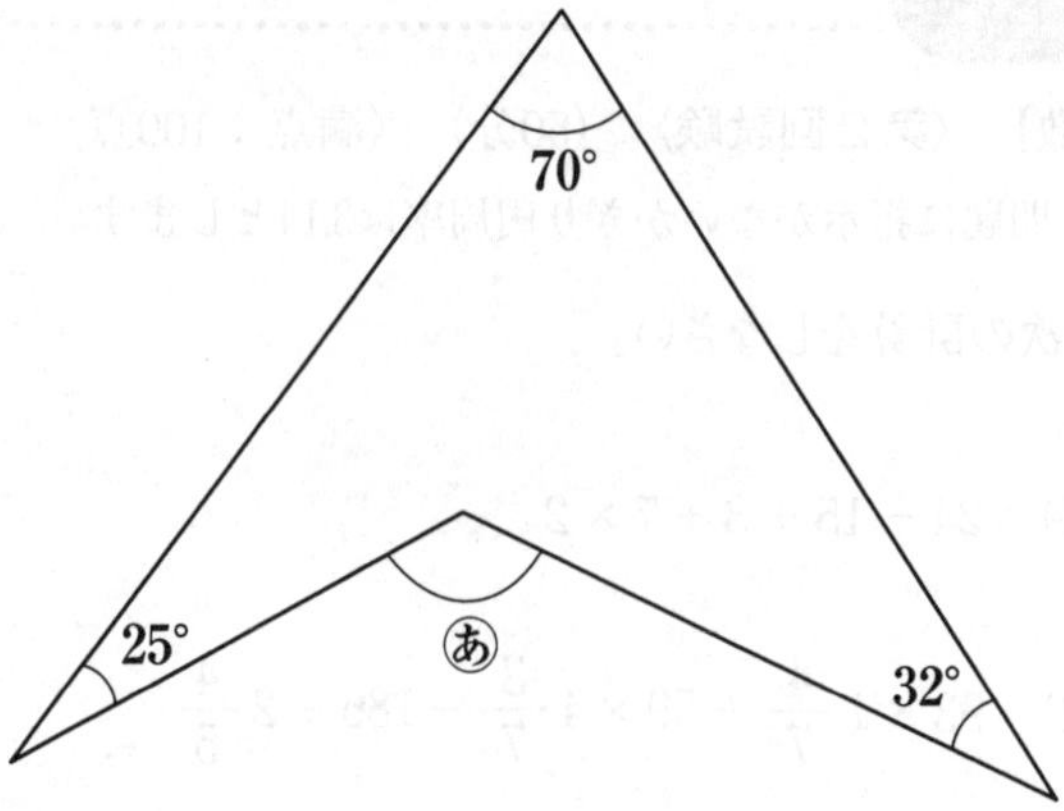

3　次のように、NIHONGAKUEN の文字をくり返し並べました。このとき、次の各問いに答えなさい。

N, I, H, O, N, G, A, K, U, E, N, N, I, H, O, N, G, A, K, U, E, N, N, I, …

(1)　はじめから数えて 50 番目の文字を答えなさい。

(2)　1885 回目の N が出てくるのは、はじめから数えて何番目ですか。

(3)　N 以外の文字だけを数えて 2024 番目の文字は、はじめから数えて何番目ですか。

4 図のように、辺 AB と辺 AD の長さの比が２：３の長方形 ABCD があり、辺 CD の真ん中の点を E とします。辺 BC の上には三角形 ABF と三角形 FCE の面積が等しくなるような点 F と、AG と GE の長さの和が最も短くなるような点 G があります。AG の長さが４cm のとき、次の各問いに答えなさい。

(1)　BF : FC を最も簡単な整数で表しなさい。

(2)　GE の長さは何 cm ですか。

(3)　長方形 ABCD の面積は何 cm^2 ですか。

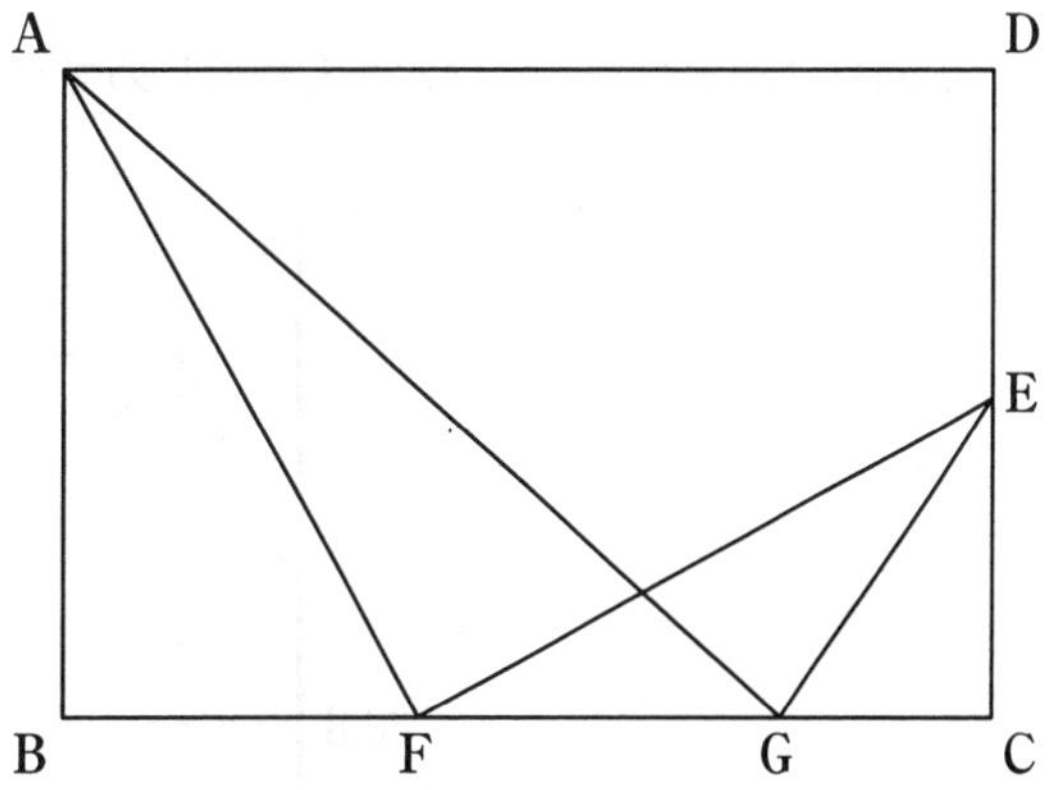

5 排《はい》水用のポンプと給水用のポンプが１つずつついている水そうがあります。この水そうは満水になると自動で排水用のポンプが動き出し、毎分 4.2L の割合で排水をします。また、水の量が満水のときの $\frac{2}{5}$ になると排水用のポンプが自動で停止します。この水そうにある量の水が入った状態で給水用のポンプを動かして一定の割合で水を入れはじめました。下のグラフは水を入れはじめてからの時間と水そうの中の水の量の関係を表したものです。このとき、次の各問いに答えなさい。

(1)　満水になったとき、水そうには何 L の水が入っていますか。

(2)　給水用のポンプが給水している水の量は毎分何 L ですか。

(3)　７回目に満水になるのは水を入れはじめてから何分後ですか。

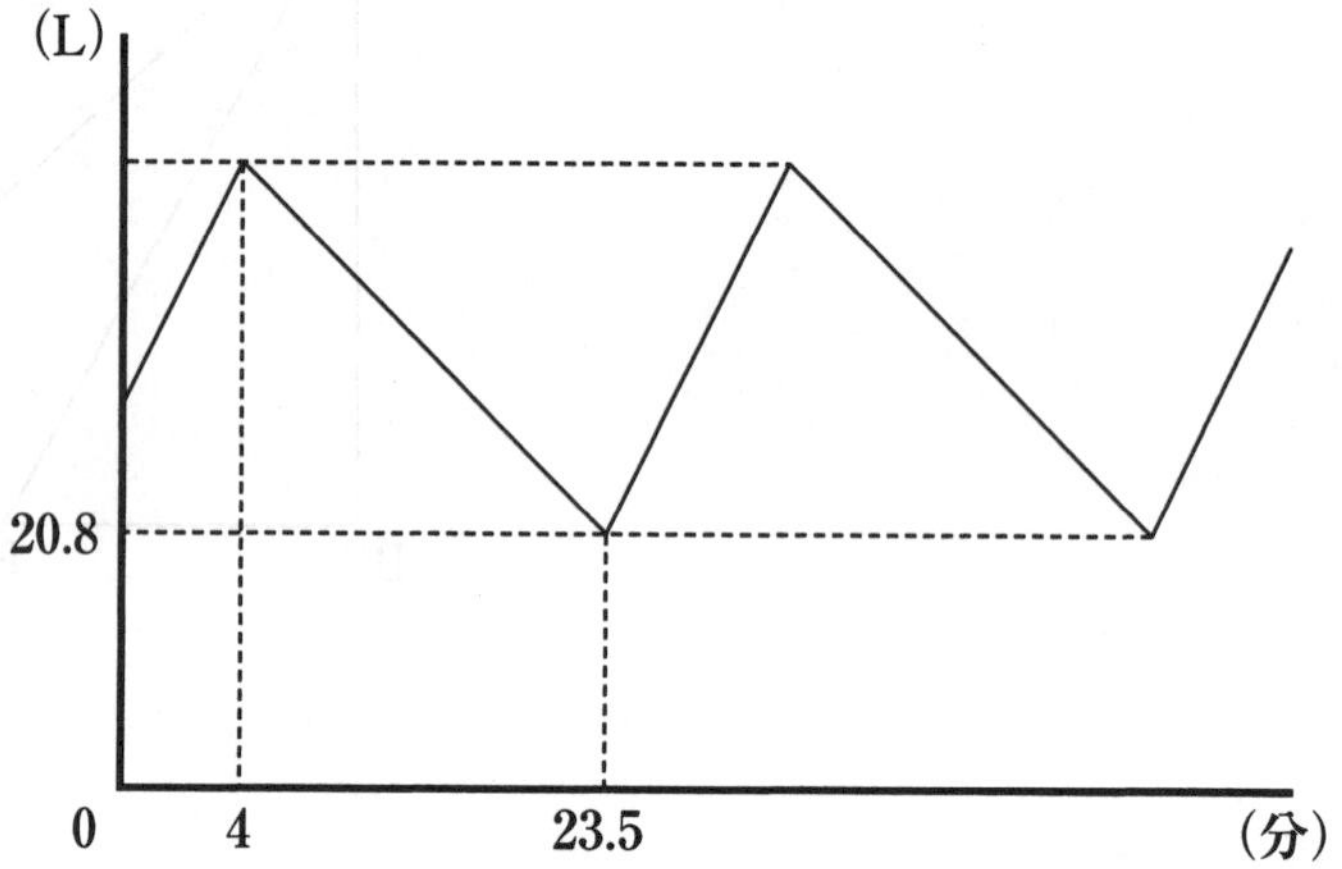

6 A 君と B 君の２人が何回かゲームを行います。１回のゲームで勝った人は５点、負けた人は２点、引き分けのときは２人とも３点ずつもらえます。このとき、次の各問いに答えなさい。

(1)　A 君の得点が 26 点で、B 君の得点が 20 点だったとき、ゲームは何回行いましたか。

(2)　(1)のとき、A 君は何回勝ちましたか。

(3)　A 君と B 君の得点の合計は 169 点で、A 君が勝った回数の２倍が B 君の勝った回数の７倍より２回多くなりました。このとき、A 君は何回勝ちましたか。ただし、B 君は少なくとも１回は勝ったものとします。

【社　会】〈第２回試験〉（30分）〈満点：50点〉

1　以下の文章を読んで、あとの問いに答えなさい。

日本は山がちな地形で、国土のおおよそ［　あ　］を山地がしめています。日本列島には、中部地方の中央部に［　い　］とよばれる大地溝帯があります。［　い　］の西側には、日本アルプスとよばれる標高3000ｍ前後の３つの山脈が連なっています。その中でも（　１　）山脈は、南アルプスともよばれています。東北日本にある（　２　）山脈は、東北地方の気候に大きく影響《えいきょう》をしています。西南日本にある（　３　）山地は険しい山地だが、林業が盛んです。（　４　）川流域では、良質のスギや［　う　］の産地となっています。

日本列島は、［　え　］造山帯という、活発な造山運動が起きている地帯に属します。［　え　］造山帯は、火山活動が活発で、地震《じしん》が多い地帯です。日本では、大きな噴火《ふんか》で山頂部が陥没《かんぼつ》してできた［　お　］とよばれる地形がみられる（　５　）山、世界最大級の［　お　］がみられる（　６　）山、人口60万の都市から４kmの所にある（　７　）島などは、活発な火山として監視《かんし》されています。

日本の河川は、短く流れが急です。特に、（　８　）川、（　９　）川、（　10　）川は、三大急流とよばれています。河川は土砂を運び、山地から平地に流れ出る所には土砂を堆積《たいせき》して［　か　］を、河口には［　き　］という地形をつくります。昭和初期まで日本の山間部では、養蚕《ようさん》業が盛んでした。［　か　］ではカイコのエサとなる［　く　］の栽培《さいばい》が盛んでした。現在は水はけや日当たりがよい条件をいかした果樹の栽培が盛んです。特に、（　11　）盆地《ぼんち》は、［　け　］やモモの栽培《さいばい》が有名です。［　け　］はワインの原料としても使われています。

問１　文章中の［　あ　］に入る適切な語句を、下から１つ選んで記号で答えなさい。

ア．５分の３　　イ．３分の２　　ウ．４分の３
エ．２分の１　　オ．５分の４

問２　文章中の［　い　］に入る適切な語句を、カタカナの地理用語で答えなさい。

問３　文章中の［　う　］に入る適切な語句を、下から１つ選んで記号で答えなさい。

ア．ガジュマル　　イ．ヒノキ　　ウ．ブナ　　エ．モミ　　オ．シラカバ

問４　文章中の［　え　］に入る適切な語句を、漢字４文字で答えなさい。

問５　文章中の［　お　］～［　け　］に入る適切な語句を答えなさい。

問６　文章中の（　１　）～（　11　）には、それぞれ次の地図中に示された１～11の地名が入ります。（　１　）～（　11　）に入る適切な地名を答えなさい。

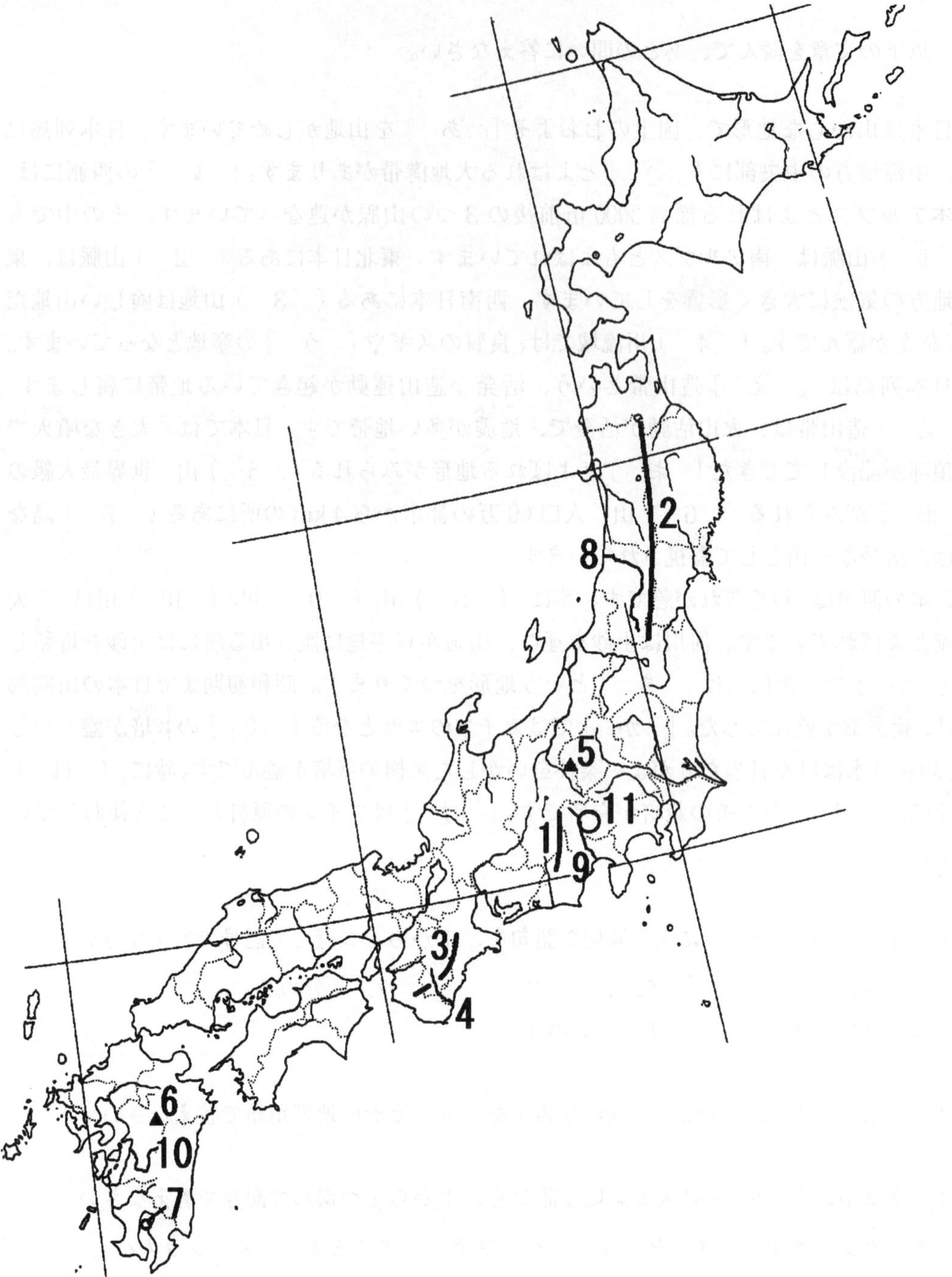
2
8
5
11
1
9
3
4
6
10
7
0
300km

2　以下は、2023年６月ころにニュースを見ていた父と子の会話である。この会話文について、あとの問いに答えなさい。

子：①Ｇ７のサミットが終わってから、ニュースで「衆議院の解散風」なんて言葉を聞くようになったけど、なんで解散するんだろうね。

父：国会と内閣が政策で意見が対立した場合に、選挙によって国民の判断を求めるために、②内閣総理大臣が衆議院を解散することがあるんだよ。これは日本国憲法の三大原則の一つである（　１　）にもかなっている。また「今なら③与党《よとう》が選挙に勝てそうだ」というタイミングで解散が行われる場合もある。一部報道では、④Ｇ７サミットが成功したので⑤内閣の支持率が上がったといわれているからね。

子：色んな事情があるんだね。だけど今、国会と内閣が対立しそうな政策ってあるの？

父：防衛増税という問題があるね。最近は中国と⑥台湾の対立や北朝鮮のミサイル問題など、東アジアの情勢が不安定になっており、日本も防衛費を増やす必要があるという意見もある。その増やす分を、⑦法人税・所得税・たばこ税を増税する案や、国の借金である（　２　）でまかなおうという案が出ているんだ。

子：国の防衛は大事だけど、安易な増税もいやだなあ。⑧税金の使い道は、ぼくたち国民がしっかりチェックしないといけないね。

問１　（　１　）に当てはまる言葉を答えなさい。

問２　（　２　）に当てはまる言葉を漢字二文字で答えなさい。

問３　下線部①について、2023年５月にＧ７サミットが開催《かいさい》された都市を、下から１つ選んで記号で答えなさい。

ア．大阪　　イ．広島　　ウ．山口　　エ．福岡　　オ．長崎

問４　下線部②について、衆議院解散総選挙の日から30日以内に行われ、「内閣総理大臣」を指名するために開かれる国会を何というか。漢字三文字で答えなさい。

問５　下線部③について、2023年６月時点での与党《よとう》の組み合わせとして正しいものを、下から１つ選んで記号で答えなさい。

ア．自民党と立憲民主党　　イ．自民党と国民民主党　　ウ．自民党と公明党
エ．自民党と日本維新の会　　オ．自民党と共産党

問６　下線部④について、一部報道で「Ｇ７サミットが成功した」といわれるのは、ウクライナの大統領を招いたことが要因ともいわれている。そのウクライナの大統領の名前を、下から１つ選んで記号で答えなさい。

ア．ネタニヤフ　　イ．ベルルスコーニ　　ウ．マクロン
エ．ゼレンスキー　　オ．アーダーン

問７　下線部⑤について、内閣の仕事としてまちがっているものを、下から１つ選んで記号で答えなさい。

ア．法律を執行《しっこう》する　　イ．外国と条約を結ぶ　　ウ．恩赦《おんしゃ》を決定する
エ．弾劾《だんがい》裁判所を設置する　　オ．政令を定める

問８　下線部⑥について、台湾を日本が領有することになった日清戦争の講和条約を答えなさい。

問９　下線部⑦について、法人税・所得税・たばこ税はそれぞれ、直接税と間接税のいずれであるか。その正しい組み合わせを、下から１つ選んで記号で答えなさい。

ア．法人税＝直接税　　所得税＝直接税　　たばこ税＝間接税
イ．法人税＝直接税　　所得税＝間接税　　たばこ税＝間接税
ウ．法人税＝間接税　　所得税＝間接税　　たばこ税＝直接税
エ．法人税＝直接税　　所得税＝間接税　　たばこ税＝直接税
オ．法人税＝間接税　　所得税＝直接税　　たばこ税＝直接税

問10　下線部⑧について、2022年度の日本の国の一般《いっぱん》会計の歳出の１位から３位の額をしめるものの組み合わせを、下から１つ選んで記号で答えなさい。

ア．１位＝借金を返す費用
　　２位＝年金などの費用
　　３位＝地方への補助金

イ．１位＝年金などの費用
　　２位＝借金を返す費用
　　３位＝地方への補助金

ウ．１位＝借金を返す費用
　　２位＝年金などの費用
　　３位＝国を防衛するための費用

エ．１位＝年金などの費用
　　２位＝借金を返す費用
　　３位＝国を防衛するための費用

オ．１位＝借金を返す費用
　　２位＝年金などの費用
　　３位＝コロナ対策の予備費

3 次の文章を読み、あとの問いに答えなさい。

私たちが日常生活で使用している「お金」の歴史をさかのぼると、我が国最古の貨幣《かへい》は1998年に奈良県の飛鳥池遺跡から発掘《はっくつ》された（　1　）とされています。この貨幣《かへい》は①708年に作られた（　2　）よりも古いものです。その後、朝廷は貨幣《かへい》の使用を推し進めましたが、なかなか普及《ふきゅう》はしませんでした。

平安時代の終わりころ、（　3　）は現在の（　4　）港の一部である大輪田泊を改修して［　A　］との貿易を盛んにしました。この貿易では硫黄《いおう》や刀剣《とうけん》が輸出され、（　5　）や陶磁器《とうじき》が輸入されました。輸入された（　5　）は国内で流通するようになったのです。この貿易は鎌倉時代にかけて、［　A　］が［　B　］にほろぼされるまで続きました。

室町時代になると、3代将軍（　6　）は［　C　］との貿易をおこないました。この貿易では正式な貿易船と当時の海賊である［　D　］との区別をはかるために勘合が使用され、輸出品としては銅や刀剣《とうけん》、輸入品には（　5　）や生糸がありました。［　C　］からの（　5　）は②商工業の発展にともなって多く流通するようになったのです。また、室町時代は農業も発展し、③惣と呼ばれる村では自治もおこなわれていました。

鉄砲《てっぽう》やキリスト教の伝来以降はヨーロッパ人との貿易も盛んにおこなわれるようになりました。この貿易を南蛮貿易といい、④長崎や平戸でおこなわれました。

織田信長は（　7　）城下に楽市令を出し、関所も廃止《はいし》するなど商工業の発展をはかり、1590年に天下統一を果たした豊臣秀吉もその政策を受けつぐとともに、太閤検地などをおこなって⑤兵農分離《ぶんり》政策を進めました。

⑥江戸時代は農業・工業・商業などの産業が大きく発展した時代です。江戸幕府は約400万石の天領に加え、佐渡や伊豆の金山、（　8　）や但馬の銀山を持ち豊かな経済力をほこりました。さらに、産業の発展にともない幕府は貨幣《かへい》の制度も整えました。物を手に入れる手段として日本人が貨幣《かへい》を本格的に使用するようになったのは江戸時代と言えるでしょう。

明治時代には税制も変わりました。明治政府は⑦全国の土地を測量して土地の値段を決め、地価の（　9　）％を現金で納めることにしたのです。しかし、実際の金額の価値と物の価値がつり合わないことも多くあったのでこのころは金と貨幣《かへい》を交換《こうかん》できる仕組みを取っていました。

第二次世界大戦後、（　10　）首相が打ち出した所得倍増計画などで日本は経済成長をとげ、世界有数の経済大国となりました。現在も景気の波はあるものの、世界に目をやると裕福《ゆうふく》な国と言えるでしょう。⑧国家予算も過去最高の額となり、さまざまなことに使われています。

このように、「お金」が今のように使用されるまでには長い年月がかかっているのです。さらに新型コロナウイルス感染症《かんせんしょう》流行の影響《えいきょう》もあり、実際に「お金」を使わない支払《しはら》いも増えてきています。今後私たちとお金のつながりがどうなってゆくのか、考えてみてはいかがでしょうか。

問1　(　1　)～(　10　)にあてはまる語句を、下から選んで記号で答えなさい。

ア．佐藤栄作　イ．足利義満　ウ．乾元大宝　エ．5　オ．神戸
カ．平重盛　キ．半両銭　ク．安土　ケ．和同開珎　コ．和歌山
サ．池田勇人　シ．銅銭　ス．天正小判　セ．7　ソ．石見
タ．足利尊氏　チ．平清盛　ツ．富本銭　テ．姫路　ト．3

問2　[　A　]・[　B　]・[　C　]にあてはまる中国王朝の組み合わせとして正しいものを下から1つ選んで記号で答えなさい。

	[　A　]	[　B　]	[　C　]
ア	隋	唐	宋
イ	唐	宋	元
ウ	元	明	清
エ	宋	元	明
オ	宋	金	元

問3　[　D　]について、あてはまる語句を答えなさい。

問4　下線部①について、この時の天皇を下から1人選んで記号で答えなさい。

ア．元明天皇　イ．文武天皇　ウ．桓武天皇
エ．聖武天皇　オ．元正天皇

問5　下線部②について、この時代に今の銀行にあたることをおこなっていたものとして正しいものを下から1つ選んで記号で答えなさい。

ア．土倉　イ．両替商　ウ．馬借　エ．株仲間　オ．見世棚

問6　下線部③について、1428年に都市の民衆や農民が近江坂本を中心に起こした一揆を下から1つ選んで記号で答えなさい。

ア．嘉吉の土一揆　イ．加賀の一向一揆　ウ．山城の国一揆
エ．正長の土一揆　オ．播磨の土一揆

問7　下線部④について、長崎は江戸時代を通じて日本の貿易港でした。江戸時代を通して日本が長崎で貿易をおこなったヨーロッパの国を答えなさい。

問8　下線部⑤について、この兵農分《ぶん》離《り》政策には、一揆を防ぐために農民に対して出された法令がふくまれています。その法令の名前を答えなさい。

問９　下線部⑥について、産業の発展にともない、交通網《もう》も整備されました。五街道のうち、日本学園にもっとも近い街道の名前を答えなさい。

問10　下線部⑦について、この改革を何というか答えなさい。

問11　下線部⑧について、2023年度の日本の国家予算の金額にもっとも近いものを下から１つ選んで記号で答えなさい。

ア．約74兆円　　イ．約84兆円　　ウ．約94兆円
エ．約104兆円　　オ．約114兆円

【理　科】〈第２回試験〉（30分）〈満点：50点〉

1　次の各問いに答えなさい。

問１　輪じくとおもりと糸を用いて図1・図２の装置《そうち》を作りました。全ての装置はつりあっているものとします。

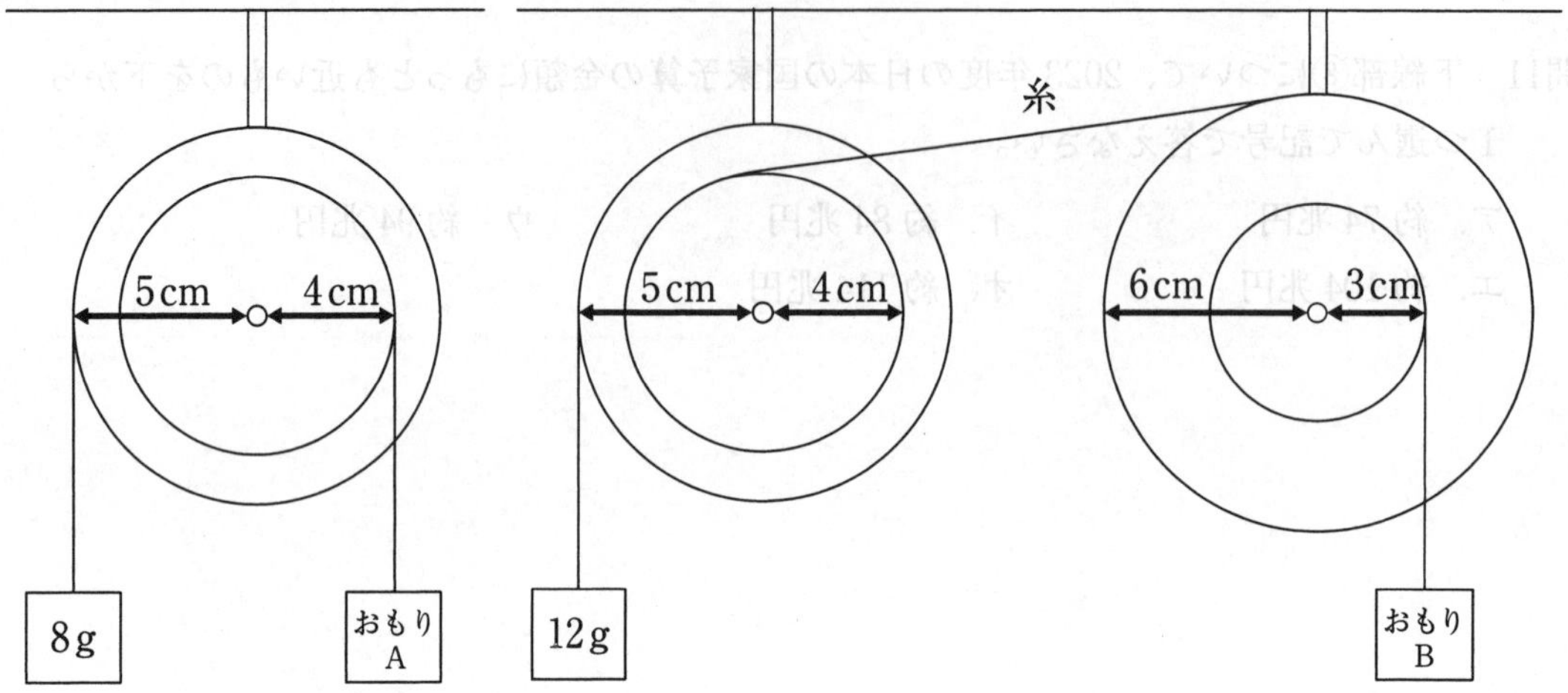

図１　　　　　　　　図２

（１）　図1のおもりＡのおもさは何ｇか求めなさい。

（２）　図２のように２つの輪じくにおもりをつるしました。おもりＢのおもさは何ｇか求めなさい。

（３）　図２のおもりＢを８cm引き下げて静止させました。このとき、もう一方の12ｇのおもりが何cm上がるか求めなさい。ただし、おもりは輪じくに当たらないものとします。

問２　伸《の》び縮《ちぢ》みしない丈夫《じょうぶ》な細い弦《げん》とおもりを用い、図のような装置を作りました。弦の長さとつるすおもりを変えながら、弦を弾《はじ》いた時に生じる音の振動数を調べたところ次の表のようになりました。ただし、弦を弾く際には必ず弦の中央を弾くものとします。

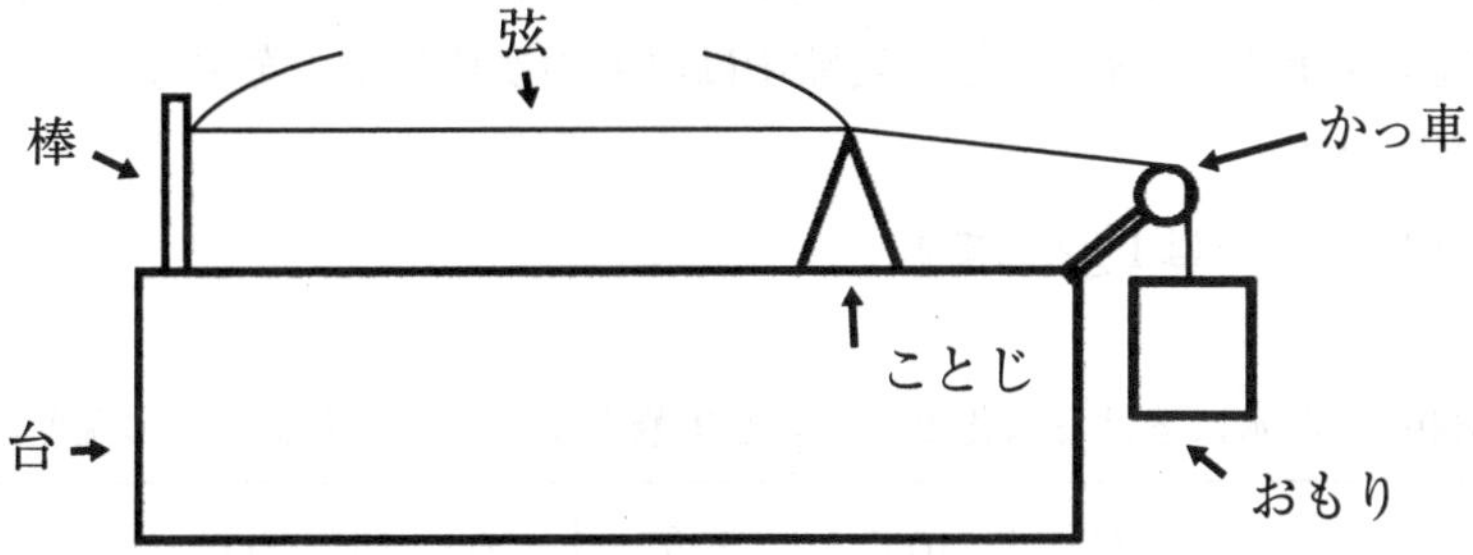

図

表

10cm の弦に対し、おもりのおもさを変える実験

おもりのおもさ(kg)	1	4	9	16
観測された振動数(Hz)	240	480	720	960

4kg のおもりに対し、弦の長さを変える実験

弦の長さ(cm)	10	20	30	40
観測された振動数(Hz)	480	240	160	120

（１）　音の性質について説明した文章として正しいものを次の(ア)～(エ)から選び、記号で答えなさい。

（ア）音は光よりも早く伝わる。
（イ）音は水中でも伝わる。
（ウ）大きな音よりも小さな音の方が遅く伝わる。
（エ）音の三要素は音の高さ・大きさ・密度である。

（２）　(ア)～(カ)の条件で装置を作りました。同じ高さ(振動数)の音が生じる装置の組み合わせを次の(ア)～(カ)から２つ選び、記号で答えなさい。

（ア）弦の長さ15cm・おもり4kg　　（イ）弦の長さ20cm・おもり9kg
（ウ）弦の長さ20cm・おもり16kg　　（エ）弦の長さ30cm・おもり9kg
（オ）弦の長さ30cm・おもり16kg　　（カ）弦の長さ40cm・おもり1kg

（３）　20cm の弦を弾いた時に、600Hz の音が生じるためには何 kg のおもりをつるす必要があるか求めなさい。

2 次の各問いに答えなさい。

塩化カリウムと硝酸《しょうさん》カリウムはどちらも白い固体で、水に溶《と》けます。

下の表は、100 cm^3 の水に溶ける塩化カリウムと硝酸カリウムの最大量と水の温度の関係を表したものです。ただし、塩化カリウムと硝酸カリウムは、同時に水に溶かしても、それぞれの溶ける最大量は変わらないものとし、実験中は温度の変化や水の蒸発などによる体積の変化はないものとします。

また、1 cm^3 の水の重さは1gとします。

表　100 cm^3 の水に溶ける塩化カリウムと硝酸カリウムの最大量と水の温度の関係

	0℃	10℃	20℃	30℃	40℃	50℃	60℃
塩化カリウム(g)	28.1	31.2	34.2	37.2	40.1	42.9	45.8
硝酸カリウム(g)	13.3	22.0	31.6	45.6	63.9	85.2	109

問1　40℃で200 cm^3 の水に、塩化カリウム・硝酸カリウムをどちらも最大量を溶かして飽和《ほうわ》水溶液を作りました。この飽和水溶液は何gか求めなさい。

問2　ある量の塩化カリウムと硝酸カリウムを混ぜて80gとして、60℃で100 cm^3 の水に溶かしたところ、すべて溶けました。この水溶液に以下の操作を行いました。ただし、ろ過して重さを測った沈でんは、全て水溶液にもどしてから次の操作を行いました。

操作1：50℃に冷やしたところ、沈でんが生じた。ろ過して重さを測ったところ、1.1gであった。

操作2：30℃に冷やし、沈でんをろ過して重さを測った。

操作3：さらに、0℃に冷やし、沈でんをろ過して重さを測った。

操作4：全ての沈でんが溶けきるまで温度を上げた。

(1)　塩化カリウムと硝酸カリウムを混ぜた80gのうち、塩化カリウムは何gであったか求めなさい。

(2)　操作2の沈でんは何gでしたか。次の(ア)～(オ)から選び、記号で答えなさい。

(ア) 2.2g　(イ) 3.4g　(ウ) 5.6g　(エ) 6.8g　(オ) 8.0g

（３） 操作３の沈でんにふくまれている、塩化カリウムと硝酸カリウムは、それぞれ何gですか。次の(ア)～(ク)から選び、記号で答えなさい。
（ア）7.9g　（イ）13.3g　（ウ）15.9g　（エ）18.2g
（オ）22.7g　（カ）26.8g　（キ）30.4g　（ク）31.2g

（４） 操作４で水溶液を温めていったとき、残っている沈でんが10gになるのは、何℃に達した時ですか。最も近い温度を次の(ア)～(オ)から選び、記号で答えなさい。
（ア）13℃　（イ）20℃　（ウ）23℃　（エ）30℃　（オ）33℃

3 ヒトの体と消化のはたらきについて、次の各問いに答えなさい。

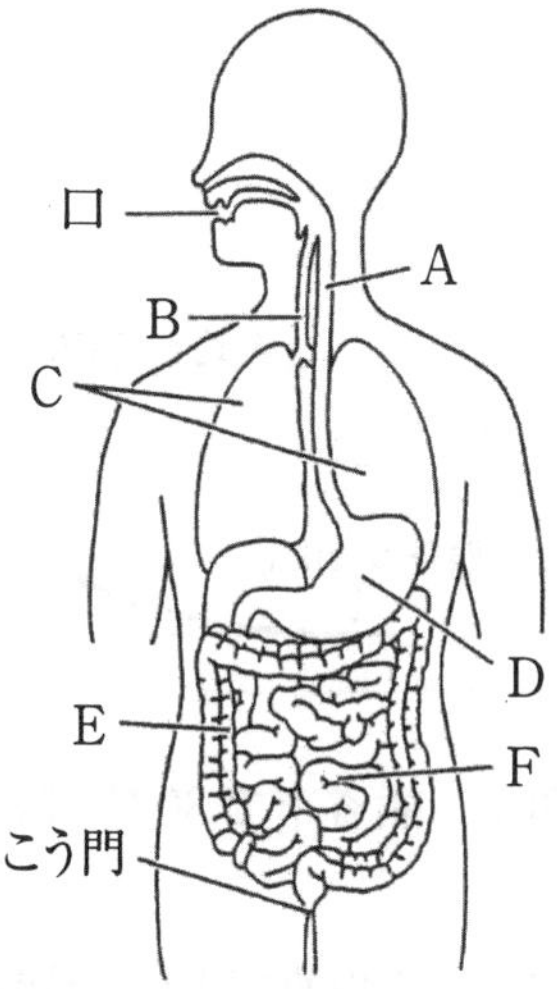

図

問１ 図のA～Fの器官のうち、消化液が出るところはどこですか。A～Fから２つ選び、記号で答えなさい。

問２ 次の文章(１)と(２)は図のA～Fのどの器官を説明したものですか。当てはまるものをそれぞれA～Fから選び、記号で答えなさい。また、その器官の名称も漢字で答えなさい。

（１） 長さが1.5メートルあり、主に水分が吸収される。

（２） 消化も吸収もせずに、食べ物の通路になっている。

問３ 図のA～Fの器官のうち、栄養分を吸収する突起《とっき》がたくさん見られる器官はどれですか。A～Fから選び、記号で答えなさい。また、その突起の名称を漢字２文字で答えなさい。

問４ 問３の突起では、表面積を大きくすることで物質の吸収を効率よく行っています。呼吸器官のある部分でも、表面積を大きくすることで効率よく気体を交換《こうかん》しています。その部分の名称を漢字２文字で答えなさい。

問５ 図のDの器官について説明した文章として正しいものを次の(ア)～(エ)から選び、記号で答えなさい。
（ア）酸性の硫酸《りゅうさん》という分泌物《ぶんぴぶつ》を出している。
（イ）食べ物の中にふくまれているタンパク質にはたらきかける。
（ウ）ヒトの器官の中で、最も大きい器官である。
（エ）消化された栄養分をたくわえておくはたらきがある。

4 下の文章を読み、各問いに答えなさい。

2023年の夏、新潟県長岡市では観測史上最高気温を記録しました。これは、台風からの湿った南風が山を越えることでフェーン現象が起こったためだと考えられます。

空気が山の斜面を上昇するときに、雲を作りながら上昇するときは100 mごとに温度は0.5℃下がり、雲を作らない場合は100 mごとに温度は1℃下がります。また、山の斜面を下降するときには、100 mごとに温度が1℃上がります。

下の図は埼玉県熊谷市から新潟県長岡市にかけての標高差を表したモデル図です。標高800 mのA地点から標高2000 mのB地点にかけてのみ雲が作られているものとします。

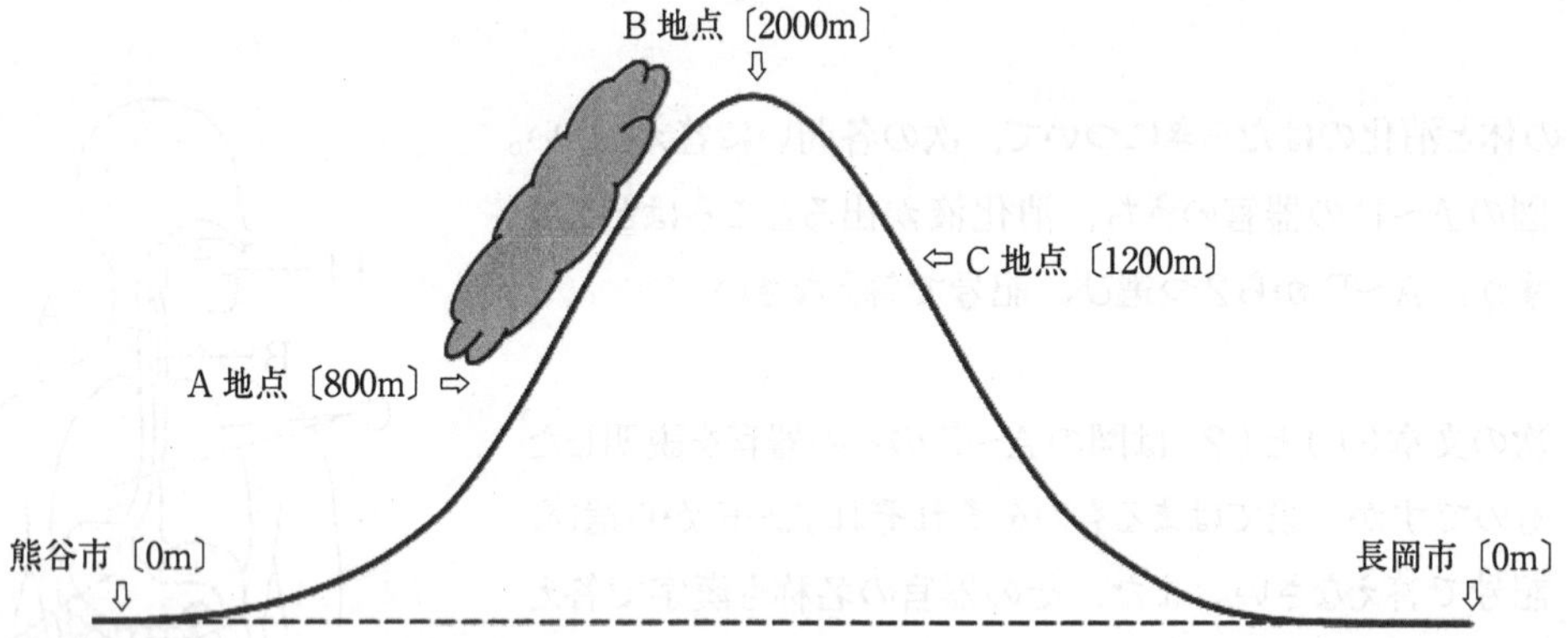

問1　熊谷市で30℃を観測した日のA地点・B地点での気温は何℃かそれぞれ求めなさい。

問2　B地点で12℃を観測した日のA地点・C地点での気温は何℃かそれぞれ求めなさい。

問3　長岡市で39℃を観測した日の熊谷市の気温は何℃か求めなさい。

問4　フェーン現象について説明した文章として間違っているものを次の(ア)～(エ)から選び、記号で答えなさい。

(ア) 風上側の気温に比べて、風下側の気温が高くなる現象である。

(イ) 山に囲まれた盆地地形でも起こりやすい現象である。

(ウ) 日本列島の太平洋側から日本海側に空気が移動するときにしか起こらない。

(エ) 山の斜面で雲を作るため、風下側では乾燥した空気となっている。

問八　――線部⑥「こちらの狙《ねら》い通りでもありました」とありますが、この「狙い」は何を目的として準備されたものですか。
これについて説明している一文をここより後の文章中からさがし、はじめの五字をぬき出して答えなさい。

問九　――線部⑦「失敗した経験をうまく活かすことができれば、将来に向けて大きなプラスに変えることもできるのです」とありますが、このことについて生徒たちが意見を出しあっています。それぞれの意見のうち文章の内容と合っているものを一つ選び、記号で答えなさい。

生徒Ａ「失敗は成功のもとということばもあるし、失敗すればするだけ成功に近づくことになるんだね。まずは失敗することを目指して色々なことをやってみればいいと思うよ。」

生徒Ｂ「うまくいかない経験はつらいけれど、その時の気づきや失敗の苦しみによって、その後に出てくる問題に対する恐《おそ》れをやわらげ、自分で考えることができるようになると思うんだ。」

生徒Ｃ「色々なことで失敗して慣れっこになったよ。失敗を気にしていたら何もできないから、深く考えずにどんどん新しいことにチャレンジしたほうがいいよ。当たって砕《くだ》けろということばもあるし。」

生徒Ｄ「先に正しいやり方や手順がないかよく考えることが大切だと思うな。そうすれば、失敗してもわずかな手直しですんで、また新しく挑戦《ちょうせん》できるからね。」

問十　この文章は次の一文が抜けています。この一文が入る部分をさがし、その直前の五字をぬき出して答えなさい。

しかし、この合理的な指導方法で暗記した表面的な知識は、いざ真似《まね》できる手本や見本のサンプルがない場面に来て、それでも何とか状況を打開しなければならないときは、全く役に立ちません。

問四　――線部④「しかし、現実は逆でした」とありますが、これはどういうことですか。その説明として最もふさわしいものを次の中から選び、記号で答えなさい。

ア　失敗を経験したところで、失敗に対する恐《おそ》れがなくなることはなく、結果として解答を最短で出していく効率的な学習が求められるようになっていった。

イ　失敗を経験することで、その経験を積極的に活用して自分で考えられるようになることが大切であるのに、正解に最短でたどり着くための方法ばかりが重視された。

ウ　失敗を経験し、その経験を活かそうとしても一度失敗してしまうとそこから回復することが難しいので、なるべく失敗をしないような教育法が広まった。

エ　失敗を経験することで、失敗を恐れず積極的に取り組む姿勢が身につくことから、多くの教育の場で失敗を経験できるような工夫がなされるようになった。

問五　――線部⑤「だ」と同じ用法のものを次の中から一つ選び、記号で答えなさい。

ア　この服は十年経っても着られるほど丈夫《じょうぶ》だ。　　イ　けがで入院した友人は元気そうだ。

ウ　彼に必要なのはほんの少しの勇気だ。　　エ　私は急いで現地へ飛んだ。

問六　文章中の「□」に入ることばとして正しくないものを次の中から選び、記号で答えなさい。

ア　一度決めた課題の欠点に気づいて設定し直す　　イ　部品が見つからない

ウ　買ってきた部品が間違《ちが》っていた　　エ　教官の手本と違ったので作り直す

問七　E・F に入ることばを次の中からそれぞれ選び、記号で答えなさい。

E　ア　スケジュール　　イ　システム　　ウ　プロセス　　エ　イメージ

F　ア　結果　　イ　設計　　ウ　課題　　エ　条件

（注）※１　リカバー…立ち直る。
※２　スターリングエンジン…気体を外部から加熱することで動くエンジン。
※３　ハードウエア…機械、装置そのもののこと。
※４　ノウハウ…物事の方法や手順。
※５　担保《たんぽ》…保証。

問一　［Ａ］～［Ｄ］に入ることばを次の中からそれぞれ選び、記号で答えなさい。

ア　なぜなら　　イ　そして　　ウ　たとえば　　エ　しかし　　オ　あるいは　　カ　つまり

問二　――線部①「子どもたちがナイフで手を切る事故もなくなり、一見、安全な生活が保証されたようにみえます」とありますが、その結果子どもたちは何を失うことになりましたか。そのことを説明した次の文の［　　］に入ることばを文章中から十九字でさがし、ぬき出して答えなさい。

［　　］を養う機会を失った。

問三　――線部②「想像」・③「安易」と熟語の成り立ちが同じものを次の中からそれぞれ選び、記号で答えなさい。

ア　液化　　イ　功罪　　ウ　運送　　エ　頭痛　　オ　善行　　カ　考案

の頭で真剣《しんけん》に考えたうえで、熱い議論をくり広げます。

そこにグループ体験学習の一番の狙いがあります。積み重ねた失敗経験から、機械の設計・製作に必要不可欠な知識やノウハウ※4を学びとりながら、体験的知識を身につけていくプロセス自体を学生たちは実感できるのです。

この体験学習での指導を通じて、私は「失敗することを否定的に捉《とら》えてはいけない」と確信しました。教育現場で最も重要なのは、正しい知識を学生たちに伝えるだけではなく、さまざまなことにチャレンジして、失敗を体感・体験することで、本当に役立つ体験的知識を身につけさせることなのです。

未体験の新しいことにチャレンジさせて、失敗した経験から多くを学ばせるか。あるいは、失敗したときに感じる強い挫折《ざせつ》感を避けて通らせるためにも、手本を見せて正解への最短距離《きょり》を進むように指導するか。そのいずれの指導方法をとるかによって、その後の学生の成長には大きな差が出ることを、私は長年の指導経験を通して知ったのです。

体験と失敗を重視した学習方法は、学生たちが受験のために必死にやってきた勉強とは全く違《ちが》います。受験勉強では、与えられた問題の解答に最短距離で到達するための合理的な学習が求められます。しかし、この方法では、通りいっぺんの表面的な知識は増えますが、本当の意味で〝使える知識〟は身につきません。

一方、最初のうちはあえて失敗するような学習方法では、安全を担保《たんぽ》※5した状態で、学生に挫折の経験を与えられます。すると、その挫折から立ち直るとき、学生は体験的知識を獲得します。もうダメだと思うような挫折からの復活を経験した学生は、その後、未知の危機的状況に追い込まれても、挫折することに対して過剰《かじょう》な恐怖《きょうふ》心を抱《いだ》くことなく、自分の頭で考え、応用力を発揮して、的確に対処できるようになるのです。

確かに「失敗」は当事者や周囲の人間にダメージやマイナスの結果をもたらします。

しかし、その反面、⑦失敗した経験をうまく活かすことができれば、将来に向けて大きなプラスに変えることもできるのです。

(畑村洋太郎『やらかした時にどうするか』より)

テーマが決まり、部品が揃《そろ》うと、いよいよ設計と製作の作業をスタートさせ、決められた期限までに「設定した課題に沿ってシステムを動かす」というゴールを目指して、ひたすら努力を続けます。ここまでの過程においても、「□」「□」「□」など、いくつもの失敗が起こります。その失敗を※1リカバーするたび、学生たちには体験的知識が蓄積されるのです。

このグループ学習では、アルコールランプから出る熱を利用して動く※2「スターリングエンジン」という※3ハードウエアを作らせたこともありました。熱機関によって何をどういうふうに動かすかは、学生たちの自由な発想に任せました。この授業でも、学生たちはまず自分たちで課題の設定と設計を行ってから、与えられた予算を持って、今度は東急ハンズあたりを探索して回りました。それぞれが自分たちでグループごとに決めた課題を解決するべく、お互《たが》いに知恵《ちえ》を出し合って、スターリングエンジンを動力とするハードウエアを作り上げていきました。

こうして体験学習の授業で作ったものは、演習の授業のとき、グループごとに作り上げた成果物の発表会を行います。発表会とは言っても、自分たちがもともと設定していた通りにシステムは動かず、当初の設定通りにスターリングエンジンで動くハードウエアを完成していないケースが大半でした。何とか動く程度の成果を上げるグループがあればいい方で、ほとんどのグループは、どんなに頑張《がんば》っても全く動かないという状態でした。

つまり、［E］だけでなく、［F］においても、失敗したものばかりだったのです。

その結果こそ、⑥こちらの狙《ねら》い通りでもありました。

もし、授業の最初に課題の設定の手本や完成品の見本となるサンプルを提示して真似《まね》してもいいとなれば、学生たちのレベルを考えると、とても簡単に課題をクリアしてしまったと思います。現在、多くの教育現場で実践されている「成功まで最短かつ効率よく到達する方法の指導」という従来型の学習方法は、この「最初に手本や見本を提示する」というスタイルと同じです。

ゼロから何かを作り出すということは、表面的知識が通用するほど簡単なことではありません。だからこそ、体験学習で得たいくつもの失敗は、学生たちにとって、とても貴重で有意義な体験になります。自分でちゃんと考えて、危機的状況を回避したり、大きな失敗の起こる可能性を下げたりするときに必要な体験的知識は、自分自身で体感しなければ学習できないのです。

この体験授業で失敗を経験した学生たちは「どうして自分たちが設計したシステムは機能しなかったのか」「なぜ自分たちが製作したスターリングエンジンのハードウエアはピクリとも動かなかったのだろう」など、失敗した原因を真正面から見つめ、自分

誹謗《ひぼう》中傷され、袋叩《だた》きにされかねない現代においては、なおさら、失敗は敬遠すべき存在となっています。

　実は、かつて私も「ある問題に対して決まった解答を最短で導き出すための正しいやり方」だけで、大学の授業で学生たちに指導していました。当時は「できるだけ早く正解に到《とう》達できる効率的な方法を教えることが大切だ⑤」と考えていました。

　しかし、そのやり方で教えられた学生たちが得たものは、表面的な知識に過ぎませんでした。彼《かれ》らはパターン化された既存《きそん》の問題や課題に対してはきちんと対応できました。しかし、見本や手本のない新しいものを自分たちで考えて作るようにと指導すると、表面的知識は全く役に立たず、誰も対応することができませんでした。

　それどころか、「自分たちはどんな新しいものを作り出せばいいのか」という第一歩目の課題設定ですら、自分の頭では考えられない学生が少なくなかったのです。

　この深刻な状況《じょうきょう》に気づいた私は、何とかこの問題を解消しようと、いろいろな指導方法を試しながら、最も効果的な教え方を模索《もさく》しました。そのプロセスの中で、私は「予期しないことが起きて、思い通りにならないことを体験すると、誰《だれ》もが真の理解の大切さを痛感する」ということに思い至りました。

　それ以降、私は授業であえて学生たちに失敗体験させるように心がけたのです。

　失敗を経験し、体験的知識を学ぶことは、学生が大きく成功する貴重な機会です。そこで、私が教鞭《きょうべん》をとっていた東京大学工学部機械科の授業では、できるだけ学生たちが失敗できる授業内容を組んでいました。その一つが、学生を四人一組のグループに分けて、決められた予算内で、自由にシステムを設計・製作させる体験学習でした。

　この授業を有意義な体験学習にするためのコツは、あえて細かい課題設定を行わないようにすることです。

　例えば「コンピューターでコントロールして、何かの動作をさせるシステム」という課題を与《あた》えたとしましょう。その時、どんな動作をさせるのか、部品には何を使うのかなどについて、教官からは何も指示しないのです。そうなると、それぞれのグループが自分たちで決めなければならないので、学生たちは自分の頭で必死に考えながら、自分たちはどんな課題でシステムを設計するのか、そこから考え始めなければならないのです。

　システムの課題が決まり、どんな動きをさせるか、具体的なアイデアが浮《う》かぶと、学生たちは予算の三〇〇〇円を持って、当時日本一の電気街だった秋葉原を歩き回って、自分たちが作る機械に必要な部品を探して、購入していきます。

結果、①子どもたちがナイフで手を切る事故もなくなり、一見、安全な生活が保証されたようにみえます。

【B】、裏を返せば、今の子どもたちには「ナイフで手を切るという小さな失敗を経験する機会」がなくなってしまったのです。【C】、ナイフで手を切ったことのない子どもは、その痛みも、傷が後からどうなるかも知らないので、実際にナイフがどれほど危険なものなのか、知らないまま成長してしまいます。すると、いざナイフを使わなければならなくなったとき、ちゃんと使いこなせないばかりか、失敗して大きな怪我を負うことになるかもしれません。ナイフで切った痛みを知らないことで、他人をナイフで切ったり刺《さ》したりしたときの痛みも②想像できなければ、痛みを知っている人よりは、③安易にナイフを他人に向けることにもつながりかねません。

【D】、子どもの頃《ころ》にナイフに触《ふ》れる機会を失ったことで、後に大きな失敗を起こす可能性が高まるのです。

小さな失敗が起こるリスクを徹底《てってい》的に排除《はいじょ》し続けることは、将来に起こりうる大きな失敗の可能性を高めてしまうことになるのです。

現在主流となっている「これは成功、それは失敗」「こっちはオーケー、あっちはダメ」という○×式の教育方法では、表面的な知識しか学べません。そこに欠落している「真の理解」がないままだと、決して応用力を身につけることはできません。〝ムダ〟を省いた合理的な教育や勉強法は、効率的な学習を実現しやすいですが、それはあくまでも暗記を中心とした表面的知識の蓄積《ちくせき》であって、体験的知識に基づいた「自分で考える力」の養成には役立たないのです。そのような現代の教育方法の弱点についても、きちんと考えなければなりません。

あえて必要と思われる失敗を体験させることで、子どもたちは自分自身でその失敗から体験的知識を学び、判断力や応用力を獲得するのです。

そう考えると、やはり実感を伴《ともな》った体験学習が重要になります。失敗を恐《おそ》れない気持ちを育み、失敗体験を積極的に活用する教育が今こそ必要なのです。せめて他人の失敗経験を伝えるだけでも意義があります。

④しかし、現実は逆でした。

失敗には「回り道」「不必要」「できれば避けたいもの」「隠すべきもの」「忌《い》み嫌《きら》うべきもの」「他人には何としても知られたくないもの」などというマイナスのイメージしかありません。たった一度、ついやらかしてしまっただけで、その失敗の記録はいつまでもインターネット上に残ってしまう。大きな失敗でもしたものなら、あっという間に拡散して、匿名《とくめい》の見知らぬひとたちから

問九　――線部⑥「武にはもう、何も言うことはなかった」とありますが、それはなぜですか。それを説明した次の文の［Ⅰ］にふさわしいことばを二十字で文章中からぬき出し、はじめと終わりの三字をそれぞれ答えなさい。

［Ⅰ］と願うようになった武は、長い髪《かみ》の女性とゴンの様子を見てその願いがかなうと分かったから。

問十　登場人物についてことわざや慣用句を用いて説明した次の文の中で正しくないものを一つ選び、記号で答えなさい。

ア　拓也と武は一緒《いっしょ》に猫を探すうちに気が置けない仲になった。
イ　武は今まで親の七光りで周りからちやほやされていた。
ウ　武はゴンが自分にとって宝の持ちぐされだと気づいた。
エ　武と父との関係はゴンの一件で雨降って地固まった。

三　次の文章を読んで、後の問いに答えなさい。

「失敗」というのは、とかく〝隠《かく》されがち〟なものです。大半の人は自分の失敗からなんとかして目を背けようとしますし、どんなに些細《ささい》な失敗ですら、できるかぎり避《さ》けようとします。

私は、この「失敗を過度に避けようとする傾向《けいこう》」が問題だと思っています。

［Ａ］、子どもたちに「ナイフの使い方」を教える授業がなくなった例で考えてみましょう。

私が子どもだった時代、竹や木で細工した玩具《おもちゃ》を作るため、ナイフは必需品《ひつじゅひん》でした。ほとんどの子どもたちが、ナイフを上手に使っていました。ところが、いつの間にか「ナイフを使って、指など切って怪我《けが》したらたいへんだから」と、だんだんナイフを使った授業は減っていき、現在は家でも学校でも、子どもたちがナイフを使う機会がほとんどなくなってしまいました。

問七　——線部④「まあでも、杉原《すぎはら》くんの言うことは正しいのかも」とありますが、このように言う拓也の気持ちの説明として最もふさわしいものを次の中から選び、記号で答えなさい。

ア　武に励《はげ》ましてもらったおかげで前の学校の友達に電話をすることができたので、白い猫の本当の姿は狐だったという武の突拍子《とっぴょうし》もない話を信じてあげたい気持ちになっている。

イ　前の学校の友達に電話をしたところ、狐のおかげで猫を飼うことができたと聞いて、武が幼い頃に白い狐に助けてもらったという話もうそだとは思えない気持ちになっている。

ウ　ひいおばあちゃんと武が白い狐を見たと言い、前の学校の友達も狐のおかげで猫を飼ったと言うので、お稲荷さんが猫を配るという現実離《ばな》れした武の主張も信じる気持ちになっている。

エ　武が言った通り、前の学校の友達は病気の猫を飼うことになったのを後悔していないということを知って、狐の持つ不思議な力というものも否定できない気持ちになっている。

問八　——線部⑤「ああそうか、そうなんだ」とありますが、武はこの時、何に気がついたのですか。それを説明した次の文の[Ⅰ]・[Ⅰ]〜[Ⅲ]にふさわしいことばを指定された字数で文章中からぬきだしそれぞれ答えなさい。[Ⅱ]ははじめと終わりの三字をそれぞれ答えること。

> これまで[Ⅰ(22字)]だった武が、[Ⅱ(13字)]と自分もうれしい気持ちになるのは、自分と拓也が[Ⅲ(2字)]だからだと気がついた。

問三　――線部②「こいつになら言ってもいいか」とありますが、その理由としてふさわしいものを次の中から二つ選び、それぞれ記号で答えなさい。

ア　拓也《たくや》が友人と猫の幸せを本気で願っているところや過去のことで悩《なや》んでいるところに親近感をおぼえたから。
イ　辛《つら》い過去を思い切って自分に話してくれたことが嬉《うれ》しく、拓也を少しでもなぐさめたいと思ったから。
ウ　拓也は自分を怖《こわ》がったり、ちやほやしたりすることなく、自身の後悔《こうかい》や悩みも率直に語ってくれたから。
エ　親友と気まずくなってしまい心細いことがあっても相談する相手のいない拓也に共感するところがあったから。
オ　拓也の話を聞いたことで自分が過去に猫を飼っていた時のあたたかい気持ちを思い出すことができたから。

問四　――線部③「空洞《くうどう》だった胸の奥《おく》」とありますが、これはどういうことですか。それを説明した次の文の［Ⅰ］・［Ⅱ］にふさわしいことばを指定された字数で文章中からぬき出し、はじめと終わりの三字をそれぞれ答えなさい。

> 武《たける》の周囲は［Ⅰ（22字）］ばかりで、彼《かれ》らの態度は本当に自分を慕《した》っているわけではなく［Ⅱ（10字）］だと分かっているが、そこから抜け出すこともできずに寂《さび》しさや孤独《こどく》を感じていたということ。

問五　［A］に入ることばとして最もふさわしいものを次の中から選び、記号で答えなさい。

ア　あの白いのはゴンだ　　イ　あれは見てはいけないものだ
ウ　あの白い狐《きつね》を知っている　　エ　ゴンはここにいると狐が言っている

問六　二箇所《にかしょ》の［B］には同じ漢字一字が入ります。その漢字を答えなさい。

問一　——線部①「矛盾《むじゅん》した言葉」とありますが、これはどういうことですか。その説明として最もふさわしいものを次の中から選び、記号で答えなさい。

ア　お稲荷《いなり》さんに願いをかなえてもらったにもかかわらず、お稲荷さんの言い伝えを信じていなかったと言うのはばちあたりだということ。

イ　お稲荷さんの言い伝えを知っていて願ったというのに、本当に猫《ねこ》が来ると思っていなかったと言うのはつじつまが合わないということ。

ウ　たまたま猫が庭に入ってきただけだというのに、お稲荷さんが猫を連れてくる言い伝えは本当だったと言うのは説得力がないということ。

エ　お稲荷さんに願ったにもかかわらず、お稲荷さんが猫を連れてくる言い伝えを知らなかったと言うのは無理があるということ。

問二　〰〰線部a「飄々《ひょうひょう》と」・b「気休め」の文章中での意味として最もふさわしいものを次の中からそれぞれ選び、記号で答えなさい。

a「飄々と」

ア　物事《ものごと》にこだわらず、とらえどころのない様子　　イ　自信にあふれ、堂々としている様子

ウ　裏表《うらおもて》のない性格で、周囲から信頼される様子　　エ　能天気で、物事を深く考えない様子

b「気休め」

ア　筋の通らないへりくつ　　イ　一時的な心のなぐさめ

ウ　その場しのぎのうそ　　エ　不幸せな人への同情

「マフィン！」

その声に、ゴンは反応する。あまえるような声でニャアと鳴く。キャリーバッグを覗き込んだ彼女は、［B］尻を下げて、しばしゴンに赤ちゃん言葉で話しかけていた。

「ねえ、キャリーから出してもいい？」

「あ、はい、リードがありますから」

拓也が言うと、彼女《かのじょ》は蓋《ふた》を開けてゴンを抱き上げた。おとなしくしているゴンは、彼女によくなついている。入院中の彼に飼われ、彼女にもかわいがられていたのがわかるから、⑥武にはもう、何も言うことはなかった。

「ねえ、いつでもマフィンに会いに来てよ。彼《かれ》がもうすぐ退院するの。あなたたちのこと話したら、お礼を言いたいって」

猫友が急に増えたのも、きっとお稲荷さんの※7差配《さはい》なのだ。

（谷瑞恵『神さまのいうとおり』より）

（注）※１　お稲荷《いなり》さん…稲荷神社の神。稲荷神。狐は稲荷神の使いとされる。

※２　卑屈《ひくつ》…自分に自信がなく、いじける様子。

※３　高揚《こうよう》感…興奮して気持ちが高ぶる感覚。

※４　マフィンをさがしている女の人…ゴンのもとの飼い主だと言う女性。ゴンのことをマフィンと呼ぶ。

※５　狛狐《こまぎつね》…狛犬のように稲荷神社に置かれている狐の像。

※６　吉住のひいおばあちゃんが見た女…拓也のひいおばあちゃんが過去に見たことがあると言う狐が化けた女。

※７　差配《さはい》…仕事などを指図《さしず》したり、取り仕切ったりすること。

拓也と親しくなることも、父とちゃんと話をすることもなく、周囲に苛立ちをぶつけるばかりだっただろう。

だから武は、ゴンにとって一番いい場所を与《あた》えてやりたい。元の飼い主のところがそうなのだ。

④「まあでも、杉原くんの言うことは正しいのかも。おれ、前の学校の友達に、電話してみたよ」

「猫を飼ってた友達か?」

「うん。杉原くんのおかげで、思い切って話せたんだ。そしたら、お稲荷さんが猫を配るって話をおれに聞いて、本当によかったって言ってた。猫を拾ったとき、汚《よご》れて痩せこけた子猫だったから、もしお稲荷さんのことを聞いてなかったら、飼わなかったかもしれない。でもそんなことはもう考えられないくらい、大好きな猫になったんだって」

うれしそうな拓也を見ていると、武もうれしくなる。こんな気持ちになれることを、しばらく忘れていた。誰かがうれしそうにしていると、むかつくばかりだったのに。

「こっちで友達できたって言ったら、今度いっしょに遊ぼうってさ」

「ふうん、友達できたんだ?」

「杉原くんだよ。違うの?」

⑤ああそうか、そうなんだ。だから、拓也が笑うと自分も笑っている。

「トモダチってなんか、ガキくせえ」

「えー、じゃあなんていうの?」

少し考えて、武は言う。

「猫友」

「うーん、まあいいか」

幼いころを懐かしんでも、武は小さい武じゃない。飼い猫に心配され、祖父に背負われた武にはどうあがいても戻れない。祖父もあの猫ももういないし、ひねくれたところも急には直らない。だけどこれからは、自分のことを自分で決められる。どんな自分になりたいのかも、いつか猫を飼うかどうかも、自分で選べるようになるだろう。

お稲荷さんの石段を、上がってくる人がいる。武と拓也は視線を向ける。長い髪《かみ》の女性が、こちらに気づくと駆け寄ってくる。

猫の飼い主をさがしています。この子に見覚えがある人は連絡《れんらく》下さい。

チラシの文面を変えて、また貼り出した。※4マフィンをさがしている女の人が、どこの誰だかわからないので、そうするしかなかったのだ。

　武はゴンを連れ帰り、飼い主が見つかるまでの間だけ、きちんと世話をするからと父親を説得した。武の部屋から出さないこと、毎日部屋の掃除《そうじ》をきちんとすることが条件だった。家によく出入りしている父の後援者《こうえんしゃ》に、猫アレルギーの人がいるらしいのだ。

　父が猫を捨てたのは、単なる猫嫌いでも、武に対する意地悪でもない。知ろうとしなければ、相手の考えも気持ちも、何も知らないまま拒絶《きょぜつ》することになる。そうなったら、いつまでもわかり合えないままだった。

『そういえば、親父は猫好きだったな』と、父は、反[B]し合っていた祖父のことを懐《なつ》かしむようにつぶやいた。

「白い狐って、初めて見たなあ」

稲荷神社で、武は狛狐《こまぎつね》※5を見上げる。拓也が不思議そうな顔をする。

「狐、見ただろ？　ゴンを見つけたとき」

「あのときの白いの？　猫だよ。たまにうちの庭を横切っていくよ」

「えっ、狐だったじゃないか」

「いや狐には見えないって」

　武の見間違いか、思い込みだったのだろうか。でも、武にとっては狐だった。それでいいのだと思う。

「じゃあ、おれにだけ本当の姿が見えたんだ」

「ひいおばあちゃんと気が合いそうだよ、杉原くん」

「ああ、おれは吉住※6のひいおばあちゃんが見た女、狐だったって信じるよ」

　キャリーバッグの中で、ゴンが話に加わろうとするように鳴く。飼い主の女性から連絡があり、ふたりは稲荷神社で待っているところだった。

　ゴンは武の猫ではなかったが、お稲荷さんは武の願いを聞いて、ゴンを選んで連れてきてくれたのだ。ゴンでなかったら、武は

き出したので、ついていったのだそうだ。そうしたら、田んぼの土手で居眠《いねむ》りしている武を見つけたという。

武は、祖父の背中で見ていた夢を思い出す。白いふわふわした獣《けもの》の背中に乗っていた。目が覚めて、祖父の背中だったのがしばらく納得できなかったのをおぼえている。

あのときの白い狐だ、そう思った。祖父は猫だと言ったけれど、きっと猫に化けるくらい簡単だ。だって白い狐は、人間の女にも化けられるのだから。

もしかしたら祖父の猫は、お稲荷さんにお願いして、武を守ってくれたのだろうか。本気でそんなことを考えている。そうしてまた現れた白い狐は、武に何を促《うなが》そうとしているのだろう。

目の前にいる白い獣は、動けないまま身を隠している武たちをまっすぐに見据《みす》え、威圧《いあつ》している。やがて視線を外したかと思うと、悠々《ゆうゆう》と油揚げをくわえ、茂みの奥へ入っていった。

いつの間にか、あたりはかなり暗くなってきている。姿は全く見えないけれど、まだそこにヤツがいるのではないかと、じっと目をこらしていると、何かが動く。ニャーと鳴く。

「……ゴン！　ゴンだろ？」

武の声に反応したか、ゴンが茂みからそろりと出てくる。持ってきていた猫のおやつを急いで差し出すと、すっかり警戒心を解いて駆《か》け寄ってきた。

「ゴン！　ごめんな……。寂しかっただろ？　腹減ってるよな？」

撫《な》でる武の手に顔を擦《す》りつけるゴンは、間違いなく武を信頼《しんらい》している。おやつを食べてしまうと、武のかたわらに座り、毛繕《けづくろ》いをはじめる。

「よかったな、ゴン」

拓也もゴンをそっと撫でると、目を細めて喜んでいる。そのとき武は、ひとつだけ理解していた。自分はゴンを守りたいのだ。お稲荷さんに願ったからとか、昔の自分を取り戻したいとか、ゴンには関係がない。一度は拾ってゴンの運命に手を貸したのだから、そしてゴンが武を安心できる相手だと思っているのだから、自分にはゴンを不幸にしないという責任があるだけだ。

「なあ吉住、頼みがあるんだ」

だからって、人のことも認められない。

「べつに怖くないのにな」

拓也は本気で不思議そうに首をかしげた。

「吉住が変わってるんだ」

「たぶん、杉原くんが猫をさがしてたから、親近感が持てたっていうか」

なんで猫なんだろう。猫がいたら、何かが変わるみたいに信じているのはどうしてだろう。武は、はにかむ拓也に微笑《ほほえ》もうと努力する。うまくいったかどうかわからないけれど、お互《たが》いの間に伝わるものはあったと思える。それからふたりで、じっと、風の音や周囲の気配に耳を澄《す》ませる。

しばらくして、拓也は急にこちらに身を乗り出した。

「杉原くん、あれ……」

声をひそめ、石垣のほうを凝視《ぎょうし》する。武も注意深く息を殺す。何かが油揚げのところにいる。でも、ゴンじゃない。

「白い、猫……？」

拓也が言う。違う、猫じゃない。あれは狐だ。真っ白だけれど、とがった耳やほっそりした鼻、太い尻尾《しっぽ》が目につく。初めて見る白い狐に、武は息を止めて見入った。

小さな身じろぎが、周囲の草をゆらしてしまったかもしれない。狐が耳をピクリと動かし、こちらを見た。なんてきれいなんだろう。生き物を超《こ》えた何かに見つめられたようで、奇妙《きみょう》な緊張《きんちょう》感と※3高揚《こうよう》感に包まれる。そのとき武は、［　A　］と直感していた。

ずっと前、小さいころ、祖父の飼い猫のミケが毎日出かけていくのを見て、どこへ行くのかとひとりで後を追ったら、猫の集会に出くわした。こっそり、木の幹に隠《かく》れるようにして覗《のぞ》いていたあのとき、真っ白で大きな猫がいた。

あれは、きっと狐だったのだ。

あの日武は、なんだか見てはいけないものを見たような気がして、逃《に》げるように走って帰ろうとしたが、どこかで道を間違え、迷ってしまった。土手に座り込んでいたら、うたた寝《ね》したらしく、目が覚めたときには祖父に背負われていた。ミケはとっくに家に戻っていたが、あのとき祖父は奇妙な話をした。ミケが白い野良猫を連れてきて、餌《えさ》をやったところ、鳴きながら招くように歩

からだ。勘違《かんちが》いでも寂《さび》しいから、うわべだけのちやほやから抜け出せなくて、どんどん孤独《こどく》になっていく。

ほしかったのは猫なのか、それとも、寂しさを紛《まぎ》らせてくれる何かだったのか。

「そいつは、病気の猫を飼ったこと、きっと後悔《こうかい》なんかしてないって。最後まで飼ったんだから、その猫のことが本当に好きになったんだ」

b気休めかもしれない。拓也の友達の本当の気持ちなんて、知りようがないのだから。それでも武は言いたかったし、拓也は、ほっとしたように顔を上げた。

「そうかな……。だったらいいんだけど。杉原くんは、どうして猫を飼いたいと思ったの？」

不思議と今は、自分のことを隠《かく》そうとは思わなかった。②こいつになら言ってもいいかと、くだけた気持ちで口を開く。

「じいちゃんが生きてたころ、猫を飼ってたんだ。おれが生まれる前からいる猫だったから、兄貴風吹《ふ》かしてるようなところがあって、※2蝉《せみ》やバッタの捕《と》り方を教えようとしたり、友達と取っ組み合ってると割り込んできたり。あのころは、悩みなんかなくて、おれは、卑屈《ひくつ》になることもなかった」

猫がいたからって、武の周囲が変わるわけじゃない。でも、怪我《けが》をしたゴンが現れて、助けなければと必死になったとき、③空洞《くうどう》だった胸の奥《おく》が、あたたかくふわふわしたもので満たされるようだった。まるくなったゴンを抱《だ》いたときの、おだやかで愛《いと》おしい感覚に、武自身も包まれた。大事にしなければならないものを得て、背筋が伸《の》びるとき、家族も友達も、ふだんの日々も好きでいられる、そんな自分に戻《もど》れそうな気がしたのだ。

「今は卑屈なのか？」

直球で訊《き》いてくる。

「威張《いば》っているくせに、てか？」

武がにらむと、拓也はかわすように笑う。でも、拓也は不思議と、武のことを怖《こわ》がらない。

「おれのこと、怖がるやつを見ると、もっと怖がらせてやりたくなる。今のおれはいやなやつだ」

情けない武を知ったら、弱みを見せたら、なめられる気がする。でもそれは、自分には何もないからだ。勉強にしろスポーツにしろ、人より優れたところが何もない、自分勝手で人に頼《たよ》られもしない、ただの嫌《きら》われ者だ。

も、①矛盾《むじゅん》した言葉ばかりが口をついて出る。

「本当に来るよ。願ったら、猫が来るんだ。おれ、それでひいおばあちゃんに叱《しか》られたことがあるもん」

拓也はため息をついた。あまり思い出したくないことみたいだったが、思い切ったように語り出した。

「ここへ引っ越してくる前は、家族でこの家へ来るのはお正月くらいだったかな。親戚《しんせき》も集まって、いとこたちとテレビ見てたらかわいい子猫が映ってて、それでおれ、何気なく言ったんだ。友達のシンくんが猫をほしがってたなあって。そしたらひいおばあちゃんが、そんなこと言うと本当に猫が来るのに、シンくんが飼えなかったらどうするんだって」

「誰《だれ》かが猫をほしがってたって言っただけで、願ったことになるのか？　神社で願い事をするのとは違うじゃないか」

「そうだけど、ひいおばあちゃんは、お稲荷さんに聞こえるからって言うんだ」

「で、本当に来たってのか？」

「うん、痩《や》せ細った子猫がシンくんの家に。それでその子を飼うことになって」

「飼ったのならいいじゃん」

「だけど、その子は持病があったらしくて、長生きできなかったんだ」

たとえ長生きしても、猫の寿命《じゅみょう》は短い。祖父が飼っていた猫を思い浮《う》かべ、胸が痛んだけれど、武は素っ気なく言う。

「ふうん」

「おれずっと、シンくんに悪いことをしたような気がしてて。おれが余計なこと言わなきゃ、元気な猫をもらったり買ったりできたかもしれないじゃん。ちょうどおれが転校する前に、猫が死んじゃって、なんか、電話もできなくて。親友なのに、それっきりなんだ」

a飄々《ひょうひょう》として、悩《なや》みのなさそうな拓也だけれど、転校してきてまだ二月《ふたつき》ほどだ。それなりにクラスに溶《と》け込《こ》んでいるようでいても、心細いのだろう。前の学校にいた親友にも、簡単に相談できない。だから、武なんかの猫さがしに首を突っ込んでいる。

その心細さは、武にもわかるような気がした。小学校のころ仲の良かった友達は、杉原議員の子とつきあうなと言われて、離れていった。いや、父が原因だとは限らない。武自身、自分を持ち上げてくれて、わがままを言える相手を取り巻きにするようになったからだ。いつからか、自分が中心にいないと苛立《いらだ》つようになった。周囲の大人が、父を持ち上げ、武のこともちやほやする

二　次の文章を読み、あとの問いに答えなさい。

> 中学一年生の杉原武《すぎはらたける》は猫《ねこ》（ゴン）を拾ってこっそり飼っていたが、市議会議員である父が見つけて捨ててしまった。武は神社でゴンをさがしていたところ、同級生の吉住拓也《よしずみたくや》と出会い、二人でさがすことになった。拓也はひいおばあちゃんのいる田舎に引っ越《こ》してきた転校生である。
> 武と拓也はゴンの写真を印刷したチラシを貼《は》っていたところ、「これはもともと私が飼っていた猫のマフィンだ。見つけたら返して欲しい」と言う女性があらわれ、武は「違《ちが》う、おれの猫だ」と反発する。
> ゴンが見つからず二人は困っていたところ、拓也のひいおばあちゃんから狐《きつね》に油揚《あぶらあ》げをあげてくるよう頼《たの》まれる。ひいおばあちゃんによると、「猫が欲しい」と願うと、猫を幸せにできる家を選んで狐が届けてくれるという。

母屋《おもや》と離《はな》れのあいだを抜《ぬ》けたところは、雑木林みたいな場所だ。踏《ふ》み分けた道沿いに、狭《せま》い畑や花壇《かだん》があり、突《つ》き当たりの石垣《いしがき》に、白い皿が置いてあった。

「猫、いないな」

「ひいおばあちゃんじゃないから、警戒《けいかい》してるのかも」

油揚げを袋《ふくろ》から出し、皿に置く。少し離れて様子を見ることになり、ふたりで茂《しげ》みに身をかがめる。

「杉原くん、本当はゴンのこと、そう簡単にあきらめられないんだろう？」

飼えないならゴンがかわいそうだと意見したくせに、拓也はそんなことを言う。わりと生意気なのに、武は不思議と、拓也にはむかつかない。

「※1お稲荷《いなり》さんに願ったんだから、本気で飼いたかったんだよね」

「願ってみたからって、本当に猫が来るなんて思ってなかったし、だいたい、ゴンはたまたま庭に入ってきただけじゃないか。お稲荷さんがゴンに、うちへ行けって言ったのか？　そんなわけないだろ」

信じていないのに、そんな言い伝えがあることを知っていて、猫がほしいと願ってみた自分は、何を望んでいたのだろう。今

2024年度

日本学園中学校

【国　語】〈第二回試験〉（五〇分）〈満点：一〇〇点〉

注意　字数制限のある問題は、記号や句読点も字数に含みます。

一　次の――線部①～⑩の漢字はひらがなに、カタカナは漢字に直しなさい。

① 重い責任を担う立場になった。
② 料理に慣れていて手際が良い。
③ 願いごとが成就するように祈る。
④ 先生は鬼《おに》の形相を浮かべた。
⑤ 時間がないので社長と直談判する。
⑥ この城は四百年前にキズかれた。
⑦ 卒業式で上級生のカドデを祝う。
⑧ 発表会で自作の詩をロウドクする。
⑨ 全ての商品の価格をキンイツにする。
⑩ 本がムゾウサに積まれている。

2024年度

日本学園中学校

▶解　答

※　編集上の都合により，第２回試験の解説は省略させていただきました。

算　数　＜第２回試験＞（50分）＜満点：100点＞

解　答

[1] (1)　33　(2)　341　(3)　$6\frac{3}{5}$　[2] (1)　$5\frac{4}{9}$　(2)　54　(3)　36　(4)　7.5　(5)　280　(6)　127　[3] (1)　G　(2)　6909番目　(3)　2782番目　[4] (1)　1：2　(2)　2 cm　(3)　12cm^2　[5] (1)　52 L　(2)　毎分2.6 L　(3)　193分後　[6] (1)　7回　(2)　3回　(3)　15回

社　会　＜第２回試験＞（30分）＜満点：50点＞

解　答

[1] **問１**　ウ　**問２**　フォッサ・マグナ（フォッサマグナ）　**問３**　イ　**問４**　環太平洋　**問５**　**お**　カルデラ　**か**　扇状地　**き**　三角州　**く**　くわ　**け**　ぶどう　**問６**　**1**　赤石　**2**　奥羽　**3**　紀伊　**4**　熊野　**5**　浅間　**6**　阿蘇　**7**　桜　**8**　最上　**9**　富士　**10**　球磨　**11**　甲府　[2] **問１**　国民主権　**問２**　国債　**問３**　イ　**問４**　特別会　**問５**　ウ　**問６**　エ　**問７**　エ　**問８**　下関条約　**問９**　ア　**問10**　イ　[3] **問１**　**1**　ツ　**2**　ケ　**3**　チ　**4**　オ　**5**　シ　**6**　イ　**7**　ク　**8**　ソ　**9**　ト　**10**　サ　**問２**　エ　**問３**　倭寇　**問４**　ア　**問５**　ア　**問６**　エ　**問７**　オランダ　**問８**　刀狩令　**問９**　甲州道中（甲州街道）　**問10**　地租改正　**問11**　オ

理　科　＜第２回試験＞（30分）＜満点：50点＞

解　答

[1] **問１**　(1)　10 g　(2)　30 g　(3)　20cm　**問２**　(1)　(イ)　(2)　(ア)，(オ)　(3)　25kg　[2] **問１**　408 g　**問２**　(1)　44 g　(2)　(エ)　(3)　**塩化カリウム**…(ウ)　**硝酸カリウム**…(オ)　(4)　(ウ)　[3] **問１**　D，F　**問２**　(1)　E，大腸　(2)　A，食道　**問３**　F，柔毛　**問４**　肺胞　**問５**　(イ)　[4] **問１**　**A地点**…22℃　**B地点**…16℃　**問２**　**A地点**…18℃　**C地点**…20℃　**問３**　33℃　**問４**　(ウ)

国　語　＜第２回試験＞（50分）＜満点：100点＞

解　答

一　①　にな(う)　②　てぎわ　③　じょうじゅ　④　ぎょうそう　⑤　じかだんぱん　⑥〜⑩　下記を参照のこと。　二　**問１**　イ　**問２**　**a**　ア　**b**　イ　**問３**　ウ，エ　**問４**　Ⅰ　自分を〜る相手　Ⅱ　うわべ〜やほや　**問５**　ウ　**問６**　目　**問７**　エ　**問８**　Ⅰ　誰かが〜ばかり　Ⅱ　うれし〜ている　Ⅲ　友達　**問９**　ゴンに〜りたい　**問10**　ウ　三　**問１**　**A**　ウ　**B**　エ　**C**　イ　**D**　カ　**問２**　体験的知識に基づいた「自分で考える力」　**問３**　②　カ　③　ウ　**問４**　イ　**問５**　ア　**問６**　エ　**問７**　**E**　ウ　**F**　ア　**問８**　積み重ねた　**問９**　**生徒**…Ｂ　**問10**　同じです。

●漢字の書き取り

一　⑥　築　⑦　門出　⑧　朗読　⑨　均一　⑩　無造作

Memo

Memo

2023年度　日本学園中学校

【算　数】〈第１回試験〉（50分）〈満点：100点〉

1　次の計算をしなさい。

（1）　$3.5+\dfrac{1}{20}-1.2\times\left(\dfrac{1}{2}-\dfrac{1}{3}\right)$

（2）　$0.518\times4.1+8.69\times0.39-0.018\times4.1-8.07\times0.13$

（3）　$1+0.125-\left\{0.5\times\left(2\dfrac{1}{4}-1\div27\right)-\dfrac{4}{9}\right\}$

2　次の□にあてはまる数を答えなさい。

（1）　分子と分母の差が84で、約分すると$\dfrac{4}{11}$になる分数の分母は□です。

（2）　１枚のコインを投げて、表が出たら３点、裏が出たら２点となるゲームを何回か行ったところ、表が７回出て、裏が□回出たので合計で49点でした。

（3）　ある整数を７で割った商を小数第１位で四捨五入すると６になり、また４で割った商の小数第１位を切り捨てると９になります。ある整数は□です。

（4）　ある品物を□円で仕入れ、３割の利益をみこんで定価をつけましたが、売れなかったので、定価から500円引きで売ったところ、利益は250円でした。

（5）　Ａ君、Ｂ君、Ｃ君の３人で2000円を分けました。３人がもらったお金は、Ａ君がＢ君より210円多く、Ｂ君がＣ君より170円少なくなりました。Ｂ君がもらったお金は□円です。

(6)　図の•のしるしがついた角の大きさの和は[　　　]度です。

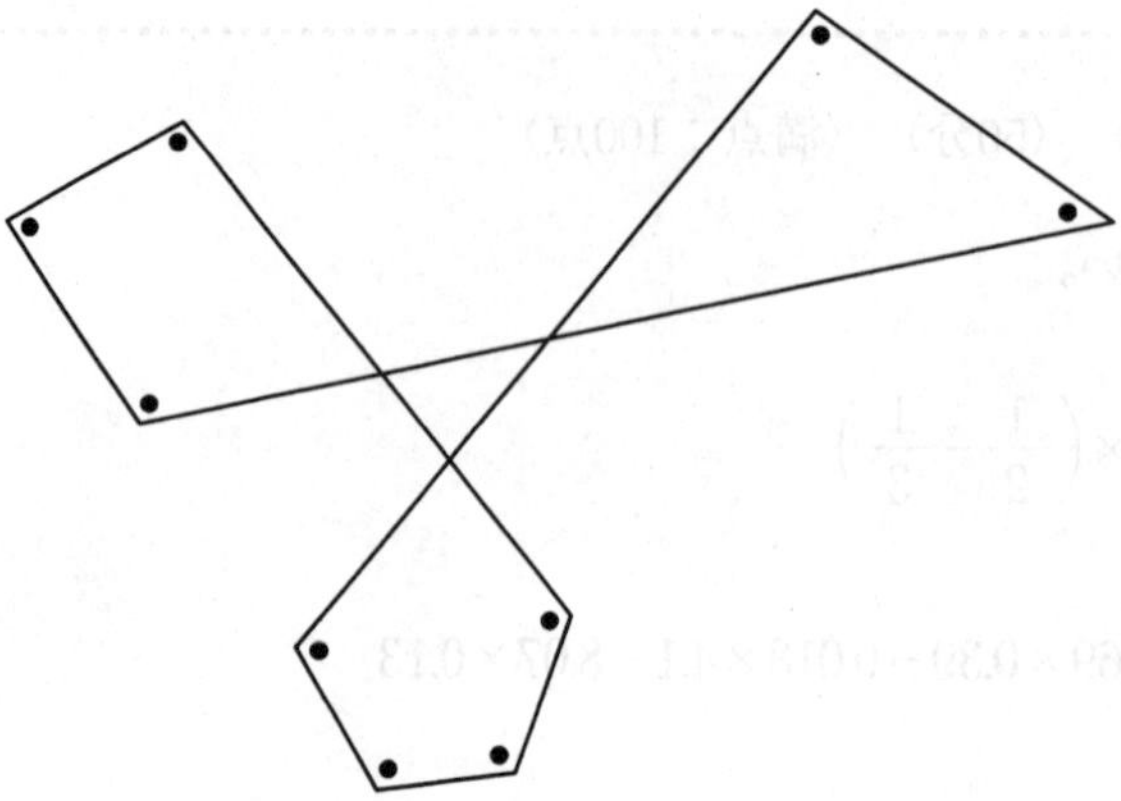

3　次の各問いに答えなさい。

(1)　図は面積が48 cm^2 の平行四辺形で、各辺上の点はそれぞれの辺を等分しています。このとき、色のついた部分の面積は何 cm^2 ですか。

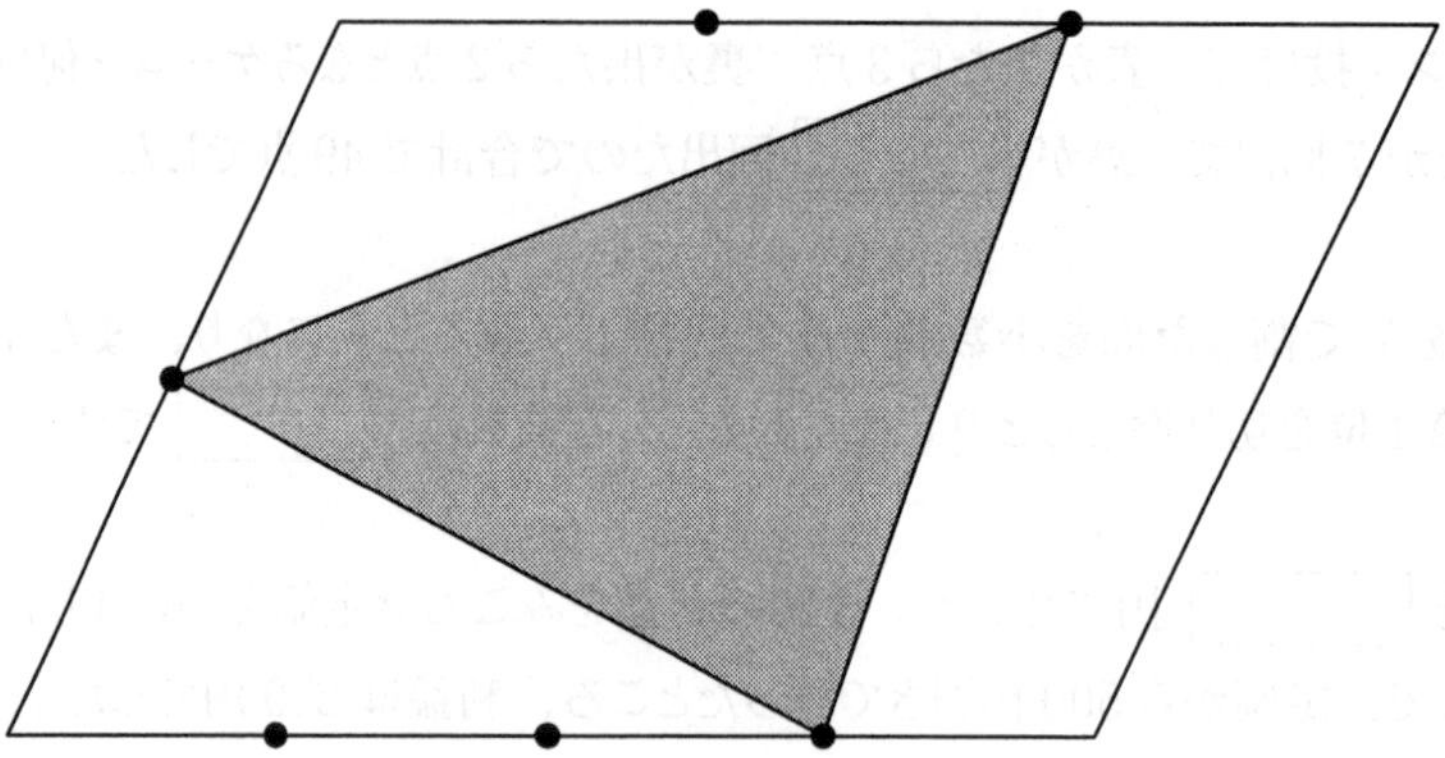

(2)　図は底面の半径が5 cmの円柱を平面でななめに切ってできた立体です。この立体の体積は何cm^3ですか。ただし、円周率は3.14とします。

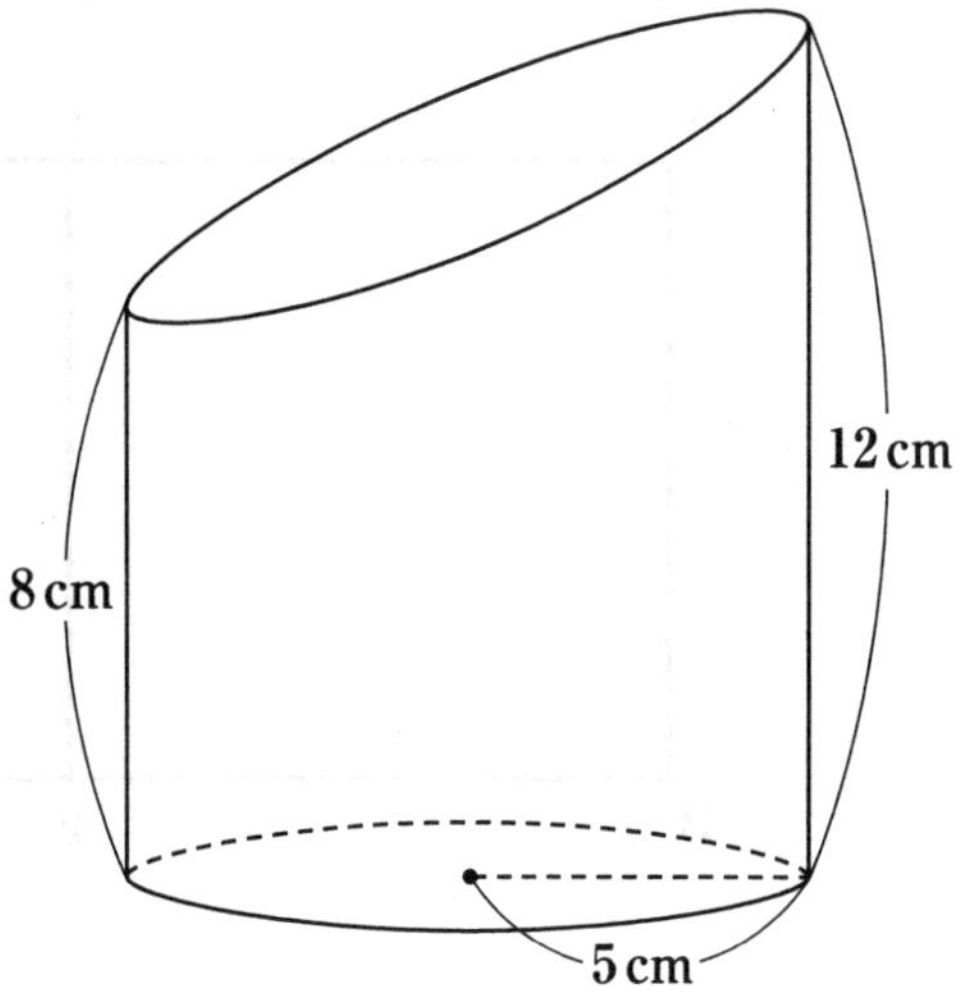

4　次のように、あるきまりにしたがって数が並んでいます。
このとき、次の各問いに答えなさい。

$$\frac{1}{2},\ \frac{1}{3},\ \frac{2}{3},\ \frac{1}{4},\ \frac{2}{4},\ \frac{3}{4},\ \frac{1}{5},\ \frac{2}{5},\ \cdots\cdots$$

(1)　$\frac{49}{50}$ は、はじめから数えて何番目の数ですか。

(2)　はじめから $\frac{49}{50}$ までの数の和はいくつですか。

(3)　はじめから $\frac{49}{50}$ までの数のうち、$\frac{4}{5}$ より小さい数は何個ありますか。

5　図のような１辺が60ｍの正方形を２つ並べた形をした道を、太郎君と次郎君はそれぞれＡ地点、Ｃ地点を同時に出発して進みます。太郎君がＡ→Ｂ→Ｅ→Ｆ→Ａの順に毎秒５ｍの速さで回り続けるとき、次の各問いに答えなさい。

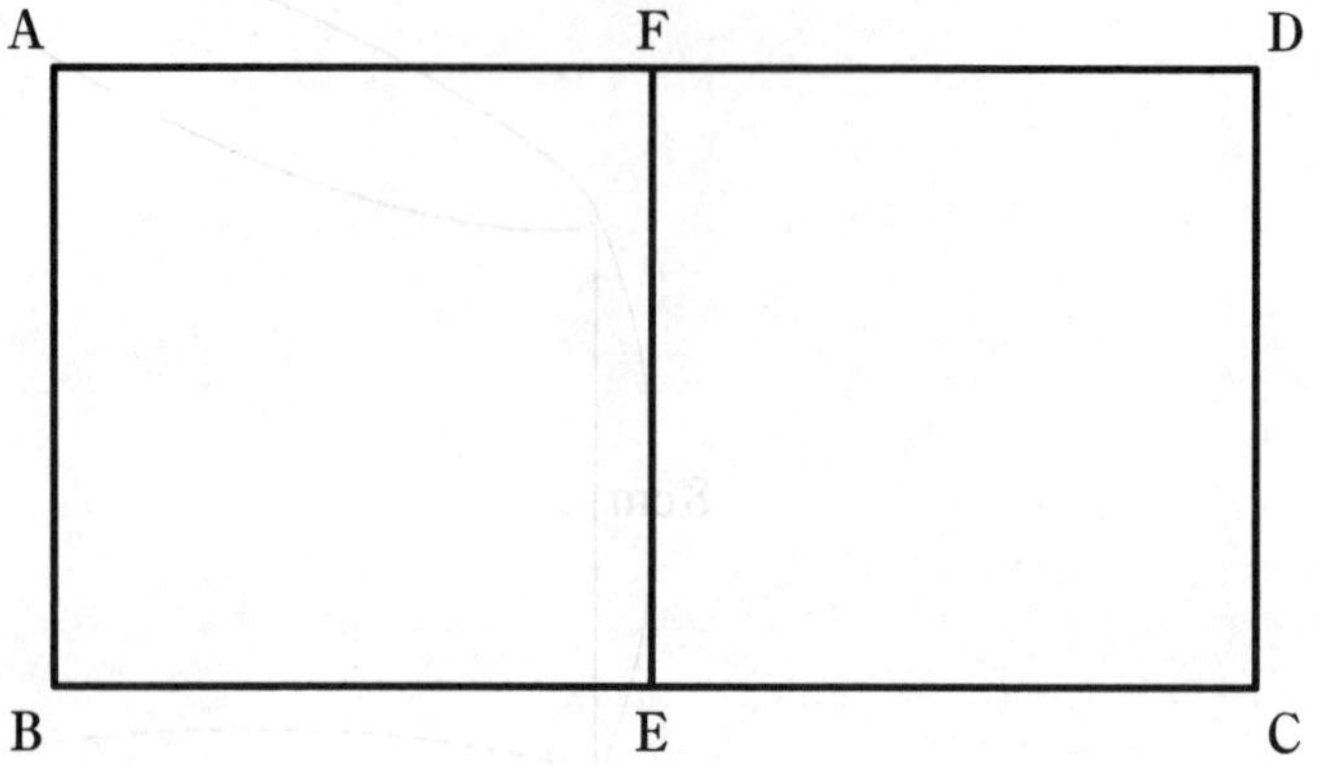

(1)　次郎君が毎秒４ｍの速さでＣ→Ｄ→Ｆ→Ｅ→Ｃの順に回り続けるとき、

①　出発してから４分後までに２人は何回すれちがいますか。

②　初めて２人がすれちがうのは、出発してから何秒後ですか。

(2)　次郎君が毎秒８ｍの速さでＣ→Ｅ→Ｆ→Ｄ→Ｃの順に回り続けるとき、初めて次郎君が太郎君を追いこすのは、出発してから何秒後ですか。

6　Ａ、Ｂ、Ｃの３つの容器に、合わせて1500ｇの食塩水が入っています。Ａには２％、Ｂには３％、Ｃには４％の食塩水が1:2:3の割合で入っています。いま、Ａ、Ｂ、Ｃからそれぞれ同じ量の食塩水をとり出し、空の容器に移してよくかき混ぜ、とり出した量と同じ量の食塩水をＡ、Ｂ、Ｃに戻したところ、Ａは2.8％の食塩水になりました。このとき、次の各問いに答えなさい。

(1)　Ａに入っている食塩水は何ｇですか。

(2)　Ｂからとり出した食塩水は何ｇですか。

(3)　Ｃは何％の食塩水になりましたか。

【社　会】〈第１回試験〉（30分）〈満点：50点〉

〈編集部注：実物の試験問題では，**2**の図以外はカラー印刷です。〉

1　以下のⅠ～Ⅳは、それぞれ日本国内にあるいずれかの県について述べた文章です。また、次ページの図１～４は、Ⅰ～Ⅳの各県内の一部を撮影《さつえい》したGoogle《グーグル》 Earth《アース》画像です。Ⅰ～Ⅳの各文章を読んであとの問いに答えなさい。

Ⅰ：　人口が４７都道府県で最も少なく、高齢《こうれい》化や山間部の過疎《かそ》化が進行しています。農業分野では（　１　）の生産量が全国１位となっています。図１は、日本海側の漁港では水揚量《みずあげりょう》が最大の［　あ　］港の周辺を写したものです。①この図中のＡの部分は、波や潮流によってＢと海をへだてるようにできた砂州《さす》という地形です。

Ⅱ：　この県は山地の割合が高く、大規模な平野ができにくい地形となっています。県庁所在地は、北部を流れる（　２　）の流域にひろがる平野にあります。天神崎はナショナルトラスト運動による環境《かんきょう》保全のさきがけとなりました。図２は、本州最《さい》南端《なんたん》の［　い　］岬です。［　い　］岬は、波や潮流によって運ばれた砂によって島と本州がつながりました。このように島と陸地をつなぐ地形をトンボロといいます。

Ⅲ：　畜産《ちくさん》業がさかんな県で、（　３　）の飼育頭数は日本一です。今から約３万年前に発生した火砕流《かさいりゅう》により火山灰が厚く積もった（　４　）台地が広がっています。この台地は水持ちが悪く、水田耕作には適さない土地でしたが、近年はかんがい設備が整って稲作《いなさく》もおこなわれています。図３は、県を代表する火山で、大正時代の大噴火《ふんか》で対岸と陸続きになりました。国内で最初に世界遺産に登録された［　う　］もこの県に属しています。

Ⅳ：　県の西部には、火山を生かした観光地があり、周辺の大都市から鉄道も乗り入れているため多くの観光客がおとずれます。県庁所在地の［　え　］には日本有数の貿易港があり、工業もさかんで②都道府県別でみると２位の工業生産額をあげています。農業は野菜の栽培《さいばい》が主となっています。図４は、この県を代表する観光地で、図２と同様トンボロの地形を観察できます。

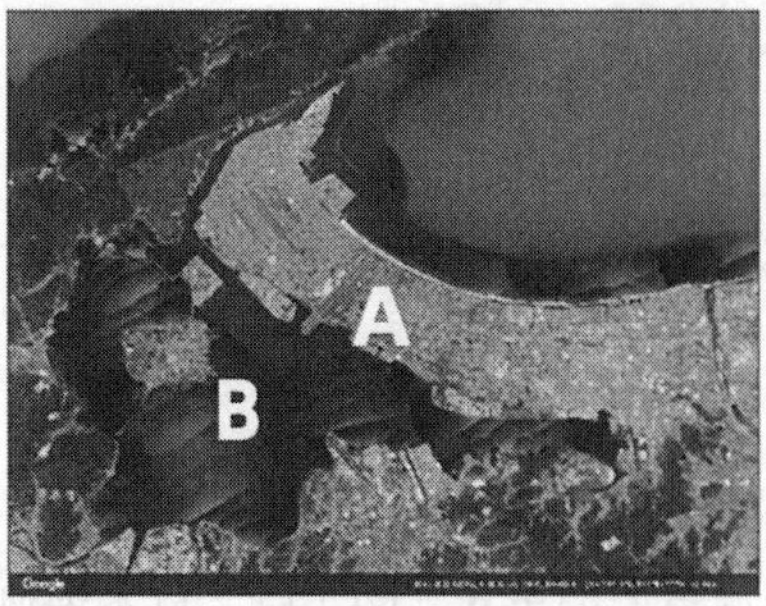

図1

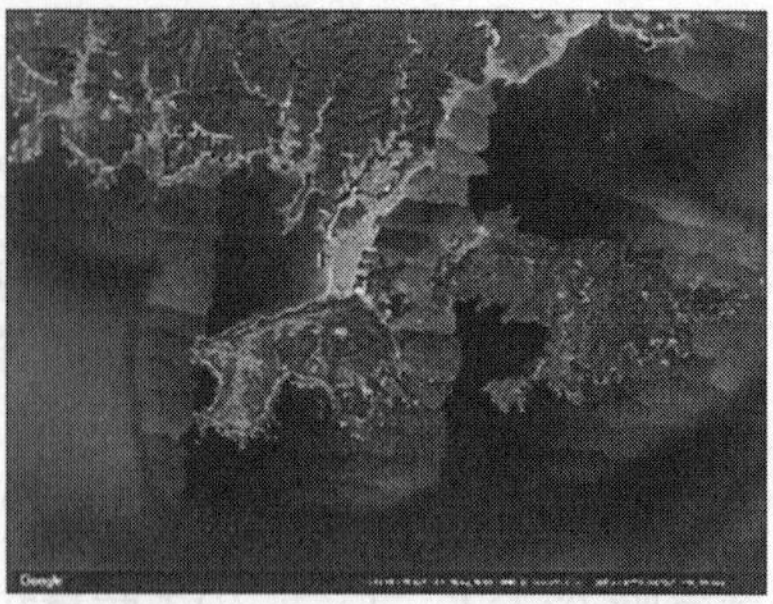

図2

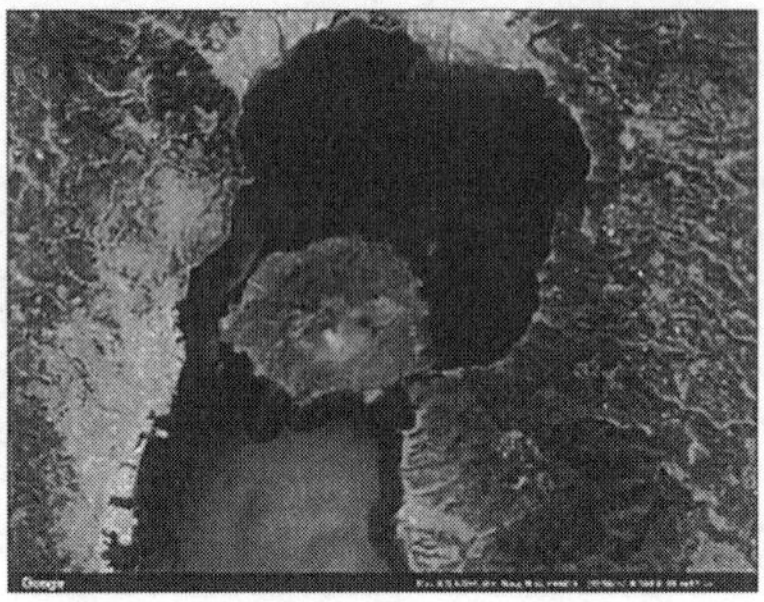

図3

図4

問１　文章中の空欄《くうらん》(　１　)～(　４　)にあてはまる語句を、下の語群から選んで記号で答えなさい。

ア．乳牛　　イ．牧ノ原　　ウ．らっきょう　　エ．四万十川

オ．肉牛　　カ．シラス　　キ．茶　　ク．吉野川

ケ．豚　　コ．下総　　サ．キャベツ　　シ．紀ノ川

問２　文章中の空欄[　あ　]～[　え　]にあてはまる地名を答えなさい。

問３　Ⅰ～Ⅳの県名を答えなさい。

問４　右の表は、羽田空港とⅠ、Ⅱ、Ⅲの各県内にある空港を結ぶ航空便の所要時間と１日の便数を記したものです。羽田とⅠ、Ⅱ、Ⅲ県内の空港を結ぶ便の組み合わせとして正しいものを下のア～カから選んで記号で答えなさい。

	所要時間	便数
a	１時間 10 分	3
b	１時間 15 分	5
c	１時間 45 分	22

（2022 年８月現在）

	羽田 →Ⅰ	羽田 →Ⅱ	羽田 →Ⅲ
ア	a	b	c
イ	a	c	b
ウ	b	a	c
エ	b	c	a
オ	c	a	b
カ	c	b	a

問５　下のア～エはⅠ～Ⅳの各県庁所在地の雨温図です。Ⅰの県庁所在地の雨温図を選んで記号で答えなさい。

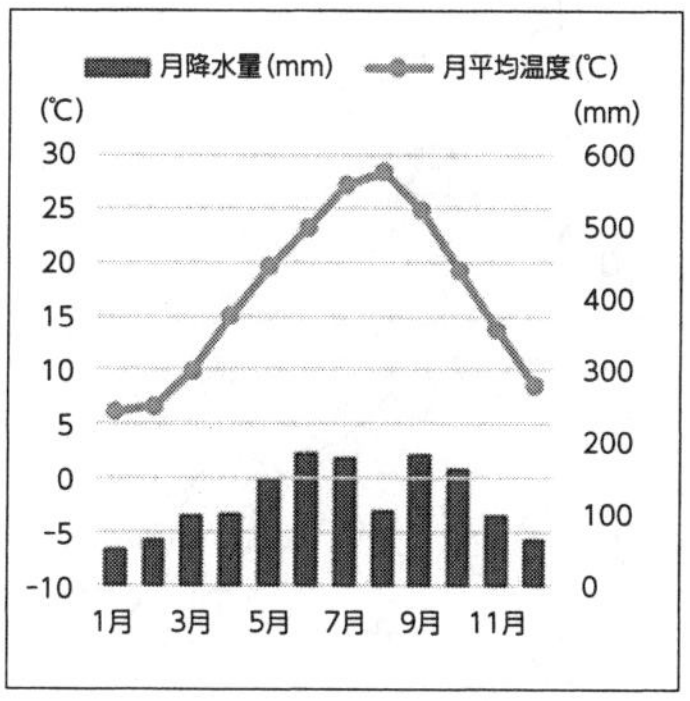

ア

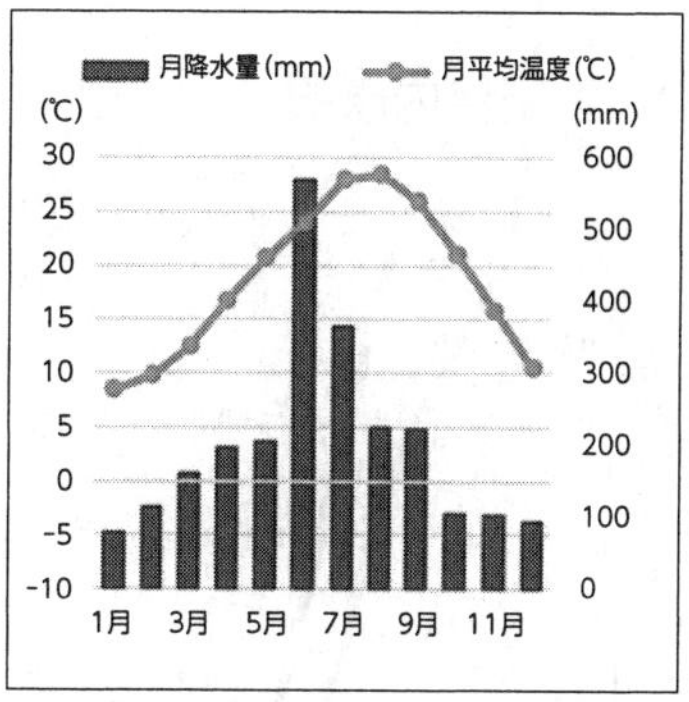

イ

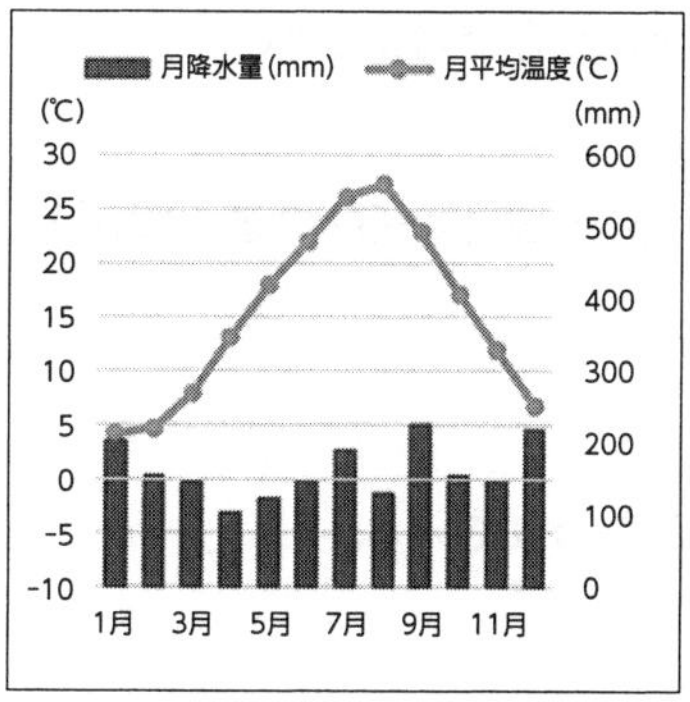

ウ

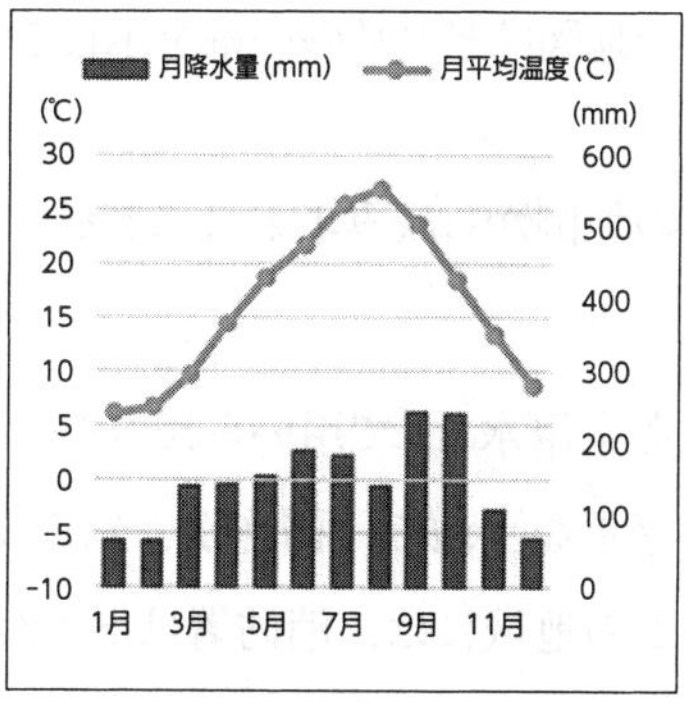

エ

問６　図2の画像が示す場所と最も緯度《いど》が近い島を、下から1つ選んで記号で答えなさい。

ア．沖縄本島　イ．奄美《あまみ》大島　ウ．隠岐《おき》諸島　エ．八丈島《はちじょうじま》　オ．父島問７　文章中の下線部①について、これと同様の地形がみられる場所を下から1つ選んで記号で答えなさい。

ア．犬吠埼《いぬぼうざき》　　イ．男鹿半島　　ウ．東尋坊《とうじんぼう》　　エ．天橋立　　オ．函館《はこだて》

問８　文章中の下線部②について、工業生産額が1位の県名を答えなさい。

問９　下の地図は、Ⅰ～Ⅳのいずれかの県内の一部を、国土地理院が運営しているウェブサイト「地理院地図」を加工して表したものです。以下の問いに答えなさい。

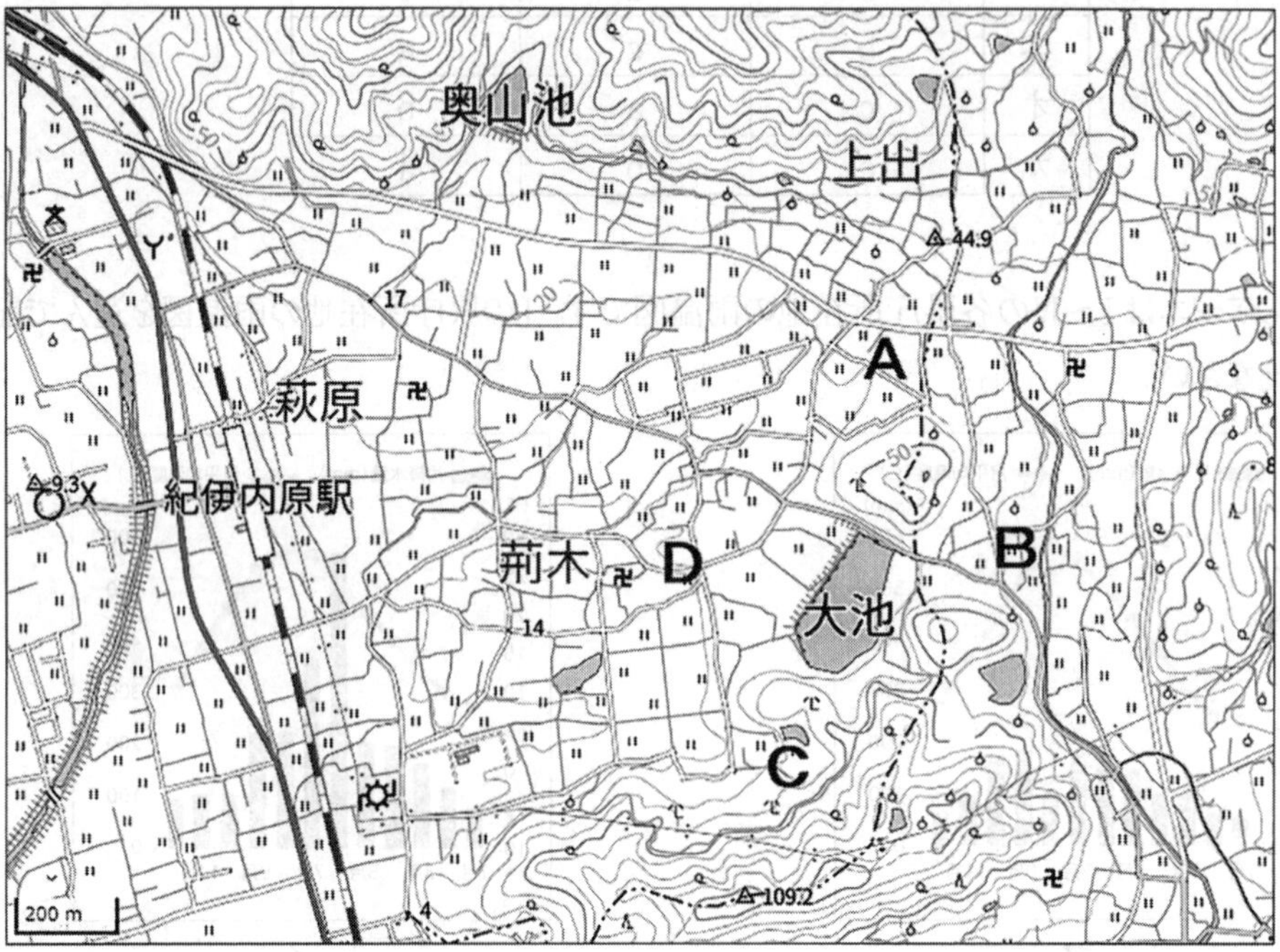

（１）　この地図はどの県の一部を示しているか、Ⅰ～Ⅳの中から記号で答えなさい。

（２）　この地図から読み取れることがらとして、間違《まちが》っているものを下から1つ選んで記号で答えなさい。

ア．農業用水として用いられるため池がみられる。

イ．平坦《へいたん》な土地では稲作が、斜面《しゃめん》では果樹栽培がおこなわれている。

ウ．この地域には、消防署はあるが警察署はない。

エ．地図中B付近を流れる川は南から北へ向かって流れている。

（３）　地図中「大池」が、仮に大雨や地震《じしん》などで決壊《けっかい》・氾濫《はんらん》した際に最も浸水《しんすい》の危険が高いのはどこか。地図中A～Dから選んで記号で答えなさい。

2　次の先生と生徒の会話を読み、あとの問いに答えなさい。

先生：今日は、国会について学習しよう。国会は、国権の最高機関であり、国の唯一《ゆいいつ》の（　1　）機関であると日本国憲法第41条で規定されている。

生徒：この間の授業で、三権分立について学習したときに、たがいに他の権力を見張り、他の権力の行き過ぎをおさえると言ってましたよね。それなのに、なぜ国会は国権の最高機関とされているのですか？　国会の権限が強すぎてしまうのではないですか？

先生：国会が国権の最高機関とされているのは、国民主権だからだね。選挙で選ばれた国民の代表者が集まる国会が、最高機関とされている。

生徒：選挙といえば、昨年、①参議院議員選挙がありましたね。

先生：そうだね。国会は、衆議院と参議院で構成される（　2　）をとっている。

生徒：②衆議院と参議院の違《ちが》いって何ですか？　そもそも、国会を２つに分ける必要はないと思うのですけれど…

先生：（　2　）をとっているのは、［　A　］からだね。

生徒：でも、衆議院と参議院で意見が違《ちが》っていたら、何も決まらなくなってしまうのではありませんか？

先生：衆議院と参議院の議決が異なったときには、衆議院の議決が優先されることがある。これを（　3　）というね。

生徒：たとえば、どんなときに衆議院の議決が優先されるんですか？

先生：国会の大事な仕事のひとつに、国の予算を決めるというものがある。この予算の決め方を示した図が、これだ。ちなみに、当初予算を決めるために開かれる国会を、［　B　］という。

法律を制定する場合は、これとは少し違《ちが》ったやり方になるよ。

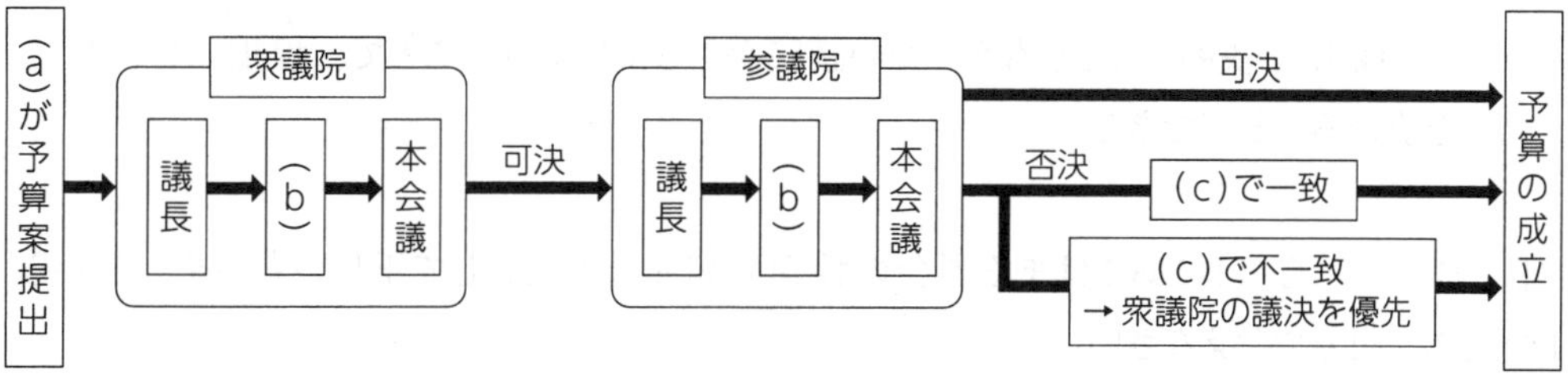

生徒：どんなふうにするんですか？

先生：衆議院で可決された法律案が参議院で否決された場合、衆議院で出席議員の３分の２以上の賛成で再可決すれば、その法律案は成立するね。

生徒：出席議員の３分の２以上って、けっこうたくさんの人数が必要になるのではないですか？

先生：そうでもないよ。本会議を開いて議決するには、その議院の総議員の３分の１以上の出席があればいい。衆議院の場合は、（　4　）名だ。その３分の２以上というと、（　5　）名だね。

生徒：そんなに少ない数でも再可決できてしまうんですね！
先生：そうなんだ。でも、衆議院で再可決せずに、衆議院を解散した例もあるよ。
生徒：え、そんなことってあるんですか？
先生：みんなが生まれる前のことだけど、郵政民営化のための法律案が参議院で否決されたんだ。そのときの首相は、郵政民営化について民意を問うとして、衆議院を解散した。
生徒：つまり、郵政民営化に賛成かどうか、選挙を通して国民に決めてもらおうとしたということですか？
先生：そういうことだね。その結果、郵政民営化に賛成する立候補者が数多く当選し、選挙後に開かれた［　C　］で郵政民営化のための法律案が可決された。一度は否決した参議院も、選挙で示された民意を尊重するという意見もあって、このときには可決したんだ。
生徒：選挙で民意を示すって、すごいパワーがあるんですね。
先生：そう、だからこそ、主権者としてしっかりとものごとを考え、判断する力を養っていかなくてはいけないよ。

問1　（　1　）～（　5　）にあてはまる言葉や数字を答えなさい。

問2　［　A　］にあてはまるものとしてふさわしくないものを、下から1つ選んで記号で答えなさい。

ア．国会がやるべき仕事を分担することで効率的にものごとを進めることができる
イ．主権者である国民のさまざまな意見を取り入れることができる
ウ．一方の議院の行きすぎた意見をおさえることができる
エ．それぞれの足りない部分をおぎない合うことができる
オ．一つの議院が決めたことをもう一つの議院がさらに検討することで、慎重《しんちょう》にものごとを決めることができる

問3　［　B　］［　C　］にあてはまる国会の種類の組み合わせとして正しいものを、下から1つ選んで記号で答えなさい。

ア．［　B　］特別国会　［　C　］臨時国会
イ．［　B　］特別国会　［　C　］通常国会
ウ．［　B　］通常国会　［　C　］臨時国会
エ．［　B　］通常国会　［　C　］特別国会
オ．［　B　］臨時国会　［　C　］特別国会
カ．［　B　］臨時国会　［　C　］通常国会

問４　問題文の図中(　a　)～(　c　)にあてはまる言葉の組み合わせとして正しいものを、下から1つ選んで記号で答えなさい。

ア．(　a　)天皇　(　b　)委員会　(　c　)両院協議会
イ．(　a　)天皇　(　b　)審議会　(　c　)緊急集会
ウ．(　a　)財務省　(　b　)委員会　(　c　)両院協議会
エ．(　a　)財務省　(　b　)審議会　(　c　)緊急集会
オ．(　a　)内閣　(　b　)委員会　(　c　)両院協議会
カ．(　a　)内閣　(　b　)審議会　(　c　)緊急集会

問５　下線部①について、2022年7月におこなわれた参議院議員選挙の結果、野党第一党となった政党名を、漢字5文字で答えなさい。

問６　下線部②について、衆議院と参議院の違《ちが》いについて説明した次の文章のうち、間違っているものを下から1つ選んで記号で答えなさい。

ア．衆議院議員選挙を総選挙といい、参議院議員選挙を通常選挙という。
イ．衆議院の被選挙権は25歳《さい》で、参議院の被選挙権は30歳《さい》である。
ウ．衆議院の任期は4年で、参議院の任期は6年である。
エ．参議院の定数は248名であり、3年ごとに半数ずつ改選される。
オ．参議院議員選挙では、選挙区と比例区のどちらにも立候補できる。

3　次の文章を読み、あとの問いに答えなさい。

わが国最初の整った法典は701年に成立した（　1　）です。これにより本格的な中央集権国家の基礎《きそ》が確立されました。その後、わが国ではいくつもの法が制定、施行《しこう》され、われわれ国民はその法の下で日常を過ごしているのです。

710年に平城京に都が移され、①奈良時代が始まります。723年に三世一身法が定められました。これは、国から支給された田の荒廃《こうはい》や人口の増加による耕地の不足などが原因です。しかし効果があまり上がらなかったことから743年に（　2　）が制定されました。この結果、中央貴族や寺社、有力豪族などが②私有地を増やしました。このように、土地の形態も法によって変化するのです。

③鎌倉時代には承久の乱以降、領地をめぐる御家人と貴族の争いが増えたりしたことから1232年に④3代執権によって（　3　）が制定されました。これは武士がつくった初の法であり、その後の武士の法の手本となるものでした。

戦国時代、戦国大名たちはそれぞれ分国法といわれる法をつくりました。これはその領内における法で、けんか両成敗や結婚《けっこん》、築城の決まりなど、この時代の風潮をよく表す内容となっています。また、戦国大名の中には富国強兵政策の中で（　4　）を公布する大名もいました。これは商品の取引を自由にして城下町の繁栄《はんえい》をはかったもので、織田信長が安土城下に出したものが有名です。

⑤江戸時代になると、1615年に江戸幕府２代将軍徳川秀忠が大名に対して（　5　）、皇室や公家に対して（　6　）を出しました。また江戸時代を通して農民に対する法も多く出されるなど、法は様々な人々に対してつくられるようになりました。中でも農民は法によってきびしく統制されることとなったのです。17世紀末、徳川綱吉は、⑥極端《きょくたん》な動物愛護令を発令しましたが、これにより幕府の財政赤字は大きくなりました。法は経済にも影響《えいきょう》を与えるのです。その後、江戸時代には3つの大きな政治改革がおこなわれました。最初の改革は８代将軍［　A　］がおこなった［　D　］の改革です。［　A　］は⑦御三家出身の将軍で、法としては裁判を速く公正に実施するために（　7　）を制定しました。２つめの幕政改革は［　A　］の孫である［　B　］がおこなった［　E　］の改革です。この改革で制定された法としては、幕府の学問所では朱子学《しゅしがく》以外の学問を禁じる（　8　）が挙げられます。3つめの改革は老中［　C　］がおこなった［　F　］の改革です。この改革ではきびしい倹約令《けんやくれい》が出され、ぜいたくな生活や風俗《ふうぞく》が取り締まられました。

明治時代、日本では近代化に向けて様々な法が制定されました。国民の教育の充実《じゅうじつ》のために1872年に制定された学制や、20歳《さい》以上の男子に兵役の義務を課す徴兵令もその一環《いっかん》です。また、明治時代に入ってから、⑧国民が選んだ議員からなる国会を開設することや憲法制定などを要求する民主的な運動が起こりました。明治政府はこの運動のさなかから憲法をつくる準備を始め、1889年、東アジアで初の憲法である⑨大日本帝国憲法が制定されました。

大正時代、1925年には2つの重要な法律が制定されました。1つは満25歳以上の男子に選挙権を与えるという(　9　)です。これにより有権者の数はそれまでの4倍に増えました。しかし一方では共産主義を取り締まる名目で(　10　)も制定されました。これはやがて、平和や自由を唱える人々を取り締まる法律となり、1945年に廃止《はいし》されるまで国民の思想にも影響を与えました。

ここまで見てきたように、法律はわれわれ国民の生活を大きく変えるものといえるでしょう。今、法律は国会でつくられています。そして国会議員は選挙によって選ばれています。よりよい現在、そして未来のためにもわれわれ国民はその選挙を通じて、意見を述べてゆく必要があるでしょう。

問1　(　1　)～(　10　)にあてはまる語句を、下から選んで記号で答えなさい。

ア．武家諸法度　イ．撰銭令　ウ．養老律令　エ．建武式目　オ．バテレン追放令

カ．治安維持法　キ．楽市令　ク．寺院法度　ケ．大宝律令　コ．禁中並公家諸法度

サ．公事方御定書　シ．棄捐令　ス．貞永式目　セ．普通選挙法　ソ．寛政異学の禁

タ．分地制限令　チ．上知令　ツ．集会条例　テ．新聞紙条例　ト．墾田永年私財法

問2　[　A　][　B　][　C　]にあてはまる人物と[　D　][　E　][　F　]にあてはまる改革の名前の組み合わせとして正しいものを下から1つ選んで記号で答えなさい。

記号	A	B	C	D	E	F
ア	徳川吉宗	水野忠邦	松平定信	天保	寛政	安政
イ	徳川吉宗	松平定信	水野忠邦	享保	天保	寛政
ウ	徳川家斉	水野忠邦	井伊直弼	天保	享保	安政
エ	徳川吉宗	松平定信	水野忠邦	享保	寛政	天保
オ	徳川家斉	水野忠邦	井伊直弼	天保	安政	享保

問3　下線部①について、奈良時代の文化について正しいものを下から1つ選んで記号で答えなさい。

ア．公家の文化をもとに武士の文化が合わさった文化で、新仏教がおこった。

イ．大商人や武士を主な文化のにない手とし、派手な町人文化が発展した。

ウ．律令国家建設に向けての明るさを特徴《とくちょう》とし、奈良には多くの寺院が建てられた。

エ．唐の文化と仏教の影響を受け、国際色豊かな文化が発展した。

オ．貴族を中心とし、唐の文化を取り込《こ》んだうえで日本風の文化が発展した。

問４　下線部②について、この私有地についての説明として正しいものを下から1つ選んで記号で答えなさい。

ア．この私有地を屯倉《みやけ》といい、名代《なしろ》・子代《こしろ》とよばれる私有民が耕作にあたった。

イ．この私有地を荘園といい、部曲《かきべ》とよばれる私有民が耕作にあたった。

ウ．この私有地を荘園といい、大貴族や大寺社がその経営にあたった。

エ．この私有地を田荘《たどころ》といい、地方では国司や郡司がその経営にあたった。

オ．この私有地を墾田といい、開発されたのちに地方豪族がその経営にあたった。

問５　下線部③について、鎌倉時代の説明として正しいものを下から1つ選んで記号で答えなさい。

ア．源義家が前九年の役・後三年の役を平定し、関東の武士の信望を高めた。

イ．政治の機構としては中央に執権・管領がおかれ、地方に守護・地頭がおかれた。

ウ．農業では西日本で二毛作がはじまり、本格的に肥料も使われるようになった。

エ．中国の宋と国交を結んで貿易をおこない、宋銭は日本国内で流通した。

オ．「元寇」とよばれる蒙古襲来ののち、建武の新政とよばれる政治改革がおこなわれた。

問６　下線部④について、この3代執権の名前を答えなさい。

問７　下線部⑤について、幕末の外交のできごととして年号順に正しくならんでいるものを下から1つ選んで記号で答えなさい。

ア．モリソン号事件 → ペリー来航 → 日米和親条約締結《ていけつ》 → 生麦事件 → 薩英戦争

イ．ペリー来航 → モリソン号事件 → 日米和親条約締結 → 薩英戦争 → 生麦事件

ウ．モリソン号事件 → 日米和親条約締結 → ペリー来航 → 生麦事件 → 薩英戦争

エ．ペリー来航 → 日米和親条約締結 → モリソン号事件 → 薩英戦争 → 生麦事件

オ．モリソン号事件 → 日米和親条約締結 → ペリー来航 → 薩英戦争 → 生麦事件

問８　下線部⑥について、この法令の名前を答えなさい。

問９　下線部⑦について、御三家の組み合わせとして正しいものを下から1つ選んで記号で答えなさい。

記号	藩の名前		
ア	彦根	尾張	紀伊
イ	尾張	薩摩	紀伊
ウ	紀伊	尾張	水戸
エ	水戸	尾張	彦根
オ	彦根	水戸	紀伊

問10　下線部⑧について、この運動を何というか答えなさい。

問11　下線部⑨について、大日本帝国憲法に関する文章として間違っているものを下から1つ選んで記号で答えなさい。

ア．ヨーロッパに派遣《はけん》された伊藤博文らが、ドイツの憲法を模範《もはん》に草案を作成した。

イ．天皇が国民に与えるという形である欽定《きんてい》憲法として発布された。

ウ．国民は天皇の臣民とされ、主権は国民ではなく天皇にあった。

エ．帝国議会は参議院と貴族院の両院で構成されることとなった。

オ．天皇は統治権を持ち、陸海軍を統帥《とうすい》する権限があった。

【理　科】〈第１回試験〉（30分）〈満点：50点〉

〈編集部注：実物の試験問題では，図の約半分と**3**のグラフはカラー印刷です。〉

1　次の各問いに答えなさい。

問１　棒《ぼう》におもりをつるし、ばねはかりを用いて水平にしました。次の（１）～（３）に答えなさい。ただし、棒と糸にはおもさがなく、変形しないものとします。

（１）図１のように棒を水平にしたとき、ばねはかりの示す大きさを求めなさい。

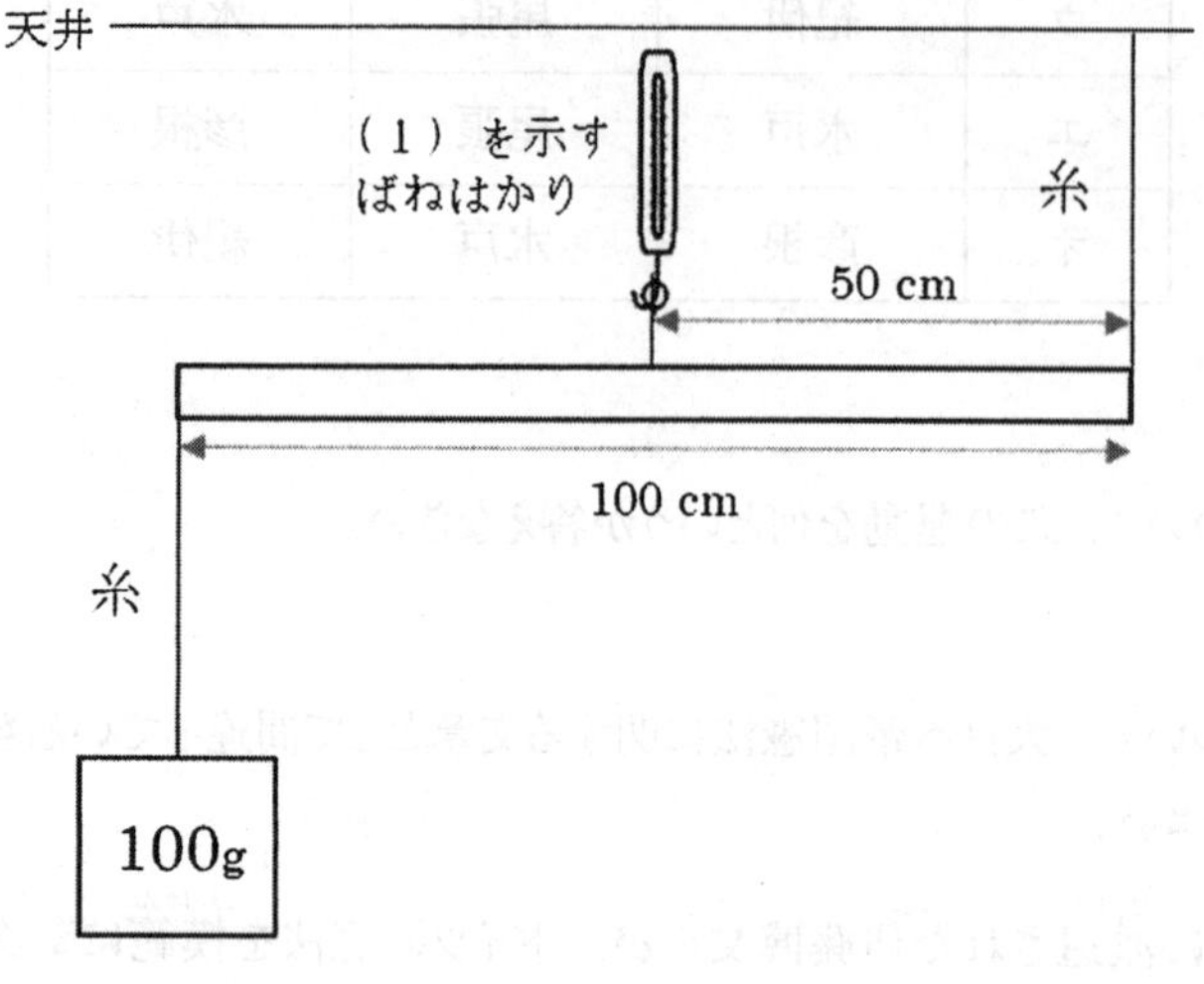

図１

（２）図２のように棒を水平にしたとき、ばねはかりが 100 g を示しました。ばねはかりと棒の左端からの距離を求めなさい。

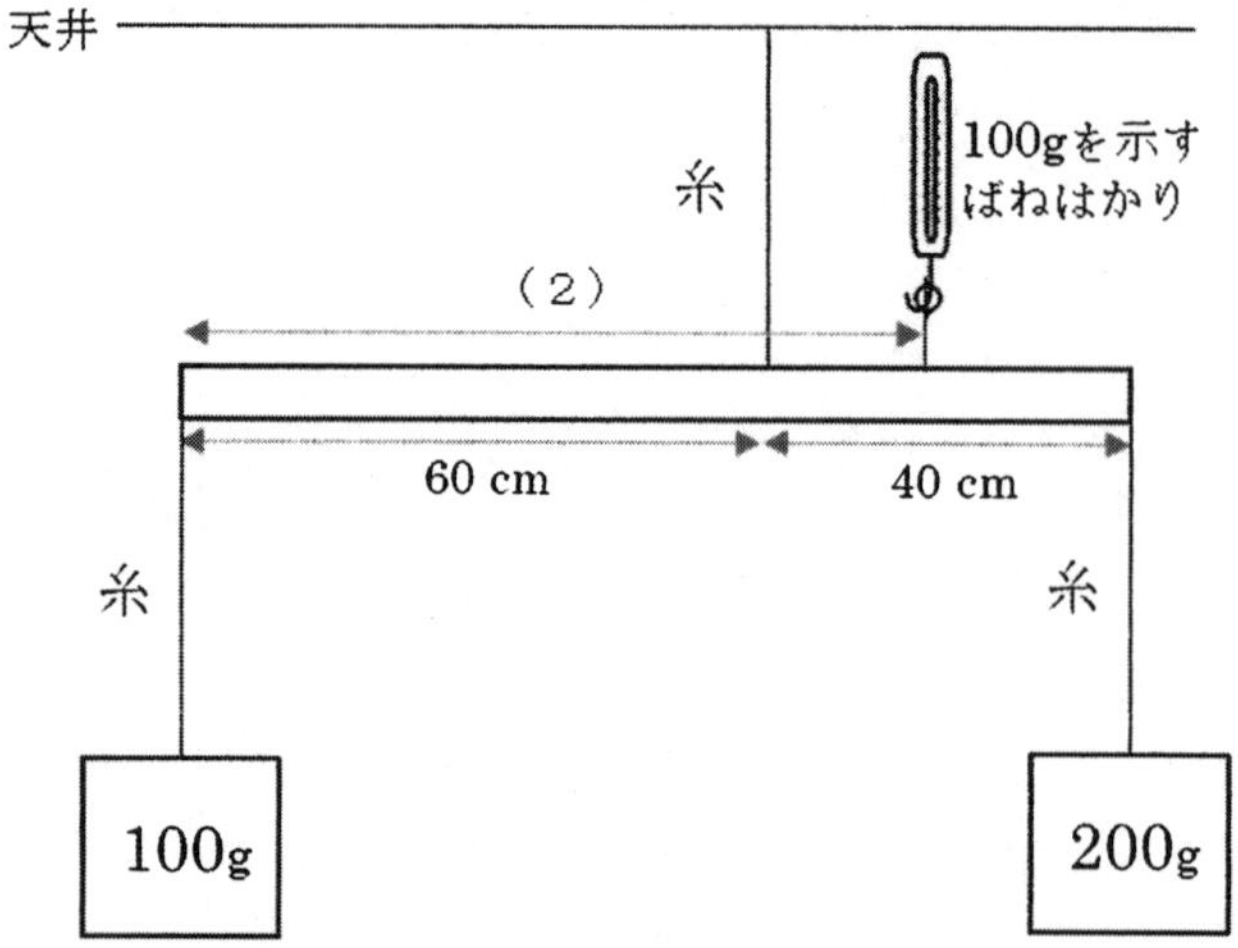

図２

（３）　図３のように棒を水平にしたとき、棒の左端に取り付けたばねはかりが70gを示し、棒の右端から20cmに取り付けたばねはかりが40gを示しました。棒をつるしている糸から70gのおもりをつるしている糸までの距離を求めなさい。

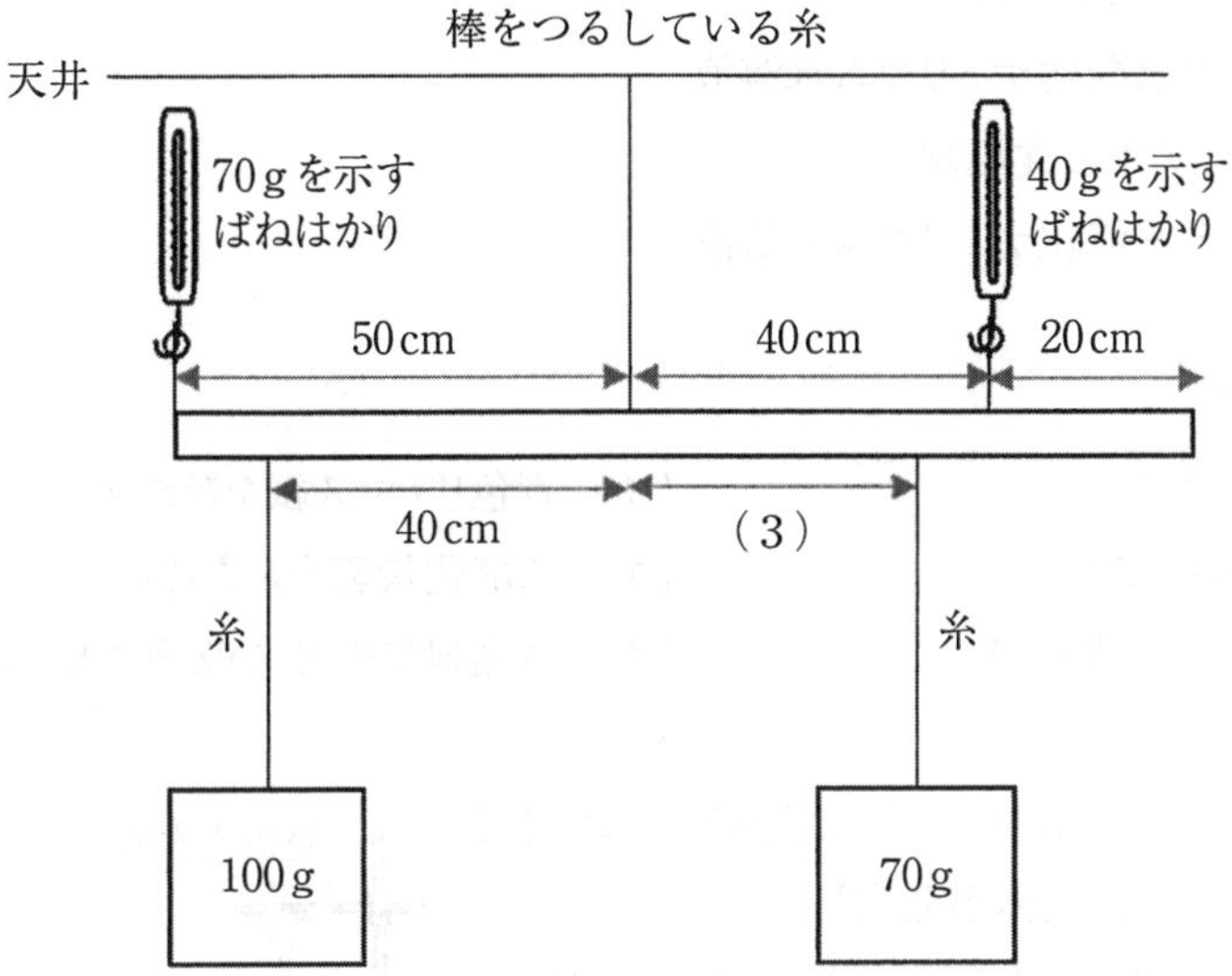

図３

問２　崖《がけ》のそばに船が止まっています。船から崖に向かって汽笛《きてき》を鳴らしたところ、船に乗っている人は崖ではね返った汽笛の音を聞きました。音の速さを340メートル毎秒として次の各問いに答えなさい。ただし、船の大きさ、風や波の影響《えいきょう》は考えないものとします。

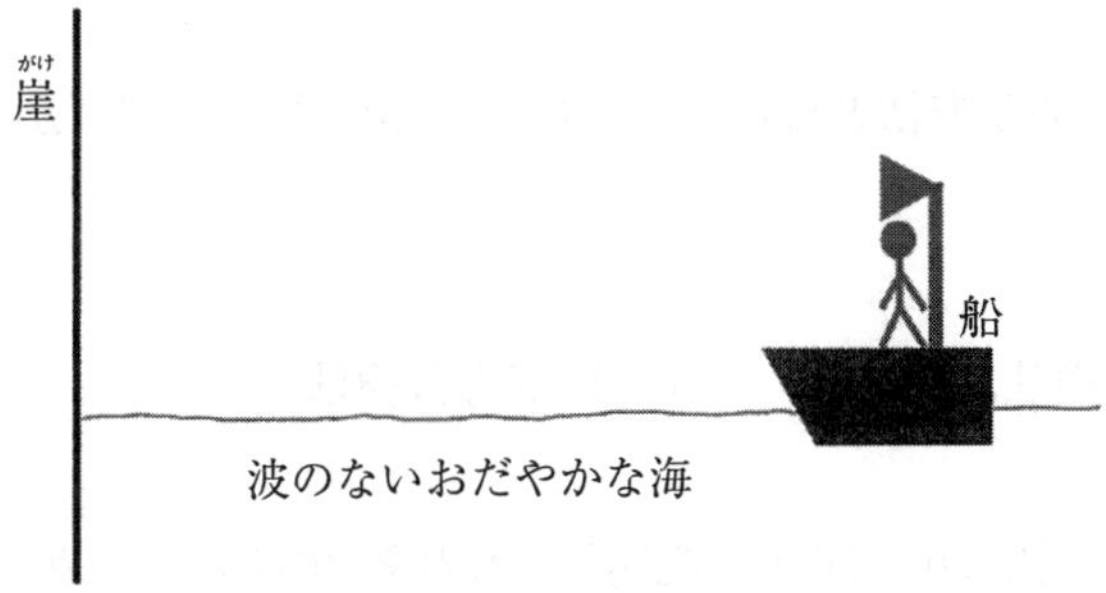

（１）　船が止まっているとき、汽笛を鳴らしてから４秒後に崖ではね返った音が聞こえました。船から崖までの距離を求めなさい。

（２）　船が崖に向かって真っすぐ20メートル毎秒で動いているとき、汽笛を鳴らしてから３秒後に崖ではね返った音が聞こえました。音が聞こえたときの船から崖までの距離を求めなさい。

（３）　（２）において汽笛を９秒間鳴らしました。船上において崖ではね返った音が聞こえる時間は何秒間か求めなさい。ただし、音は船の正面の崖以外でははね返らないものとします。

2　次の各問いに答えなさい。

問１　下の水溶液の組み合わせ(１)～(４)について、２つの水溶液を区別する方法として正しいものを(ア)～(カ)から１つずつ選び、記号で答えなさい。

(１) 塩酸とアンモニア水
(２) 砂糖水と水酸化ナトリウム水溶液
(３) アンモニア水と食塩水
(４) 石灰水と水酸化ナトリウム水溶液

［区別する方法］

(ア) 電気を通す。
(イ) 青色リトマス紙をひたす。
(ウ) 酸素をふきこむ。
(エ) 二酸化炭素をふきこむ。
(オ) アルコールを加える。
(カ) 蒸発皿にのせて乾燥させる。

問２　右図のように、二酸化マンガンと過酸化水素水を反応させたところ、気体が発生しました。この気体について、次の(１)・(２)に答えなさい。

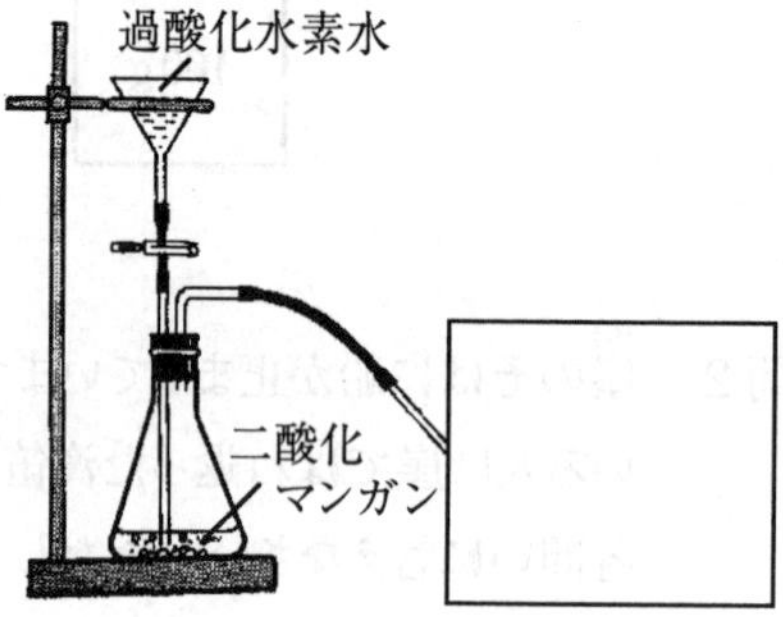

(１)　この気体を集める方法として正しいものを次の(ア)～(ウ)から選び、記号で答えなさい。

(ア) 上方置換法　　(イ) 下方置換法　　(ウ) 水上置換法

(２)　この気体の性質について正しく説明したものを次の(ア)～(カ)から２つ選び、記号で答えなさい。

(ア) 水に溶《と》けやすい。
(イ) 水に溶けにくい。
(ウ) 水溶液は酸性をしめす。
(エ) 刺激臭《しげきしゅう》をもつ。
(オ) 最も軽い気体である。
(カ) 大気の約21％をしめる。

3 植物は二酸化炭素を吸収し、光合成を行いながらでんぷんを合成します。同時に、でんぷんを分解し、生命活動に必要なエネルギーを合成する呼吸を行いながら二酸化炭素を排出します。図１の装置《そうち》を用いて、植物が吸収・排出する二酸化炭素の量と光の強さの関係を調べる実験を行いました。図２はその実験結果を示したものです。次の各問いに答えなさい。

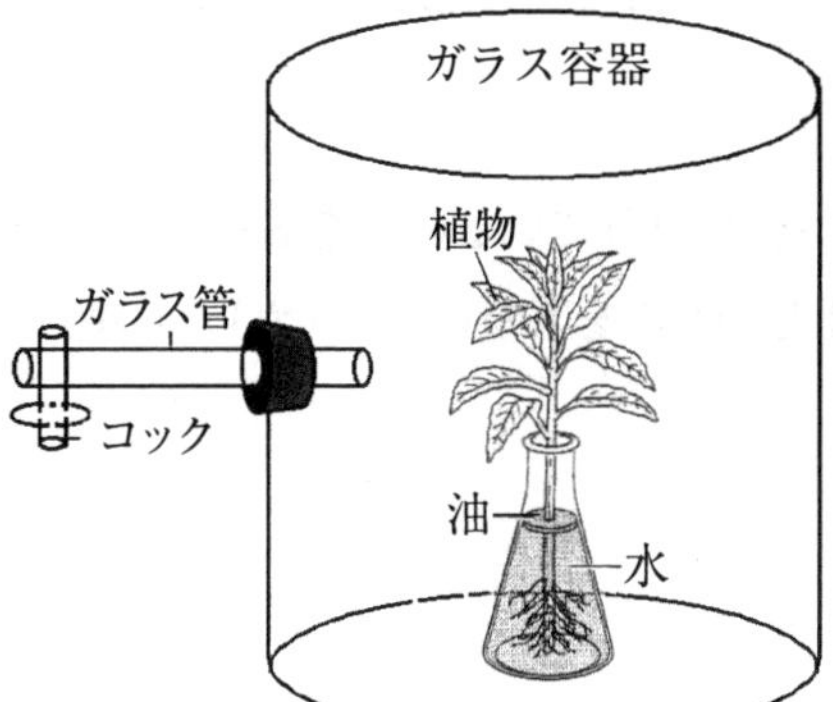

図１

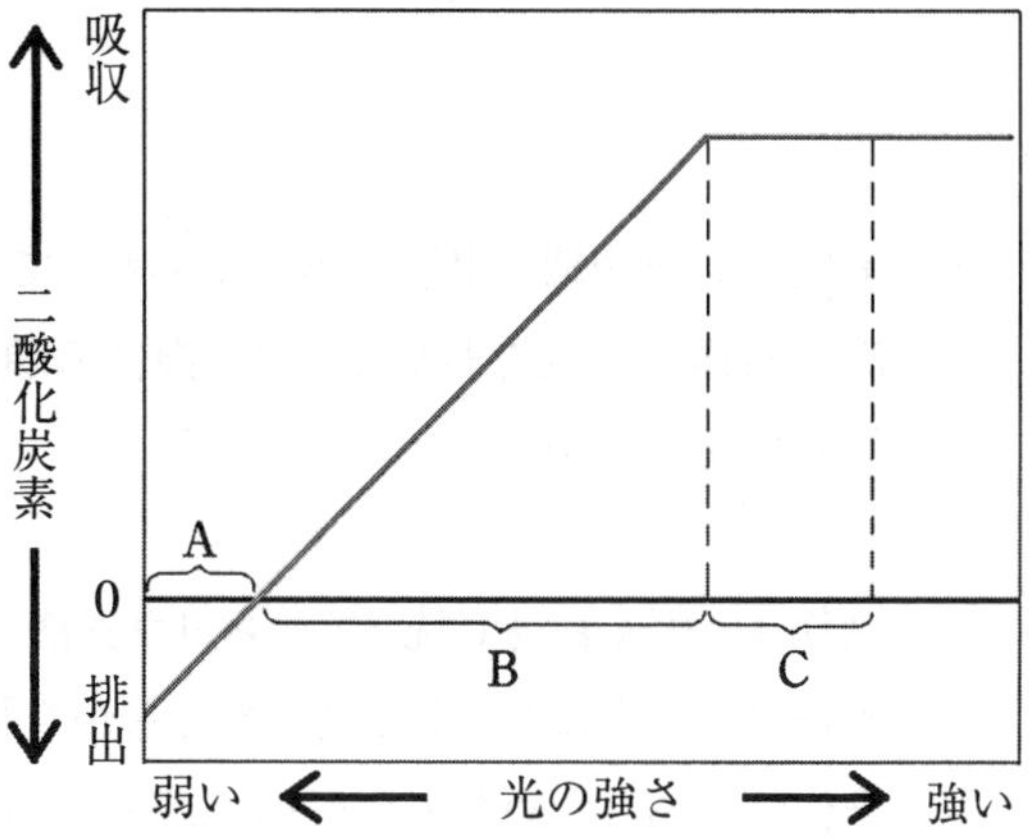

図２

問１　図２のＡ、Ｂ、Ｃの区間における光の強さと光合成および呼吸の関係を正しく説明したものを次の（ア）～（オ）からそれぞれ選び、記号で答えなさい。

（ア）光合成のみを行い、光が強くなるほど二酸化炭素の吸収量が増えていく。

（イ）光合成のみを行い、光が強くなっても二酸化炭素の吸収量は変わらない。

（ウ）光合成と呼吸を行い、呼吸による排出量よりも光合成による吸収量が多くなっている。また、光が強くなるほど吸収量が増えていく。

（エ）光合成と呼吸を行い、呼吸による排出量よりも光合成による吸収量が少なくなっている。

（オ）光合成と呼吸を行い、呼吸による排出量よりも光合成による吸収量が多くなっている。また、光が強くなっても吸収量は変わらない。

問２　図３は葉の断面《だんめん》を拡大したものです。図中のＡは光合成や呼吸を行う際に、二酸化炭素が出入りする部分です。Ａの名称《めいしょう》を漢字２文字で答えなさい。

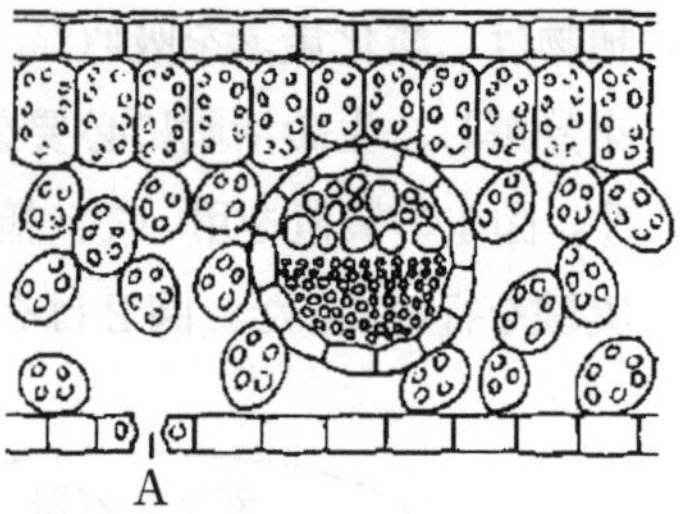

図３

問３　実験後に葉を取り出し、葉の中のどこででんぷんが合成されているのかを調べるために次の操作①～③を行いました。操作の順番として正しいものを下の（ア）～（カ）から選び、記号で答えなさい。

操作①：軽くお湯で洗ってからヨウ素液にひたす。
操作②：お湯にひたして葉をやわらかくする。
操作③：あたためたエタノールに葉を入れて、葉の緑色を溶かし出す。

（ア）①→②→③　（イ）②→①→③　（ウ）③→①→②
（エ）①→③→②　（オ）②→③→①　（カ）③→②→①

問４　問３の操作後、でんぷんが合成された部分は青紫色に変化しました。青紫色に変化した部分を正しく塗《ぬ》りつぶしているものを次の（ア）～（オ）から選び、記号で答えなさい。

（ア）

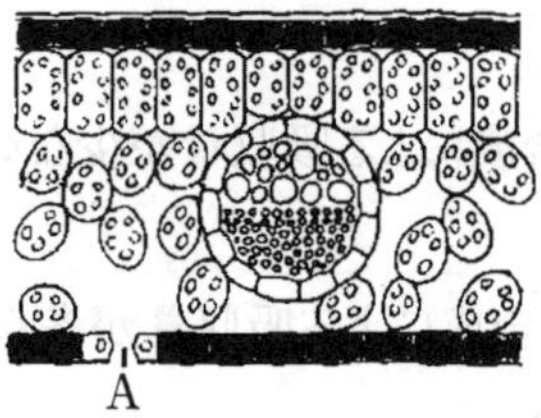

（イ）

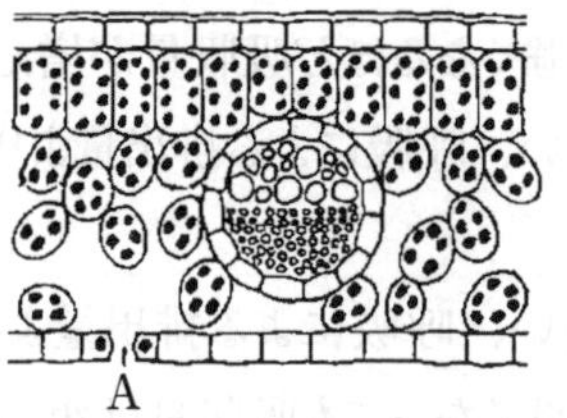

（ウ）

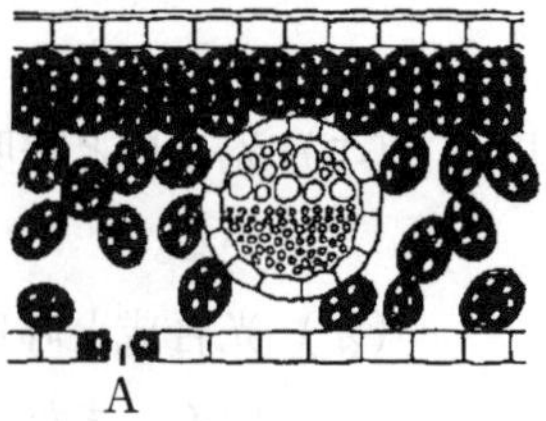

（エ）

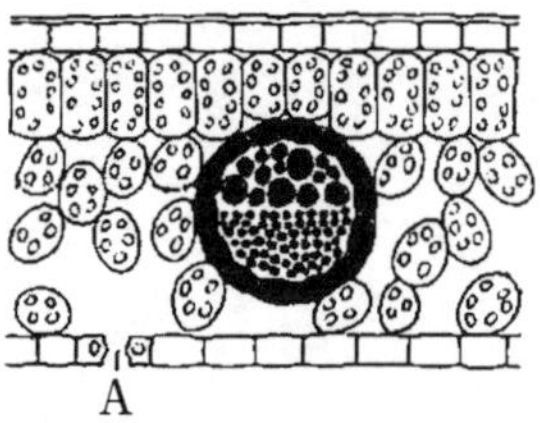

（オ）

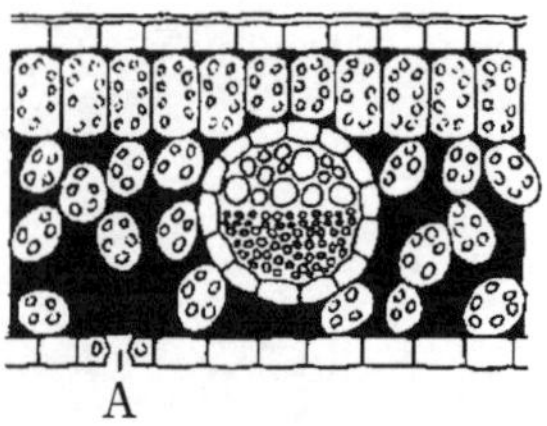

4 下図は太陽の位置、地球と月の公転軌道《きどう》を示したものです。次の各問いに答えなさい。ただし、この図は地球の北極を上にしたものとします。

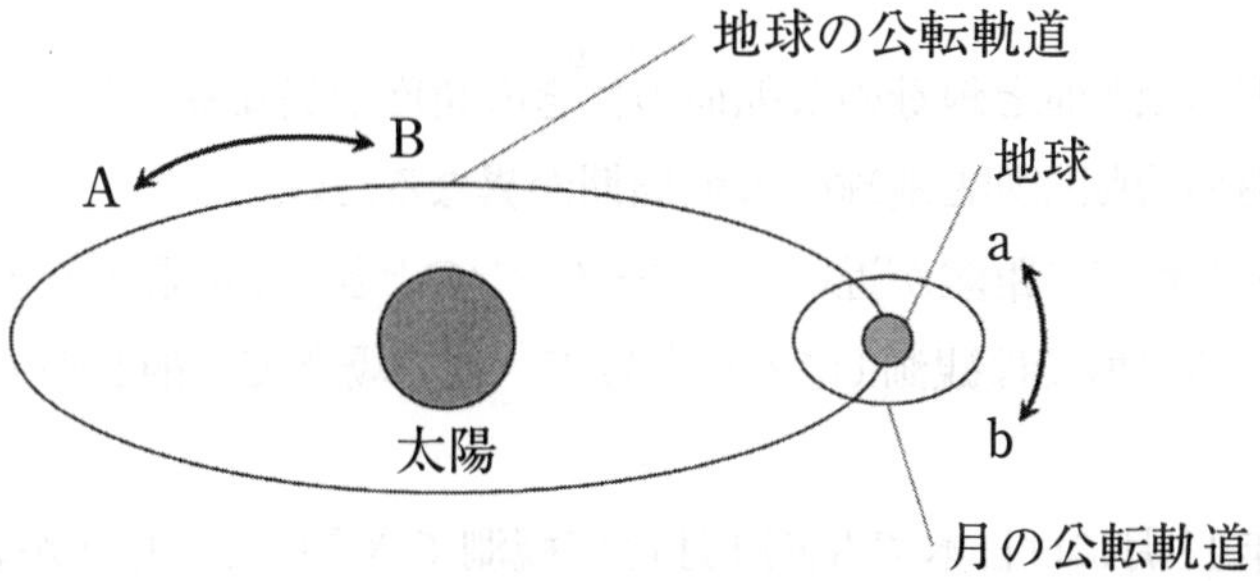

問１　地球の公転の方向と月の公転の方向を正しく示しているものを次の(ア)～(エ)から選び、記号で答えなさい。

	地球の公転の方向	月の公転の方向
(ア)	A	a
(イ)	A	b
(ウ)	B	a
(エ)	B	b

問２　月食が起こるときの太陽・地球・月の位置関係は下図のA、Bのどちらになりますか。正しく表しているものを選び、記号で答えなさい。

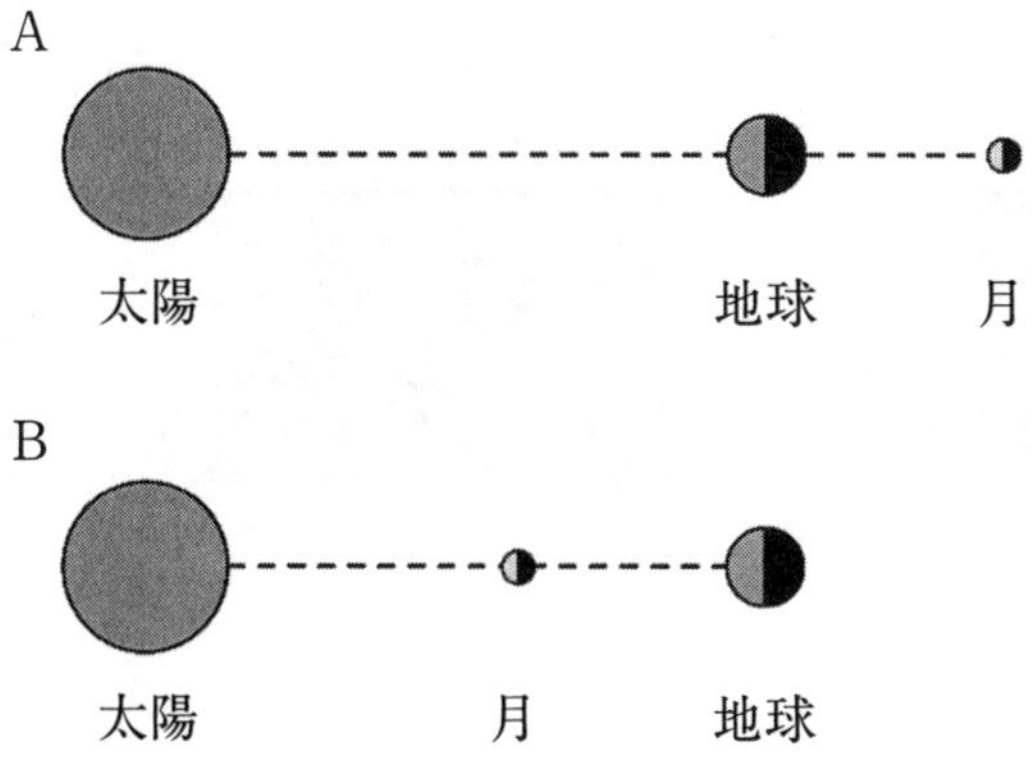

問３　月食は、地球から月がどのように見えているときに起こりますか。次の(ア)～(エ)から選び、記号で答えなさい。

(ア) 新月　　(イ) 三日月　　(ウ) 上弦の月　　(エ) 満月

問４　月が問３のように見えたとしても、毎回月食が観測できるわけではありません。その理由を正しく説明したものを次の(ア)～(エ)から選び、記号で答えなさい。

(ア) 月の公転面と地球の公転面の傾《かたむ》きの角度が異なるため。
(イ) 月の公転周期と地球の公転周期が異なるため。
(ウ) 月と地球の距離が近いスーパームーンのときにしか観測できないため。
(エ) ある場所では観測できないだけで、他の場所では観測ができる。

問５　2022 年 11 月には日本でも皆既月食が観測できました。月食が起きた日の月はいつもと見え方がちがって神秘的に感じました。皆既月食が起きた月は地球から見るとどのように見えますか。その様子を正しく説明したものを次の(ア)～(エ)から選び、記号で答えなさい。

(ア) 月が放《はな》つ黄色の光がいつもより強くなるため、月がさらに黄色く見える。
(イ) 光が散乱するため、月が青色に見える。
(ウ) 屈折した光の影響により、月が赤銅色に見える。
(エ) 光が届かないため、月を見ることはできない。

問６　月の出の様子を正しく示しているものはどれですか。次の(ア)～(ウ)から選び、記号で答えなさい。

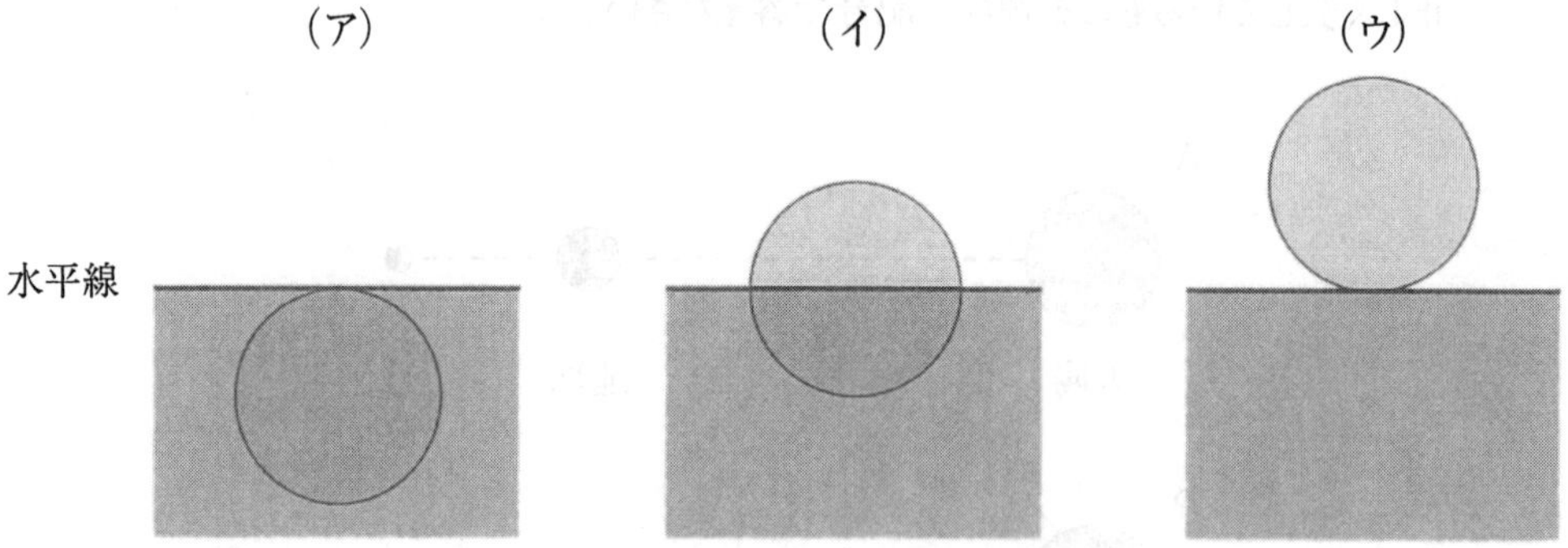

問八　――線部⑦「世界がこれまでのかたどりを失ってしまう」とありますが、「これまでのかたどり」とは何ですか。これについて説明した次の文の［Ⅰ］・［Ⅱ］に入ることばをそれぞれ指定された字数で文章中からさがし、ぬき出して答えなさい。

> 人びとが世界の様々な流動的な要素に区切りや仕切りを入れて、自分たちの［Ⅰ（12字）］ためにつくりあげてきた［Ⅱ（2字）］のこと。

問九　［Ｃ］に入ることばとして最もふさわしいものを次の中から選び、記号で答えなさい。

ア　人を魅入《みい》らせる　　イ　世界を組み換《か》える　　ウ　存在を隠《かく》す　　エ　境界を標《しる》す

問十　――線部⑧「あの鬱陶《うっとう》しいマスクの装着にも意味はある」とありますが、それはなぜですか。その理由として最もふさわしいものを次の中から選び、記号で答えなさい。

ア　マスクをつけているうちに顔や体を近づける濃厚接触《のうこうせっしょく》が人や哺乳《ほにゅう》動物の喜びの源泉だったことを思い出し、他人と接する時は素顔を隠《かく》すという万国共通の文化が本当に正しいのかあらためて考えるきっかけになるから。

イ　マスクをつけることを通じて仕切りや区別のわずらわしさに気づき、これまでのように人と野生を区別するのではなく、人も野生の一部としてともに生き延びていく方法を新たに考えるきっかけになるから。

ウ　マスクの役割について考えることは人が世界をどのようにとらえているか考えることにつながり、これまであたりまえだと思っていた野生とのつきあい方や人と人との関係性を考え直すきっかけになるから。

エ　マスクの歴史をふりかえると文明社会になってから野生との間の仕切りや緩衝地帯《かんしょうちたい》ができたことが分かり、これまで気にしていなかった野生との共生方法や他人への関わり方について深く考えるきっかけになるから。

問四　――線部⑤「身体のどこを秘《ひ》せられるべき部位とみなし、隠すのかは、時代によって、さらに地域によって大きく異なる」とありますが、なぜこのような違《ちが》いが生まれることがあるのですか。その理由にあたる部分を文章中から二十六字でさがし、はじめの五字をぬき出して答えなさい。

問五　――線部⑥「そうとは見えない」とありますが、これを言いかえた次の文の［　　］に入ることばを文章中から十五字でさがし、ぬき出して答えなさい。

［　　］のようには見えない

問六　［A］・［B］に入る一字をそれぞれ答え、「程度の差はあるが」という意味の慣用句を完成させなさい。

問七　この文章は次の一文がぬけています。（中略）よりも前からこの一文が入る部分をさがし、その直前の五字をぬき出して答えなさい。

日本語なら「おもて」（面）がそうで、「おもて」は人が被《かぶ》るお面をいうとともに、「おもてをあげぇ」というように素顔も意味する。

問一 ――線部①「これを異例な事態と考えないほうがいい」とありますが、それはなぜですか。その理由としてふさわしいものを次の中から二つ選び、記号で答えなさい。

ア コロナ禍《か》以前から風邪《かぜ》などの感染を予防する目的だけでなく、他人の視線を怖《おそ》れてマスクをつける人が少しずつ増えてきていたから。

イ 何かと何かの交わりを規制する仕切りという意味では社会のいたるところにある門扉《もんぴ》や玄関《げんかん》のドアなどもマスクと同じと言えるから。

ウ 英語やラテン語に目を向けると、他人に関心がないことを示すためにマスクをつけるという習慣が昔からあったことが分かるから。

エ メッセージを描《か》き入れたマスクを身につける人があらわれるなど、マスクはすでに衣服の一部として社会に定着しつつあるから。

オ マスクに限らず、化粧《けしょう》をしたり、髭《ひげ》をはやしたりして顔をむきだしの状態にしないのが文明社会ではあたりまえのことだったから。

問二 ――線部②「予防」・③「呼吸」と熟語の成り立ちが同じものを次の中からそれぞれ選び、記号で答えなさい。

ア 退職　イ 加減　ウ 収集　エ 誤読　オ 未熟　カ 国立

問三 ――線部④「暗黙《あんもく》の約束」とは何ですか。最もふさわしいものを次の中から選び、記号で答えなさい。

ア 人びとがその決まりの意義や効果をよく理解し、口には出さずとも無意識に守っていること。

イ 今は問題がなくても、いずれ不利益が生じる可能性があることから守らないといけないこと。

ウ はっきりとした決まりがあるわけではないが、人びとがたがいに守るべきだと認識していること。

エ 守らなくても誰《だれ》からも非難されないが、社会のために守った方が良いと考えられていること。

ろから発生したといわれる。その接触の機会が世界各地の森林開発によって格段に増えた。それまで人びとは、野生の自然とのあいだに、「里山」など、一種の※10緩衝地帯《かんしょうちたい》を設けていた。それもまたマスクとおなじく［　C　］場だった。そこにはたんに「身の安全を護る」だけでなく、野生という「化け物」にもどこかその「顔」を取り戻《もど》させる、そんな※11リスペクトの気持ちもあったにちがいない。ともにそれぞれに生きるという、〈棲《す》み分け〉と〈共生〉の思いである。それは人びとが長いつきあいのなかで編みだした緩衝地帯であって、むやみにいじってはならないものなのである。

　こういう緩衝地帯の設定の仕方というのは多様にありうる。はたしてこれから、野生とのつきあいのなかで、人と人との交わりのなかで、どんな緩衝地帯のあり方を探ってゆけばいいのか？　あるいはまたこれを裏返していえば、どんな緩衝地帯なら取っ払《ぱら》ったほうがいいのか？　そのことをあらためて考えるきっかけだと思えば、⑧あの鬱陶《うっとう》しいマスクの装着にも意味はある。人と人とがともに生き延びるにあたっていちばん大事にしなければならないことは何かと、じっくり考える機会として。

（『ポストコロナ期を生きるきみたちへ』・鷲田清一の文章より）

（注）※1　皮膜《ひまく》…ものを覆《おお》い包んでいる膜《まく》。
※2　やんごとなき…家柄《いえがら》や身分が高いさま。
※3　公家《くげ》…朝廷《ちょうてい》に仕えた貴族や上級役人。
※4　擬装《ぎそう》…本物のように姿や形を似せること。
※5　仮面舞踏会《かめんぶとうかい》…仮面をつけて参加する舞踏会。
※6　峻別《しゅんべつ》…厳しくはっきりと区別すること。
※7　流動的…一定ではなく、その時々の状況《じょうきょう》によって変化するさま。
※8　異邦人《いほうじん》…異国の人物。外国人。
※9　排斥《はいせき》…好ましくないものとして遠ざけること。
※10　緩衝地帯《かんしょうちたい》…対立する国や勢力同士が衝突《しょうとつ》することを避《さ》けるため、それらの中間に設けられた中立地帯。
※11　リスペクト…敬意をはらうこと。尊敬すること。

不同のもの（対象）の集合として捉《とら》えなおしてゆくこと、よいものとわるいもの、正しいことと正しくないこと、有益なものと有害なもの、敵と味方をしかと区別すること。生存を安定的なものにするために、人びとはずっとそういう共有できる秩序をつくり、修正し、維持《いじ》してきた。混じってはならないもの、区別をあいまいにするものは、きびしく遠ざけられた。だからそういう秩序には、人種差別や身分差別、異邦人《いほうじん》※8の排斥《はいせき》※9というのがついてまわった。じぶん（たち）とは違《ちが》う者の排除だ。それらは「身の安全を確保する」という名目で、マンションのドアや学校の門扉、都市の区画などに形を変えて今も残る。眼をよくこらさないと⑥そうとは見えないバリアーとして。

けれどもこれらのバリアー、とくに今わたしたちが回避《かいひ》を求められている濃厚接触《のうこうせっしょく》が、ほんらいは人びとの喜びの源泉であったこと、あることを忘れないでいたい。人を喜ばせて喜ぶ、人が喜んでいるのを見て喜ぶというのは、人の習性ともいえるが、おそらくヒトだけのものではなくて、家族や集団を形成してきた哺乳《ほにゅう》動物には［ A ］なり［ B ］なり身についた習性であろうと、身近な小動物を見ていて思う。子どももそれ以外の動物も、体を押《お》しつけあい、なすりつけあって、戯《たわむ》れる。押しくらまんじゅうをしているときの子どもの楽しそうなこと！

大人だってそう。顔を小突《こづ》きあったり、肘鉄砲《ひじでっぽう》をくらわしたり、背中を撫《な》でたり、ふざけて顔を異様に近づけたりするのが好きなもの。狭《せま》い場所で肘をぶつけながら鍋《なべ》をつつくのも、体を思い切りぶつけあうスポーツも、性的な愛着も、大好きなのだ。そして生きていてよかったという思いも、そういう楽しみがあってこそ抱《いだ》ける。

（中略）

マスクはたしかにそれを装着している人の存在を不明にする。けれどもそこには、消失の不安とともに、人を魅入《みい》らせる妖《あや》しさもある。他人が、そしてじぶんが、何者でもなくなるという、ぞくっとするような妖しさだ。それは⑦世界がこれまでのかたどりを失ってしまうことの不安であるとともに、世界が別なふうにかたどられなおすことへの誘惑《ゆうわく》でもあるからだ。「もうぼくはあんな仕切りや区別にわずらわされなくていい。ずっとこのままの同じじぶんでなくてもいいのだ」という、これまでの「普通」がもはや「普通」でなくなることへの密やかな願望といってもいい。仮面の妖しさには、そういう未《いま》だ見たことのない光景へと世界を組み換《か》える、そういう誘《いざな》いがある。

ウイルス禍は、わたしたちが共有している生きものとしての秩序が、これとはまったく別の野生のいのちの秩序と接触したとこ

いる。

つまり、マスク姿が異様に映るのは、顔をむきだしにするのが世間の「普通《ふつう》」になったからだ。他人と至近距離《きょり》で接するのがあたりまえとなった都市生活では、たがいに妙な思惑《おもわく》がないことを証明するために素顔を晒《さら》す。それは、武器を持っていないことを証するために素手で握手《あくしゅ》をするのと似ている。

現代の化粧といえば、一時期、「ナチュラルメイク」という、それまでの化粧よりいっそう手の込《こ》んだ化粧法が流行《はや》ったことがある。まるでメイクしていない自然のままの顔みたいに見せるというのがそれ。ナチュラル（自然のままの顔）をメイクする（拵《こしら》える）というわけだ。素顔の擬装《ぎそう》※4である。このとき素顔じたいが仮面になっている。いや、そもそも本音を表情で隠すときも顔はすでに偽りの仮面である。その点では、マスクもメイクも基本的には変わらない。だから、極端《きょくたん》なことをいえば、いずれマスクの装着が不要になっても、顔の下半分を白く、あるいは黒く塗《ぬ》りたくるようなメイクが現れても不思議ではない。いやじっさい、マスクにメッセージを描き入れて、Ｔシャツのようにそれを身につける人も出てきている。

ここで思い起こしたいのは、マスクという言葉じたいが顔と仮面をともに意味するということだ。マスカレードが仮面舞踏会《かめんぶとうかい》※5を意味するように、マスクは顔を覆《おお》う仮面であるが、同時に「彼《かれ》は甘《あま》いマスクをしている」と言うように、顔そのものをも意味する。

マスクには、隠すこととは逆に隠されたものがより強く意識させられるという面もある。人が何かを隠せば隠すほど見たくなるという心根《こころね》もそうだろう。しかも、⑤身体のどこを秘《ひ》せられるべき部位とみなし、隠すのかは、時代によって、さらに地域によって大きく異なる。便所といえばドアがつきものだが、そのドアがなくて代わりにお面が用意してあり、用を足すときにそれを装着するという文化もあったのである。さらに、顔をすっぽり隠すのがあたりまえの地域もあれば、顔をすっぽり覆えば罰せられる地域もある。

これらに共通しているのは、表に出していいものといけないものとが峻別《しゅんべつ》※6されているということ。峻別するといっても、ここに何か根拠《こんきょ》のようなものがあるわけではない。そのようにみなすのもまた暗黙の約束だということでしかない。というのも、そもそも自然には絶対に隠しておかねばならないものなどないからだ。でもその暗黙の約束を破ることは許されない。社会の秩序《ちつじょ》というものがそれによって崩《くず》れるからだ。

秩序とは、人びとが世界をどのようなものとみなし、区切っているかということだ。世界のさまざまの流動的※7な要素を一つ一つ、

てまわりの人に関心をもたないようにすること。そのことにわたしたちは知らぬまに慣れきっていたのかもしれない。

関心を英語でいえばインタレスト、それはラテン語 inter-esse に由来する語で、直訳すれば、たがいに関係しあって（inter）あること（esse）。だから利害とも訳す。その意味では、まわりを「ないこと」にするとは、文字どおり関係をもつこと、他人に関《かん》与《よ》することを拒《こば》むということだ。

でも、①これを異例な事態と考えないほうがいい。マスクにあたるものをわたしたちはこれまでもずっとつけてきた。たぶんそこには二つの仕様《しよう》があった。

一つは、②「感染予防」。③呼吸とともにウイルスが体内に入るのを防ぐというわけだ。何かを入れて何かを入れない。「感染」というのは、ここでは、たがいに別であるべきものが入り交じらないということ。そういう意味でなら、私生活や家族の生活を知られないように閉じる玄関《げんかん》のあの厳重な鉄製のドアがそうだった。登校が完了《かんりょう》するとすぐに閉ざされるあの学校の門扉《もんぴ》もそうだし、国という単位でいえば厳重な出入国管理もそうだ。ひとは個人や家族や国の内／外の境をこんなふうに強く意識し、また規制してきた、あるいはそうさせられてきた。集合住宅のあの鉄の扉《とびら》など、まるで社会のいろんなほころびは最後は家族で処理しなさいと、中から開けるのではなくて外から閉められているみたいに見える。人と人の交わりを規制する仕切り、そういう関所のようなものが社会のいたるところにある。もちろん、むやみに入り交じってはならない「別にあるべきもの」は、わたしたちが選んだというよりは、社会の④暗黙《あんもく》の約束としてあるものだ。だからほんとうはそういうかたちでしかありえないというようなものではないはずだ。

もう一つ。じぶんをむきだしにしないという意味では化粧《けしょう》や衣服もマスクと本質的に変わらない。マスクはたしかに、じぶんというものを護るために、じぶんとは異なる〈他〉との接触を遮《さえぎ》る※1皮膜《ひまく》ではある。いいかえると、〈他〉との仕切りをきちんとしておかないとという強い意識があるからひとはマスクを装着する。そうだとしても、しかし、マスクはじぶん（たち）の〈内〉を〈外〉にたいして隠《かく》すものだとは単純にはいえない。

マスクは今でこそ異例に見えるが、顔をむきだしにすることのほうが、文明社会ではずっと異例だった。これは※2やんごとなき階層の人たちだけかもしれないが、かつて※3公家《くげ》は眉《まゆ》を消してそのすこし上にそれこそ繭型《まゆがた》に額《ひたい》に描《か》きなおした――表情の微妙《びみょう》な変化が眉の線に出ない――し、婦人は横髪《よこがみ》を垂らしたり、扇子《せんす》を当てたりして表情を隠した。西洋では20世紀になるまで、男性なら髭《ひげ》で表情を見取られにくくするのがあたりまえだった。現代でも、女性は丹念《たんねん》な化粧で「すっぴん」を人前では見せないようにして

イ　大介は、無理やり仕事をさせられてもらった三十円を突《つ》っ返そうかと思ったが、高村の話を聞いて、どんなにいやな仕事でも自分でかせいだお金なので、きちんと使おうと思うようになった。

ウ　大介は、子どもあつかいされて三十円しかもらえないことに不満だったが、高村の話を聞いて誰《だれ》がかせいだお金でもお金に変わりがないことに気づき、大事にしようと思うようになった。

エ　大介は、給料としてもらった三十円を、初めはどうでもいいものとして持てあましているが、高村の話を聞いて、わずかな金額でも自分が働いてかせいだお金を大切にしようと思うようになった。

問十　――線部⑦「そんな彼を取り巻くのは、もう黄色みが濃《こ》い若葉色などではなかった。（　　）イメージを与える白銀だった」とありますが、（　　）にあてはまる表現を次の中から選び、記号で答えなさい。

ア　まわりの者を元気づけ、ユーモアがあって、明るい

イ　しっかりとした意思を持ち、強く厳《きび》しく、かつ優しい

ウ　常識的な判断ができ、自分を見失わず、物静かな

エ　誰とでも仲間になれ、ほがらかで、親しみやすい

三　次の文章を読み、あとの問いに答えなさい。

日々、他人の視線を怖《おそ》れる人は、べつにコロナ禍《か》が起こらなくても、以前からいた。花粉症《かふんしょう》の季節でないのにマスクをする、そんな人がいつのまにかすこしずつ増えていたような気がする。もろマスクをしている人だけではない。往来でも電車のなかでも、人びとは見えないマスクもつけだしていた。まわりを「ないこと」にするというマスク。エレベーターのなかでたがいに視線が合わないよう宙を見つめる人。前に高齢者《こうれいしゃ》や妊婦《にんぷ》が立っていても、近くで騒《さわ》いでいる人がいても、気づいていないふりをしてスマホに見入る人。いや、気づいていないふりではなく、ほんとうに気づいていないのかもしれない。透明《とうめい》の耳栓《みみせん》で耳を塞《ふさ》ぐこと。あえ

問六　[　B　] にあてはまる大介のことばとして、最もふさわしいものを次の中から選び、記号で答えなさい。

ア　三十円なら大したことないね
イ　三十円ならちょうどいいね
ウ　三十円ならいろいろ買えるね
エ　三十円なら大変だね

問七　――線部④「口を閉ざした大介を見てさらに満面の笑《え》みを浮《う》かべ」とありますが、この時の高村の気持ちをあらわした慣用句として最もふさわしいものを次の中から選び、記号で答えなさい。

ア　後の祭り　　イ　我が意を得たり　　ウ　ぬれ手であわ　　エ　一矢《いっし》を報いる

問八　――線部⑤「仕事ってのはそういうもんだと俺は思ってるぜ」とありますが、高村は「仕事」をどのように思っているのですか。それを説明した次の文の [　Ⅰ　] ～ [　Ⅲ　] にふさわしいことばをそれぞれ指定された字数で文章中からぬき出して答えなさい。

> 仕事は、たとえ大介の父親から見れば [　Ⅰ（10字）　] と捉《とら》えなければならないようなものでも、誰《だれ》かの [　Ⅱ（5字）　] ことで、感謝の気持ちとしてお金がもらえるのだ。そのお金は誰がもらっても [　Ⅲ（5字）　] である。

問九　――線部⑥「大介は売店で小さな……一万円札と一緒にした」とありますが、大介のお金に対する気持ちはどのように変化していますか。その気持ちの変化について説明した最もふさわしいものを次の中から選び、記号で答えなさい。

ア　大介は、大勢の人の手をわたってきて黒くよごれた三十円をほしくないと思っていたが、高村の話を聞いて、どのようなものでもお金には変わりなく、お金のにおいなどどうでも良いと思うようになった。

問三　――線部②「高村さんは、子どものころからトラックの運転手になりたかったの？」とありますが、大介はなぜこのような質問をしたのですか。その理由の説明として最もふさわしいものを次の中から選び、記号で答えなさい。

ア　大介は父親の言葉から、トラックの運転手にはなりたくてなるものではないという印象を持っていたが、高村の楽しそうに運転している姿を見て疑問に思ったから。

イ　大介は高村が楽しそうに運転しているのを見て、父親のトラックの運転手についてのまちがった考えに気づき、自分もトラックの運転手になれるか知りたいと思ったから。

ウ　大介は父親から勉強ができないとトラックの運転手になるしかないと言われていたので、高村も子どものころ勉強ができなかったのか知りたいと思ったから。

エ　大介は父親の言葉に反発を感じていて、父親を言い負かしてやろうと思い、楽しそうに運転する高村がなぜトラックの運転手になったか教えてもらいたいと思ったから。

問四　[A] にふさわしい身体の一部をあらわす漢字一字を答えなさい。

問五　――線部③「笑い声が、目にしたはずの紅蓮《ぐれん》を幻《まぼろし》にする。大介は混乱した」とありますが、どういうことですか。それを説明した次の文の [Ⅰ]・[Ⅱ] にふさわしいことばを、それぞれ指定された字数で文章中からぬき出して答えなさい。

> 大介のことばに反応して、高村は一瞬《いっしゅん》[Ⅰ（2字）]の感情を表したように見えたが、すぐに[Ⅱ（6字）]ために、気にしていないように感じられ、大介は予想外のなりゆきに混乱した、ということ。

（注）※１　ハイライト…たばこの名前。

※２　一カートン…一箱二十本入りのたばこ十箱分の単位。

※３　反芻《はんすう》…くり返し考え、よく味わうこと。

※４　紅蓮《ぐれん》…燃え上がるほのおの色。

※５　侮蔑的《ぶべってき》…相手を見下し、さげすむこと。

※６　不条理…理屈に合っていないこと。

問一　――線部①「いいからそうしとけ」とありますが、ここまでの一連の行動から北海のどのような様子がうかがえますか。その説明として最もふさわしいものを次の中から選び、記号で答えなさい。

ア　しかたがなくいっしょに旅をすることになったが、自分の言うことを聞かない大介にあきらめを感じている様子。

イ　ゆくえ不明の少年の記事を確認し、大介と旅を続けなければならないことにいらだちを感じている様子。

ウ　家出した大介についての記事があるかどうか確認し、見つからないようにしなければとあせりを感じている様子。

エ　仕事中の高村を待たせていることに気づき、小学生の大介がめいわくをかけないよう気をつかっている様子。

問二　〰〰線部ａ「たなびいていく」・ｂ「悪びれず」の文章中での意味として最もふさわしいものを次の中からそれぞれ選び、記号で答えなさい。

ａ「たなびいていく」

ア　まい上がっていく　　イ　横に長くただよっていく　　ウ　あたりに広がっていく　　エ　消えていく

ｂ「悪びれず」

ア　悪ぶって　　イ　正直に　　ウ　照れず　　エ　平然と

俺が持っているからって半額にはならねえし、おまえの父ちゃんが持っているからって十万円に増えるわけもねえ」高村は新しく火をつけたハイライトを、うまそうに吸う。「真っ当に働いて稼いだ金なら、誰が持っていようが価値は平等だと俺は思うよ。だから、なにがいいも悪いもねえよ」

少ししゃべりすぎたなあと照れくさそうにする高村の横顔を見つめながら、大介は彼が言った言葉すべてを頭に刻もうとした。この旅が終わって家に戻り、怒られる場面になって、父がまたあの決まり文句を投げかけてきたら、高村が言ったとおりのことを返してみたいと思った。

それに対する父の反応も知りたい、とも。

大介は手の中の三十円を、力を込めて握《にぎ》りしめた。手が臭《くさ》くなるなんてことはどうでも良かった。

この世の中には大勢の人がいろんなことをしてお金を稼いでいる。仕事をしている。

誰かに求められて、誰かの役に立っている。

いつもよりずっと早起きをして乗せてもらったこのトラックを、高村は「今日はゆっくりの出発さ」と言った。深夜から午前三時、四時のほうがトラックは多いと。普段《ふだん》なら大介はもちろん大介の父も、まだ眠っている時間だ。その時間に、トラックの運転手は働いていた。

働いているすべての人が、大介には手の届かない大人に思えた。そして生まれてから今までの十二年間で一番身に染みて、自分は子どもだと痛感した。

高村は次のサービスエリアに寄ってくれた。⑥大介は売店で小さなチョコレートと飴玉《あめだま》を三十円分買った。それらは全部食べてしまったが、包装紙は捨てられなかった。大介はそれを大事に財布の中の一万円札と一緒にした。

高村は北海と一緒に、トイレ近くの自動販売機《じどうはんばいき》で缶コーヒーを飲んでいた。大介は出会った直後にやったように、高村の気配の色を見た。高村はちょうど切れた雲の隙間《すきま》から降り注ぐ真夏の陽光を浴びて、気持ち良《よ》さ気《げ》だ。⑦そんな彼を取り巻くのは、もう黄色みが濃《こ》い若葉色などではなかった。（　　）イメージを与える白銀だった。

（乾ルカ『花が咲くとき』より）

「どうして金がもらえたかわかるか?」

北海だった。大介は老人と目を合わせた。彼は時刻表のとあるページを開いたまま膝《ひざ》の上に伏《ふ》せ、左腕《うで》を開け放した窓にかけて頬杖《ほおづえ》をつきながら、右の人差し指で硬貨を一つずつ突いた。

「こいつの分、あんちゃんの役に立ったからだよ」

北海は高村にバトンを渡《わた》す。「なあ、あんちゃん」

「そうだ。大介は俺の役に立った。だからありがとうな、で三十円だ」高村はまた、大介の頭に左手をやった。「俺はおまえの父ちゃんほど頭も稼ぎもよくねえけどよ。これだけはわかるぜ。もし俺がここでトラック放り出して、あれだ、後ろの釣竿持って海にでも行ったらよ、大阪で積荷《つみに》のうなぎを待ってる誰《だれ》かが困るんだ」

「困る?」

「そうだよ。⑤仕事ってのはそういうもんだと俺は思ってるぜ。大きな会社ですげえ仕事をしているおまえの父ちゃんも、おまえの父ちゃんからしたら小馬鹿にしたくなるような俺も、今ここらをきれいにした大介も、根っこは同じだ。おまえ、犬のクソをくれたやつにありがとうって金を払《はら》うか?」

「払わない」

「だろ? 仕事はその逆さ。仕事はよ、どんなにつまんなく見えても、どっかで誰かの役に立っているのさ。ありがとうって思われている。だから金がもらえるんだ」

手のひらの三十円が、少し重さを増したように感じられ、大介はそれをじっと見つめた。

「次のサービスエリアでも、大阪に着いてからでもいいさ。大介おまえ、その三十円でなんか買ってみろよ。三十円で買えるもんなら、買えるはずだ」

「小さなチョコとか、ガムとか?」

「そうさ。そいつは三十円。誰が持っていようと、三十円の価値がある」

大介は顔を上げ高村を見た。高村はまだ続けた。

「大きい保険会社で働いてもらう大介の父ちゃんの一万円札とよ、トラックを運転してもらう俺の一万円札をよ、比べてみろよ。

言ったそばから高村は、吸っていたたばこを灰皿に押《お》しつけて中身を増やした。

「じいさん、一本どうぞ」

「おう、いただくよ」

「後ろはよ、俺の釣竿《つりざお》あるから、そのままでいいからさ。前な、前の、大介とじいさんが座ってる周り」

（中略）

おおむね片づけられているように見えた助手席近辺だが、いざ拭いてみると布はみるみる黒ずんだ。シートの陰《かげ》にたばこを包装していたビニールが落ちていたりもした。

「窓を開けるし、たばこも吸うから、どうしても汚《よご》れるのさ」

高村は横で動く大介を上手《うま》く避《さ》けつつ運転しながら、b悪びれずにそんな言い訳をする。

高村が三本、北海が二本ハイライトを短くする間、大介は酔うかもしれないということすら忘れ、かわりになんでこんなことをさせられているんだろうという※6不条理感を抱《いだ》きながら、気のいいはずの人使いの荒《あら》いあんちゃんの言うとおりにした。

最後にたまった吸殻の一つ一つにちゃんと触れ、火はもちろん、熱も冷めていることを確認してから、ビニール袋《ぶくろ》に灰皿の中身を移した。袋のほうはきっちりと口を結び、空になった灰皿を元あったところに収めた。

「終わったよ」

「おう、ご苦労さん。その吸殻が入った袋、こっちによこせ」

高村はシートの下からパイナップルの缶《かん》を取り出した。缶は空《から》のようだった。ビニール袋は缶の中に押し込まれた。

「じゃあ、給料だ」

高村は握《にぎ》った左手を押し付けてきた。思わず両手で受け止める恰好《かっこう》を取ると、彼の手は開かれた。

十円玉が三枚、大介の手の中に落ちてきた。

「きれいに掃除《そうじ》してくれてありがとうな」

いろいろな人間の手を経てきたのだろう、くすんだ茶色の硬貨《こうか》をどう取り扱《あつか》うべきか、大介は少し困った。たった三十円、特段嬉《うれ》しくはない。一方でこんなお金はいらないと突《つ》っ返す気にもならない。

「今年の四月に百五十円になったよ。三十円値上げしやがった」

「　B　」

遠足のおやつを買うとき、きっちり上限の三百円まで使い切るには、ある種の工夫が必要だ。食べたいおやつだけでは、どうしてもちょうどにはならない。そんなとき、五円や十円の小さなチョコレートやキャンディ、ガムを見繕《みつくろ》う。大介にとって三十円とは、メインのおやつとおやつの隙間《すきま》を、そういった駄菓子《だがし》で埋《う》める金額だ。

しかし高村は、「大介は三十円稼《かせ》いだことがあるか？」とにやりとした。

「二千円くらい入っていた財布を拾って届けて、半年後に僕のものになったことならある」

「拾うんじゃなくてよ、自分の体使って、汗水《あせみず》たらして三十円稼いだことはあるかって」

あるわけがない。小学生なのだ。

とはいえ、「小学生だからそんな経験はない」と言い返すのは、ためらわれるものがあった。自ら「僕は子どもです」と主張しているようだからだ。

高村だってそれをわかって訊いている。その証拠に、④口を閉ざした大介を見てさらに満面の笑《え》みを浮《う》かべ、ハイライトをいったん灰皿に置くと、大きな手で帽子ごと大介の頭を乱暴に撫《な》でた。

「じゃあよ、おまえちょっと仕事してみろ」

大介は目を見開いた。

「仕事？　なんの？」

助け舟《ぶね》が出ないかと北海に目で訴《うった》えるも、北海も先ほどの不機嫌そうな様子はどこへやら、高村と一緒になってにやにやしている。

「俺、一応《いちおう》大介たちが座るところとかをよ、今日出発する前にきれいにしたんだ。でもすごくぴかぴかってわけじゃねえだろ。だからよ、そこの物入れに布きれあるからよ、それで前のほうとか拭《ふ》いてくれねえかな。あと、灰皿にも吸殻《すいがら》がたまってきているだろ。きちんと火が消えて冷たくなってるか確認してから、ビニール袋にあけて、俺とじいさんが気持ちよく使えるようにしてくれねえかな」

く後悔《こうかい》しながらハンドルを握《にぎ》る右手を見た。

池田昭三の空き家の前で北海を取り囲んだのと同じ紅蓮《ぐれん》※4が、高村の指から迸《ほとばし》り出た――大介は見た、確かに一瞬《いっしゅん》その色を。

なのに高村は、まるで気にする様子もなく笑い飛ばしたのだった。

「そうか、大介の父ちゃんはそんなことを言うのか」

③笑い声が、目にしたはずの紅蓮《ぐれん》を幻《まぼろし》にする。大介は混乱した。高村は短くなったハイライトを灰皿で潰《つぶ》し、片手でハンドルを操作しながらもう一本に火をつけた。

「父ちゃん、なにしてんだ？」

なにしてんだは、この場合、仕事のことに違《ちが》いない。大介は混乱から来る動揺《どうよう》を自らの意思で鎮《しず》めようと試《こころ》みながら、父が勤める保険会社の名前を言った。

「おー、すげえでかい会社だなあ。そりゃあ周りからはいい会社に勤めてるなって言われるし、給料もいっぱいもらえんだろう、俺よりは」

父の給料がどれくらいなのか、大介には見当もつかなかったが、少なくはないはずだった。お小遣《こづか》いやお年玉の額《がく》は、漏《も》れ聞こえてくる級友たちのものより多かった。父も工場の作業員や運転手より聞こえが良く、稼《かせ》いでいる自信があるから、侮蔑《ぶべつ》※5的なことも平気で口にするのだ。

改めてそんな父に反発を覚えていたら、高村がハイライトの煙《けむり》とともに言葉を吐き出した。

「でも俺は、こいつで走るんでいいなあ。もしよ、おまえの父ちゃんの会社に入れてくれるって言われても、断《ことわ》っちゃうな」

ラジオから流れてくる楽しげな流行歌を、共に口ずさむように。

「性《しょう》に合わねえってやつかな。小難しいことはわかんねえけどさ」

顎《あご》をしゃくるようにして、高村はフロントに置いてあるハイライトの一箱を示してみせた。

「大介、おまえ、このたばこ一つ、いくらするか知ってるか？」

大介は近所のたばこ屋の店先を、記憶《きおく》の海から引き揚《あ》げる。あそこに値段は書いてあったか？　あるいは自動販売機の表示は。

「百円くらい？」

楽しいのだろうか。大介は父の言葉を頭の中で反芻《はんすう》※3して、考え込む。父の主張が正しいならば、高村は今こうしてトラックを運転している現状を、好ましいものではないと捉《とら》えていなくてはいけない。なのに、全然そういう感じではない。

ふうと吐《は》いたたばこの煙《けむり》が、窓の外の風にまぎれてaたなびいていく。

「高村さん」

「おう、なんだ？」

②「高村さんは、子どものころからトラックの運転手になりたかったの？」

「いや、特になんとも思ってなかったなあ」

「じゃあ、なんでなったの？」

大介の左横で北海が鼻から息を抜《ぬ》く。「そうだな、おまえはこの間も怒《おこ》られていたもんなあ」

あの父のかみなりが、隣家《りんか》の北海にも聞こえていたのだ。夏場で窓を開けていたせいだ。

高村が「大介が怒られたのと俺《おれ》がトラック運転しているのが、なんか関係あるのか？」と訊《き》いた。

大介は口をつぐんだ。関係を説明するには、父がどんなことを言って怒ったのかを話さなければいけない。高村が聞けば気を悪くするだろう。

けれども高村は陽気に、「なんだよ、言えよ。教えてくれよ」と大介をせっついた。

困った、どうすればいいだろう。

助けを求めるように左横に目を動かしても、北海は反応してくれない。しつこい高村に根負けして、大介は［　A　］を決めた。

「僕の成績が悪いと、お父さんは怒るんだけれど、怒り方がいつも同じで、言うことも一緒《いっしょ》なんだ」

「親は怒るよなあ。俺も良くなかったから覚えがあるぜ。で？」

「こんなんじゃ、いい大学に行っていい会社に入れない。おまえは将来工場のねじまきや……」大介はポケットに手を入れて、中のナイフに触《ふ》れる。「トラック運転手になりたいのか、って」

ああ、やっぱり言わなければよかった。怒《いか》りにまかせて、高村の右足が急にアクセルをベタ踏《ふ》みしたらどうしようか。運転が荒《あら》くなったら、きっと酔《よ》ってしまう。そればかりか事故になったら。大介はやっぱり何と言われても黙っておくべきだったと、激し

二　次の文章を読み、あとの問いに答えなさい。

北海道に住む小学六年生の瀬川大介《せがわだいすけ》は、成績のことで両親とけんかし、家出をくわだてる。ちょうど、となりに住むなぞの多い老人佐藤北海《さとうほっかい》が旅に出るところで、大介はひそかにそのあとを追う。北海が訪ねた東京の池田昭三《いけだしょうぞう》はすでに転居していたが、大介は機転をきかして池田の住所をつき止め、その住所を教えることを条件に北海と旅を続けることになった。北海の勧《すす》めにもかかわらず、大介は両親に居場所を知らせないまま、偶然《ぐうぜん》知り合った長距離《ちょうきょり》トラックの運転手高村誠《たかむらまこと》と池田の住む長崎へ向かう。

高速を一時間ほど走って、トラックはいったんサービスエリアに入った。大介たちはそこで朝食とトイレを済《す》ませた。三人がトラックへ戻《もど》りかけたとき、北海だけがいったん離《はな》れて売店に寄った。大介がトラックの中から見ていると、北海はどうやら新聞を買ったようだ。

でも少し読んだだけで、なぜかすぐに丸めて捨ててしまった。

北海は捨てたゴミ箱のところから、大介を見た。そして、その目を外《はず》さず、大股《おおまた》でこちらへとやってきた。トラックに乗り込《こ》んできた北海は、形の悪い左手で大介の帽子《ぼうし》のつばを摑《つか》み、最大限に深くかぶらせた。

「痛いよ、なにするの」

①「いいからそうしとけ」

「ん？　どうした？　じいさんと孫で喧嘩《けんか》か？」

三人は再び出発した。

（中略）

高村はサービスエリアで※1ハイライトを※2一カートン買ってきていた。彼《かれ》のたばこを吸うスピードは速かった。たばこを吸わないときは、ラジオと一緒《いっしょ》に歌を口ずさんでいる。高村はいろんな歌を知っているようだ。ハンドルを軽くさばきながら、彼は楽しそうに見えた。

2023年度 日本学園中学校

【国　語】〈第一回試験〉（五〇分）〈満点：一〇〇点〉

注意　字数制限のある問題は、記号や句読点も字数に含みます。

一　次の——線部①～⑩の漢字はひらがなに、カタカナは漢字に直しなさい。

① 完成までに長い時間を費やした。
② 食器洗いは専ら私が行っている。
③ 町内会の仕事を率先して引き受ける。
④ 無骨な手で大きな石をつかんだ。
⑤ 冬木立が春の訪れを待っている。
⑥ 自分をリッして努力を重ねる。
⑦ しめ切り直前に作品のテイサイを整えた。
⑧ イサギヨく自分の誤りを認める。
⑨ この町の発展に大きなコウセキを残した。
⑩ ギジュツカクシンが急速に進む。

2023年度

日本学園中学校 ▶解説と解答

算　数　＜第１回試験＞（50分）＜満点：100点＞

解　答

1 (1) $3\frac{7}{20}$　(2) 4.39　(3) $\frac{25}{54}$　**2** (1) 132　(2) 14　(3) 39　(4) 2500　(5) 540　(6) 900　**3** (1) 17cm^2　(2) 785cm^3　**4** (1) 1225番目　(2) $612\frac{1}{2}$　(3) 990個　**5** (1) ① 2回　② $33\frac{1}{3}$秒後　(2) 220秒後　**6** (1) 250 g　(2) 200 g　(3) $3\frac{11}{15}$%

解　説

1 **四則計算，計算のくふう**

(1) $3.5+\frac{1}{20}-1.2\times\left(\frac{1}{2}-\frac{1}{3}\right)=3\frac{1}{2}+\frac{1}{20}-\frac{12}{10}\times\left(\frac{3}{6}-\frac{2}{6}\right)=3\frac{10}{20}+\frac{1}{20}-\frac{6}{5}\times\frac{1}{6}=3\frac{11}{20}-\frac{1}{5}=3\frac{11}{20}-\frac{4}{20}=3\frac{7}{20}$

(2) $A\times C+B\times C=(A+B)\times C$となることを利用すると，$0.518\times4.1+8.69\times0.39-0.018\times4.1-8.07\times0.13=0.518\times4.1-0.018\times4.1+8.69\times0.39-2.69\times3\times0.13=(0.518-0.018)\times4.1+(8.69-2.69)\times0.39=0.5\times4.1+6\times0.39=2.05+2.34=4.39$

(3) $1+0.125-\left\{0.5\times\left(2\frac{1}{4}-1\div27\right)-\frac{4}{9}\right\}=1+\frac{1}{8}-\left\{\frac{1}{2}\times\left(\frac{9}{4}-\frac{1}{27}\right)-\frac{4}{9}\right\}=1\frac{1}{8}-\left\{\frac{1}{2}\times\left(\frac{243}{108}-\frac{4}{108}\right)-\frac{4}{9}\right\}=\frac{9}{8}-\left(\frac{1}{2}\times\frac{239}{108}-\frac{4}{9}\right)=\frac{9}{8}-\left(\frac{239}{216}-\frac{96}{216}\right)=\frac{243}{216}-\frac{143}{216}=\frac{100}{216}=\frac{25}{54}$

2 **分数の性質，つるかめ算，整数の性質，売買損益，和差算，角度**

(1) 右の図１のように，求める分数の分子を④，分母を⑪とすると，⑪−④＝⑦にあたる数が84となる。よって，①にあたる数は，84÷7＝12だから，求める分数の分母は，12×11＝132とわかる。

図１

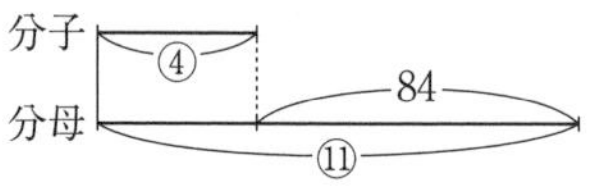

(2) 表が７回出たときの得点は，３×７＝21(点)なので，裏が出たときの得点は合計で，49−21＝28(点)である。よって，裏が出た回数は，28÷２＝14(回)となる。

(3) 小数第１位で四捨五入すると６になる数は，5.5以上6.5未満だから，求める整数は，5.5×７＝38.5以上，6.5×７＝45.5未満である。また，小数第１位を切り捨てると９になる数は，９以上10未満なので，求める整数は，９×４＝36以上，10×４＝40未満になる。よって，ある整数は両方に共通する39とわかる。

(4) この品物の仕入れ値を１とすると，仕入れ値の３割の利益は0.3になり，これが，500＋250＝750(円)にあたる。よって，この品物の仕入れ値は，750÷0.3＝2500(円)となる。

(5) 下の図２で，2000−210−170＝1620(円)が，Ｂ君がもらったお金の３倍にあたる。よって，Ｂ君がもらったお金は，1620÷３＝540(円)である。

(6) N角形の内角の和は，180×(N−２)(度)だから，五角形の内角の和は，180×(５−２)＝540(度)である。すると，下の図３で，色のついた三角形，四角形，五角形の内角をすべてたすと，180＋360＋540＝1080(度)になる。また，ア，イ，ウの角の大きさは，中央の三角形の内角の大き

図２

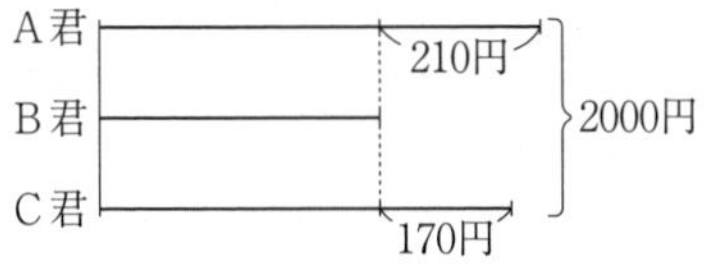

図３

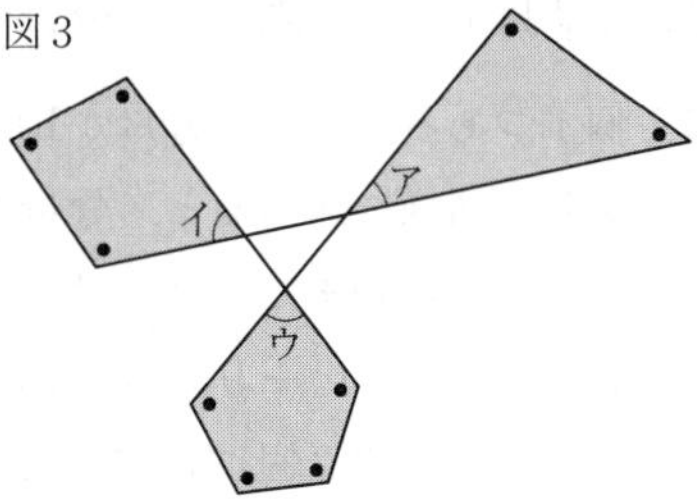

さとそれぞれ等しいので，ア＋イ＋ウ＝180(度)となる。よって，しるしがついた角の大きさの和は，1080－180＝900(度)とわかる。

3 辺の比と面積の比，体積，図形の分割

(1) 下の図１のように，色のついていない部分を㋐，㋑，㋒，㋓の４つの三角形に分けて考える。下の図２の斜線《しゃせん》をつけた三角形の面積は，$48\times\frac{1}{2}=24$(cm²)だから，㋐の面積は，$24\times\frac{1}{3}=8$(cm²)になる。また，下の図３の斜線をつけた三角形の面積も24cm²だから，㋑の面積は，$24\times\frac{1}{4}=6$(cm²)である。次に，下の図４の斜線をつけた三角形の面積は，$24\times\frac{1}{2}=12$(cm²)だから，㋒の面積は，$12\times\frac{3}{4}=9$(cm²)となる。さらに，下の図５の斜線をつけた三角形の面積も12cm²だから，㋓の面積は，$12\times\frac{2}{3}=8$(cm²)である。よって，図１の色のついた部分の面積は，48－(８＋６＋９＋８)＝17(cm²)と求められる。

図１

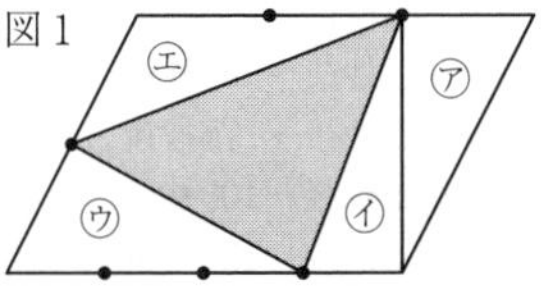

図２

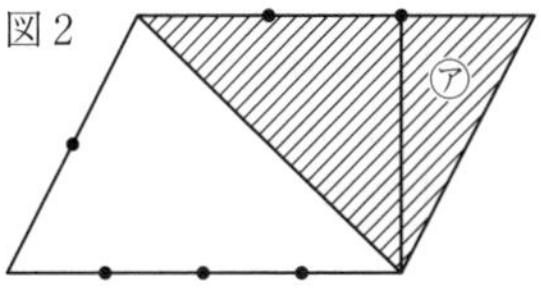

図３

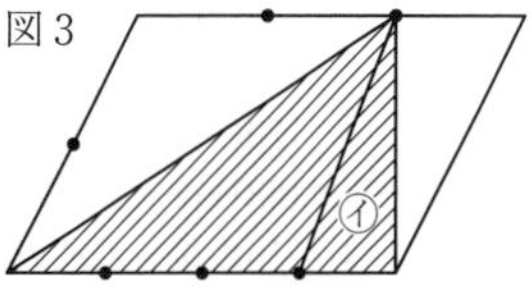

図４

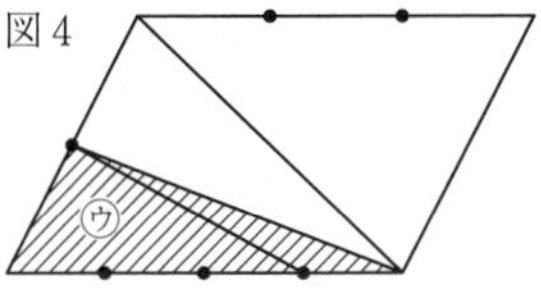

図５

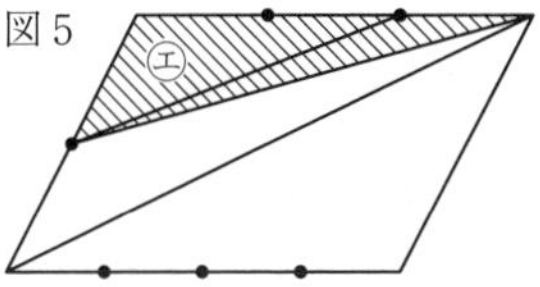

図６

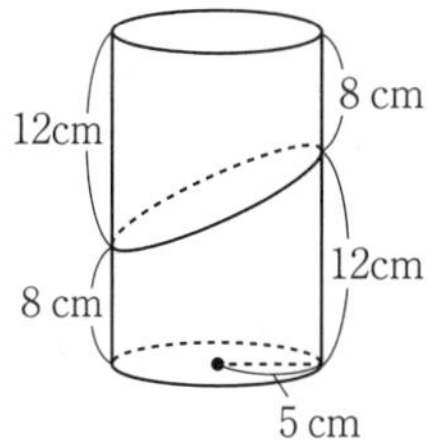

(2) 右の図６のように，求める立体と同じ立体をもう１つ合わせると，底面の円の半径が５cmで，高さが，12＋８＝20(cm)の円柱になる。よって，求める立体の体積は円柱の体積の半分になるから，$5\times5\times3.14\times20\times\frac{1}{2}=785$(cm³)となる。

4 数列

(1) 並ぶ数の個数は，分母が２のときは１個，分母が３のときは２個，分母が４のときは３個，…だから，分母が50のときは49個ある。よって，$\frac{49}{50}$は分母が50のうち49番目の数なので，はじめから数えて，１＋２＋３＋…＋49＝(１＋49)×49÷２＝1225(番目)となる。

(2) 分母が２の数は$\frac{1}{2}$，分母が３の数の和は，$\frac{1}{3}+\frac{2}{3}=1$，分母が４の数の和は，$\frac{1}{4}+\frac{2}{4}+\frac{3}{4}=1\frac{1}{2}$，…と，和が$\frac{1}{2}$ずつふえているから，分母が50の数の和は，$\frac{1}{2}\times49=24\frac{1}{2}$とわかる。よって，はじめから$\frac{49}{50}$までの数の和は，$\frac{1}{2}+1+1\frac{1}{2}+\cdots+24\frac{1}{2}=\left(\frac{1}{2}+24\frac{1}{2}\right)\times49\div2=\frac{1225}{2}=612\frac{1}{2}$と求められる。

⑶　はじめに$\frac{4}{5}$以上の数を調べる。分母が５から９までのときは，$\frac{4}{5}$，$\frac{5}{6}$，…，$\frac{8}{9}$のように，異なる分母に１個ずつある。また，分母が10から14までのときは，$\frac{8}{10}$，$\frac{9}{10}$，$\frac{9}{11}$，$\frac{10}{11}$，…，$\frac{12}{14}$，$\frac{13}{14}$のように２個ずつあり，同様に調べると，分母が15から19までのときは３個ずつ，20から24までのときは４個ずつ，…，45から49までのときは９個ずつ，50のときは10個ある。よって，これらの数は，$1\times5+2\times5+3\times5+\cdots+9\times5+10=(1+2+3+\cdots+9)\times5+10=\{(1+9)\times9\div2\}\times5+10=45\times5+10=235$(個)あるので，はじめから$\frac{49}{50}$までの数のうち，$\frac{4}{5}$より小さい数は，$1225-235=990$(個)とわかる。

5 旅人算，調べ

⑴　①　４分後，つまり，$60\times4=240$(秒後)までに，太郎君が毎秒５ｍでＥ→Ｆを進む時間と，次郎君が毎秒４ｍでＦ→Ｅを進む時間は，下の図１，図２のようになる。よって，２人がすれちがうのは，30秒後～36秒後の間と，216秒後～225秒後の間の２回ある。　②　30秒後に，太郎君はＥからＦに向かって，$5\times(30-24)=30$(ｍ)の地点におり，次郎君はＦにいる。よって，２人の間の道のりは，$60-30=30$(ｍ)で，２人は１秒間に，$5+4=9$(ｍ)ずつ近づくので，すれちがうのにかかる時間は，$30\div9=3\frac{1}{3}$(秒)とわかる。したがって，２人が初めてすれちがうのは，出発してから，$30+3\frac{1}{3}=33\frac{1}{3}$(秒後)となる。

図１

太郎君が毎秒５ｍで Ｅ→Ｆ
24秒後～ 36秒後
72秒後～ 84秒後
120秒後～132秒後
168秒後～180秒後
216秒後～228秒後

図２

次郎君が毎秒４ｍで Ｆ→Ｅ
30秒後～ 45秒後
90秒後～105秒後
150秒後～165秒後
210秒後～225秒後

図３

次郎君が毎秒８ｍで Ｅ→Ｆ
7.5秒後～ 15秒後
37.5秒後～ 45秒後
67.5秒後～ 75秒後
97.5秒後～105秒後
127.5秒後～135秒後
157.5秒後～165秒後
187.5秒後～195秒後
217.5秒後～225秒後

⑵　次郎君が毎秒８ｍでＥ→Ｆを進む時間は，上の図３のようになるので，次郎君がＥに217.5秒後に着いた後に，初めて次郎君が太郎君を追いこすとわかる。太郎君は217.5秒後に，ＥからＦに向かって，$5\times(217.5-216)=7.5$(ｍ)のところにいて，その後，次郎君は太郎君に１秒間で，$8-5=3$(ｍ)ずつ近づくので，次郎君が太郎君を追いこすのにかかる時間は，$7.5\div3=2.5$(秒)になる。よって，初めて次郎君が太郎君を追いこすのは，出発してから，$217.5+2.5=220$(秒後)と求められる。

6 濃度《のうど》

⑴　Ａ，Ｂ，Ｃには１：２：３の割合で入っているので，Ａに入っている食塩水の重さは，$1500\times\frac{1}{1+2+3}=250$(ｇ)である。

⑵　Ａ，Ｂ，Ｃからそれぞれ同じ重さの食塩水をとり出すと，その濃度は３つの平均の，$(2+3+4)\div3=3$(％)になる。また，とり出したのと同じ重さの食塩水をＡに戻《もど》したから，Ａの食塩水の重さは250ｇになる。そこで，とり出した後にＡに残っている食塩水の重さを□ｇ，Ａに戻した食塩水の重さを▲ｇとして図に表すと，右上の図のようになる。aとb

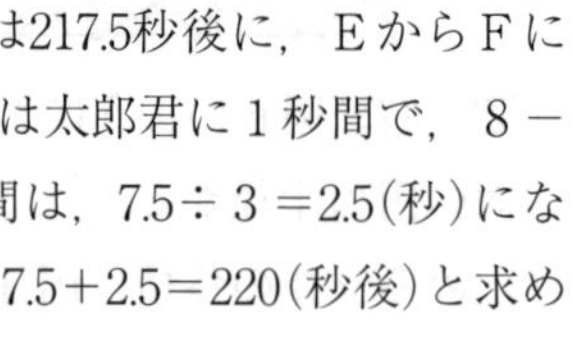

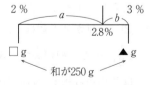

の比は，(2.8－２)：(３－2.8)＝４：１なので，□と▲の比は，$\frac{1}{4}:\frac{1}{1}$＝１：４とわかる。この和が250ｇだから，Ａからとり出した食塩水の重さは，$250\times\frac{4}{1+4}$＝200(ｇ)と求められる。よって，Ｂからとり出した食塩水の重さも200ｇである。

(3)　はじめにＣに入っていた食塩水の重さは，$1500\times\frac{3}{1+2+3}$＝750(ｇ)であり，とり出した後に残った食塩水，750－200＝550(ｇ)にふくまれる食塩の重さは，550×0.04＝22(ｇ)である。また，戻した食塩水200ｇにふくまれる食塩の重さは，200×0.03＝６(ｇ)になる。よって，戻したあとのＣの食塩水750ｇには，食塩が，22＋６＝28(ｇ)ふくまれるので，食塩水の濃度は，28÷750×100＝$3\frac{11}{15}$(％)とわかる。

社　会　＜第１回試験＞（30分）＜満点：50点＞

解　答

1　**問１**　**１**　ウ　**２**　シ　**３**　ケ　**４**　カ　**問２**　**あ**　境　**い**　潮　**う**　屋久島　**え**　横浜(市)　**問３**　Ⅰ　鳥取(県)　Ⅱ　和歌山(県)　Ⅲ　鹿児島(県)　Ⅳ　神奈川(県)　**問４**　ウ　**問５**　ウ　**問６**　エ　**問７**　エ　**問８**　愛知(県)　**問９**　(1)　Ⅱ　(2)　エ　(3)　Ｄ　**2**　**問１**　**１**　立法　**２**　二院制　**３**　衆議院の優越　**４**　155　**５**　104　**問２**　ア　**問３**　エ　**問４**　オ　**問５**　立憲民主党　**問６**　オ　**3**　**問１**　**１**　ケ　**２**　ト　**３**　ス　**４**　キ　**５**　ア　**６**　コ　**７**　サ　**８**　ソ　**９**　セ　**10**　カ　**問２**　エ　**問３**　エ　**問４**　ウ　**問５**　ウ　**問６**　北条泰時　**問７**　ア　**問８**　生類憐みの令　**問９**　ウ　**問10**　自由民権運動　**問11**　エ

解　説

1　４つの県の特徴《とくちょう》についての問題

はじめに，Ⅰ～Ⅳの県を特定する。Ⅰは人口が47都道府県で最も少ないことから，鳥取県である。Ⅱはナショナルトラスト運動のさきがけとなった天神崎と本州最南端の岬があることから，和歌山県である。Ⅲは畜産業がさかんな県で，大正時代の大噴火で対岸と陸続きになった火山の桜島があることから，鹿児島県である。Ⅳは２位の工業生産額をあげていることから，神奈川県である。

問１　**１**　鳥取砂丘は，防砂林を植え，スプリンクラーなどのかんがい施設を整備したことで，らっきょう・スイカ・長いもなどの栽培《さいばい》がさかんになり，鳥取県はらっきょうの生産量が全国１位となっている。統計資料は『データでみる県勢』2023年版，『日本国勢図会』2022／23版による(以下同じ)。　**２**　紀ノ川は，大台ヶ原(奈良県)を水源とし，和歌山県の北部を西へ流れて紀伊水道に注ぐ。下流域には和歌山平野がひろがり，県庁所在地の和歌山市が位置している。　**３**　鹿児島県は豚の飼育頭数が全国１位となっている。肉用牛の飼育頭数は全国２位で，１位の北海道とあわせて全頭数の約３分の１を占《し》め，ブロイラーの飼育羽数は全国２位で，１位の宮崎県とあわせて全羽数の約４割を占める。　**４**　シラスは，約２万５千年前に鹿児島湾北部を火口とする姶良《あいら》カルデラの噴火などによって発生した灰白色の火砕噴出物で，それが長い年月を経て積み重なり，鹿児島県から宮崎県南部にかけてシラス台地が形成されている。

問２　**あ**　境港(鳥取県)は，日本海側の漁港の中で最大の水揚量をほこる港で，全体の中では銚《ちょう》子《し》港(千葉県)，釧路《くしろ》港(北海道)，焼津《やいづ》港(静岡県)についで水揚量が多い。　**い**　潮岬(和歌山県)は，紀伊半島の南端に位置する本州最南端の岬で，独特の地形(トンボロ)や台風の通り道として知られる。　**う**　屋久《やく》島(鹿児島県)は，火山でできた円形の島で，九州地方最高峰の宮之浦岳がそびえ，亜《あ》熱帯から亜寒帯までの植物が垂直に分布し，樹齢数千年の縄文スギをはじめとするスギの原生林が広がっていることなどから，1993年にユネスコ(国連教育科学文化機関)の世界自然遺産に登録された。　**え**　神奈川県庁所在地である横浜市は，1858年に結ばれた日米修好通商条約によって，江戸に近いという立地条件を生かして貿易港が発展し，現在に至っている。

問３　Ⅰ～Ⅳ　解説冒頭の「はじめに」を参照のこと。

問４　ｃは３つの空港の中で羽田空港からの所要時間が最も長く便数も多いことから，Ⅲの鹿児島県内にある空港である。ａは所要時間が短く便数が少ないⅡの和歌山県内にある空港，ｂが残ったⅠの鳥取県内にある空港と判断する。

問５　Ⅰの県庁所在地の鳥取市は，日本海側に位置しているので，冬は北西の季節風の影響《えいきょう》を受けて降水量が多いが，日本海を暖流の対馬海流が流れているので，冬の気温は０℃を下回らない。なお，アはⅡの和歌山市，イはⅢの鹿児島市，エはⅣの横浜市の雨温図。

問６　潮岬はおよそ北緯33度26分に位置している。東京の約290km南に位置し，富士箱根伊豆国立公園内にある八丈《はちじょう》島(東京都)は，およそ北緯33度６分にあり，潮岬，室戸岬(高知県)，大分市などとほぼ同じ緯度である。なお，アの沖縄本島はおよそ北緯26度，イの奄美《あまみ》大島(鹿児島県)はおよそ北緯28度，ウの隠岐《おき》諸島(島根県)はおよそ北緯36度，オの父島はおよそ北緯27度に位置する島。

問７　天橋立は，京都府北部の丹後《たんご》半島東南部に位置する，湾や入り江などの入り口をふさいで対岸に達した砂州とよばれる細長い地形で，白い砂と約5000本の松でできている。

問８　工業生産額が全国１位の県は愛知県で，日本を代表する自動車会社とその関連企業が多いことから輸送用機械器具をはじめ，業務用機械器具・プラスチック・鉄鋼など他の多くの業種で１位となっている。

問９　⑴　紀伊は和歌山県の旧国名であるので，地図中に「紀伊内原駅」とあることから和歌山県とわかる。　⑵　この地図には方位記号がないので，上が北，下が南を示している。また，等高線は10ｍごとに引かれている。地図中Ｂ付近を流れる川の周囲の高さは，北のほうが50ｍ前後，南のほうが20ｍ前後であるので，北から南へ向かって流れているとわかる。なお，イについて，水田の地図記号は(॥)，果樹園の地図記号は(ό)。ウについて，消防署の地図記号は(Y)，警察署の地図記号は(⊗)，地図中の(X)は交番の地図記号である。　⑶　Ａ・Ｂ・Ｃは「大池」よりも高い位置にあるが，Ｄは低い位置にある。また，「大池」の北西側には，がけ(ㅠ)の地図記号がある。よって，大池が決壊《けっかい》・氾濫《はんらん》したときには，水はＤのほうに流れていくので，Ｄがもっとも浸水《しんすい》の危険が高いといえる。

２　国会についての問題

問１　**１**　日本国憲法第41条で「国会は，国権の最高機関であつて，国の唯一の立法機関である」と定められており，法律を制定できるのは国会だけである。　**２**　国会は衆議院と参議院で構成される二院制である。衆議院の任期は４年で，参議院の任期は６年(３年ごとの選挙で半数が改選)である。　**３**　衆議院は参議院に比べて任期が短い上に，任期途中での解散もあるため，選挙の機会が多く国民の意思を反映しやすいと考えられていることから，参議院よりも強い権限を与えられている。これを衆議院の優越という。　**4**　会議が成り立つために必要な出席数を定足数といい，本会議は総議員の３分の１以上と決められている。衆議院の定数は465名であるので，衆議院本会議の定足数は465(名)×$\frac{1}{3}$＝155(名)と求められる。　**5**　衆議院本会議の定足数155名の３分の２以上にあたる人数は，155(名)×$\frac{2}{3}$＝103.33…(名)以上より，104名となる。

問２　二院制は，一つの議院が決めたことをもう一つの議院がさらに検討する方法をとるため，慎重にものごとを決めることができるが，分担しているわけではないので，効率的に進めることができるとはいえない。

問３　国会の種類には，次の年度の予算について話し合うために毎年１月に召集される通常国会，内閣が必要と認めたときかどちらかの議院で総議員の４分の１以上の要求があったときに召集される臨時国会，衆議院の解散後に行われる衆議院議員選挙の日から30日以内に召集される特別国会の３つがあり，ほかに衆議院の解散中に緊急の必要があるときに開かれる参議院の緊急集会がある。

問４　財務省が予算原案を作成し内閣で閣議決定されると，翌年の１月に内閣が国会に予算案を提出し，通常国会において審議される。このとき，本会議の前に委員会で話し合われ，参議院本会議で否決された場合には，両院からそれぞれ10名の代表が参加し，意見の調整を行うための両院協議会が開かれる。

問５　2022年７月10日に行われた参議院議員選挙では，与党である自由民主党が63議席，公明党が13議席を獲得し，野党である立憲民主党が17議席，日本維新の会(維新)が12議席を獲得した。非改選の議席と合わせると，野党の中では立憲民主党が39議席で最も多くなり，維新が21議席で続いた。

問６　選挙区の候補者が比例代表にも立候補できる制度を重複立候補制といい，衆議院議員総選挙に導入されている。しかし，参議院議員通常選挙では認められていないので，どちらにも立候補することはできない。

3　**日本の法典の歴史についての問題**

問１　**1**　701年，文武天皇の命令により刑部《おさかべ》親王や藤原不比等らが中心となって，唐(中国)の律令を手本として，律令政治の基本となる大宝律令を完成させた。律は刑法，令は行政法などにあたる。　**2**　743年，口分田の不足をおぎなうため，新しく切り開いた土地の永久私有を認める墾田永年私財法が定められた。これにより，公地公民の原則がくずれ，大貴族や大寺社などが大規模な開発を行い，荘園とよばれる私有地を増やしていった。　**3**　1232年，鎌倉幕府の第３代執権北条泰時によって，51か条からなる貞永《じょうえい》式目(御成敗式目)が制定された。源頼朝以来の武家の慣習や道徳をもとに，御家人の権利や義務，所領関係の裁判の基準などについて定められている。

4　1577年，安土城下の商工業を発展させるために，織田信長によって楽市令が出された。関所を廃止して住民の税を免除し，特定業者から独占権を取り上げ，商人や職人が城下で自由に営業できるようにした。　**5**　1615年，大名を統制するために，江戸幕府第２代将軍徳川秀忠が武家諸法度を制定した。これに違反した大名は，遠くの領地に移されたり，領地を取り上げられたりするなど，きびしく処罰された。　**6**　1615年，朝廷や公家を統制するために，禁中並《ならびに》公家諸法度が制定された。天皇や公家が守るべき17か条からなり，その第１条で，天子が身につけるべきことの第一は学問とされた。　**7**　1742年，法にもとづく公平な裁判を行うために，江戸幕府の第８代将軍徳川吉宗が大岡忠相《ただすけ》らに編さんさせた公事方御定書が完成した。上巻は司法関係の法令で，下巻は多くの判例集となっている。　**8**　老中となった松平定信は，上下の身分を重んじる朱子学を正しい学問と位置づけ，幕府が運営する昌平坂学問所では朱子学以外の学問を教えることを禁じた。これを寛政異学の禁という。　**9**　1925年，加藤高明内閣によって，満25歳以上の男子すべてに選挙権を与える普通選挙法が制定された。有権者数は約306万人から約1240万人に増加し，この法律にもとづいた初めての普通選挙が1928年に実施された。　**10**　普通選挙法の成立により，共産主義者や無政府主義者の活動が活発になることが予想されたため，これらの活動を取り締まることを目的とする治安維持法が，普通選挙法制定と同じ年である1925年に定められた。

問２　Ａは問１の７の解説どおり徳川吉宗，Ｄは吉宗が行った改革であるので享保の改革となる。Ｂは問１の８の解説どおり松平定信，Ｅは定信が行った改革であるので寛政の改革となる。江戸時代の３つめの幕政改革は，老中水野忠邦(Ｃ)が行った天保(Ｆ)の改革である。

問３　奈良時代には，都である平城京を中心に，遣唐使をたびたび送ったことから唐の影響を受けた国際色豊かな仏教文化が発展した。この文化を天平文化という。

問４　問１の２の解説を参照のこと。

問５　鎌倉時代には，稲をかりとった後の土地に麦を裏作としてつくる二毛作が西日本で始まり，草木灰を肥料として使い，牛や馬を耕作に利用するようになるなど，農業が進歩した。なお，アは平安時代の説明。イについて，管領は室町時代に将軍の補佐役として置かれた役所。エについて，宋(中国)とは国交を結んでいない。オについて，建武の新政は鎌倉幕府が滅んだのち行われた。

問６　問１の３の解説を参照のこと。

問７　1837年，アメリカのモリソン号が漂流《ひょうりゅう》民をのせて浦賀に来航し，通商を求めたが，1825年に出された異国船打払令にもとづいて砲撃《ほうげき》された。年号順に並べると，モリソン号事件(1837年)→ペリー来航(1853年)→日米和親条約締結(1854年)→生麦事件(1862年)→薩英戦争(1863年)となる。

問８　生類憐《あわれ》みの令は，17世紀末に江戸幕府の第５代将軍徳川綱吉によって発令された極端な動物愛護令で，動物を殺したり傷つけたりすること，食料にするために買うことなどが禁止され，そむいた者にはきびしい罰が与えられた。

問９　御三家は親藩の中でも一番位が高く，将軍の跡継《あとつ》ぎを出すことが可能とされた家で，西から順に，紀伊家(和歌山県)，尾張家(愛知県)，水戸家(茨城県)である。

問10　明治時代初期の政府は，薩摩藩(鹿児島県)や長州藩(山口県)の出身者が中心になっていたので，1874年に板垣退助らは国民に選ばれた議員からなる国会開設を求める意見書を政府に提出し，それを支持する自由民権運動が全国に広がっていった。

問11　大日本帝国憲法の下に1890年から1945年までに設置されていた議会を帝国議会といい，国民から選挙で選ばれた議員で組織される衆議院と，皇族議員，華族議員，天皇が任命した勅任《ちょくにん》議員で組織される貴族院の両院で構成されていた。

理 科 ＜第１回試験＞（30分）＜満点：50点＞

解 答

1 **問１** (1) 200 g (2) 80cm (3) 30cm **問２** (1) 680m (2) 480m (3) 8秒間 **2** **問１** (1) (イ) (2) (ア) (3) (カ) (4) (エ) **問２** (1) (ウ) (2) (イ), (カ) **3** **問１** **A** (エ) **B** (ウ) **C** (オ) **問２** 気孔 **問３** (オ) **問４** (イ)
4 **問１** (ア) **問２** A **問３** (エ) **問４** (ア) **問５** (ウ) **問６** (イ)

解 説

1 てこのつり合いと音の速さについての問題

問１ (1) 問題文中の図１の棒の右端《みぎはし》を支点として考えると，おもりが棒を反時計回りに回転させるはたらきは，100×100＝10000なので，ばねはかりが棒を時計回りに回転させるはたらきが10000になればつり合う。よって，ばねはかりが支える力の大きさは，10000÷50＝200(g)となる。
(2) 問題文中の図２の棒を糸でつるした位置を支点として考えると，100 gのおもりが棒を反時計回りに回転させるはたらきは，100×60＝6000，200 gのおもりが棒を時計回りに回転させるはたらきは，200×40＝8000なので，100 gを示すばねはかりが棒を反時計回りに回転させるはたらきが，8000－6000＝2000になればつり合う。これより，棒をつるした糸からばねはかりまでの距離《きょり》は，2000÷100＝20(cm)と求められるので，棒の左端からばねはかりまでの距離は，60＋20＝80(cm)となる。 (3) 問題文中の図３の棒を糸でつるした位置を支点として考えると，棒を反時計回りに回転させるはたらきは，100 gのおもりによって，100×40＝4000，右側の40 gを示すばねはかりによって，40×40＝1600となる。一方，棒を時計回りに回転させるはたらきは，左側の70 gを示すばねはかりによる，70×50＝3500と，70 gのおもりによるものなので，70 gのおもりによるはたらきが，4000＋1600－3500＝2100になればつり合う。よって，棒をつるしている糸から70 gのおもりをつるしている糸までの距離は，2100÷70＝30(cm)となる。

問２ (1) 音は，４秒間で船と崖《がけ》の間を１往復しているので，船から崖までの距離は，340×４÷２＝680(m)となる。 (2) 船と音が３秒間で進んだ距離の合計は，(20＋340)×３＝1080(m)なので，汽笛《きてき》を鳴らし始めたときの船と崖の間の距離は，1080÷２＝540(m)とわかる。よって，音が聞こえたとき(汽笛を鳴らし始めてから３秒後)の船から崖までの距離は，540－20×３＝480(m)となる。 (3) 汽笛を鳴らし始めてから９秒後の船と崖の間の距離は，540－20×９＝360(m)である。９秒後に鳴った音が船上で聞こえるのは，その，360×２÷(340＋20)＝２(秒後)だから，船上では，音を鳴らし始めて３秒後から，９＋２＝11(秒後)まで音を聞くことになる。したがって，11－３＝８(秒間)音が聞こえるとわかる。

2 水溶液《すいようえき》の性質と気体の発生についての問題

問１ (1) 酸性の塩酸に青色リトマス紙をひたすと赤色に変化するが，アルカリ性のアンモニア水に青色リトマス紙をひたしても色が変化しない。 (2) 砂糖水に電気を通しても電気が流れないが，水酸化ナトリウム水溶液に電気を通すと，電気が流れる。 (3) アンモニア水を蒸発皿にのせて乾燥《かんそう》させても何も残らないが，食塩水を蒸発皿にのせて乾燥させると食塩が残る。 (4) 石灰水に二酸化炭素をふきこむと白くにごるが，水酸化ナトリウム水溶液に二酸化炭素をふきこんでも見た目の変化はない。

問２ ⑴　二酸化マンガンと過酸化水素水を反応させると酸素が発生する。酸素は水に溶《と》けにくいので，水上置換《ちかん》法で集める。　⑵　酸素は水に溶けにくい無色・無臭の気体で，空気の約1.1倍の重さがあり，空気中に約21％ふくまれている。

3　植物の光合成と呼吸についての問題

問１　植物はつねに呼吸を行い，二酸化炭素を排出《はいしゅつ》している。また，植物は，光が当たっているときは光合成も行っており，二酸化炭素を吸収している。問題文中の図２のＡ～Ｃのすべての区間で呼吸と光合成を行っているが，Ａの区間では呼吸による排出量よりも光合成による吸収量が少ないため，全体として二酸化炭素が排出されている。Ｂの区間では呼吸による排出量よりも光合成による吸収量が多いため，全体として二酸化炭素が吸収されている。Ｃの区間では呼吸による排出量よりも光合成による吸収量が多いため，全体として二酸化炭素が吸収されているが，光が強くなっても二酸化炭素の吸収量は変化しなくなっている。

問２　問題文中の図３のＡは，気体が出入りする気孔《きこう》で，おもに葉の裏に多くある。

問３　でんぷんの有無を調べるときには，取り出した葉をお湯にひたしてやわらかくし，あたためたエタノールに入れて葉の緑色を溶かし出したあと，軽くお湯で洗ってエタノールを洗い流し，ヨウ素液にひたす。ここでは，葉の緑色を溶かし出すことで，ヨウ素液による色の変化を見やすくしている。

問４　光合成は，葉にある緑色のつぶ（葉緑体）で行われ，でんぷんがつくられるので，ヨウ素液につけると，(イ)のように葉緑体のつぶが青紫《むらさき》色に変化する。

4　月食についての問題

問１　地球の北極側から見たとき，地球の公転の方向も，月の公転の方向も反時計回りになっている。

問２～問４　月食が起こるのは，太陽―地球―月の順に一直線に並ぶ満月のときである。ただし，月の公転面と地球の公転面の傾《かたむ》きの角度が異なるので，満月のたびに月食が観測できるわけではない。

問５　地球の大気を通過した太陽の光にふくまれる青色の光は空気のつぶによって散乱するが，赤色の光は空気のつぶの影響《えいきょう》を受けにくいため，光が弱まるが通りぬける。そして，地球の大気を通過した赤色の光はわずかに屈折《くっせつ》し，地球を回りこむようにして月に当たるため，皆既《かいき》月食の月は赤銅色に見える。

問６　月の中心が地平線または水平線と重なるときを月の出や月の入りとしている。

国　語　＜第１回試験＞（50分）＜満点：100点＞

解　答

一　①　つい(やした)　②　もっぱ(ら)　③　そっせん　④　ぶこつ　⑤　ふゆこだち
⑥～⑩　下記を参照のこと。　二　**問１**　ウ　**問２**　a　イ　b　エ　**問３**　ア
問４　腹　**問５**　Ⅰ　怒り　Ⅱ　笑い飛ばした　**問６**　ア　**問７**　イ　**問８**　Ⅰ　好

ましいものではない　Ⅱ　役に立った　Ⅲ　価値は平等　**問９**　エ　**問10**　イ

三　**問１**　イ，オ　**問２**　②　エ　③　イ　**問３**　ウ　**問４**　自然には絶　**問５**　じぶん(たち)とは違う者の排除　**問６**　A　大　B　小　**問７**　意味する。　**問８**　Ⅰ　生存を安定的なものにする　Ⅱ　秩序　**問９**　エ　**問10**　ウ

●漢字の書き取り

一　⑥　律(して)　⑦　体裁　⑧　潔(く)　⑨　功績　⑩　技術革新

解　説

一　漢字の読みと書き取り

①　音読みは「ヒ」で，「消費」などの熟語がある。　②　音読みは「セン」で，「専門」などの熟語がある。　③　みんなの先に立って物事をすること。　④　骨ばってごつごつしているさま。　⑤　冬の落葉した木々。　⑥　「律する」は，一定の基準を設けて管理すること。　⑦　外から見た感じ。　⑧　音読みは「ケツ」で，「清潔」などの熟語がある。　⑨　優《すぐ》れた働きや成果。　⑩　「革新」は，制度や方法を改めて新しくすること。

二　**出典は乾《いぬい》ルカの『花が咲《さ》くとき』による。**両親に知らせず家を出た小学六年生の大介《だいすけ》は，隣《となり》に住むなぞの多い老人の北海《ほっかい》とともに，高村《たかむら》の運転する長距離《ちょうきょり》トラックに乗り，長崎へと向かう。

問１　北海は，家出をしてきた大介のことが記事になっているのではないかと心配して，新聞で確認した。大介に帽子《ぼうし》を「最大限に深くかぶらせ」たのは，見つからないように用心したためだとわかる。

問２　a　「たなびいていく」は，“煙《けむり》や雲が横に長くただよっていく”という意味。　b　「悪びれず」は，“自分のしたことを悪いと思っているようすもなく”という意味。

問３　大介は，父親からいつも「工場のねじまき」や「トラック運転手」になりたいのかと成績のことで怒《おこ》られていたので，高村のしている仕事がよくないものだと思っていた。だから，トラックを楽しそうに運転している高村の姿に，疑問を感じたのである。

問４　「腹を決める」は，“決心する”という意味。

問５　Ⅰ，Ⅱ　「トラック運転手」を軽べつするような父親の発言を口にしなければよかったと後《こう》悔《かい》した大介は，高村の指から「紅蓮《ぐれん》」が迸《ほとばし》り出るのを見て，やはり高村が「怒《いか》り」の気持ちを表したと思った。しかし，高村は「まるで気にする様子もなく」，大介の発言を「笑い飛ばした」ので，高村が怒っていないことに大介は混乱したのだと考えられる。

問６　トラックの中の掃除《そうじ》を終えて三十円の給料をもらった場面で，大介が「たった三十円，特段嬉《うれ》しくはない」と思ったことが書かれている。大介にとっての「三十円」は，遠足のときの「メインのおやつとおやつの隙間《すきま》」を「駄菓子《だがし》で埋《う》める金額」でしかないので，アの内容が合う。

問７　「我が意を得たり」は，物事が自分の思ったとおりになること。高村は，大介が仕事をするように仕向けようと最初から考えていたので，「三十円稼《かせ》いだことがあるか？」という質問に，大介が口を閉ざしたのを見て，自分の思いどおりに物事が進んでいると思い，ほほえんだのである。

問８　Ⅰ～Ⅲ　大介は悪い成績を取ると，父親から「トラック運転手になりたいのか」と怒られていたので，高村のしている仕事を「好ましいものではないと捉《とら》えていなくてはいけない」と思っていたが，高村が「大阪で積荷《つみに》のうなぎを待ってる誰《だれ》か」の役に立っており，大介自身も仕事を通し

て高村の「役に立った」ということがわかった。高村は，誰かの役に立つために「真っ当に働いて稼いだ金」の「価値は平等だ」ということを大介に教えたかったのである。

問９　大介は給料としてもらった「三十円」について「特段嬉しくはない」と思っていたが，高村から，働くということは誰かに感謝されることだということや，きちんと働いて得た金であれば「価値は平等だ」ということなどを教えられ，もらった「三十円」の価値への思いを新たにした。だから，「チョコレートと飴玉《あめだま》」を食べた後も，包装紙を捨てられず，「財布の中の一万円札と一緒《いっしょ》にした」のだと考えられる。

問10　大介は，それまで「高村の気配の色」を「黄色みが濃《こ》い若葉色」に感じていたが，今は同じ高村から，「白銀」の気配を感じている。大介は，高村の信念を持って厳《きび》しく自分の仕事に向き合っている姿を知り，体験を通じて自分に大切なことを伝えてくれた優しさを感じていると考えられる。したがって，「しっかりとした意思」や「優しい」といった内容をふくむイが合う。

三　**出典は内田《うちだ》樹《たつる》編の『ポストコロナ期を生きるきみたちへ』所収の「マスクについて（鷲田《わしだ》清一《きよかず》著）」による。**コロナ禍《か》におけるマスク着用という現象を通し，人びとの意識の根底にあるものについて説明している。

問１　マスクを着用し，「他人に関与《かんよ》することを拒《こば》むということ」が，「異例な事態」ではないといえる理由がこの後に二つ述べられている。一つ目は，マスクが「たがいに別であるべきものが入り交じらない」ようにするものであると考えるならば，「鉄製のドア」や「門扉《もんぴ》」や「出入国管理」なども同じ性質を持つものといえるからなので，イが選べる。二つ目は，「顔をむきだし」にしないことは「文明社会」では普通のことであり，「じぶんをむきだしにしないという意味」では，「化《け》粧《しょう》や衣服」も本質的にマスクと同じであるということなので，オもふさわしい。

問２　②「予防」と「誤読」は，上の漢字が下の漢字を修飾している構成の熟語。　③「呼吸」と「加減」は，反対の意味を持つ漢字で構成されている熟語。

問３　「暗黙《あんもく》の約束」は，文章や言葉できちんと示されてはいない決まりごとのこと。

問４　「身体のどこを秘《ひ》せられるべき部位」とみなすかが，時代や地域によって異なるということは，絶対的に隠《かく》しておかなければならない部位について，すべてのものにあてはまる認識はないということになる。それは，「自然には絶対に隠しておかねばならないものなどないから」である。

問５　「そうとは見えないバリアー」とは，「マンションのドア」や「学校の門扉」や「都市の区画」など，「身の安全を確保する」という名目で設けられているもののこと。しかし，実際は「じぶん(たち)とは違《ちが》う者の排除《はいじょ》」のための「バリアー」なのである。

問６　A，B　「大なり小なり」は，程度の差はあってもという意味。他者を喜ばせて喜んだり，他者が喜んでいるのを見て喜んだりするという習性は，「ヒト」だけのものではなく，哺乳《ほにゅう》動物であれば，いずれにしろ持っていると述べているのである。

問７　もどす文は，日本語では「おもて」が「人が被《かぶ》るお面」と「素顔」の両方を意味しているという内容なので，「マスクは顔を覆《おお》う仮面」であるのと同時に，「顔そのものをも意味」しているという内容を述べている，「ここで思い起こしたい」で始まる段落の後に入れると文脈に合う。

問８　Ⅰ，Ⅱ　ぼう線部⑥のある段落に注目する。人びとが「人と人の交わりを規制する仕切り」をさまざまなところに設けてきたのは，「敵と味方をしかと区別」し，自分たちの「生存を安定的なものにするため」であった。つまり，区切りや仕切りは，「世界のさまざまの流動的な要素を一つ一つ，不同のもの」の集合として捉えなおすための「秩序《ちつじょ》」だったのである。

問９　人間は，自分たちと「野生の自然とのあいだ」に，「緩衝《かんしょう》地帯《ちたい》」としての役割を持つ「里山」を設けていた。つまり，「里山」はマスクと同じように，境界線を示すための場であったといえる。

問10　マスクには，他者の侵入を防ぐための「緩衝地帯」としての役割や，「装着《そうちゃく》している人の存在を不明にする」というはたらきがあった。しかし，最近は，自分が「何者でもなくなる」ということに「誘惑《ゆうわく》」を感じたり，異質なものとの間にある「緩衝地帯のあり方」についての考え方も変化したりしてきている。人間は，コロナ禍におけるマスクの装着を通じて，さまざまなことを考えるようになったので，ウの内容が合う。

Dr.福井の 入試に勝つ！ 脳とからだのウルトラ科学

勉強が楽しいと，記憶力も成績もアップする！

みんなは勉強が好き？　それとも嫌い？――たぶん「好きだ」と答える人はあまりいないだろうね。「好きじゃないけど，やらなければいけないから，いちおう勉強してます」という人が多いんじゃないかな。

だけど，これじゃダメなんだ。ウソでもいいから「勉強は楽しい」と思いながらやった方がいい。なぜなら，そう考えることによって記憶力がアップするのだから。

脳の中にはいろいろな種類のホルモンが出されているが，どのホルモンが出されるかによって脳の働きや気持ちが変わってしまうんだ。たとえば，楽しいことをやっているときは，ベーターエンドルフィンという物質が出され，記憶力がアップする。逆に，イヤだと思っているときには，ノルアドレナリンという物質が出され，記憶力がダウンしてしまう。

要するに，イヤイヤ勉強するよりも，楽しんで勉強したほうが，より多くの知識を身につけることができて，結果，成績も上がるというわけだ。そうすれば，さらに勉強が楽しくなっていって，もっと成績も上がっていくようになる。

でも，そうは言うものの，「勉強が楽しい」と思うのは難しいかもしれない。楽しいと思える部分は人それぞれだから，一筋縄に言うことはできないけど，たとえば，楽しいと思える教科・単元をつくることから始めてみてはどうだろう。初めは覚えることも多くて苦しいときもあると思うが，テストで成果が少しでも現れたら，楽しいと思えるきっかけになる。また，「勉強は楽しい」と思いこむのも一策。勉強が楽しくて仕方ない自分をイメージするだけでもちがうはずだ。

Dr.福井（福井《ふくい》一成《かずしげ》）…医学博士。開成中・高から東大・文Ⅱに入学後，再受験して翌年東大・理Ⅲに合格。同大医学部卒。さまざまな勉強法や脳科学に関する著書多数。

2023年度　日本学園中学校

【算　数】〈第２回試験〉（50分）〈満点：100点〉

1　次の計算をしなさい。

(1)　$12+8\times3-14\div7$

(2)　$\dfrac{1}{1\times3}+\dfrac{1}{3\times5}+\dfrac{1}{5\times7}+\dfrac{1}{7\times9}+\dfrac{1}{9\times11}$

(3)　$\left\{3\dfrac{1}{15}-1.56\div\left(1\dfrac{2}{5}-0.75\right)\right\}\div\left(1\dfrac{11}{20}-1.27\right)$

2　次の □ にあてはまる数を答えなさい。

(1)　$2\dfrac{2}{3}$ ： □ ＝ $1\dfrac{1}{6}$ ： $\dfrac{1}{16}$

(2)　静水での速さが毎時12kmの船が、川を60km下るのに４時間かかりました。この川の流れの速さは毎時 □ kmです。

(3)　太郎君と次郎君がそれぞれお金を持っています。太郎君が持っているお金の40％を次郎君にわたしたあと、次郎君が300円を太郎君にわたしたところ、太郎君と次郎君の持っているお金はそれぞれ1200円，1000円になりました。次郎君がはじめに持っていたお金は □ 円です。

(4)　517を割っても613を割っても877を割ってもあまりが同じになる整数のうち、最も大きい数は □ です。

(5)　A君が１人で行うと８日で終わる仕事をA君とB君の２人で行うと６日で終わります。この仕事をB君が１人で行うと □ 日で終わります。

(6)　4％の食塩水が200g入っている容器があります。この容器に2％の食塩水を300gと水を □ g加えてよく混ぜたところ、2.5％の食塩水になりました。

3　$\frac{41}{54}$を小数で表したときの、小数第１位を１番目の数、小数第２位を２番目の数、・・・とします。このとき、次の各問いに答えなさい。

(1)　８番目の数はいくつですか。

(2)　１番目の数から200番目の数までをすべてかけてできた数は、一の位から０が何個続きますか。

(3)　１番目の数から順に加えていってちょうど2023になるのは、何番目の数まで加えたときですか。

4　図のように、辺ABと辺ACの長さが同じで、辺BCの長さが12cmの三角形ABCがあります。頂点Aから辺BCに垂直に引いた直線ADと、頂点Bから辺ACに垂直に引いた直線BEが交わる点をFとします。
このとき、次の各問いに答えなさい。

(1)　㋐の角の大きさを求めなさい。

(2)　三角形ABFの面積を求めなさい。

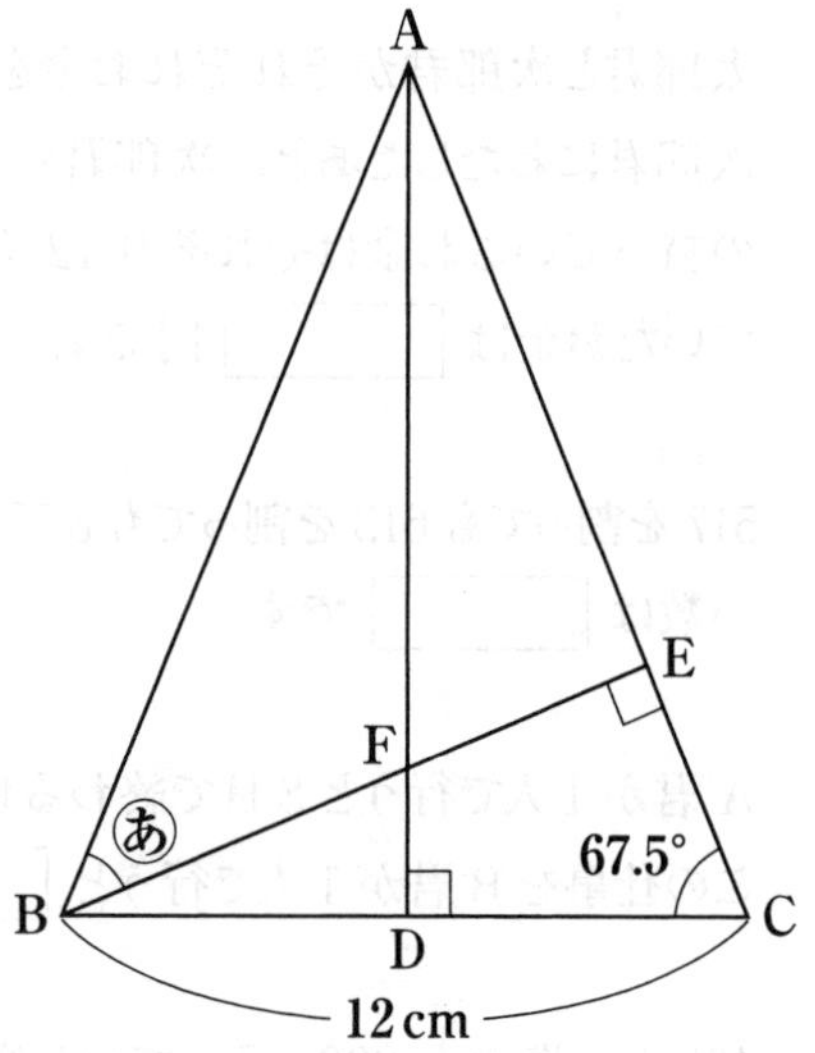

5 ある整数に対し、次のような操作をくり返し行い、はじめて１になったときに作業を終わることとします。

操作：ある整数が３の倍数のときは３で割り、３の倍数でないときは
１を加えて次の整数をつくる

例えば、ある整数が５のときは、次のように４回の操作で作業が終わりになります。

$$5 \rightarrow 6 \rightarrow 2 \rightarrow 3 \rightarrow 1$$

このとき、次の各問いに答えなさい。

(1)　ある整数が20のとき、何回の操作で作業が終わりますか。

(2)　５回の操作で作業が終わる整数のうち、３の倍数は何個ありますか。

(3)　10回以上の操作で作業が終わる整数のうち、最も小さい数を求めなさい。

6 図は、底面の半径が7cmの円柱の形をした容器に深さ30cmまで水を入れたあと、１辺の長さが2cmの立方体の形をしたブロックを１個しずめたものです。このとき、次の各問いに答えなさい。ただし、円周率を $\frac{22}{7}$ とします。

(1) 容器に入っている水の体積は何 cm^3 ですか。

(2) 水の深さは何cmですか。

(3) 最初のブロックの上に同じブロックを積み重ねていきました。ブロックの高さがはじめて水面をこえたとき、水面から出ている部分のブロックの体積は何 cm^3 ですか。ただし、容器の高さは十分にあるものとします。

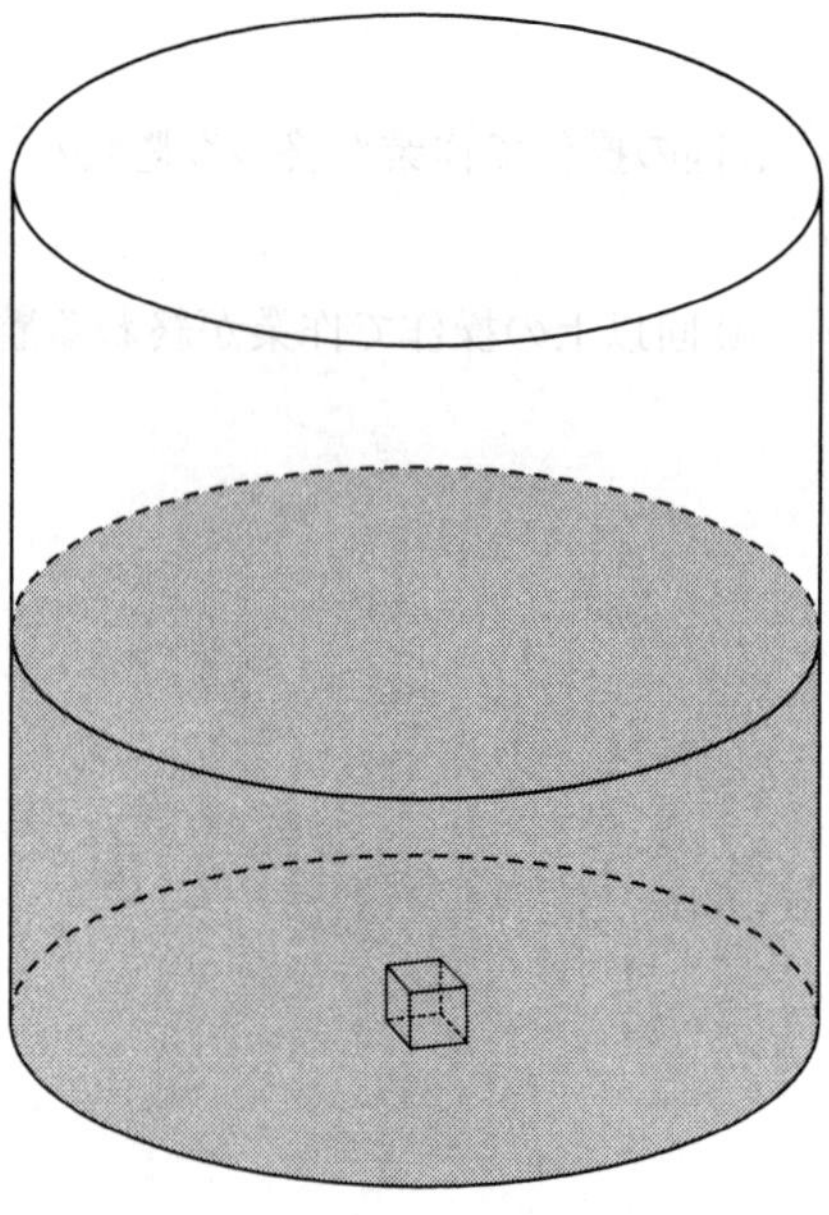

【社　会】〈第２回試験〉（30分）〈満点：50点〉

1　以下のⅠ～Ⅳは、それぞれ日本国内のある県について述べた文章です。Ⅰ～Ⅳの各文章を読み、あとの問いに答えなさい。

Ⅰ：（　1　）平野では、冬でも温暖な気候を利用し、夏に米、冬に小麦や大麦を栽培する［　あ　］が行われています。大都市に近いことから、ビニールハウスを利用した生鮮野菜の栽培も盛んです。（　2　）湾は、志賀島や海の中道に囲まれているため、波がおだやかな港です。現在の（　3　）市には、1901年に官営の［　い　］製鉄所がつくられました。近隣の［　う　］炭田などから産出される石炭と中国から輸入される鉄鉱石を利用して、鉄鋼業が発展しました。

Ⅱ：県の北部に（　4　）半島と（　5　）半島の2つの大きな半島があります。（　4　）半島に広がる平野は、［　え　］の栽培が盛んです。（　5　）半島に囲まれた（　6　）湾は、波がおだやかでカキやワカメ、ホタテなどの養殖業が盛んです。

Ⅲ：県の南部は、明治時代の初めまで［　お　］と呼ばれる地域でした。（　7　）市は、夏と冬の気温の差が大きく、2007年8月16日には最高気温40.9℃を記録しました。7世紀より土を練《ね》りかため焼いてつくる［　か　］の生産が盛んでした。

Ⅳ：（　8　）盆地は、水の得にくい地域でした。1880年代に（　9　）湖から水を引く［　き　］が建設され、現在は周辺の地域に農業用水･工業用水･飲用水を供給しています。（　8　）盆地には高速道路沿いに工業団地がつくられ、電気機械工場などが誘致《ゆうち》されました。

問１　文章中の（　1　）～（　9　）には、それぞれ以下の地図中に示された1～9の地名が入ります。（　1　）～（　9　）に入る適切な地名を答えなさい。

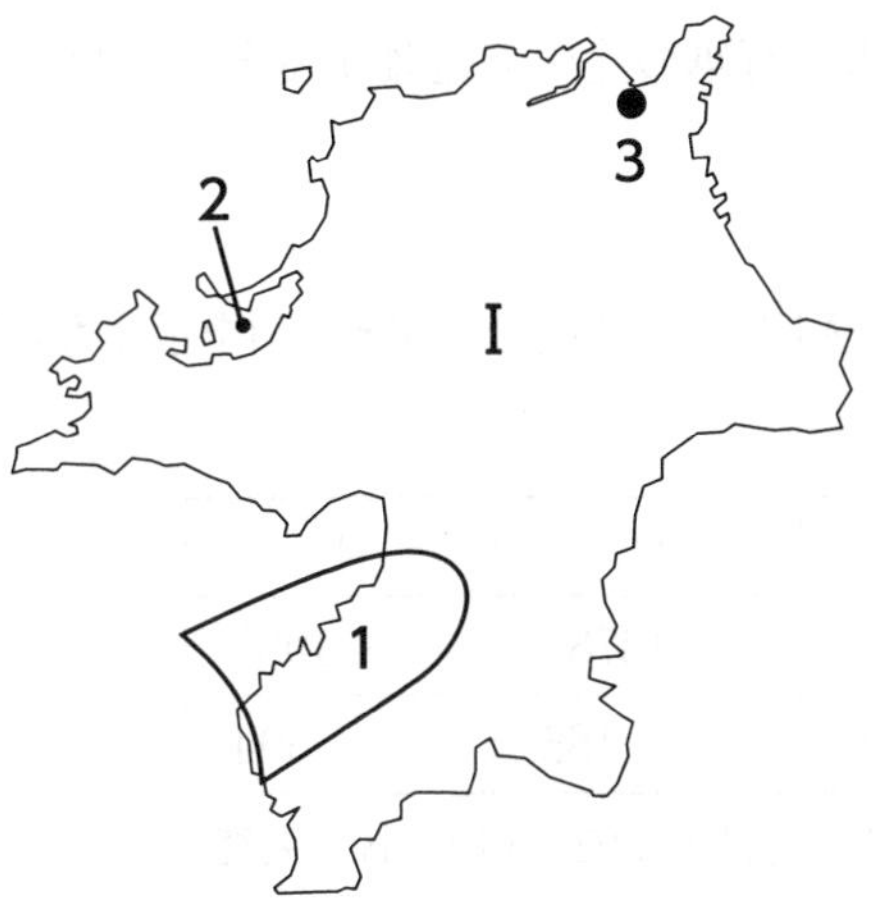

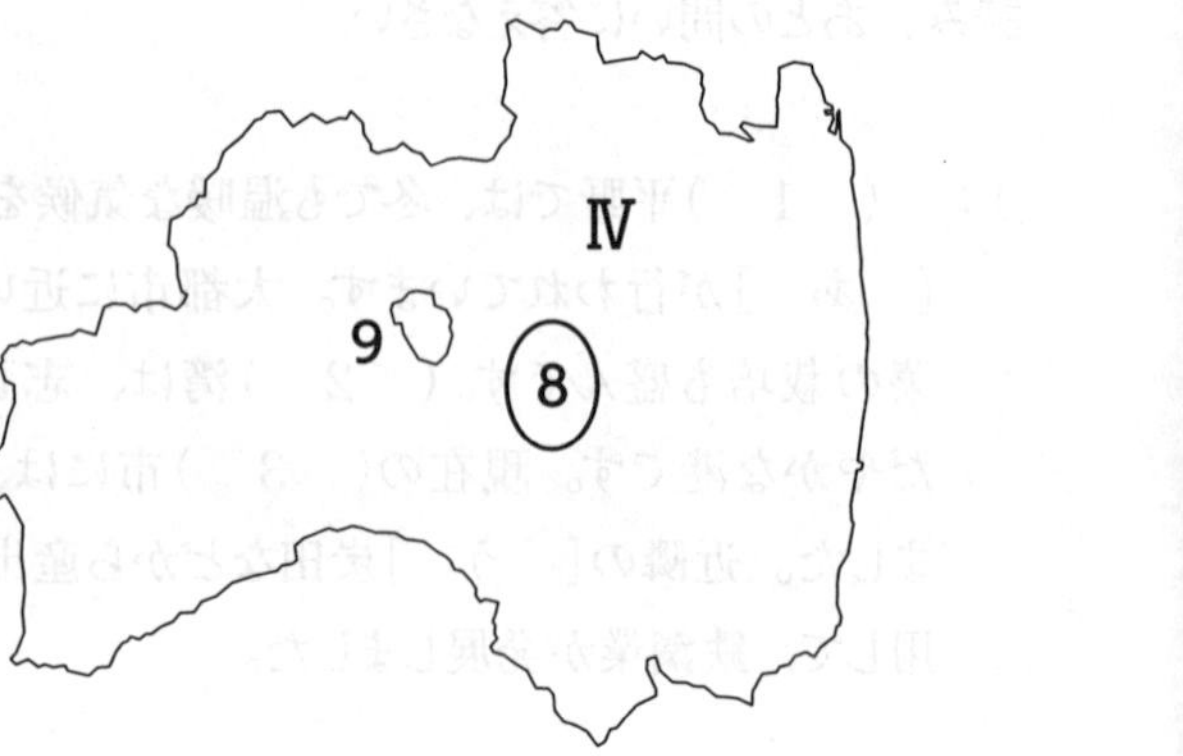

問２　各文章中の［　あ　］～［　き　］に入る適切な語句を、下から1つずつ選んで記号で答えなさい。

ア．尾張	イ．りんご	ウ．富岡	エ．豊川用水	オ．いちご
カ．信州	キ．二毛作	ク．八幡	ケ．促成栽培	コ．陶磁器
サ．美濃	シ．二期作	ス．筑豊	セ．安積疏水	ソ．漆器
タ．三河	チ．みかん	ツ．三池	テ．明治用水	ト．鉄器

問３　以下のア～エは、Ⅰ～Ⅳのいずれかで起こった出来事です。Ⅲで起こった出来事を下から1つ選んで記号で答えなさい。

ア．大和朝廷が、外交や防衛をつかさどり、その地域を統括《とうかつ》する機関として大宰府を置きました。
イ．戦国時代に斎藤道三が金華山にある城を整備しました。
ウ．戊辰戦争の時に会津地方で明治新政府軍と旧幕府軍との間で戦闘がありました。
エ．日露戦争の前に日本陸軍が八甲田山での雪中行軍の途中で遭難《そうなん》するという事件が起きました。

問４　以下の表ア～エは、Ⅰ～Ⅳいずれかの県の面積と人口です。Ⅰ県の面積と人口を示すものを、以下の表のア～エより1つ選んで記号で答えなさい。

	ア	イ	ウ	エ
面積（km^2）	9646	10621	13784	4987
人口（万人）	125	196	185	504

出典：二宮書店『2022年版　統計要覧』

問５　(　３　)市は、1963年に５つの市が合併し、政令指定都市となりました。その時に合併した市でないものを、下から１つ選んで記号で答えなさい。

ア．門司　　イ．小倉　　ウ．下関　　エ．若松　　オ．戸畑

問６　以下のア～エは、Ⅰ～Ⅳの各県の県庁所在地の気温と降水量を示すグラフです。Ⅱの県の県庁所在地の気温と降水量を示すものを、以下のグラフより１つ選んで記号で答えなさい。

ア

年平均気温17.3℃　年降水量1687.7mm

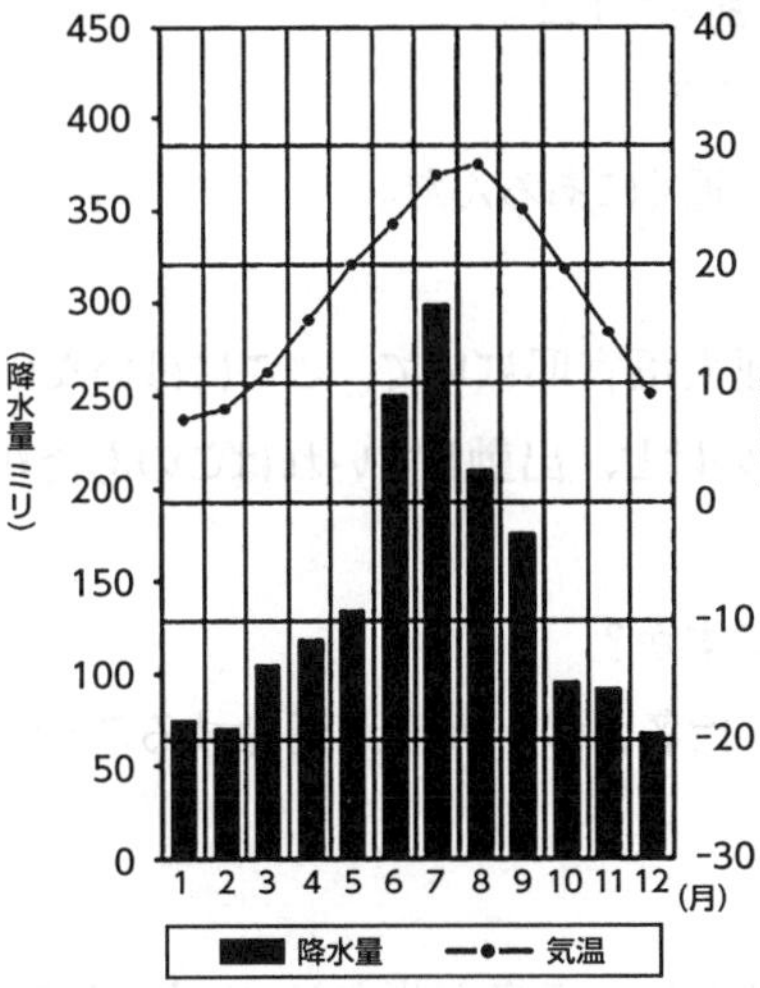

イ

年平均気温10.7℃　年降水量1350.8mm

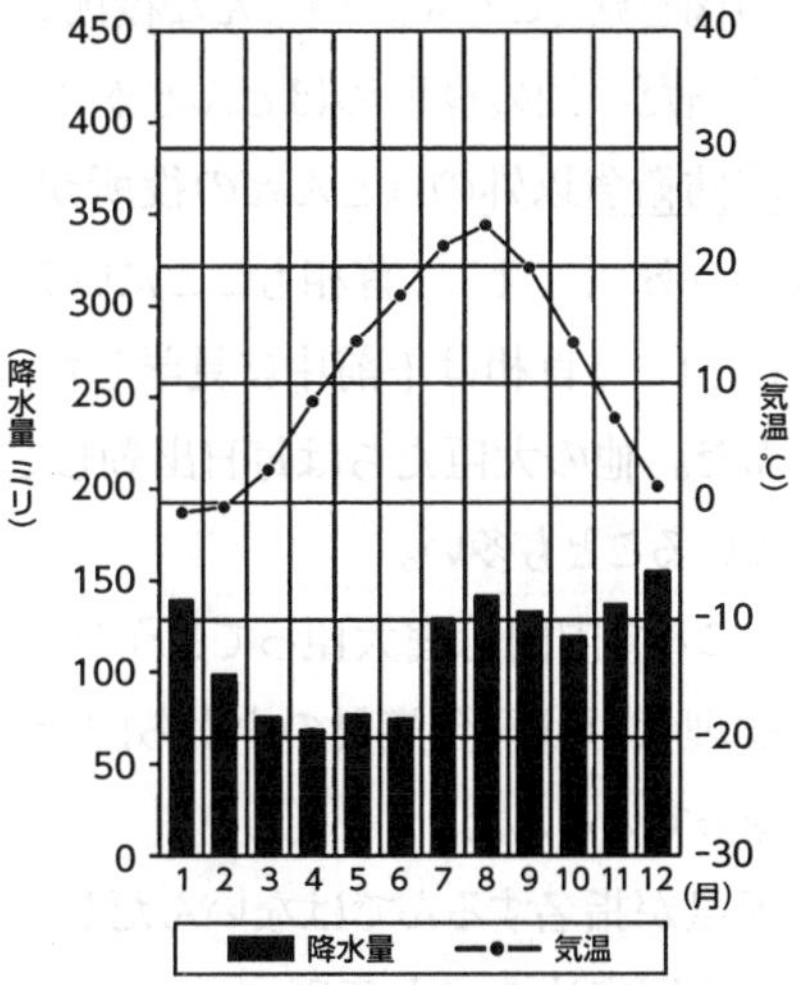

ウ

年平均気温16.2℃　年降水量1860.8mm

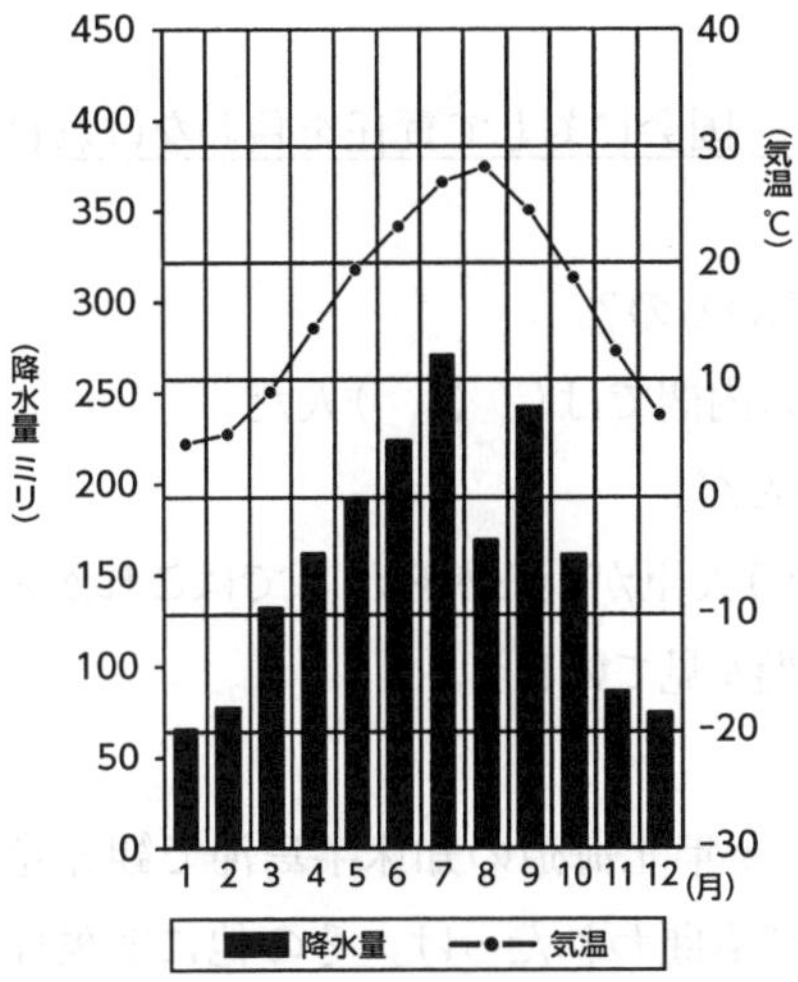

エ

年平均気温13.4℃　年降水量1207.1mm

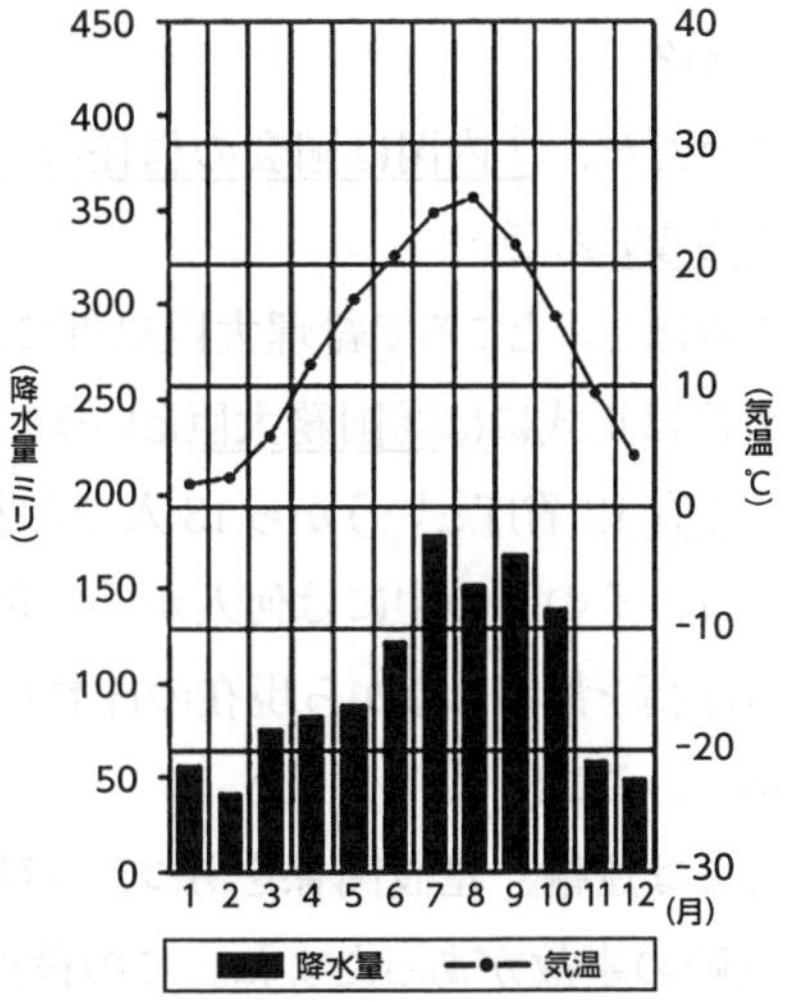

統計期間：1991 ～ 2020年

2　今日は日本学園中学校３年生が創発学の校外学習に行く日。今年のテーマは三権分立、題して「2022年６月三権分立ツアー」。

午前中は国会議事堂、最高裁判所を見学、日比谷公園でお弁当を食べ、午後は霞が関界隈《かいわい》を散策。以下にあるのは霞が関散策中の先生と生徒の会話である。以下にある霞が関散策中の先生と生徒の会話を読み、あとの問いに答えなさい。

生徒：このへんは道が広々としていて見通しがいいですね。

先生：ここは東京都千代田区の霞が関というところだ。東京駅や皇居にも近いし、わが国の行政の中心部の官庁街だから交通が便利なように区画されているんだよ。手元の地図を見てごらん。いろんな役所の名前が書いてあるでしょ。

生徒：本当だ。国の役所のほとんどがここにあるんですか？

先生：①防衛省以外のほとんどの役所が、ここか、この近くにあるんだ。

生徒：じゃあ、（　１　）首相もここにいるんですか？

先生：（　１　）首相は午前中に見学した国会近くの総理大臣官邸《かんてい》にいて、ここにはいないんだ。他の大臣たちは毎日出勤してるわけではないけど、出勤していればこのあたりにいることも多い。

生徒：ところで内閣総理大臣ってどうやって選ばれるんですか？

先生：総理大臣は国会議員の中から国会の議決によって指名され、天皇が任命することになっているんだ。

生徒：天皇が指名するんではないんだ！？

先生：日本国憲法の三大原則に（　２　）というのがあるよね。天皇が指名してしまったら、この（　２　）の原則に反してしまう。

生徒：それもそうですね。ところで他に国会と内閣との関係ではどんな重要なことがありますか？

先生：そうだね、②内閣は国会の信任のもとで成立し、国会に対して責任を負わなければならないんだ。

生徒：なるほど。ところで総理大臣以外に大臣って何人いるの？

先生：大臣は正式には③国務大臣というんだけど、今の内閣では（　３　）人だ。

生徒：④１府12省庁というから13人かと思ったら違うんだ。

先生：そう、その府の中には何人か○○担当大臣という大臣がいるからね。ではこれから官庁街を散策しながら現在の日本のかかえる問題を見ていこう。

生徒：あっ、ここは（　４　）だ。

先生：ここは運輸、建設関係をあつかう役所なんだ。今年北海道の知床半島沖で観光遊覧船の事故があったよね。この役所の監督責任も問われたっけ。その他に気象庁や観光庁、海上保安庁もここの管轄《かんかつ》なんだ。

生徒：へえー、ずいぶん多くのことをあつかってるんだね。

先生：ここは農林水産省だ。今年の春ぐらいから食料価格が値上がりしたのは覚えているね。

生徒：戦争の影響で侵攻を受けた（　５　）が小麦を輸出できなくなったり、（　６　）に対する経済制裁で石油や天然ガスなどのエネルギーを（　６　）が輸出できなくなったのがその原因の一つだと聞きました。

先生：そうだ。日本は⑤食料自給率が低いので影響が大きいんだよ。今はグローバル化がすすんでいるので、世界のさまざまな地域での紛争や戦争によって日本の物価が左右されるんだ。

あっ、そろそろ時間だ、バスに戻らないと。つづきは次の社会の授業でやろう。

問１　文章中の（　１　）にあてはまる、この会話の時点での内閣総理大臣の氏名を答えなさい。

問２　文章中の（　２　）～（　４　）にあてはまる言葉や数字を答えなさい。

問３　文章中の（　５　）と（　６　）にあてはまる国名の組み合わせとして正しいものを、下から1つ選んで記号で答えなさい。

ア．（　５　）ロシア　（　６　）北朝鮮
イ．（　５　）アフガニスタン　（　６　）ロシア
ウ．（　５　）ウクライナ　（　６　）ロシア
エ．（　５　）ロシア　（　６　）ウクライナ
オ．（　５　）ロシア　（　６　）イラン

問４　下線部①について、軍部の独走で戦争が起きないように内閣総理大臣も防衛大臣も職業軍人でない人がつとめることになっているが、この原則を漢字４文字で何というか答えなさい。

問５　下線部②について、このしくみを何というか答えなさい。

問６　下線部③について、国務大臣に関する規定について正しいものを下から1つ選んで記号で答えなさい。

ア．全員が国会議員の中から選ばれなければならない。
イ．３分の１以上は、国会議員の中から選ばれなければならない。
ウ．３分の２以上は、国会議員の中から選ばれなければならない。
エ．過半数は、国会議員の中から選ばれなければならない。
オ．なるべく全員が国会議員であることがのぞましい。

問7　下線部④について、この府の名前を答えなさい。

問8　下線部⑤について、カロリーベースでの日本の食料自給率として最も近いものを下から1つ選んで記号で答えなさい。

ア．10%　　イ．20%　　ウ．30%　　エ．40%　　オ．50%

3　次の文章を読み、あとの問いに答えなさい。

国民の意見にもとづいて政治を行う民主主義は、近代になってから始まったものです。現代の日本では国会に国民の代表である議員が集まって国の政治について話し合い、法律を定めています。近代以前にも限られた人たちの間ではあるものの、話し合いで物ごとを決めるという考え方やしくみは存在していました。今回は日本における「自治と民主主義」の歴史をふり返ってみましょう。

604年に定められたとされる①憲法十七条の第17条には、「物ごとは一人で決めてはいけない。必ず多くの人たちと話し合って決めるように。」とあります。もっともこの憲法十七条にもとづいて実際の政治が行われていたかどうかはよく分かっていません。

701年、(　1　)律令がつくられて日本でも律令国家のしくみが整いました。奈良時代は天皇の下にある太政官という政府の役人たちが律令という法にもとづいて政治を行いました。平安時代になると藤原氏の力が強くなり、摂政や関白という地位について政治を行いました。平安時代は少数の上級貴族が政治を動かした時代ですが、武士という新しい勢力が成長して、12世紀の末、鎌倉に幕府が開かれました。

鎌倉時代、幕府の3代執権となった(　2　)は評定衆をつくって、御家人ら11名が話し合いによって政治を行うしくみにしました。また、1232年には武士の法律として[　A　]をつくり、裁判のきまりなどを定めました。しかし、蒙古襲来の後、北条氏が専制的な政治をするようになると他の御家人たちからの反発を招くようになりました。14世紀前半、(　3　)天皇が幕府をたおすために兵を挙げると、(　4　)など御家人の中からも幕府にそむくものが出て、鎌倉幕府は滅亡《めつぼう》しました。

室町時代には、[　B　]と呼ばれる自治的な農村が生まれました。[　B　]では農民たちが寄合で村の農作業や祭礼について話し合って村を運営し、ときには②一揆を結んで立ち上がることもありました。また、堺などの港町では、豊かな大商人たちが話し合って町のことを決める自治が行われていました。

江戸時代には武士が百姓や町人を支配する社会のしくみがつくられましたが、③村や町ではあるていどの自治がみとめられていました。村役人が入札《いれふだ》という選挙で選ばれることもありました。

1868年3月、天皇の名で五カ条の誓文《せいもん》が出され、第一条には「広く会議をおこして国の政治は公論で決めること」と書かれていました。ここでいう「公論」は議会政治のことを意味していたわけではありませんが、多くの人々の意見を取り入れようという考えは示されています。ところが新政府はのちに4つの藩の出身者が中心となるいわゆる藩閥政府になりました。(　5　)らは政府に民撰議院設立建白書を出して議会を開くことを唱え、これをきっかけに、国民の政治参加を求める自由民権運動がさかんになりました。土佐出身の自由民権運動家である(　6　)が書いた憲法草案は、人民の代表である議会を開くことを唱えた民主的な内容でした。政府に国会を開くことを求める運動が高まると、政府は1881年、イギリス流の議会政治を唱えた(　7　)を追放して、将来国会を開くという約束を天皇の名で発表しました。そして1890年、日本で初めての④議会が開かれることになります。ちなみに日本学園の創立者である杉浦重剛は、日本で初めての衆議院議員の一人でした。その後、大正期に(　8　)が普通選挙や政党内閣をめざす民本主義を唱え、1918年には衆議院を土台として(　9　)が本格的な政党内閣をつくりました。

1945年8月、日本は連合国が発表した[　C　]を受け入れて、降伏しました。戦後、日本は連合国の占領下で民主化が進められ、日本国憲法が制定されました。日本国憲法における国会は、明治憲法下での帝国議会に比べてより大きな力を持つようになりました。

1960年、日本とアメリカの間で調印された新しい[　D　]条約をめぐって国民の間で反対運動が起こり、10万人をこえるデモが国会の周りを取り巻きました。条約は成立しましたが、(　10　)内閣は総辞職しました。

問1　(　1　)～(　10　)にあてはまる語句を下から選んで記号で答えなさい。

ア．足利尊氏　イ．板垣退助　ウ．植木枝盛　エ．岸信介　オ．後白河

カ．大隈重信　キ．北条泰時　ク．楠木正成　ケ．伊藤博文　コ．後醍醐

サ．大宝　シ．北条時宗　ス．後鳥羽　セ．池田勇人　ソ．天平

タ．北条時頼　チ．原敬　ツ．吉田茂　テ．大化　ト．吉野作造

問2　[　A　]～[　D　]にあてはまる言葉を答えなさい。

問３　下線部①が定められた時期の政治や外交について、正しいものを下から1つ選んで記号で答えなさい。

ア．女性の天皇である持統天皇の時代であった。

イ．聖徳太子や蘇我入鹿が政治を行っていた。

ウ．下線部①が定められる前の年、冠位十二階がつくられた。

エ．倭《わ》国(日本)は使節を唐に送った。

オ．当時の都は藤原京に置かれていた。

問４　下線部②「一揆」に関する下の史料を読んで、問いに答えなさい。

＜史料Ａ＞

正長元年九月　日、天下の土民が武器を取って立ち上がった。(　a　)を唱えて、酒屋・土倉・寺院などをこわし、品物をほしいままに取り、借金証文などをことごとく破った。…およそ国がほろびる原因にこれ以上のものはない。日本の歴史が始まって以来、土民たちが立ち上がったのはこれが初めてのことだ。

＜史料Ｂ＞

(文明十七年十二月十一日)

今日、山城国の国人たちが集会を開いた。一番年上が六十才で一番年下が十五、六才だという。同じように国中の土民たちが集まってきた。このたび両方の軍に申し入れる条件を話し合って決めるためだという。(　b　)のいたりと言うべきであろう。

(文明十八年二月十三日)

今日、山城国の国人たちが平等院で会合を開いた。国中のおきてを定めるためだという。なかなか感心なことだ。しかし、その勢いがさかんになれば、天下にとっては良くないことであろうか。

(１)　史料文中の(　a　)、(　b　)にあてはまる語句を答えなさい。

(２)　下線部「平等院」には有名な鳳凰堂があります。平等院鳳凰堂が建てられた年代と最も近い時期に建てられたものを下から1つ選んで記号で答えなさい。

ア．鹿苑寺金閣　　イ．中尊寺金色堂　　ウ．東大寺南大門

エ．法隆寺金堂　　オ．薬師寺東塔

問5　下線部③について、正しいものを下から1つ選んで記号で答えなさい。

ア．江戸時代、代官・名主・組頭を村役人と呼んだ。

イ．江戸時代の村では、農民たちが隣組をつくった。

ウ．徳川吉宗の時に天明のききんが起こり、各地で百姓一揆が起こった。

エ．寛政の改革では、ききんに備えて囲い米を行った。

オ．天保の改革では、村にいる農民が都市に移り住むことをすすめた。

問6　下線部④について、正しいものを下から1つ選んで記号で答えなさい。

ア．帝国議会は衆議院と枢密院から成り立っていた。

イ．第1回衆議院議員の選挙権は15円以上の税金を納める満20歳以上の男子だった。

ウ．田中正造は帝国議会で足尾鉱毒事件を取り上げた。

エ．1925年、犬養毅内閣の時、普通選挙法が成立した。

オ．1936年、二・二六事件で第二次世界大戦前の政党内閣は終わりを告げた。

【理　科】〈第２回試験〉(30分)〈満点：50点〉

〈編集部注：実物の試験問題では，1と4の図はカラー印刷です。〉

1　次の各問いに答えなさい。

問１　十分な量の水を入れた容器Ａに、物体を入れて浮《う》き沈《しず》みを調べる実験を行いました。水は100 cm^3 あたり100ｇの重さをもつものとして、次の(１)～(４)に答えなさい。ただし、物体および容器、容器内の水は常に水平に静止しており、水は容器内からあふれないものとします。

(１)　次の物体のうち、水に入れた際に浮かばない物体はどれですか。次の(ア)～(エ)から選び、記号で答えなさい。

(ア) 25 cm^3 あたり20ｇの重さをもつ物体
(イ) 120 cm^3 あたり90ｇの重さをもつ物体
(ウ) 50 cm^3 あたり60ｇの重さをもつ物体
(エ) 2 cm^3 あたり１ｇの重さをもつ物体

(２)　底面積25 cm^2，高さ10cmで150ｇの重さをもつ物体を容器Ａの中に入れたところ、下図のように静止しました。この物体の水面から出ている高さを求めなさい。

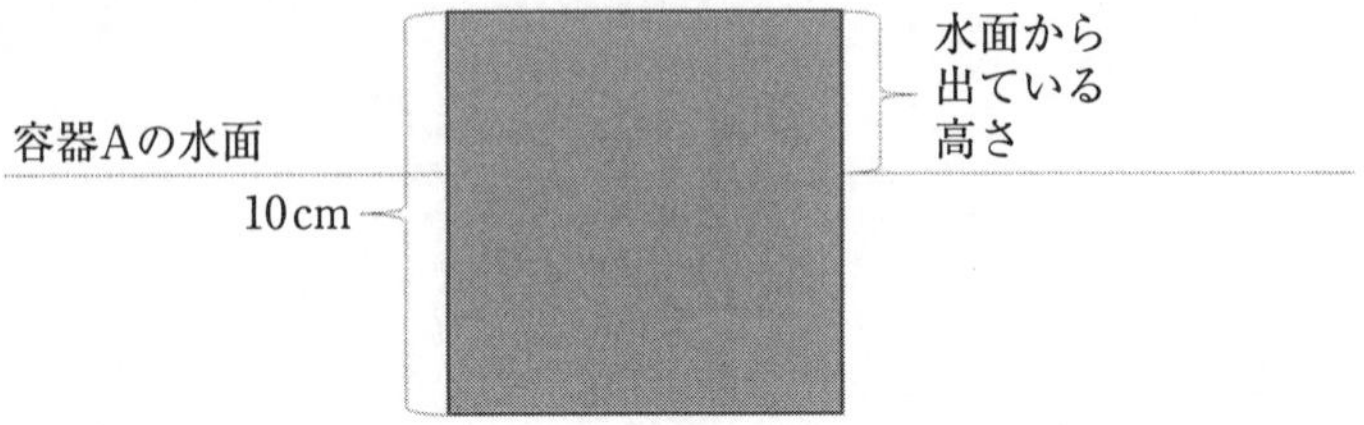

(３)　(２)の物体の上に底面積25 cm^2 の容器Ｂを置き、上から水を静かに注ぎました。下図のように物体の上面と容器Ａの水面が一致《いっち》したときの、容器Ｂに入っている水の高さを求めなさい。ただし、容器Ｂには重さと大きさがないものとします。

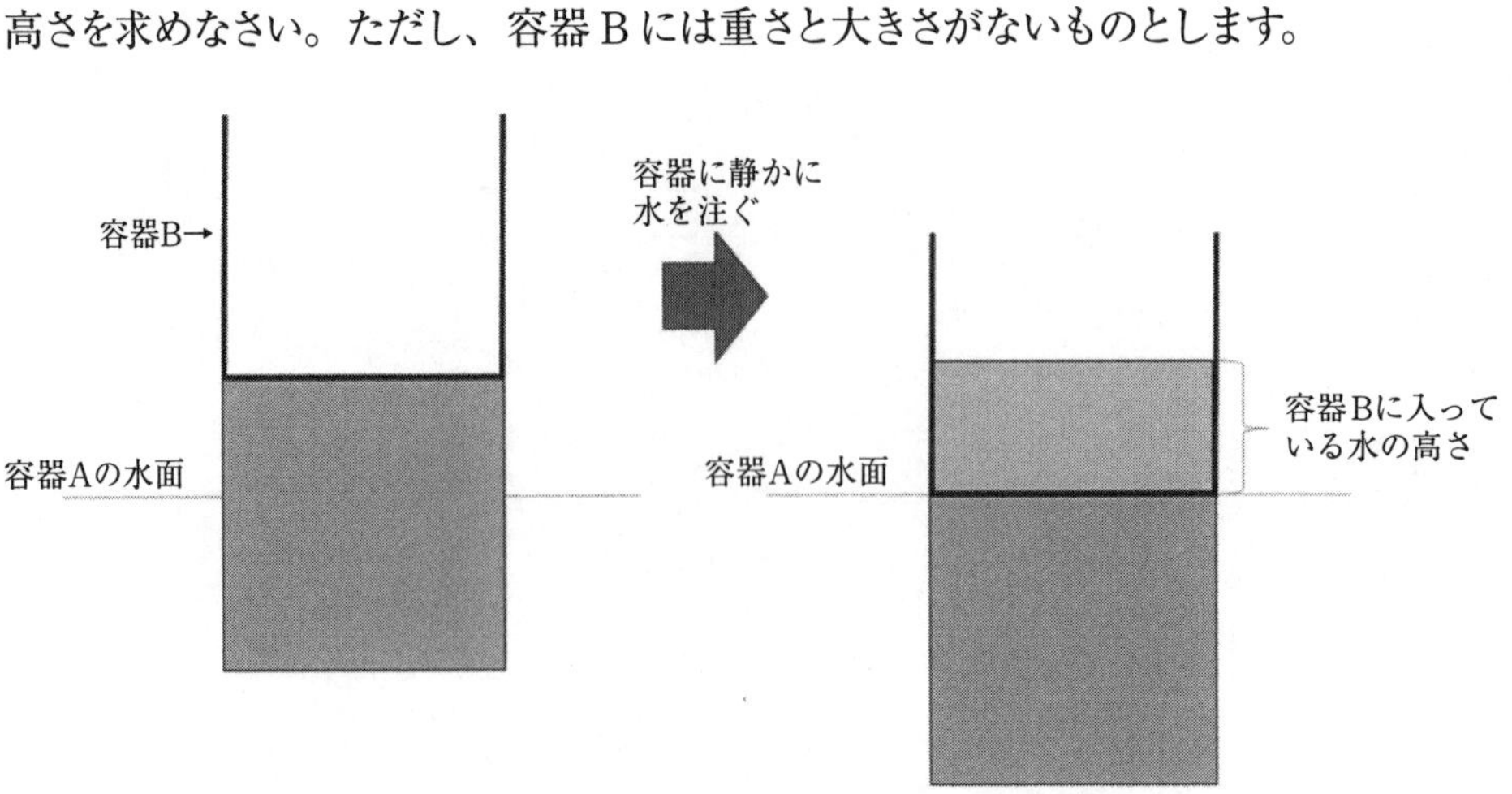

（４）（３）からさらに水を静かに注ぎ続けました。容器Ａの水面から容器Ｂの水面までの高さの時間変化を正しく説明しているものを次の（ア）～（ウ）から選び、記号で答えなさい。

（ア）少しずつ高くなる。
（イ）少しずつ低くなる。
（ウ）高さは変わらない。

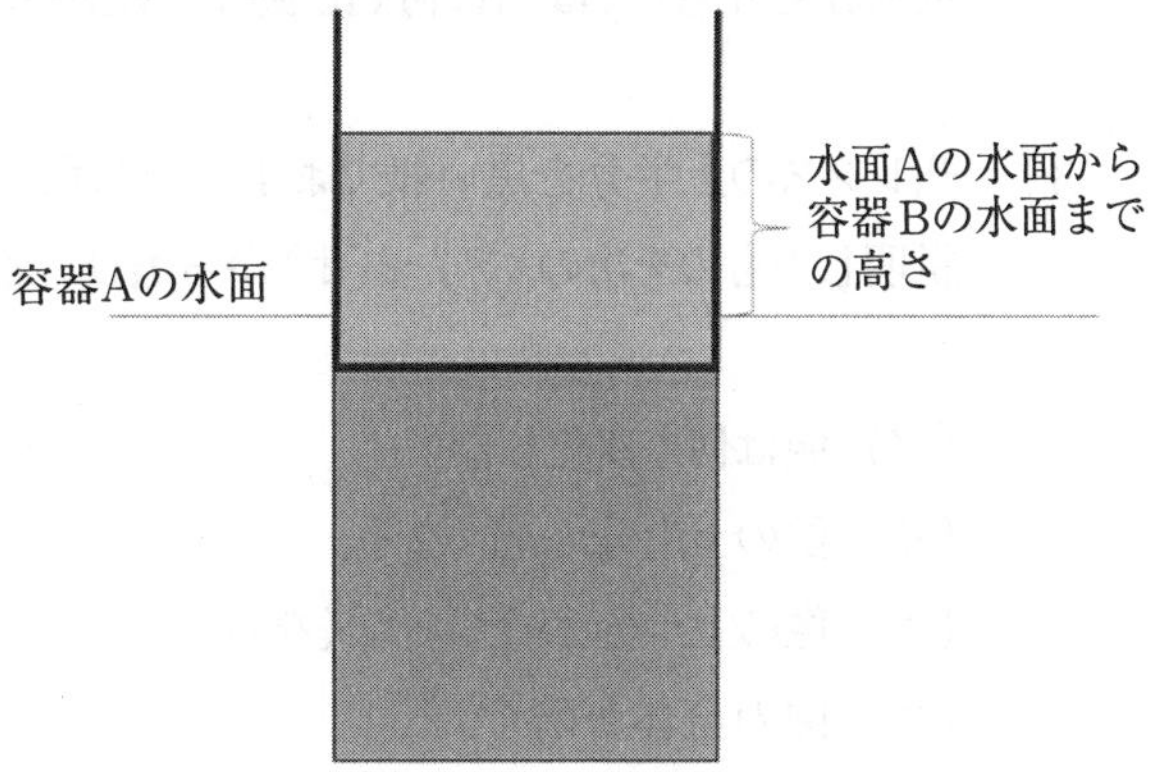

問２　下図のように、高さ３cm の物体の右側４cm に焦点《しょうてん》距離３cm（図中Ｆ）の凸レンズを置きました。図の１目盛りを１cm として、次の（１）～（３）に答えなさい。

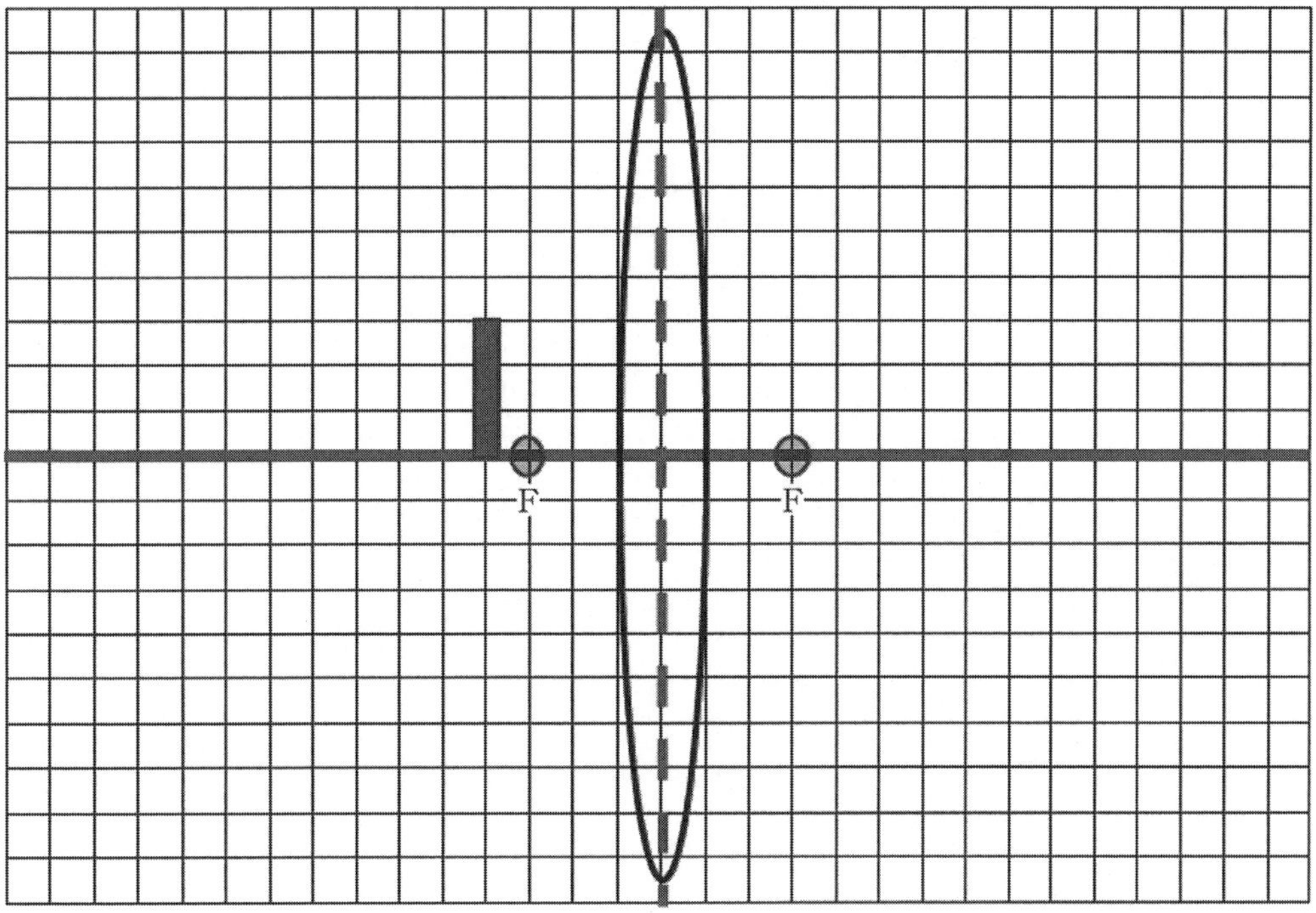

（１）スクリーンを凸レンズの中心から右側何 cm の場所に置けば、スクリーン上に像ができるか求めなさい。

（２） 物体とスクリーンを（１）の位置に固定しました。その後、凸レンズを左右にのみ動かしたところ、ある位置でスクリーンに1cmの実像ができました。凸レンズを元の位置から左もしくは右に何cm動かしたか求めなさい。

（３） 凸レンズの上半分を黒い紙でおおいました。おおう前後での像の変化について正しく説明したものを次の（ア）～（オ）から選び、記号で答えなさい。

（ア） 像は何も変化しない。
（イ） 像の上半分が暗くなる。
（ウ） 像の上半分がうつらなくなる。
（エ） 像の全体が暗くなる。
（オ） 像の全体がうつらなくなる。

2 食塩、硝酸《しょうさん》カリウム、ホウ酸、砂糖を 100 cm^3 の水に溶《と》かす実験を行いました。下の図表は 100 cm^3 の水に溶ける各物質の最大量と水の温度の関係を表したグラフ(図1)と各温度でのグラフの値を読み取った表(表1)です。次の各問いに答えなさい。
ただし、複数の物質を同時に水に溶かしても、それぞれの溶ける最大量は変わらないものとし、実験中は温度の変化や水の蒸発などによる体積の変化はないものとします。

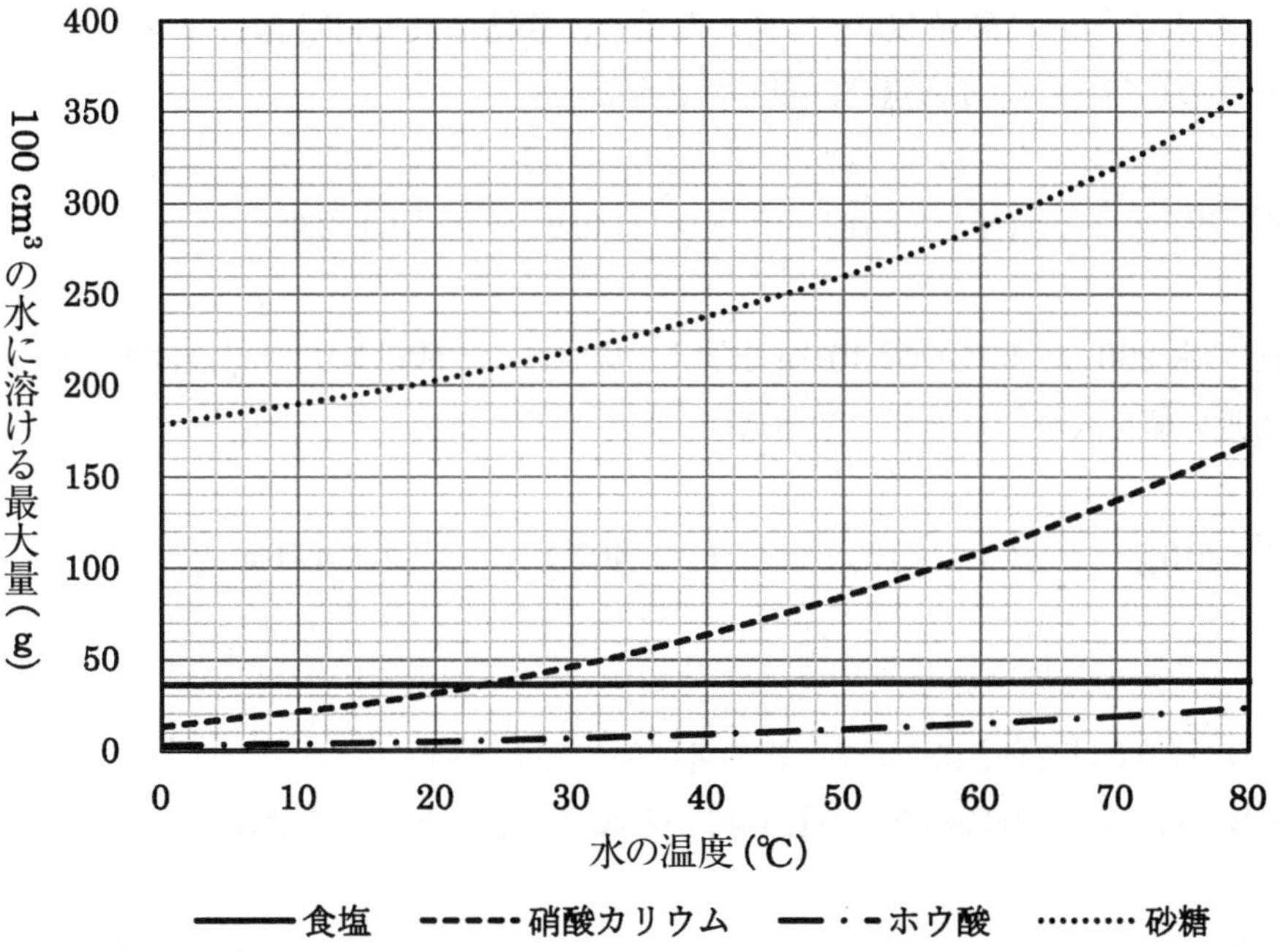

図1　100 cm^3 の水に溶ける各物質の最大量と水の温度の関係を表したグラフ

表1　各温度でのグラフの値を読み取った表

	0℃	20℃	40℃	60℃	80℃
食塩(g)	35.7	35.8	36.3	37.1	38.0
硝酸カリウム(g)	13.3	31.6	63.9	109	169
ホウ酸(g)	2.77	4.88	8.90	14.9	23.5
砂糖(g)	179	203	238	287	362

問1　次の①～③の文章のうち、グラフについて正しく説明しているものには◎(二重丸)、誤って説明しているものには×(バツ)、グラフから読み取ることはできないものには△(三角)で表し、記号で答えなさい。

① 砂糖の溶ける量は温度に比例して増えていく。

② 水に溶けるすべての物質は温度が高くなるほどよく溶ける。

③ 23℃の水 100 cm^3 で作った食塩の飽和《ほうわ》水溶液と硝酸カリウムの飽和水溶液の重さはほぼ同じである。

問２　80℃の水 100 cm^3 が入ったビーカーを４つ用意し、各物質を１種類ずつ溶かして飽和水溶液を作った後、20℃まで冷やしました。このとき、溶けきれずに出てくる固体の量が２番目に多い物質は何ですか。次の(ア)～(エ)から選び、記号で答えなさい。

（ア）食塩　　（イ）硝酸カリウム　　（ウ）ホウ酸　　（エ）砂糖

問３　40℃の水 25 cm^3 に砂糖 300 g を加えた場合、砂糖は最大何 g 溶けますか。最も近い値を次の(ア)～(エ)から選び、記号で答えなさい。

（ア）59.5 g　　（イ）84.5 g　　（ウ）149 g　　（エ）238 g

問４　80℃の水 200 cm^3 にホウ酸 40.0 g を加えた場合、ホウ酸は最大何 g 溶けますか。最も近い値を次の(ア)～(エ)から選び、記号で答えなさい。

（ア）20.0 g　　（イ）23.5 g　　（ウ）40.0 g　　（エ）47.0 g

3　ヒトの目のつくりとはたらきについて、次の各問いに答えなさい。

問１　右図のＡ、Ｂ、Ｃの名称《めいしょう》を次の【語群】から選び、それぞれ記号で答えなさい。

【語群】
（ア）網膜《もうまく》　　（イ）チン小帯　　（ウ）こう彩《さい》
（エ）角膜　　（オ）ガラス体　　（カ）視神経
（キ）水晶体　　（ク）毛様体

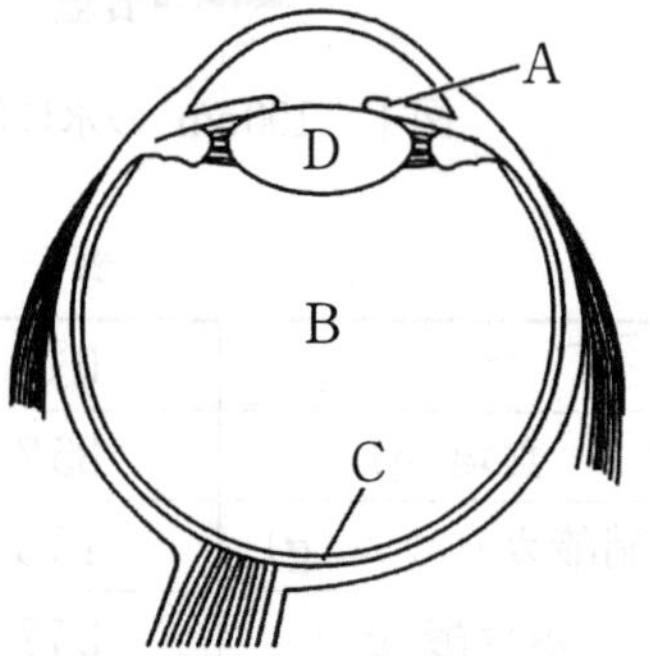

問２　図中のＣのある部分では光の刺激を受け取ることができません。その部分の名称を答えなさい。

問３　図中のＤを通ってＣにうつった像はどのようになっていますか。正しく説明したものを次の(ア)～(エ)から選び、記号で答えなさい。

(ア) 実際の景色と同じようにうつっている。
(イ) 実際の景色とは、上下・左右が反対になってうつっている。
(ウ) 実際の景色とは、左右だけが反対になってうつっている。
(エ) 実際の景色とは、上下だけが反対になってうつっている。

問４　明るいところで遠くのものを見るときの目の様子について正しく説明したものを次の(ア)～(カ)から選び、記号で答えなさい。

(ア) ひとみは小さくなり、焦点距離が長くなるように水晶体はうすくなる。
(イ) ひとみは小さくなり、焦点距離が長くなるように水晶体は厚くなる。
(ウ) ひとみは小さくなり、焦点距離が短くなるように水晶体はうすくなる。
(エ) ひとみは大きくなり、焦点距離が短くなるように水晶体は厚くなる。
(オ) ひとみは大きくなり、焦点距離が長くなるように水晶体はうすくなる。
(カ) ひとみは大きくなり、焦点距離が長くなるように水晶体は厚くなる。

4　下図のような星座早見盤《ばん》を用いて、日本学園中学校の屋上で星座の観察を行いました。次の各問いに答えなさい。

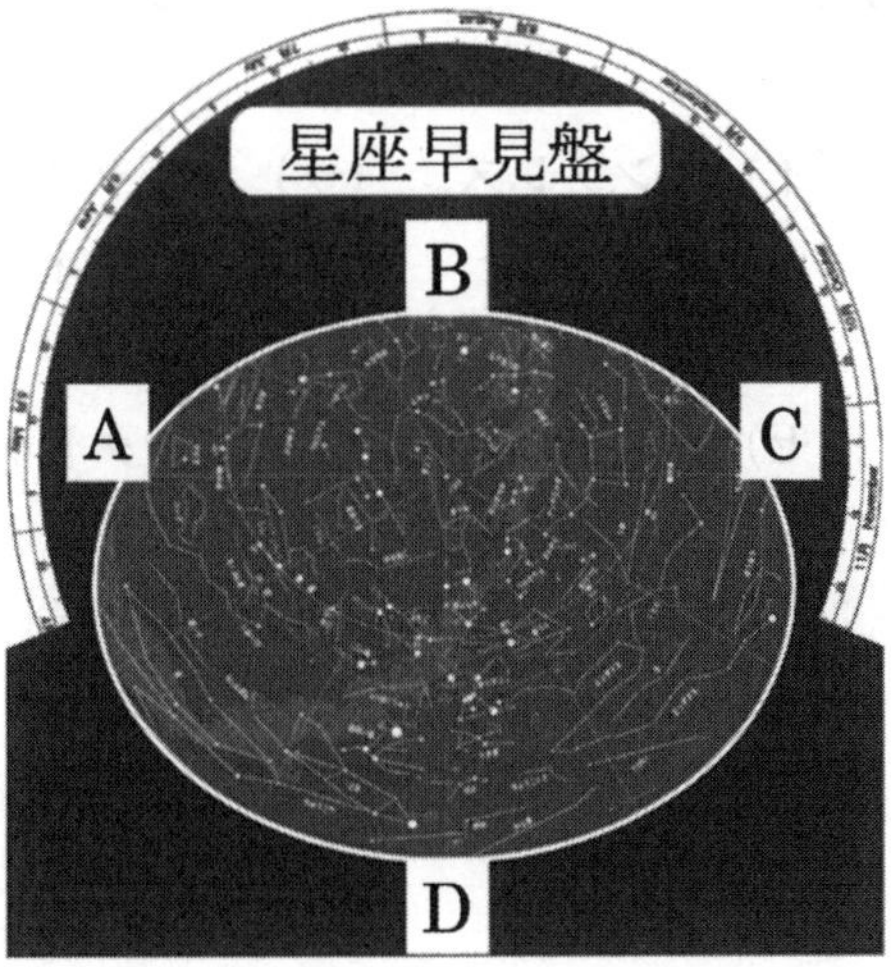

問１　図中のＡ～Ｄはある方角を表しています。Ａに当てはまる方角を漢字一文字で答えなさい。

問２　北の空を観察するときの星座早見盤の使い方を正しく説明したものを次の(ア)～(エ)から選び、記号で答えなさい。

(ア) 星座早見盤を地面に置き、北の方角と盤のＢの方角を合わせるようにして見る。
(イ) 星座早見盤を地面に置き、北の方角と盤のＤの方角を合わせるようにして見る。
(ウ) 星座早見盤を空に向けて、北の方角と盤のＢの方角を合わせるようにして見る。
(エ) 星座早見盤を空に向けて、北の方角と盤のＤの方角を合わせるようにして見る。

問３　下の①・②を形成する星座の名称を次の(ア)～(ソ)からそれぞれ３つ選び、記号で答えなさい。

①　夏の大三角　　　②　春の大三角

(ア) ぎょしゃ座　(イ) さそり座　(ウ) わし座　(エ) おおいぬ座
(オ) しし座　(カ) おとめ座　(キ) ふたご座　(ク) カシオペア座
(ケ) こいぬ座　(コ) うしかい座　(サ) こぐま座　(シ) はくちょう座
(ス) こと座　(セ) オリオン座　(ソ) おおぐま座

問４　下の①・②を形成する星の名称を次の(ア)～(ソ)からそれぞれ３つ選び、記号で答えなさい。

①　夏の大三角　　　②　春の大三角

(ア) リゲル　(イ) アンタレス　(ウ) ポルックス　(エ) アルデバラン
(オ) シリウス　(カ) デネブ　(キ) プロキオン　(ク) ベテルギウス
(ケ) デネボラ　(コ) スピカ　(サ) 北極星　(シ) アルタイル
(ス) ベガ　(セ) カストル　(ソ) アークトゥルス

問八　――線部⑤「泡《あわ》と波」とありますが、このことについてある班（三名）で話し合いました。次の対話文を読んで、次の［Ⅰ］には文章中から一文をさがし、はじめの五字をぬき出して答えなさい。また、［Ⅱ］・［Ⅲ］に入ることばをそれぞれ指定された字数で文章中からさがし、ぬき出して答えなさい。

Ａ「この文章を読むと、花森さんは日本の『リビング・サイエンス』を作り出した先駆者《せんくしゃ》と言って間違《まちが》いない人物だと思うけど、最初は『商品テスト』なんて評判が悪かったことがわかります。まだだれもこんな思い切ったことをする人が世の中にいなかったからでしょう。これがまさしく『泡《あわ》』としての出発だと思います。『［Ⅰ］』という部分から、それが『波』となりたくさんの人々に受け入れられたことがわかります。」

Ｂ「その『波』を構成する人々がどんな人々だったか、そこを私は問題にしたいと思います。例えば消費者だけを考えがちだと思いますが、そうではないと思います。それを構成する人々の中には［Ⅱ（３字）］はもちろん専門家（科学者）も巻き込まれるようにして関心を寄せていたはずだと思われます。」

Ｃ「そのことをこの文章の筆者は『波』ということばだけで終わらせず、さらに『［Ⅲ（６字）］』ということばで表現したのではないかと思います。つまり、『リビング・サイエンス』が世の中の常識を変えていく運動となっていったということでしょう。」

問九　――線部⑥「ぽとりと落ちた地点にいるのは、わたしたち生活者です」とありますが、これはどういうことですか。その説明として最もふさわしいものを次の中から選び、記号で答えなさい。

ア　専門家同士の対話は進んでいるのに生活者の意見が入っておらず、犠牲《ぎせい》をはらうのは一般の生活者であること。

イ　専門家たちの視野には生活者の意見は入っているが、専門分野にこだわるあまり生活者の意見が反映されないこと。

ウ　生活はあらゆる分野に連続しているのに、専門家たちが知恵を出しおしむことで一般の生活者に被害が及《およ》ぶこと。

エ　生活はあらゆる分野に連続しているため、専門家たちが対話をしなければ一般の生活者にしわ寄せがくること。

問四　[A]・[B] に入ることばとして最もふさわしいものを次の中からそれぞれ選び、記号で答えなさい。

A　ア　想像　イ　論理　ウ　感覚　エ　理性

B　ア　主体　イ　研究　ウ　管理　エ　生産

問五　――線部③「いままでの科学とリビング・サイエンスは本質的になにが違うか」とありますが、フォーラムの主催者《しゅさいしゃ》である「わたしたち」が目指した科学技術に対する考え方として最もふさわしいものを次の中から選び、記号で答えなさい。

ア　まずは科学者などの専門家の意見を聞き、その上で自分の生き方を考えて選択の方向性を決めていくような間違《まちが》いを極力避けようとする考え方。

イ　専門的に追究した科学の成果は生活にとっても大切で、そのおもしろさを積極的に評価し自分の人生に生かしていけるように工夫していこうとする考え方。

ウ　これまでむずかしいと考えてきた科学を身近に学びながら、身の回りにある物と物の関係を出発点とした新たな科学の方向性を探そうとする考え方。

エ　科学の成果を待つのではなく、自分の生き方を考えながら、おもしろい、重要だと思ったことをつなぎ、方向性を見いだそうとする考え方。

問六　――線部④「論文いらず」とありますが、「論文」よりも何が大切ですか。文章中から二十字以内でさがし、はじめと終わりの五字をそれぞれぬき出して答えなさい。

問七　「[C]」に当てはまる最もふさわしい参加者のことばを次の中から選び、記号で答えなさい。

ア　天井《てんじょう》を高くしていくこと

イ　窓を小さくしていくこと

ウ　一筋《すじ》の道を歩き続けること

エ　ただ座って考え続けること

b「容赦《ようしゃ》なく」

ア　何も考えず、無意識に

イ　手加減や遠慮《えんりょ》をせずに

ウ　いとも簡単に、やすやすと

エ　遠慮がちに、気にしながら

問二　――線部①「商品テスト」とありますが、次の（１）・（２）の問いにそれぞれ答えなさい。

（１）「商品テスト」はどのように行われていましたか。最もふさわしいものを次の中から選び、記号で答えなさい。

ア　一般家庭の商品の購入《こうにゅう》・利用の指針となることを目的に、新旧すべての商品を平等にテストした。

イ　品質の悪い商品を売っていたメーカーでも広告を出してくれれば、平等に同じ条件でテストした。

ウ　メーカー側からの影響は受けないように気をつけ、新しい商品を平等に同じ条件でテストした。

エ　テストのための経費を節約するため、各メーカーから商品を提供してもらい同じ条件でテストした。

（２）花森の考える「商品テスト」の目的は何ですか。最もふさわしいものを次の中から選び、記号で答えなさい。

ア　メーカー・商品の優劣を世間に公表し、特に悪質な生産者を洗い出して今後市場《しじょう》から排除《はいじょ》すること。

イ　メーカー・商品の優劣を世間に公表し、不買運動を起こし批判できるような賢《かしこ》い消費者を育てること。

ウ　メーカー・商品の優劣を世間に公表して、消費者に知らせることで生産者に商品向上を促《うなが》すこと。

エ　メーカー・商品の優劣を世間に公表して、企業間で激しく競争させて優良な企業だけを残すこと。

問三　――線部②「多種多様」のように同じ漢字が□に入る四字熟語を次の中から一つ選び、記号で答えなさい。

ア　□変□化　　イ　岡□八□　　ウ　□日□秋　　エ　□我□中

※10　フォーラム…ある話題に対して参加者が討論する集会。
※11　ライト・センター間…野球の外野《がいや》「ライト」と「センター」のちょうど間に打球が飛び、そこを守る両外野手が取れずヒットになること。

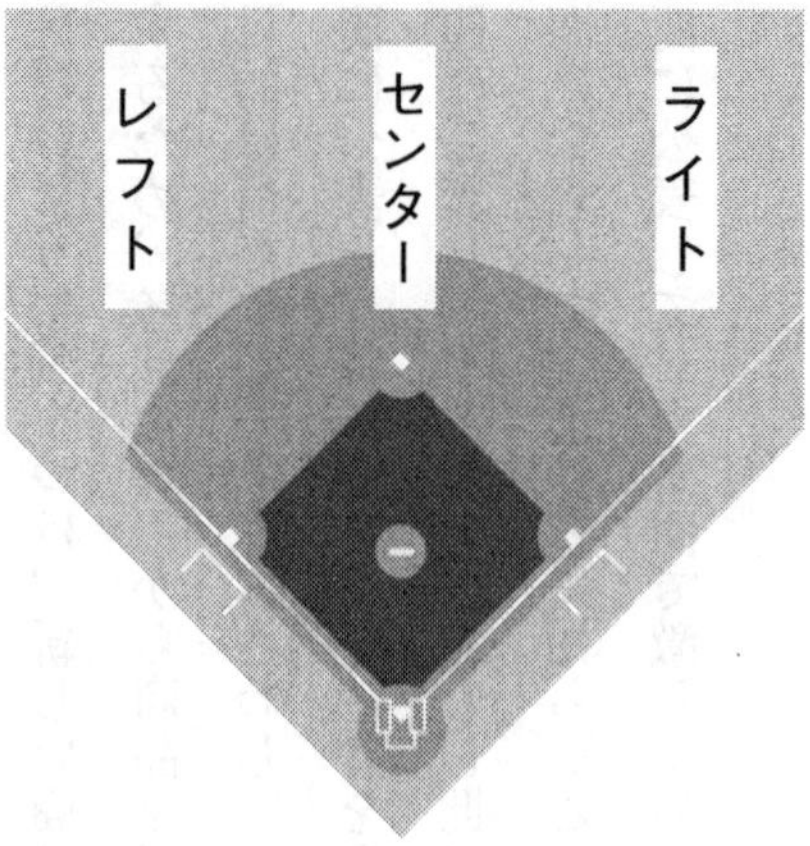

問一　〰〰線部ａ「カリスマ」・ｂ「容赦《ようしゃ》なく」の意味を次の中からそれぞれ選び、記号で答えなさい。

ａ「カリスマ」

ア　他の人々を引きつけるような強力な個性を持っていること。
イ　まじめに取り組み、目的に向かっていく意志を持っていること。
ウ　デザインなど美的才能を生かし、人々を従わせる力を持っていること。
エ　言葉による説明がうまく、人々を説得する才能を持っていること。

し合わせると、専門分化という形態は必ずしも人の暮らしの現実を視野に入れたものではないことも事実です。専門家同士の対話が十分になされる態勢にはなっていないことも、その理由のひとつです。

工業製品に用いる化学物質が人体や農作物に及《およ》ぼす影響について考えるとき、ここにはどの分野の専門家を呼べばいいのでしょうか? 化学でしょうか? 工学でしょうか? 医学でしょうか? もうお気づきだと思いますが、これは一部の分野だけでは処理しきれない問題です。化学でもあり、工学でもあり、医学でもあるでしょう。また農作物に影響があるのなら、農学であり生物学でもあります。気象や地質といった知識も必要になるかもしれません。それなのに、それぞれの分野の専門家の対話が成立しないとしたら……。この問題は、野球で言えば※11「ライト・センター間」にぽとりと落ちてしまいます。⑥ぽとりと落ちた地点にいるのは、わたしたち生活者です。

リビングとは、暮らすことであり生きることを意味します。リビング・サイエンスでは、学問領域の垣根《かきね》を取り払って、そのときどきのテーマに関係する多くの専門家が知っていること、検証の方法を持ち寄って、知見を結びつける場が必要だと考えています。

(佐倉統・古田ゆかり『おはようからおやすみまでの科学』より)

(注) ※1 ジャーナリスティックに…社会的な新しい問題・事件に敏感《びんかん》なさま。

※2 模索《もさく》…手さぐりで探し求めること。

※3 示唆《しさ》…それとなく知らせること。ほのめかすこと。

※4 ウーリーナイロン…羊毛のようなふくらみ、伸縮性《しんしゅく》をもたせるように加工したナイロン素材。

※5 高度成長期…日本では飛躍《ひやく》的に経済規模が継続《けいぞく》して拡大した一九五五(昭和三〇)年頃から一九七三(昭和四八)年頃までの時期。

※6 三種の神器《じんぎ》…戦後日本に普及《ふきゅう》した白黒テレビ・洗濯《せんたく》機・冷蔵庫の三つの家庭電化製品。

※7 ラインナップ…同時期に発売される製品の種類。

※8 メーカー…製品を作る業者。

※9 ラボ…研究所。

なぎ、方向性も決定づけていかなければならないと思う。それは、結局は、自分がどんな生き方をしたいか、どれくらい考えたうえで選び取っているかを問われることではないでしょうか」

まさにわたしたちが目指した科学技術に対する考え方を表現しています。

この発言に代表されるように、今までわたしたちは、「科学」をむずかしいものとしてとらえ、科学のことは科学者たちにまかせておけばよいと考えてきました。それに対して、今こそわたしたち自身が［ B ］者になるときであるということなのだと思います。

回答の中には、④「論文いらず」というものも。「実践が大事」ということを皮肉を込めて表現しています。科学者は、自分の研究領域とかその学会において、研究を行い論文を書くことで評価され成果を認められてきました。それらの論文は、近いテーマに興味を持つ研究者同士では共有され、評価されますが、わたしたち一般の市民にとっては、どこか遠くにあることでした。リビング・サイエンスでは、論文を記すことは求めず、その人のアイデアや実践を大切にし、同じ成果を欲している人にきっと役立つことこそ大事だと感じた人の意見です。暮らしの中で気づいた疑問、自分なりの工夫、それがリビング・サイエンスの軸《じく》になるものです。

「［ C ］」。なかなか哲学的な答え方です。これは、「論文いらず」という答えと共通するところがありそうです。これまでの枠《わく》組み、範囲《はんい》を取り払《はら》って、どこまでも追いかけていくということでしょう。

おもしろい答えは、⑤「泡《あわ》と波」でした。泡は小さい一つひとつのもので、限られた範囲のことを扱っているとたとえ、その泡がいくつもいくつも、それこそ無数に集まって大きなうねりをつくっていく、そのうねりこそが、リビング・サイエンスであると、考えたのだと思います。さて、みなさんの中にも、リビング・サイエンスのイメージがわいてきたでしょうか?

生活は連続したものであると述べました。それに対して、学問はそれぞれの専門性にしたがって研究が積み重ねられてきました。物理学や化学、生物学、法学や経済学、医学、栄養学……。世の中にはたくさんの学問分野が存在します。

これらの学問の積み重ねは多くの知見を生み出し、社会に影響を与えてきました。ただ、生活が連続しているということに照ら

「暮しの手帖」が広告を一切掲載《けいさい》しなかったことから、表層《ひょうそう》的な部分で花森を反メーカー・反体制派とみる向きもあったようですが、花森はもっと広い視野で社会を見ていたのです。初版一万部だった雑誌は、ピーク時には九〇万部を売りました。

リビング・サイエンスは、「生産者のための科学」であることを目指すけれど、決して生産者や科学の専門家に対して非難や告発をすることが目的ではなく、あくまでも「本当の豊かな生活」のあり方を、科学の視点から考え、対話していこうとするものです。そこでは、消費者、生産者、そして科学者の信頼《しんらい》関係が欠かせないものとなります。高度成長期とは科学知識の専門化が比較《ひかく》にならないレベルになっている現在においては、なおさらです。

（中略）

ではリビング・サイエンスとはなにか、その意味を考えていきましょう。

二〇〇三年一〇月。生活者から積極的に生活の中での科学について考えていく「リビング・サイエンス」について、わたしたちリビング・サイエンス・ラボ※9がフォーラム※10を行いました。題して、「リビング・サイエンス宣言」。

その中で、参加者の人たちと「リビング・サイエンス」とはなにかをいっしょに考える時間を設け、③「いままでの科学とリビング・サイエンスは本質的になにが違うか」と問いかけてみました。

これに対する参加者の回答はさまざまで、「楽しみ、笑い、遊ぶ」「つなぐ」「離れていない」「丸ごととらえる」などなど。「[A]的」なことばが次々に飛び出しました。わたしたちがイメージしていたのは、個別のテーマを扱《あつか》うだけではなく、身の回りにあるたくさんのものの関係の中から、おもしろさを発見していく、あらゆるもののつながりを意識していくその担い手は、科学者などの専門家だけではなく、一般の人も含めたすべての人ということです。

そんな中、参加者のひとりが出した、「わたしが問われる」という回答はとても興味深いものでした。その回答者に改めてその意味を聞いてみると、

「今までの科学は、だれかが研究したり発明したりしているものを、見ていればよかった。成果は、受け入れていればよかった。どちらかというと、成果を受け入れるだけで、目指すものとか方向性などは自分ではあまり考えなくてすんでいたと思います。だけど、リビング・サイエンスは、自分でおもしろいと思ったもの、重要だと思ったものを自分で考え、必要ならそれらの関係をつ

三　次の文章を読んで後の問に答えなさい。

花森安治《はなもりやすじ》（一九一一～七八）は、いわゆる科学者ではなく、一九四八（昭和二三）年に「暮《くら》しの手帖《てちょう》」を創刊した雑誌編集長です。文学史や思想史に名を残すわけではない生活情報誌の編集者である花森は、aカリスマ編集長として文章やデザイン面での独自の柔《やわ》らかな美意識を貫《つらぬ》きつつ「本当に豊かな生活」のあり方をジャーナリスティック※1に模索《もさく》※2しました。彼の思考と実践《じっせん》をたどることは、今後のリビング・サイエンスのあり方を考えるのに、重要な示唆《しさ》※3を与えてくれます。

「暮しの手帖」の看板企画《きかく》のひとつが、一九五四（昭和二九）年にはじまった①「商品テスト」です。一回目はソックスのテスト。

「子ども用のウーリーナイロン※4の靴下《くつした》と、ナイロンを補強《ほきょう》した木綿《もめん》の靴下、二十二種を買い集め、三ヵ月間、小学五年、中学一、三年の女生徒に毎日はかせ、洗濯《せんたく》の方法も回数も一定にして、試験したものだった。そして、『アナはあかない』『色はみなはげる』などと報告した」（酒井寛《さかいひろし》『花森安治の仕事』）

その後も、「暮しの手帖」は徹底《てってい》した姿勢で「新しい日用品」の使用テストを続けていきました。そして日本社会は高度成長期※5をむかえ、「三種の神器《じんぎ》」※6と呼ばれる家電製品を中心に、新しいテクノロジーが次々と生活の中に入り込《こ》んでいきます。昭和三〇年代にとり上げられた製品は、接着剤《せっちゃくざい》、ベビーカー、安全カミソリ、石油ストーブから電気洗濯機、電気冷蔵庫、電気掃除機《そうじき》まで②多種多様です。このラインナップ※7からも、いかに当時が家庭生活環境の激変期であったかがうかがえますが、そのような時代を背景に、一般家庭のものの購入《こうにゅう》・利用の指針として「商品テスト」は絶大な影響力《えいきょうりょく》をもつようになりました。

高価な家電製品でもメーカー※8から借りたりせず、デパートと街の電気店でひとつずつ購入し、限りなく肉体労働に近い地道なテストを重ね、説得力をもってメーカー・商品の優劣《ゆうれつ》をb容赦《ようしゃ》なく提示していきました。そして「商品テスト」は、消費者だけでなくメーカー側にも大きな影響力をもつようになったのです。

花森は、創刊一〇〇号（一九六九年）のコラム「商品テスト入門」の冒頭でこう記しています。「〈商品テスト〉は、消費者のためにあるのではない――このことを、はじめに、はっきりさせておかねばならない。」そして「〈商品テスト〉は、じつは、生産者のためのものである。生産者に、いいものだけを作ってもらうための、もっとも有効な方法なのである」と断言しています。

生徒Ａ「ぼくは『ゆで卵の殻《から》をきれいに剝《む》けると、その日は一日中いいことがあるんだよ』ってことばが好きだな。卵は幸運の証《あかし》でもあり、サエとナツは卵によって結ばれているから友情の証でもあるんだよ。長谷部先生が伝えたかったのは、友達を大切にしてほしいということじゃないのかな。」

生徒Ｂ「ナツは長谷部先生の話を聞いている時にゆで卵を握りつぶしているけれど、その気持ち分かるな。心が乱れているからだし、ゆで卵は自分自身でもあるからじゃないのかな。『卵を割らないでオムレツは作れない』という西洋のことわざがあるけれど、サエに謝るという目的を達成するためにはもっと勇気を出してほしいな。」

生徒Ｃ「卵は自分を守ってくれる場所なんだよ。その中にいれば安心だけど、長谷部先生が言うようにずっとはいられない。だからその殻を破ることは、成長していくことじゃないかな。最後のところでナツの服に小さな殻が付いていたけれど、成長した証といえるんじゃないかな。」

生徒Ｄ「保健室を出ようとするナツに長谷部先生がゆで卵を差し出したけれど、それはなぐさめるためのものだったんだよ。最後に『少し時間はかかるかもしれないけれど』と、気持ちを新たにやっていこうとするナツの強い思いが伝わってくるし、ゆで卵はナツとサエのこれからを祝福する幸運の証でもあるんだよ。」

問十　この文章の特徴《とくちょう》として最もふさわしいものを次の中から選び、記号で答えなさい。

ア　豊かな風景描写を重ねて、主人公を取り巻く急激な環境の変化を表現している。

イ　主人公の視点で、自身の胸の内の思いや細かい心の動きまでていねいに表現している。

ウ　話し言葉を多く用いることで、二人のかたくなな心をさわやかに表現している。

エ　会話文の中に比喩《ひゆ》表現を多く用いて、人物の状況《じょうきょう》や心の移り変わりを表現している。

問六　――線部④「ただただ、なにか熱いうねりのようなものが込み上げてくる気がして、頬に力を込めていた」とありますが、この時のナツの様子の説明として最もふさわしいものを次の中から選び、記号で答えなさい。

ア　久しぶりにサエ以外の子と話し、強がっていた自分に気づき、今後は周りの人を頼《たよ》っていいのだと安心した。

イ　自分が仲間はずれにされていたのは思い違《ちが》いだったかもしれないことに気づき、恥《は》ずかしくなった。

ウ　教室に入れない理由が自分自身にあったと気づき、早く教室に戻らなければならないというあせりを感じた。

エ　自分の存在を認めてほしいという気持ちに気づき、それまでの恐怖《きょうふ》心が消え、勇気のようなものがわいてきた。

問七　――線部⑤「サエは、まだ片付けられていない椅子の一つに腰掛《こしか》けて、じっと俯《うつむ》いていた」とありますが、この様子を見たナツの気持ちの説明として最もふさわしいものを次の中から選び、記号で答えなさい。

ア　サエがこれまで受けた心の傷の深さをあらためて知り、怒りがわいてきた。

イ　サエは教室に戻ることを自分に引き留めてほしかったのではないかと強く後悔《こうかい》した。

ウ　サエは無理をして教室に戻ったが、本当は保健室に帰りたいのではないかと同情した。

エ　サエが実際には教室に戻ってもうまくいっていないことを知り、非常に驚いた。

問八　――線部⑥「わたし、べつに、自分の問題が解決したわけじゃないんだ」とありますが、サエは教室に戻った理由をどのように述《の》べていますか。文章中より一文でさがし、はじめの五字をぬき出して答えなさい。

問九　あるクラスでこの作品について話し合いました。次の発言の中で文章の内容に最もふさわしい説明をした生徒を選び、記号で答えなさい。

先生　「作品の中に何度もゆで卵が登場したけれど、どのような意味があるのかな。意見を出し合ってみよう。」

問二　――線部①「みすぼらしく」とありますが、「らしく」と同じ意味用法で用いられているものとして最もふさわしいものを選び、記号で答えなさい。

ア　かれはこどもらしく、元気なあいさつをしてくれる。
イ　かれは中学ではバスケ部に入部するらしく、家族を驚かせた。
ウ　四月にはめずらしく、東京に雪が降りつもった。
エ　飼い犬はうれしいらしく、しっぽを大きく振っている。

問三　――線部②「嬉しい、よ。それなのに、ぜんぜん嬉しくない。嬉しくないんだ」とありますが、この時のナツの気持ちの説明として最もふさわしいものを次の中から選び、記号で答えなさい。

ア　サエの決意を素直に喜び応援してあげたいのに、裏切られたという気持ちを振り払えないため、相手を強くうらむ気持ち。
イ　サエの決意を素直に喜び応援してあげたいのに、どうして一緒《いっしょ》に教室に戻《もど》ろうといってくれなかったのかとすねる気持ち。
ウ　サエの決意を素直に喜び応援してあげたいのに、自分だけ一人残されたような気がして、素直に受け入れられない気持ち。
エ　サエの決意を素直に喜び応援してあげたいのに、教室の友達と楽しく話しているのを想像し、うらやましく思う気持ち。

問四　――線部③「泣いてる？　あたし、泣いてる」とありますが、ナツが泣き始めたことがわかる一文を文章中よりさがし、はじめの五字をぬき出して答えなさい。

問五　点線で囲まれた部分のa～eの文を本文の流れに合うように並べ替《か》えたものとして最もふさわしいものを次の中から選び、記号で答えなさい。

ア　c→d→b→a→e
イ　c→e→b→d→a
ウ　c→b→e→d→a
エ　c→e→a→b→d

かった。ここじゃない場所へ。あなたのいるところへ。あなたが戦っている場所に。それは、強がりかもしれない。また脚は震えてすくんでしまうかもしれない。時間がかかるかもしれない。それでも――。

あたしは、あなたに、心からおめでとうを言いたいんだ。

「あ、ナツ」彼女はなにかに気がついて、手を伸ばした。まっすぐに伸びた人差し指が、ニットのお腹の辺りを指し示す。「もう。卵の殻、付いてるよ。ほら、そこ」

あたしは長谷部先生の言葉を思い出していた。あたしたちは生きている限り大きくなっていく。生きていく場所や人との関わりが大きくなって、一つの場所に収まらなくなっていく。壁を、部屋を、家を、学校を突き破っていって、怪獣みたいに、でっかくなるんだ。

ハンカチを握りしめたまま、ニットの裾辺《すそあた》りを見下ろす。小さな小さな殻が、そこに引っかかってこびり付いていた。反射的に手を伸ばして、けれど、すぐに引っ込めた。

「大丈夫《だいじょうぶ》。そのうち取れるよ」

スカートのポケットには、先生に手渡《てわた》されたまま、アルミにくるまれたゆで卵が収まっている。あとで、綺麗《きれい》に殻を剝いてあげようと思った。慎重《しんちょう》にやれば大丈夫。少し時間はかかるかもしれないけれど、きっと艶《つや》やかな表面が太陽の光を帯びて、あたしたちにすてきな幸運をもたらしてくれるだろうから。

（相沢沙呼『雨の降る日は学校に行かない』より）

（注）※１　叱咤《しった》…　大声でしかること。
※２　喘《あえ》ぐ…　せわしく呼吸すること。あらい息づかいをすること。

問一　［Ａ］～［Ｄ］に入ることばとして最もふさわしいものを次の中から選び、記号で答えなさい。

ア　だから　イ　だって　ウ　けれど　エ　もしかしたら　オ　つまり

「わたし、このまま消えたくなかった。この学校に通っていたこと、なかったことにするみたいに転校しちゃうのって、なんだか逃げるみたいでしゃくだったから……。だから、最後くらい、ちゃんと教室に行こうって思ったの。ほんとうに、それだけなんだよ。だから、わたしは、ぜんぜんすごくなんかないんだ」

「どこまで、行っちゃうの」

なにを言うのも、聞くのも、怖くて怖くて。ようやく、それだけ言えた。

「静岡だよ。べつに、そんなに遠くない」

「メールする」

「うん」と、サエは頷く。

「手紙も書くよ」

「うん」と、もう一度、サエは頷いてくれる。

「遊びにも行くから」

「うん」

サエはあたしの言葉に、ひとつひとつ丁寧《ていねい》に頷いて、そして笑ってくれる。

予鈴《よれい》が鳴った。

「そろそろ、行かないと」

行かないで。

その代わりに、別の言葉を口にした。かすれていて、ひどく頼《たよ》りない言葉だった。

「あたしも、行く」

「いきなりは無理だよ」

サエは少し笑って、あたしの髪を撫《な》でた。それから、身体を離す。

「無理でも、行く」

サエは戦っているんだと思った。自分に負けないように。逃げたまま終わらせないように。だから、あたしも、そこに行きた

も言えずに唇がゆがんでいく。眼の奥が沸騰《ふっとう》しそうなほど、熱くなった。

気がついたら、駆《か》け寄っていた。サエのもとへ走って、ごめんね、ごめんねとみっともなく繰り返しうめいていた。

額に彼女のニットの感触《かんしょく》を感じて、かすかな安堵《あんど》を覚える。心地よいシャンプーの香りが、優しく身体を包んでくれた。彼女が髪《かみ》を撫《な》でてくれる間、何度も何度も、言葉を繰り返した。言えなかったぶんを、伝えたかったぶんだけ。ごめんなさい。おめでとうが言えなくてごめんね。頑張ってって言えなくてごめんね。あんなひどいことを言って、ごめんなさい。

「ナツ。すごいね。ここまで来られたんだね」

彼女の身体から額を離《はな》して、みっともなく涙で濡《ぬ》らした頬を手で覆《おお》う。恥《は》ずかしさのあまり、顔を上げることができなかった。

「サエの方がすごい。すごいんだよ」

「わたしはすごくないよ。ぜんぜんだめなんだ」

サエはそう言ってハンカチを差し出してくれる。それを手に取り、俯いたまま、続く彼女の言葉を聞いていた。

「わたしも、ナツに謝らないといけないんだ。いちばん大切なこと、まだ伝えていないから」

胸の奥が冷えていく。予感のようなものを心は鋭敏《えいびん》に感じ取っていて、刺激《しげき》されたそこが震えて動くようだった。

ハンカチを両手で握《にぎ》りしめて、サエの言葉を待つ。

⑥「わたし、べつに、自分の問題が解決したわけじゃないんだと思う」

彼女はそう言いながら、あたしの髪を指で梳《す》く。いつだったか、新しいヘアスタイルの研究をしようと言って、保健室の鏡の前で、お互《たが》いの髪をいじくりまわしたときのことを思い出した。あのときと比べて、髪はだいぶ長く伸《の》びていた。

「ナツの言う通り、ひとりでちゃんとやっていけるかって、そう言われると、やっぱり自信なんてないんだ。たまたま、機会っていうか、きっかけみたいなのが来ただけなんだよ」

それから、呼吸すらもどかしいほどに長く不安な時間をおいて、サエは静かに言った。

「わたし、九月から別の学校に行くの。父さんの仕事の都合で、引《ひ》っ越《こ》すんだ」

掌《てのひら》で、ハンカチがひしゃげた。柔《やわ》らかく滑《なめ》らかな手触《てざわ》りのそれが、捻《ねじ》れて凹《へこ》んで、言葉にならない悲鳴を吸い込んでいく。

いやだ、と唇はささやいたけれど、俯いていたから、きっとサエには見えない。

あたしのことを、誰かに知って欲しかった。

隠《かく》れて閉じこもっていたら。自分から消えてしまっていたら。この叫び、気づいてくれる人なんて、いるわけないのに――。

だから。だから。

理科実験室の場所がわからない。確か、この階だった気がするけれど、もう一つ上かもしれない。記憶《きおく》を引っ張り出そうとして周囲を眺めていたら、廊下を歩いていた女の子と眼が合った。二年生の子だった。どこかで見たような顔で、一瞬、息が止まるような気がした。

「どうかしたの？」

彼女には、あたしが迷子のように見えたのかもしれない。わからない。ただ、声をかけられて、あたしは反射的に答えていた。

「理科実験室って、どこだっけ」

「あっちだよ」と女の子は廊下の奥を指さして笑う。からかうようでも、憐《あわ》れむようでもない、照れくさそうな笑顔だった。ありがとう、と頭を下げて、あたしは彼女が示してくれた道を歩く。

なんだったんだろう。

あたしって、いったい、なにが怖かったんだろう。

なにに、あんなに怯《おび》えていたんだろう。

わからない。自分のことなのに、わからないことが、たくさんある。不思議だった。いつの間にか脚はもう震えていなかったし、暴れるように痙攣していた胃も大人しくなっていた。④ただただ、なにか熱いうねりのようなものが込み上げてくる気がして、頬に力を込めていた。

理科実験室と掲《かか》げられたプレートが見えた。

開いたままの扉《とびら》から、実験室を覗《のぞ》いた。背もたれのない四つ足椅子が、机の上に片付けられて天井に足を向けて整列している。⑤サエは、まだ片付けられていない椅子の一つに腰掛《こしか》けて、じっと俯《うつむ》いていた。

彼女は一人きりだった。保健室で、一人ゆで卵を食べている自分と似ているような気がして、声が出なかった。

サエ。すぐにでもそう呼びかけて、ごめんなさいと伝えたかった。それなのに、息苦しいくらいに胸が詰《つ》まってしまって、なに

a　急に、狭かった世界が開けた気がした。
b　頷くと、先生は微笑《ほほえ》んで、背中を見せた。
c　サエに会いたい。
d　それから、クリーム色の仕切り壁《かべ》を動かして、あたしが進むべき場所を教えてくれる。
e　ごめんねって、言いたいよ。

廊下に出ると、途方《とほう》もなく延びる通路の奥があまりにも眩《まぶ》しくて、身体が硬《かた》くなった。ほんとうに、肌《はだ》を焼かれるような気がした。陸に上がった人魚みたいに、歯を食いしばりながら、その道を進んでいく。いつもここを歩くのは、授業中で人のいないときばかり。蒸し暑さに、どうしてか懐《なつ》かしさを感じていた。メールで居場所を尋《たず》ねると、サエは理科実験室にいると答えた。三日ぶりのメールだった。サエは、今から保健室に行ってもいい？　と言葉を添《そ》えていた。あたしは這《は》うように廊下を歩きながら、ケータイのボタンを片手で操作して、そこで待っていてと返信する。

脚は震えて、前に踏《ふ》み出すごとに、もつれて転びそうになる。胃が痙攣《けいれん》して、喉《のど》からなにかが込み上げてきそうになる。それでも、急《せ》いた気持ちで階段を上がった。いつでも逃《に》げ出せるようにトイレの場所を確認しながら歩く自分を、叱咤《しった》※1する。だめだ、と思った。いま、逃げることを考えたら、きっと進めない。歩けない。逃げることを、嘔吐《おうと》することを、笑われることを考えたらだめだ。※2喘《あえ》ぐように廊下を歩いていると、男子たちが忙《せわ》しなく走り抜《ぬ》けていく。通り過ぎていく瞬間《しゅんかん》、肩がぶつかりそうになって、身がすくんだ。［ D ］、あたしを眺《なが》めるような視線も、通り過ぎていく笑い声も、なんにもなかった。誰も、あたしのことなんて、気にしていない。気にしていないんだ。

廊下を歩きながら、急に気がついた。

あたしは聞いて欲しかったんだ。

気づいて欲しくて。声をかけて欲しくて。助けて欲しくて。

だから、学校に行く。心の中で精一杯《せいいっぱい》暴れて、喉をからして叫《さけ》び続けて。

意味わかんない。意味わかんないよ。

「あたし、怪獣《かいじゅう》じゃない」

先生の言葉、すべて否定したくて、かぶりを振った。

「うん。でもね、人間って、大きくなるの。身体じゃなくて、生きていく場所とか、人との関わりだとか、そういうのがすっごく大きくなって、収まらなくなっちゃうんだ。身体は勝手に大きくなるの。ぐーんと大きくなったら、なっちゃんは大きくなったぶん、外で生きていかないといけないんだよ」

先生の言葉を聞きながら、あたしは想像していた。小さな居心地のよい空間を、自然と突《つ》き破ってしまうほどに、でかくなっていく自分の身体を。部屋を突き破って、家を破壊《はかい》して、街よりも大きくなっていく、怪獣みたいな自分の姿を。

「あたし、大きくなんないよ。絶対、途中《とちゅう》で死んじゃうよ」

「それでも、今は生きているじゃないの。なっちゃんは気づいていないかもしれないけれど、今もじゅうぶん、大きくなっているんだよ」

視界に、先生の手が入り込む。アルミに包まれた銀色の卵が差し出されていた。ぐちゃぐちゃになってしまった卵を置いて、代わりにそれを受け取る。顔を上げると、先生はもう立ち上がっていた。

「なっちゃんにとって、教室がまだ怖《こわ》いところなら、無理をして戻らなくてもいいんだ。でも、サエちゃんにはきちんと謝りにいかなきゃ。なっちゃんは、だから泣いているんでしょう？」

③泣いてる？　あたし、泣いてる。

銀の卵を両手で包んで、唇《くちびる》を噛《か》みしめる。どうだろう。謝りたいから、泣いているのだろうか。わからない。[C]、一人になりたくなくて、だから泣いているのかもしれない。そんな自分勝手な理由で涙《なみだ》を零《こぼ》しているだけなのかもしれない。自分のことなのに、わからないことがたくさんある。ほんとうに、わからない。わからないよ。けれど、自分のことを教えてくれる人は、きっとどこにもいないんだ。

しばらく先生を見上げて、胸の中を漂《ただよ》う、一つだけ確かな気持ちを見つけた。

戻《もど》りたかったの？」

「そうね」先生は答えた。難しい問題に考え込むように時間を掛《か》けて。「戻りたかったから、ここを出て行ったんじゃないのかな」

教室に戻ることができて、サエは嬉しい？

「もし、そうだったら」

言葉が震えた。先生は聞いた。嬉しくないのって。そんなの決まってる。だって、サエが望んだことなんでしょ。先生、あたしね、サエに訪れるラッキーは、全部、自分のことみたいに嬉しい。嬉しいんだよ。あの子が幸せそうに鼻歌を歌ってると、あたしまで、今日はいいことあるんじゃないかなって、そう思えるんだ。それなのに。

それなのに、どうしてあんなふうに言ってしまったんだろう。頑張《がんば》ってねって。負けないでねって。たまには、ここに顔を出してねって。どうして言えなかったんだろう。なんて、なんて、自分勝手なんだろう。②「嬉しい、よ。それなのに、ぜんぜん嬉しくない。嬉しくないんだ」

あたしの喉《のど》は、風邪《かぜ》のときみたいに熱く震えて、だから、言葉がうまく出てこなかった。

頬《ほお》を手の甲《こう》の感触《かんしょく》が通り過ぎていく。ニットベストの肩で、溢《あふ》れるそれを拭《ぬぐ》った。

「なっちゃんは、教室には戻りたくない？」

「戻りたくない。あんなとこ、戻りたくない」繰《く》り返し、かぶりを振った。「どうして、サエは平気なの。どうして、今になって教室に戻っちゃったの」

そうね、と長谷部先生は頷《うなず》いた。

「きっと、あなたたちが過ごすには、ここはもう狭《せま》すぎるんだ」

先生の手が伸《の》びる。スチール机に置いたままの、もう一つの卵を取り上げた。

「どんな生き物だって、生きていれば大きくなるんだよ。どんどん大きくなって、部屋にも、家にも、学校にも閉じこもっていられなくなるんだ」

なにそれ、と思った。家や学校より大きくなるなんて、ゴジラじゃん。あたしは、半分だけ。そう、半分だけ笑う。

（中略）

二　次の文章を読んで後の問に答えなさい。

> 教室に居場所を見いだせずにいる中学二年生のナツと、仲間からのいじめが原因で心を病《や》んだサエは「保健室登校」を続けている。
> ナツの母親はいつも二つのゆで卵を持たせてくれる。ナツは、「ゆで卵の殻《から》をきれいに剝《む》けると、その日は一日中いいことがあるんだよ」と話すサエと一緒《いっしょ》にゆで卵を食べる。保健室は二人にとっては居心地のいい場所だった。
> けれどサエが突然、クラスに戻《もど》ると言い出した。ナツは驚き、「サエなんて、どっか行っちゃえばいい。あたしなんて放って、教室に行っちゃえばいいじゃん。絶対にうまくいきっこないんだから」と心ない言葉を投げつけてしまった。サエが保健室に来なくなって三日が経った。

先生は聞く。

「サエちゃんが教室に戻れるようになって、嬉《うれ》しくないの？」

手元で半ばひしゃげてしまった不細工な卵を見下ろす。は？　って思った。意味、わかんない。教室に戻るって、嬉しいことなの？　［Ａ］、あそこ、あたしを笑う人たちしかいない。あたしのことばかにして、掃除《そうじ》を押《お》しつけて、陰口《かげぐち》を叩《たた》いて、くすくす笑って。

わかってるよ。あれって、べつに、いじめっていうほどひどい仕打ちじゃないし、みんなだって意識してやってることじゃない。ただ、教室の隅《すみ》っこにいる大人《おとな》しいあたしのことなんて、なんとも思っていないだけで。

なにかひどいことをされたわけじゃない。明確な理由があって傷ついたわけじゃない。ただ、ばかにされてるような気がするだけ。［Ｂ］、どうして教室に行かないのって聞かれると、答えられなくなる。教えて欲しくなる。わからない。わからないんだ。自分にもどうしてなのか。どうして、脚《あし》が震《ふる》えるのか、身体がすくんでしまうのか、ほんとうに、わからない。サエはどうだったんだろう。サエにとって、教室ってどんな場所だったんだろう。

「サエは……」これはあたしの姿みたい。①<u>みすぼらしく</u>、ぐちゃぐちゃになった卵を見下ろしながら、あたしは聞いた。「教室に、

2023年度

日本学園中学校

【国　語】〈第二回試験〉（五〇分）〈満点：一〇〇点〉

注意　字数制限のある問題は、記号や句読点も字数に含みます。

一　次の――線部①～⑩の漢字はひらがなに、カタカナは漢字に直しなさい。

① 先生たちは若干いそがしそうだ。

② 職人としての腕を発揮する。

③ 故郷へ帰省するのに手土産を買った。

④ 養蚕農家を研修でおとずれる。

⑤ 試験に合格して有頂天になる。

⑥ 小麦、米、トウモロコシは世界の三大コクモツだ。

⑦ 年末にショウジの張り替えをする。

⑧ 春先はカンダンの差がはげしい。

⑨ オゴソかに卒業式が進行する。

⑩ シンキイッテンして勉強にはげむ。

2023年度

日本学園中学校

▶解　答

※　編集上の都合により，第２回試験の解説は省略させていただきました。

算　数　＜第２回試験＞（50分）＜満点：100点＞

解　答

[1] (1) 34　(2) $\frac{5}{11}$　(3) $2\frac{8}{21}$　[2] (1) $\frac{1}{7}$　(2) 3　(3) 700　(4) 24　(5) 24　(6) 60　[3] (1) 5　(2) 66個　(3) 379番目　[4] (1) 45度　(2) 36 cm^2　[5] (1) 6回　(2) 6個　(3) 28　[6] (1) 4620cm^3　(2) $30\frac{4}{77}$cm　(3) $4\frac{4}{5}$cm^3

社　会　＜第２回試験＞（30分）＜満点：50点＞

解　答

[1] 問１　１　筑紫　２　博多　３　北九州　４　津軽　５　下北　６　陸奥　７　多治見　８　郡山　９　猪苗代　問２　あ　キ　い　ク　う　ス　え　イ　お　サ　か　コ　き　セ　問３　イ　問４　エ　問５　ウ　問６　イ　[2] 問１　岸田文雄　問２　２　国民主権（主権在民）　３　19　４　国土交通省　問３　ウ　問４　文民統制　問５　議院内閣制　問６　エ　問７　内閣府　問８　エ　[3] 問１　１　サ　２　キ　３　コ　４　ア　５　イ　６　ウ　７　カ　８　ト　９　チ　10　エ　問２　A　御成敗式目（貞永式目）　B　惣村　C　ポツダム宣言　D　日米安全保障　問３　ウ　問４　(1)　a　徳政　b　下剋（極）上　(2)　イ　問５　エ　問６　ウ

理　科　＜第２回試験＞（30分）＜満点：50点＞

解　答

[1] 問１　(1)　(ウ)　(2)　4 cm　(3)　4 cm　(4)　(ウ)　問２　(1)　12cm　(2)　右に8 cm　(3)　(エ)　[2] 問１　①　×　②　△　③　◎　問２　(イ)　問３　(ア)　問４　(ウ)　[3] 問１　A　(ウ)　B　(オ)　C　(ア)　問２　もう点（もうはん）　問３　(イ)　問４　(ア)　[4] 問１　東　問２　(ウ)　問３　①　(ウ)，(シ)，(ス)　②　(オ)，(カ)，(コ)　問４　①　(カ)，(シ)，(ス)　②　(ケ)，(コ)，(ソ)

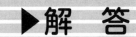

国　語　＜第２回試験＞（50分）＜満点：100点＞

解　答

一　①　じゃっかん　②　はっき　③　みやげ　④　ようさん　⑤　うちょうてん　⑥〜⑩　下記を参照のこと。　二　**問１**　Ａ　イ　Ｂ　ア　Ｃ　エ　Ｄ　ウ　**問２**　ウ　**問３**　ウ　**問４**　頬を手の甲　**問５**　イ　**問６**　エ　**問７**　エ　**問８**　この学校に　**問９**　生徒…Ｃ　**問10**　イ　三　**問１**　ａ　ア　ｂ　イ　**問２**　(1)　ウ　(2)　ウ　**問３**　イ　**問４**　Ａ　ウ　Ｂ　ア　**問５**　エ　**問６**　暮らしの中〜なりの工夫　**問７**　ア　**問８**　Ⅰ　初版一万部　Ⅱ　生産者　Ⅲ　大きなうねり　**問９**　エ

●漢字の書き取り

一　⑥　穀物　⑦　障子　⑧　寒暖　⑨　厳(か)　⑩　心機一転

2022年度　日本学園中学校

〔電　話〕　03(3322)6331
〔所在地〕　〒156－0043　東京都世田谷区松原２－７－34
〔交　通〕　井の頭線 ― 明大前駅より徒歩５分

【算　数】〈第１回試験〉（50分）〈満点：100点〉

1　次の計算をしなさい。

(1)　$243-176+34$

(2)　$78+22\times6$

(3)　$3.9\times0.6+2.52\div0.7$

(4)　$\left(\frac{5}{8}+\frac{1}{6}\right)\div\frac{5}{6}\times6$

(5)　$1\frac{1}{7}\times0.5+1\frac{1}{7}\times0.25+1\frac{1}{7}\times0.125$

(6)　$\left\{4-3.25\times\left(1-\frac{2}{3}\right)\right\}\div1\frac{3}{4}$

2　次の □ にあてはまる数を答えなさい。

(1)　□ ：５＝0.36 ：0.2

(2)　あるコンサートの１日目の入場者は 1000 人でした。２日目は１日目よりも 15 ％増加し、３日目は２日目よりも 18％増加したので、３日目の入場者数は □ 人になりました。

(3)　10 円玉、100 円玉、500 円玉が合わせて 25 枚あり、金額の合計は 2760 円です。100 円玉の枚数は □ 枚です。

(4) 8%の食塩水300gに食塩45gを加えてよくかき混ぜたところ、□%の食塩水ができました。

(5) 図のように、正方形の折り紙ABCDを辺DCが対角線ACに重なるように折ったとき、㋐の角の大きさは□度です。

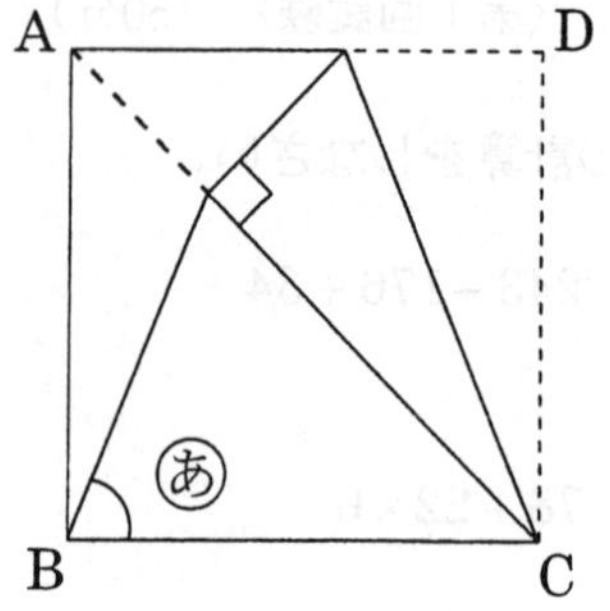

(6) 図の立体は、底面の半径が5cm、高さが8cmの円柱から、底面が中心角144°のおうぎ形の立体を切り取ったものです。この立体の体積は□cm^3です。ただし、円周率を3.14とします。

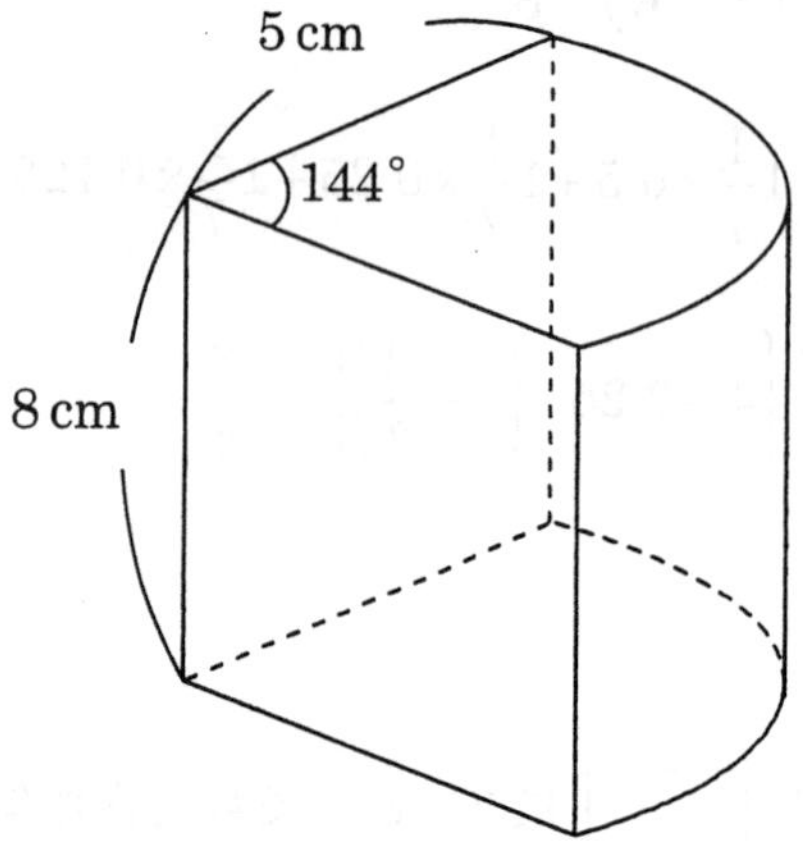

3 何本かのえんぴつがあります。これをA, B, C, Dの4人で分けることにしました。最初にAが全体の$\frac{1}{4}$と6本とり、次にBが残りの$\frac{2}{5}$を、Cはさらに残りの$\frac{1}{3}$を取り、最後に残った18本すべてをDが取りました。このとき、次の各問いに答えなさい。

(1) Cは何本のえんぴつをとりましたか。

(2) えんぴつは全部で何本ありましたか。

4 １周 3km の池のまわりを、太郎君と次郎君の２人がＡ地点から同時に反対方向に出発しました。２人は出発してから 15 分後にはじめてすれちがいました。太郎君の進む速さは毎分 125m で、次郎君の進む速さは一定とします。このとき、次の各問いに答えなさい。

(1) ２人がはじめてすれちがうまでに、太郎君はＡ地点から何 m 進みましたか。

(2) 次郎君の進む速さは毎分何 m ですか。

(3) ２人がはじめてすれちがったときから、太郎君はそれまでよりも速く一定の速さで進んだところ、２人が３回目にすれちがったのはちょうどＡ地点でした。太郎君はそれまでの何倍の速さで進みましたか。

5 図１のように同じ大きさの赤、白、黒の３色の円形のタイルがあります。これらを使って、図２のように下の段から赤、白、黒の順にタイルを並《なら》べていきます。このとき、次の各問いに答えなさい。

(1) １番下の段に赤色のタイルを 17 枚使ったとき、１番上の段のタイルは何色ですか。

(2) １番下の段に赤色のタイルを 99 枚使ったとき、タイルは全部で何枚使いましたか。

(3) 使った白と黒のタイルの枚数の差が 25 枚のとき、タイルは何段並んでいるでしょうか。

【 図１ 】

【 図２ 】

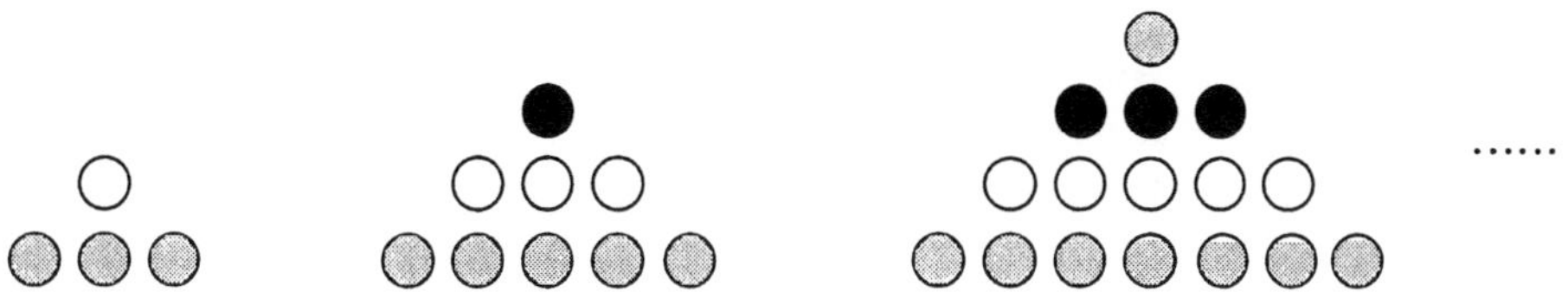

6 １辺が1cmの立方体をいくつか積み重ねて、下の図のような立体をつくっていきます。このとき、次の各問いに答えなさい。

(1) 立方体の数がもっとも少ない個数となるとき、この立体の体積を求めなさい。

(2) 立方体の数がもっとも多い個数となるとき、この立体の表面積を求めなさい。

真正面から見た図

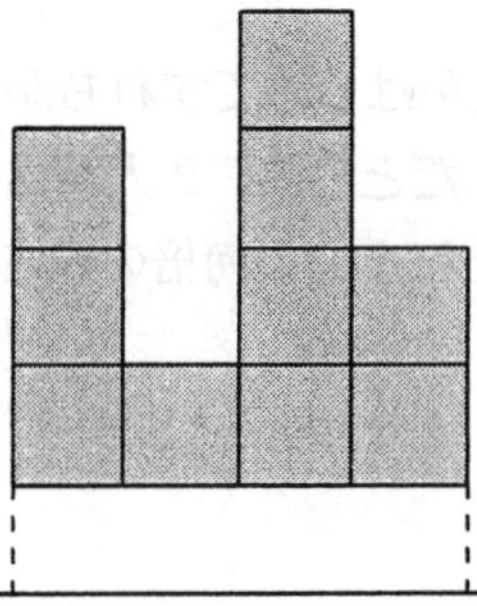

真上から見た図

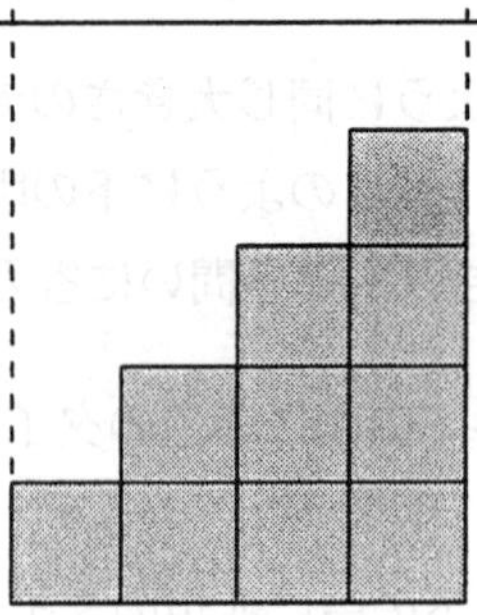

【社　会】〈第１回試験〉（30分）〈満点：50点〉

〈編集部注：実物の試験問題では，1の地図以外はカラー印刷です。〉

1　次の図１について述べた次の文章を読んであとの問いに答えなさい。

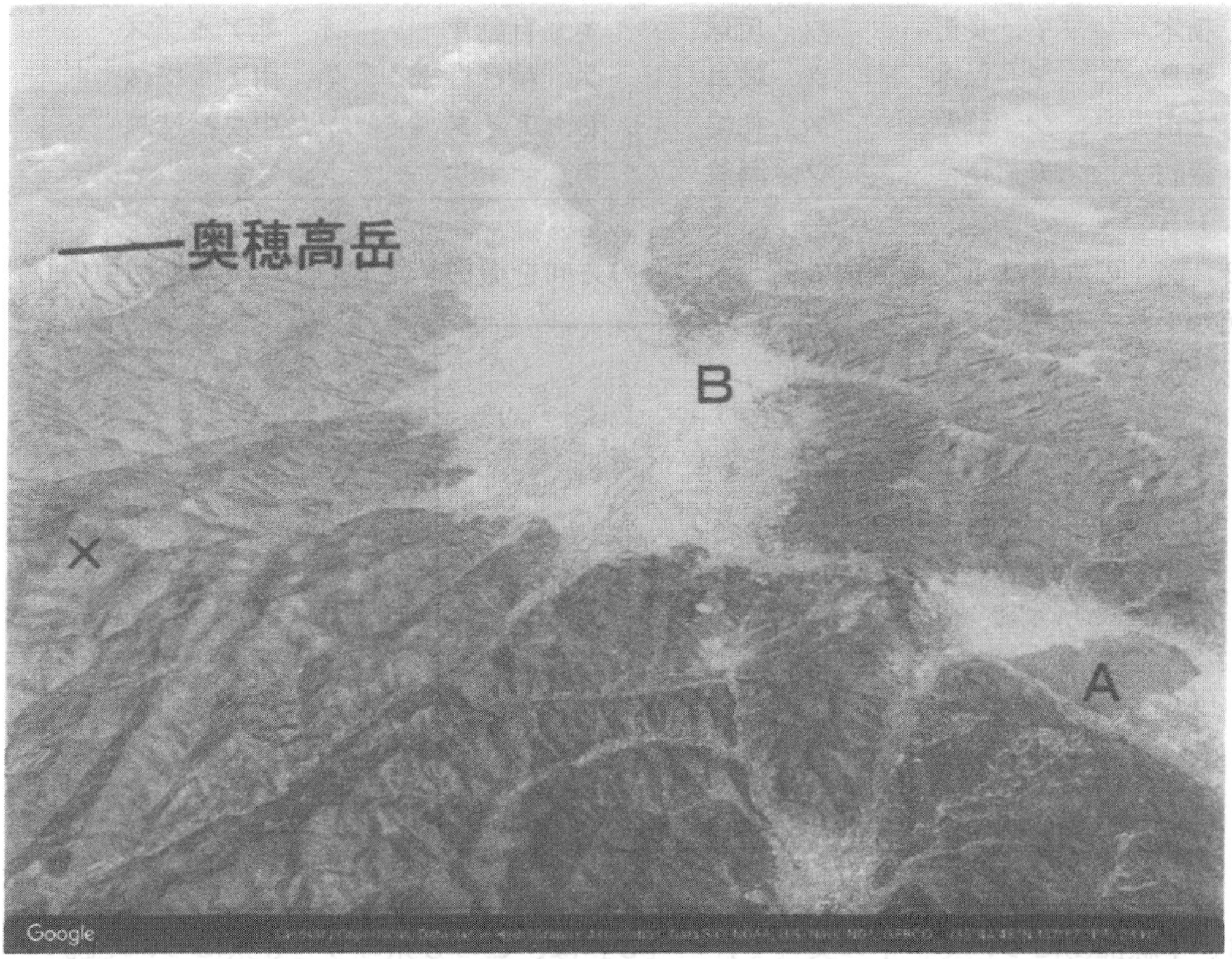

図１

昨年は当初の予定より一年遅れて東京オリンピック・パラリンピック（以下五輪）が開催され、多くのアスリートが日頃の努力の成果を発揮し、国民に大きな感動と勇気を与えてくれました。東京での五輪のほかに、日本ではかつて２度冬季五輪が行われています。上の図１は 1998 年に冬季五輪が行われた（　１　）県の一部を撮影した衛星写真です。この県は周囲を①８つの県と接しています。図中**A**の（　２　）湖は県のほぼ中央部にあり、周辺地域では 20 世紀前半に製糸業で栄え、戦後は（　３　）工業が発展しました。図中**B**の都市は、この県で二番目に人口の多い（　４　）で、図中の奥穂高岳などの山に登る玄関口になっています。奥穂高岳は通称（　５　）と呼ばれる山脈の中で最も高く、日本で三番目の高さを持つ山です。図１に写っている（　２　）盆地や（　４　）盆地を含むこの一連の盆地状の地形は、日本を東日本と西日本を分ける（　６　）の一部で、糸魚川 - 静岡構造線という大断層が走っています。

1972 年に冬季五輪が開催された（　７　）は、昨年の東京五輪ではマラソンや競歩の競技が行われました。この（　７　）という地名は「乾いた大きな川」という意味の（　８　）語に由来すると言われています。この地方ではこのように先住民である（　８　）の言語による地名が現在も多く使われています。

設問Ⅰ

問1、文章中空欄(1)~(8)に当てはまる語句を下の語群から選んで記号で答えなさい。

ア. 栃木	イ. 長野	ウ. 琉球	エ. 自動車	オ. 北アルプス
カ. 福島	キ. 松本	ク. 岐阜	ケ. 精密機械	コ. 南アルプス
サ. 上田	シ. 釧路	ス. 札幌	セ. アイヌ	ソ. 中央構造線
タ. 諏訪	チ. 琵琶	ツ. 洞爺	テ. マオリ	ト. フォッサマグナ

問2、図1の画像は下の地図中のア~エのどの方向を撮影したものか。下の地図中の記号で答えなさい。

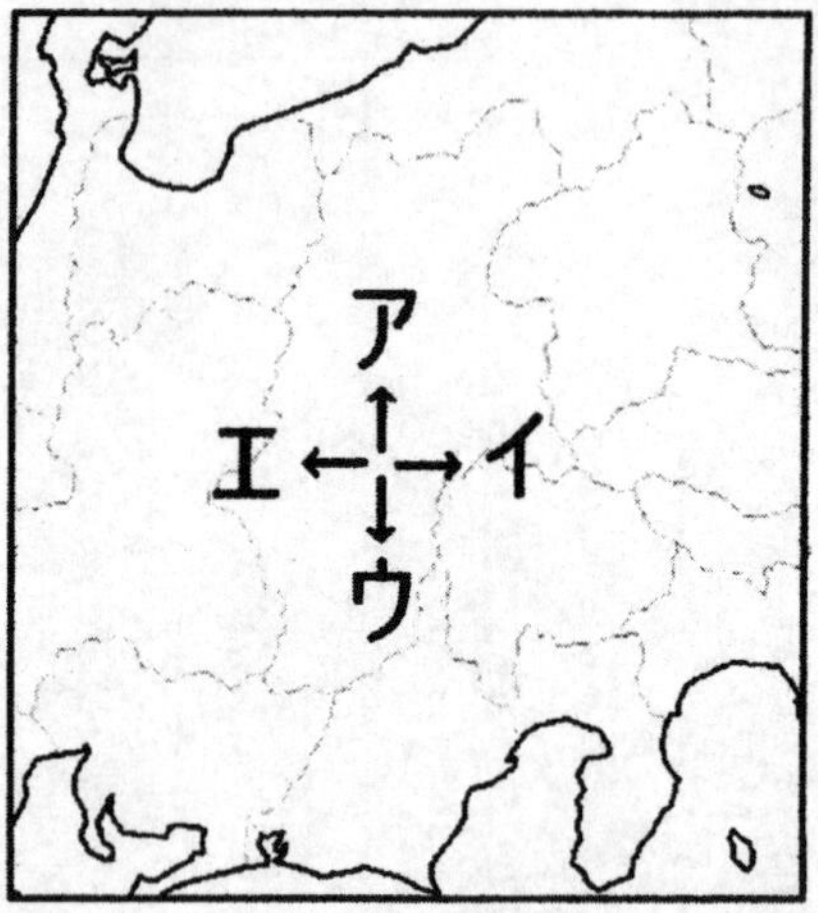

問3、下線部①について、下の文〔1〕~〔3〕は、この8県のうち3県について説明したものです。各文章が説明している県名をそれぞれ答えなさい。

〔1〕:となりの県の神岡鉱山から流出したカドミウムにより、この県の水田に大きな被害が出て公害が発生しました。この県の沿岸海域に生息するホタルイカは天然記念物に指定されています。

〔2〕:嬬恋村のキャベツは高原野菜として知られ、主に首都圏に出荷されています。関東最大の河川の水源地帯があり、農業もさかんですが、自動車の生産がさかんな都市もあります。

〔3〕:前ページの文中(1)県から流れる千曲川は、名前を変えてこの県から海に注ぎます。この川の下流部にある平野は日本有数の水田単作地帯です。

問４、文中（　４　）、（　７　）および東京の雨温図を下から選んでそれぞれ記号で答えなさい。

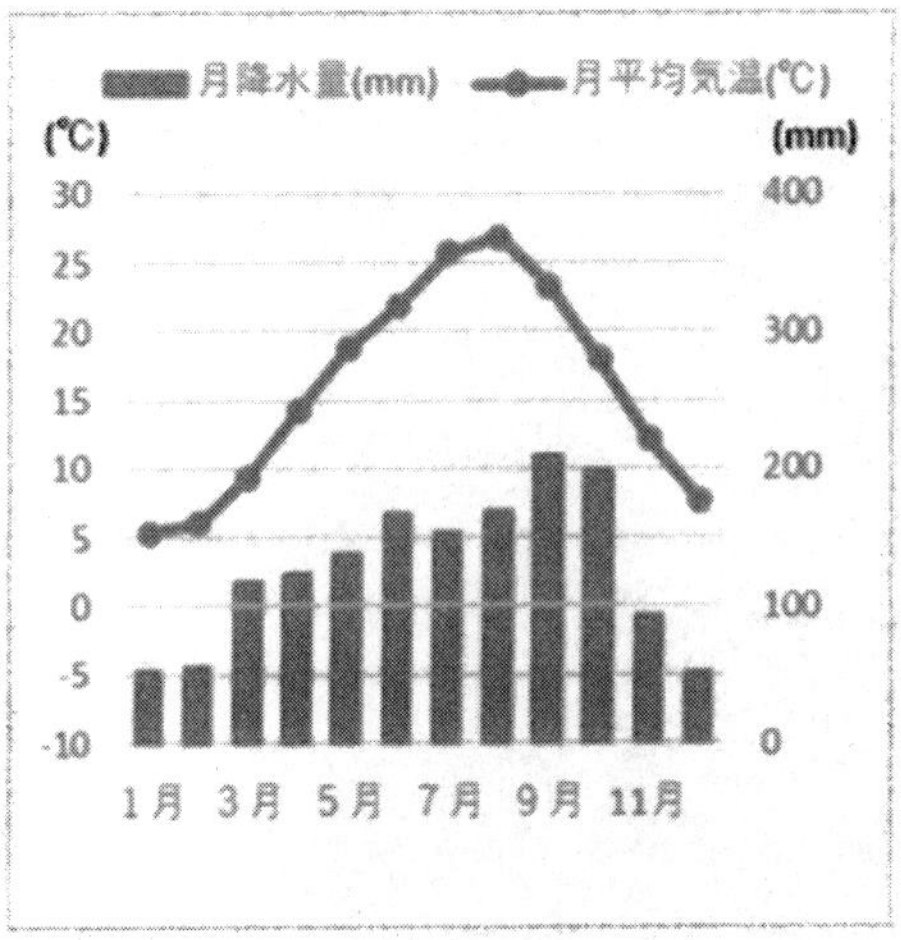

ア

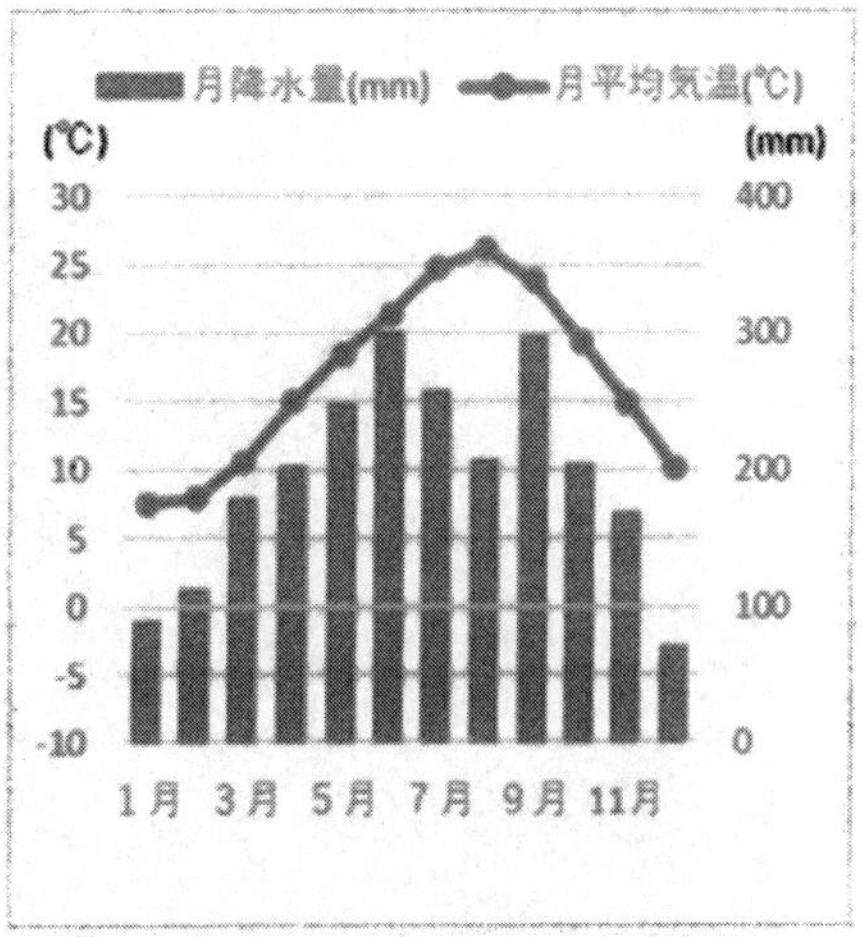

イ

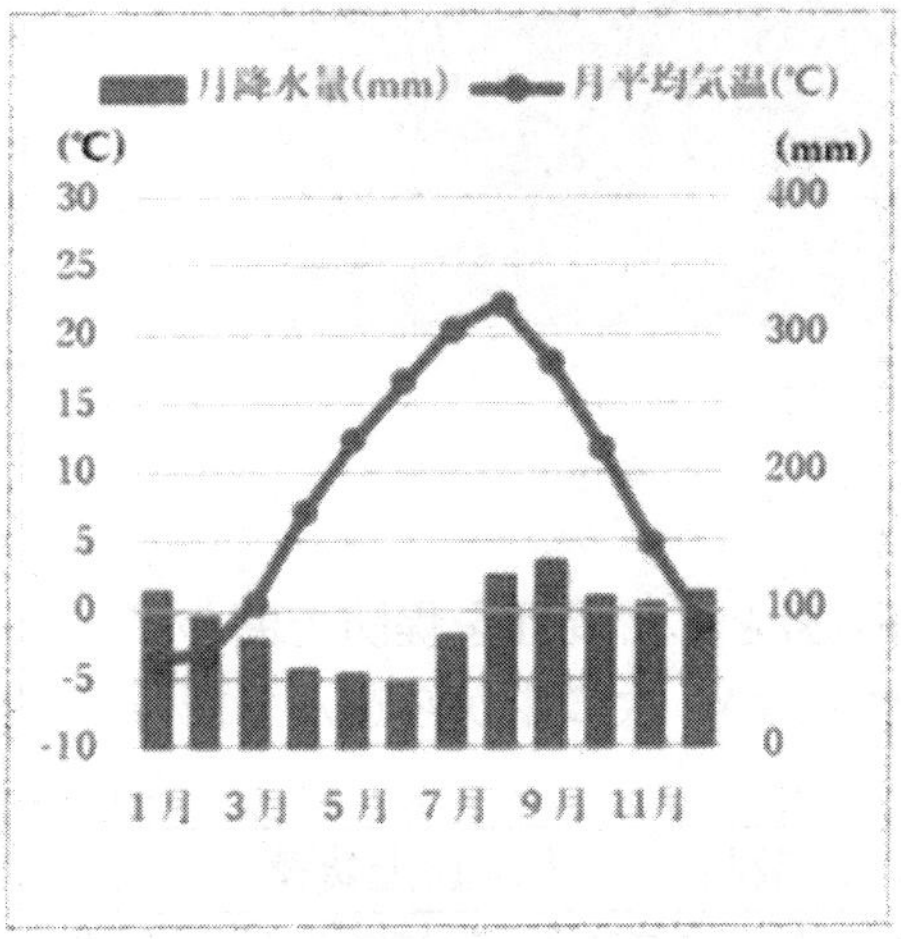

ウ

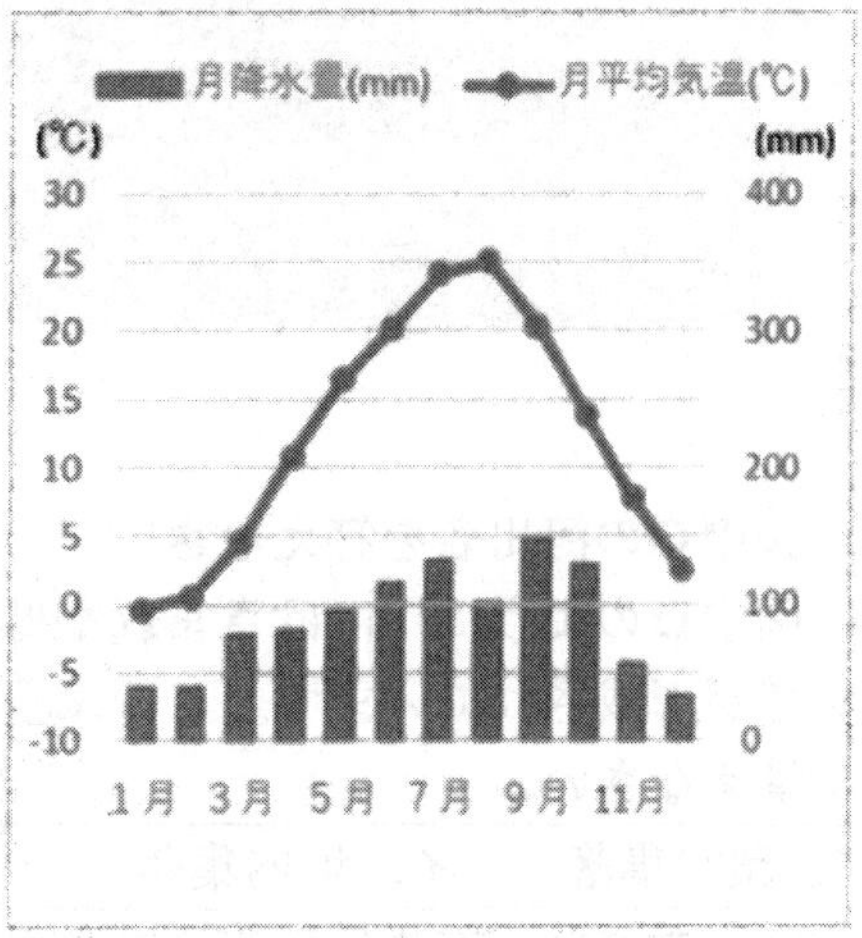

エ

設問Ⅱ

下の図２は図１の**Ｘ**に水源をもつ河川（図２中の**Ｃ**）の河口部を撮影したものです。図２に関してあとの問いに答えなさい。

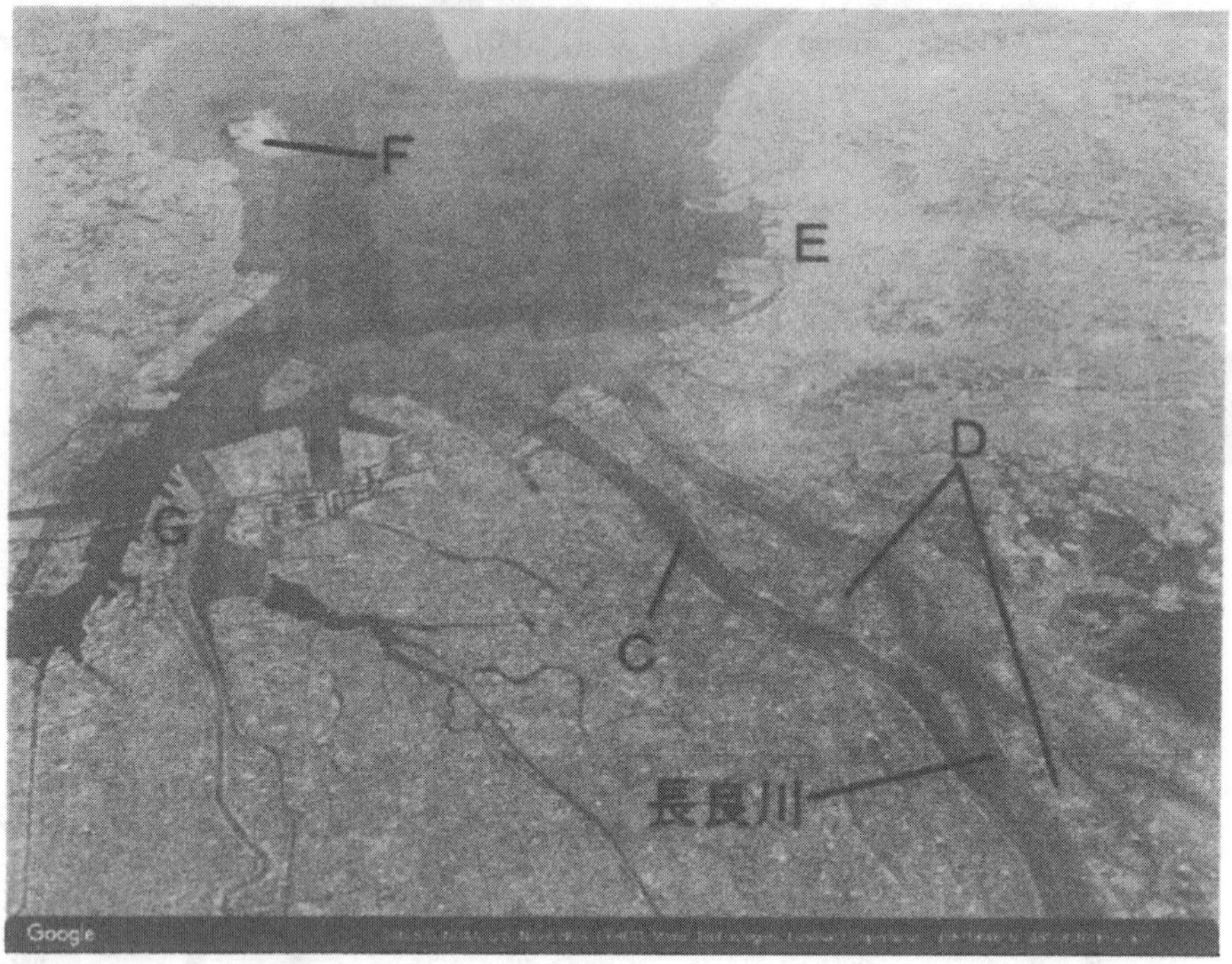

図２

問５、図中**Ｃ**の河川名を答えなさい。

問６、図中**Ｄ**のように川にはさまれた低地では、水害対策として周囲を堤防で囲んだ集落が形成されています。このような集落を何というか、次の中から選んで記号で答えなさい。

ア．環状集落	イ．垣内集落	ウ．輪中	エ．散村	オ．丘上集落

問７、図中**Ｅ**では、石油化学工業の発展とともに大気汚染による公害病が発生しました。この都市名を答えなさい。

問８、図中**Ｆ**の施設を語群から選んで記号で答えなさい。

ア．成田国際空港	イ．羽田国際空港
ウ．関西国際空港	エ．中部国際空港

問９、図中**Ｇ**の港についての説明として正しいものを下から選んで記号で答えなさい。

ア．貨物取扱量が日本で最も多く、とくに輸送機械の輸出量が多い。
イ．京浜工業地帯の主要港として、貨物取扱量は日本最大である。
ウ．製鉄所が集中しているため、石炭や鉄鉱石の取扱量が日本で最も多い。
エ．食品の取扱量が日本で最も多く、他には電子製品の取扱量が多い。

2　次の父と子の会話を読み、あとの問いに答えなさい。

子：お父さん、ちょっと分からないところがあるんだけど、教えてくれる？
父：お、なんだい？
子：憲法第41条に、「①国会は、国権の最高機関であって、国の唯一の（　１　）機関である」って書いてあるんだけど、ぼく、三権分立っていうのも習ったんだ。どうして国会が最高機関なの？　内閣や裁判所じゃないの？
父：国会はどういう人で構成されているか考えてごらん。
子：選挙で選ばれた人でしょ？
父：そう、去年の10月にも衆議院議員選挙があったな。これが②選挙結果だ。つまり、この人たちは（　２　）の代表だ。
子：うん、そうだね。
父：この国にとって大事なことを決める権限を主権と言うけれど、日本の場合、それは誰が持っている？　憲法の三大原理の一つだから、もう習っただろう？
子：（　２　）主権！
父：そうだ。ということは、国会議員は主権者である（　２　）の代表だ。だから、国会は国権の最高機関とされているんだね。
子：なるほど。ぼく、てっきり内閣が一番偉いのかと思っていたよ。だって、ニュースでもよく（　３　）首相が会見しているところとかやっているし。
父：（　３　）氏を首相にすることを決めたのだって国会だぞ。衆議院議員選挙の後に開かれた（　４　）国会で、（　３　）氏を首相に指名したんだ。
子：でもさ、国会って③二院制をとっているでしょ。もしも衆議院と参議院で別々の人を首相に指名したらどうなるの？
父：その場合には、両院協議会というのを開いて話し合いをするんだけど、それでも意見がまとまらなかったら、衆議院の指名を国会の議決とするんだ。
子：衆議院が優先されるの？
父：そう。衆議院は、［　Ａ　］と考えられている。だから④衆議院の方を優先するんだね。これを（　５　）というんだ。
子：そうなんだ。じゃあ、衆議院議員選挙って、とっても大事な選挙なんだね。
父：そのとおり。だから、おまえも選挙権を得たら、しっかり投票に行けよ。

問１、(　１　)～(　５　)にあてはまる言葉や人名を答えなさい。人名は、苗字のみでなく名前まで答えること。

問２、［　Ａ　］にあてはまる文章を下から選んで記号で答えなさい。

ア．大日本帝国憲法の頃から続いている歴史ある議院だからその判断を重んじるべきだ
イ．参議院よりも任期が長く解散もないことから、長期的な視点で理性的な議論ができる
ウ．被選挙権が参議院よりも高く、少子高齢化の進む日本にとって多数派となる高齢層の意見をより尊重できる
エ．参議院よりも多くの法案を作成し、国の発展に寄与してきた実績のある議院だ
オ．参議院よりも任期が短く解散もあるため、より国民の意見を反映している

問３、下線部①について、国会の権限でないものを下から選んで記号で答えなさい。

ア．予算の議決　　イ．弾劾裁判所の設置　　ウ．条約の締結
エ．国政の調査　　オ．憲法改正の発議

問４、下線部②について、下の表は2021年10月に行われた衆議院議員選挙の結果を示したものである。また、下の図Ａ～Ｃは、それぞれ表中Ａ～Ｃで示された各政党の地域別の得票率を色で示したものであり、色が濃いほどその地域での得票率が高いことを示している。

　これらを参考にして、表中Ａ～Ｃが示す政党名の組み合わせとして正しいものを、下から選んで記号で答えなさい。

政党	獲得議席数
A	261
B	96
C	41
D	32
E	11
F	10
その他	14

ア．Ａ　公明党　　Ｂ　共産党　　Ｃ　国民民主党
イ．Ａ　公明党　　Ｂ　自民党　　Ｃ　立憲民主党
ウ．Ａ　公明党　　Ｂ　立憲民主党　　Ｃ　自民党
エ．Ａ　自民党　　Ｂ　立憲民主党　　Ｃ　日本維新の会
オ．Ａ　自民党　　Ｂ　日本維新の会　　Ｃ　立憲民主党
カ．Ａ　自民党　　Ｂ　公明党　　Ｃ　日本維新の会

※　日本経済新聞　ビジュアルデータより引用

図Ａ
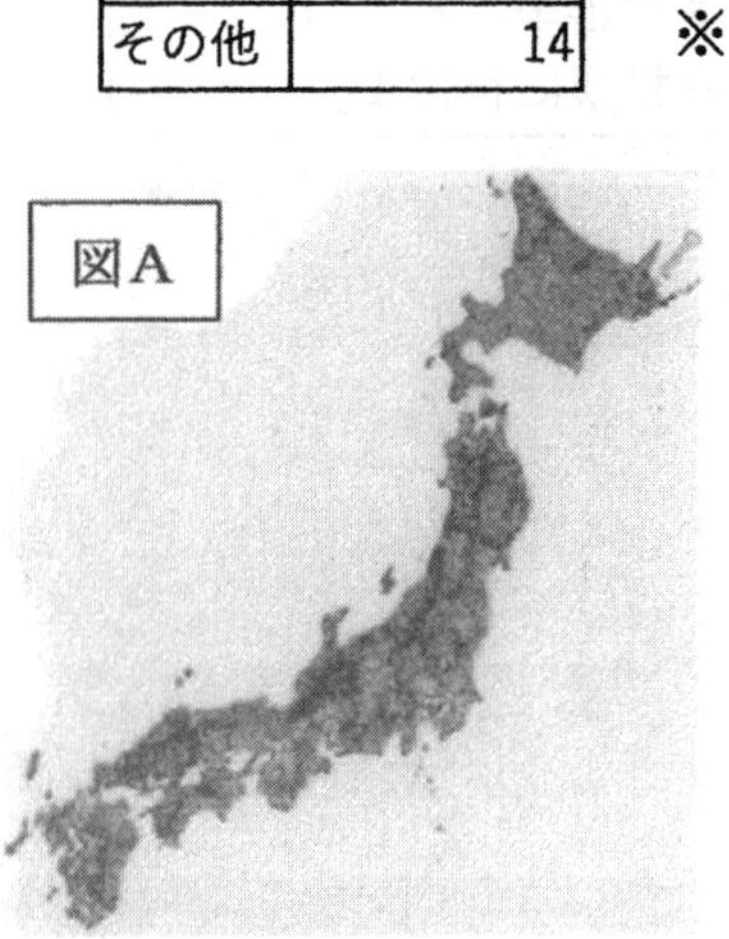

図Ｂ
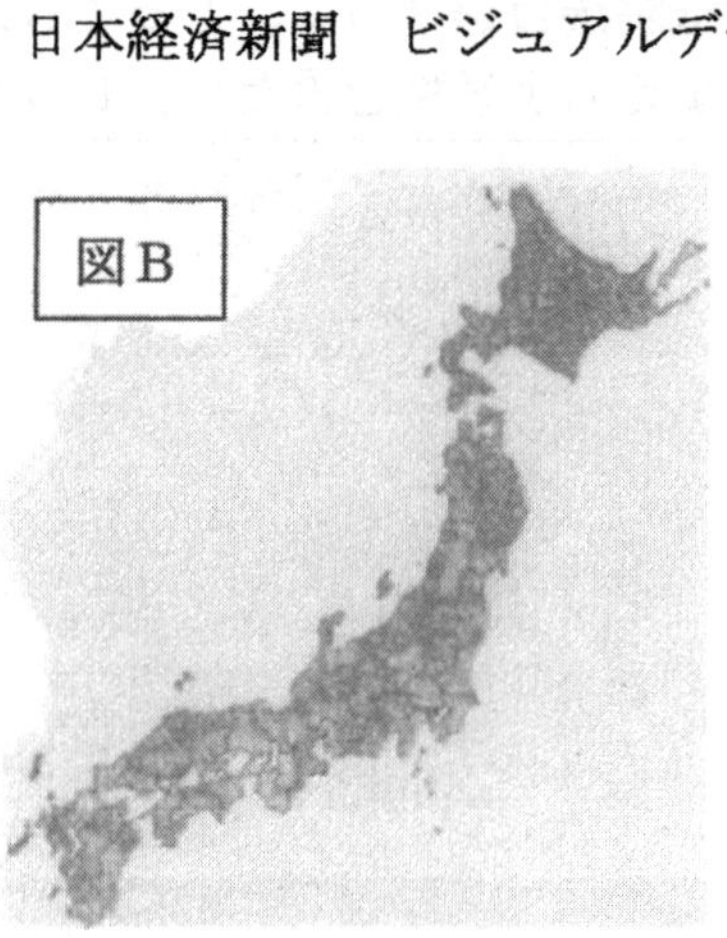

図Ｃ
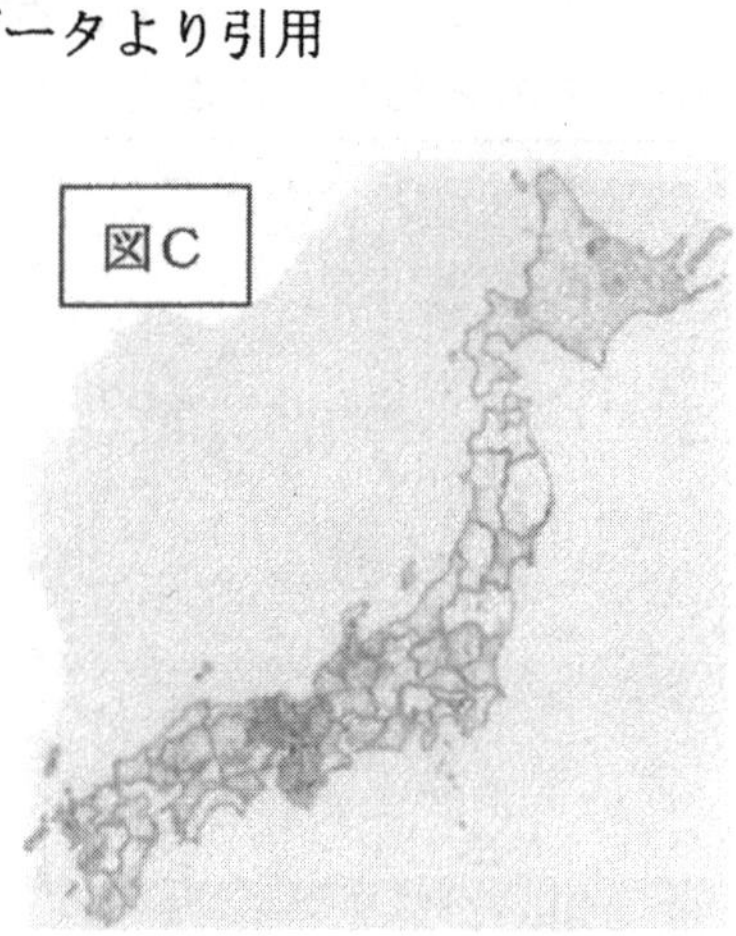

問５、下線部③について、下の表は衆議院・参議院を比較したものである。衆議院はこの表中Ａ、Ｂどちらか。記号で答えなさい。

A		B
比例代表　100 選挙区　148	定数	比例代表　176 小選挙区　289
６年	任期	４年
30歳以上	被選挙権	25歳以上

問６、下線部④について、衆議院が優先される場合について説明した次の文章のうち、間違っているものを選んで記号で答えなさい。

ア．衆議院で可決された法律案が参議院で否決された場合、衆議院で出席議員の３分の２以上の賛成で再可決すれば、その法律案は成立する。
イ．衆議院で可決された予算案が参議院で否決され、両院協議会を開いても意見が一致しない場合、その予算案は成立する。
ウ．予算の審議は衆議院から始めることになっている。
エ．内閣不信任決議権は、衆議院のみが持っている。
オ．衆議院が締結した条約を参議院が承認せず、両院協議会を開いても意見が一致しない場合、その条約は国会の承認を得たものとされる。

3　次の文章を読み、あとの問いに答えなさい。

日本の歴史は、厳密な分かれ目はありませんが原始・古代・中世・近世・近代・現代と区分されます。その歴史の移り変わりは、遺跡や史料などから知ることができます。

例えば、原始と呼ばれる時代の日本は旧石器時代の文化が存在していないと考えられていましたが、群馬県の（　１　）遺跡から（　２　）が発見されたことにより、その存在が確認されましたし、縄文時代には人々は（　３　）を住まいとして小さな家族で生活していたと考えられていましたが、青森県の（　４　）遺跡からは集合住宅とも考えられる大型住居跡も見つかっています。また、明治時代にモースが発見した（　５　）貝塚のように人々の生活が分かる遺跡も各地に見ることができます。

古代に入ると、二重の濠をめぐらせた環濠集落の跡が確認されている佐賀県の（　６　）遺跡や、358 本もの（　７　）が発見された島根県の（　８　）遺跡などで当時の人々の暮らしが分かります。各地に「クニ」と呼ばれる政治的なまとまりができるようになり、また、29国ほどの小国の連合をまとめあげた［　Ａ　］では女王［　Ｂ　］が当時の中国に使者を送ったことが①中国の歴史書に記されています。さらに、各地につくられた②古墳の（　９　）といった出土品や壁画などから当時の様子が分かります。（　10　）政治が始まるようになると、日本でも文字による記録が本格的におこなわれるようになりました。（　10　）をはじめとする法律はもとより、③自国の歴史を記録に残すことも国家事業として始まりました。

遺跡や史料だけでなく、絵画などからも当時を知ることができます。『一遍上人絵伝』には④鎌倉時代の定期市が描かれており、中世は農業だけではない産業が生まれたことも分かります。

徳川家康が征夷大将軍に任命された［　Ｃ　］年からおよそ 260 年にわたる江戸時代が始まります。大きな戦乱もなく比較的平和な江戸時代には諸産業が発達しました。平和で文化的にも発展が見られたこの時代には一般庶民への教育もおこなわれ、読み・書き・そろばんなどの学問や道徳などを教える［　Ｄ　］が多くできました。庶民への教育はこの後の近代の市民の成長に大きく影響したと言えるでしょう。

幕末の様々な動きののちに、日本は近代に入り、⑤明治時代を迎えます。このころからは遺跡や史料だけに頼ることなく実際に歴史を見ることができるようになります。科学技術の発達によりカメラが普及し、⑥写真として記録をありのままにとどめることができるようになったからです。

そして現代はさらに科学技術が発展しています。年輪年代法や炭素 14 年代法などにより、特に古い時代のことが分かるようになりました。今後、現在の教科書に書かれていることがさらに塗り替わることになるかもしれません。

問１、（　１　）～（　10　）に当てはまる語句を下から選んで記号で答えなさい。

ア．吉野ヶ里	イ．律令	ウ．岩宿	エ．打製石器	オ．横穴住居
カ．加曽利	キ．石包丁	ク．埴輪	ケ．高地性集落	コ．磨製石器
サ．大森	シ．銅剣	ス．土偶	セ．関東ローム	ソ．竪穴住居
タ．骨角器	チ．荒神谷	ツ．格式	テ．高床倉庫	ト．三内丸山

問２、［　Ａ　］～［　Ｄ　］に当てはまる言葉を答えなさい。

問３、下線部①にある中国の歴史書を下から選んで記号で答えなさい。

ア．『漢書』地理志　　イ．『宋書』倭国伝　　ウ．『魏志』倭人伝
エ．『後漢書』東夷伝　　オ．『隋書』倭国伝

問４、下線部②の古墳に関して、大阪府にある日本最大の古墳の名前を答えなさい。

問５、下線部③に関して、『古事記』とあわせて「記紀」と呼ばれるもう一つの史書の名前を答えなさい。

問６、下線部④の鎌倉時代の定期市について、間違っているものを下から選んで記号で答えなさい。

ア．三斎市とよばれる、月に三度の市も開かれるようになった。
イ．荘園の中心地や交通の要所、寺や神社の門前などで開かれた。
ウ．市には都から商品を運んで来る行商人も現れた。
エ．定期市が開かれたのは農業をおこなう人が減ったのが原因である。
オ．定期市では中国から輸入される宋銭も使用された。

問７、下線部⑤のできごとを古いものから新しいものへと順番に並べたとき、正しい順に並んでいるものを下から選んで記号で答えなさい。

ア．国会開設の詔が出される→日清戦争→大日本帝国憲法の発布→日露戦争
イ．日清戦争→国会開設の詔が出される→日露戦争→大日本帝国憲法の発布
ウ．日清戦争→日露戦争→大日本帝国憲法の発布→国会開設の詔が出される
エ．国会開設の詔が出される→大日本帝国憲法の発布→日清戦争→日露戦争
オ．日清戦争→大日本帝国憲法の発布→日露戦争→国会開設の詔が出される

問８、下線部⑥に写真とありますが、下の写真は1871年に欧米に派遣された使節団の写真です。この使節団の名前を答えなさい。

【理　科】〈第１回試験〉(30分)〈満点：50点〉

1　おもさと体積を考えなくてよい太さの一様な 100cm の棒と２種類の糸があります。図中にて実線で表される糸Ａは丈夫《じょうぶ》でどんなおもさのおもりをつるしても切れません。また、破線で表される糸Ｂはおもりをまっすぐつるした時 100g よりも軽いおもりでは切れませんが 100g のおもりをつるすと切れるものとします。次の各問いに答えなさい。

問１　下図１のように、左端《さたん》に 50g のおもりを糸Ａでつりさげたのち、糸Ｂと自由なおもさのおもりを新しくつりさげることで棒をつりあわせたい。糸Ｂを切らないためには、おもりは棒の右端から何 cm より手前につりさげなければならないか求めなさい。

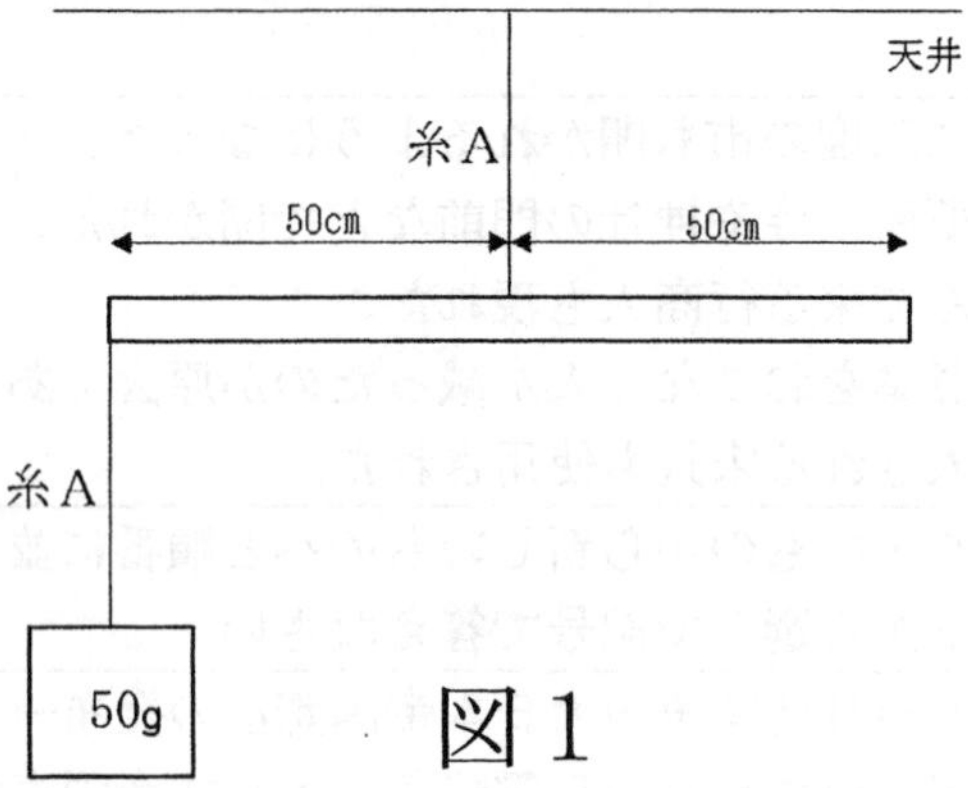

図１

問２　下図２のように、右端におもりをつるしたのち右端から 25cm の位置で糸Ｂをつなぎ、手でおさえて棒をつりあわせています。棒の右端に糸Ａでつるしているおもりのおもさを少しずつ増やしていったとき、手でおさえている糸Ｂが切れるのは何 g のときか求めなさい。

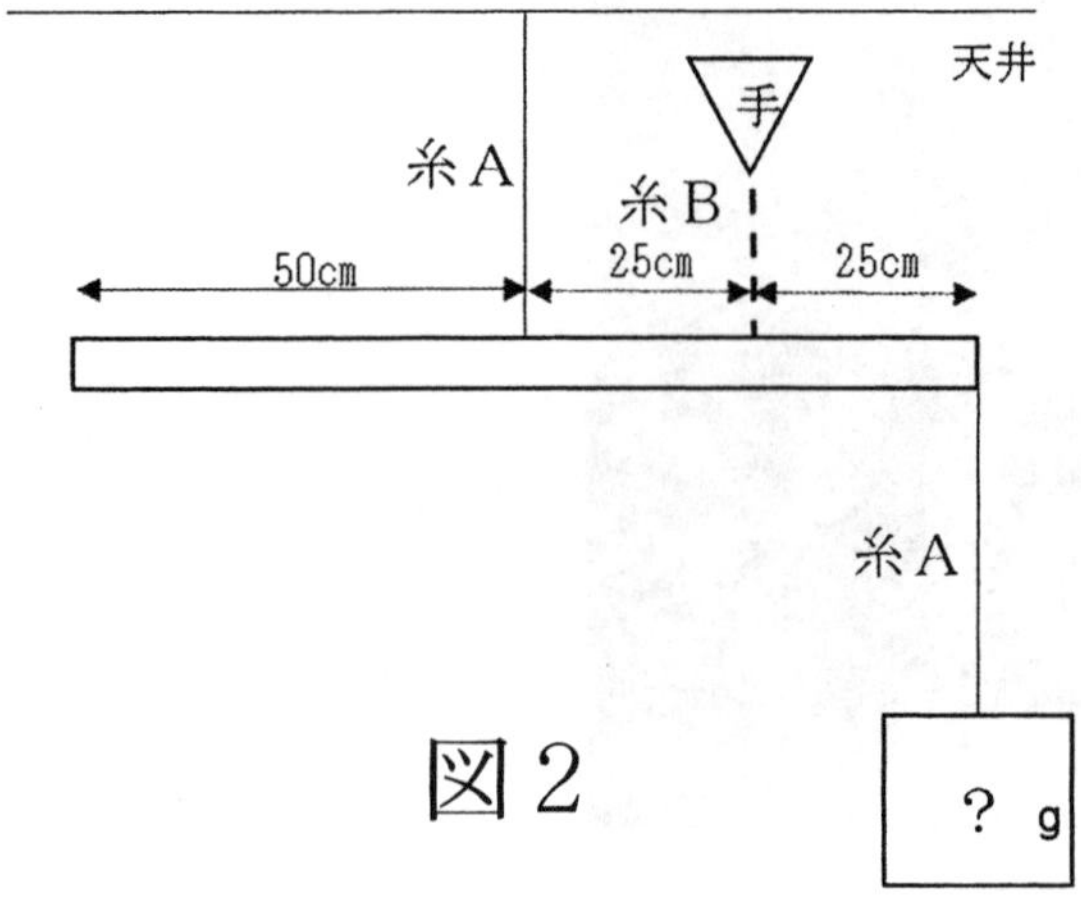

図２

問３　下図３のように、左端に糸Ａで 30g のおもりをつりさげ、右端から 30cm のⒶに糸Ｂで液体中に全体を沈《しず》めた 150g のおもりをつりさげたところ棒はつりあいました。このときⒶには何 g のおもりがつりさがっている状態と等しいか求めなさい。

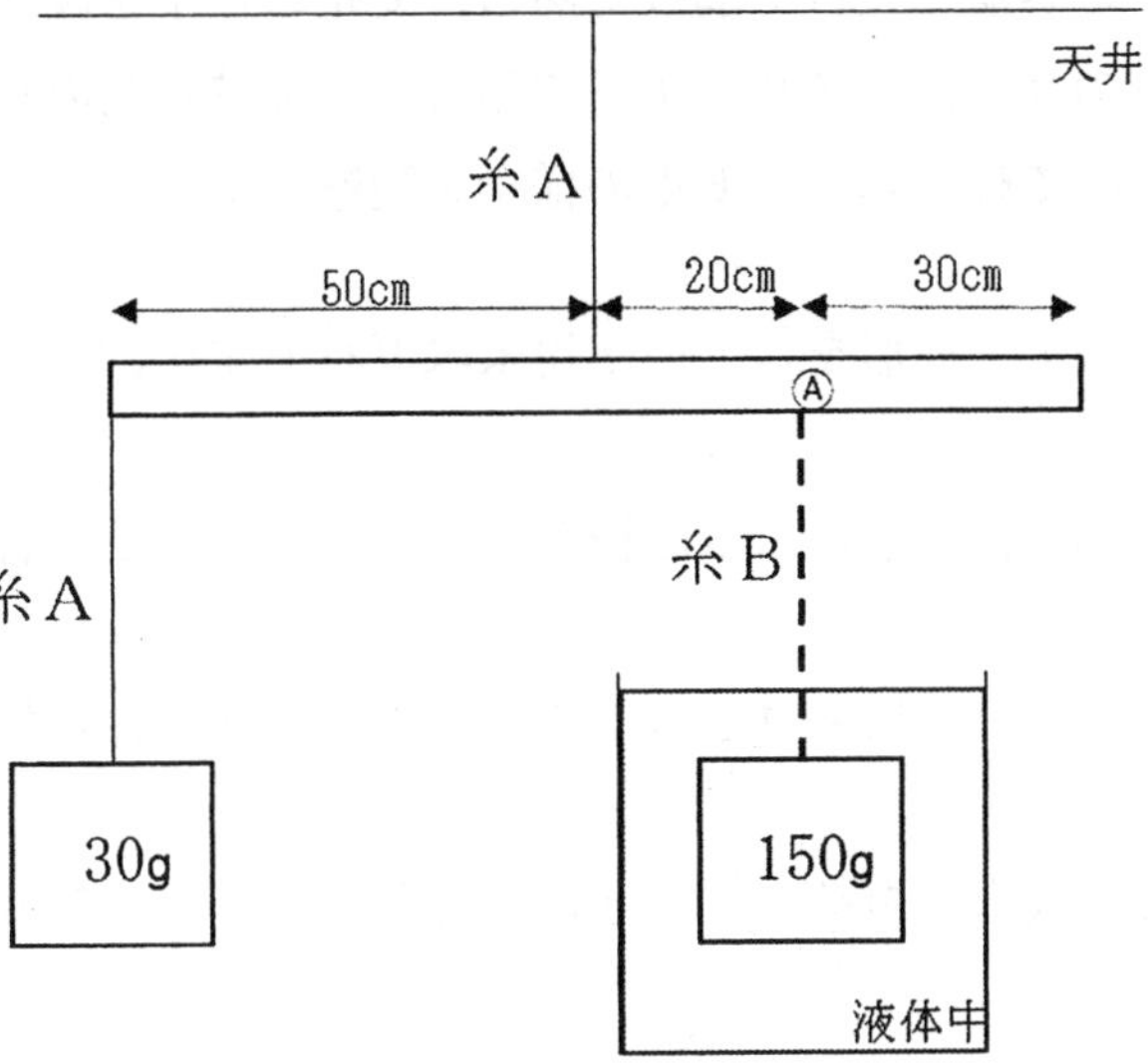

図３

問４　図３のⒶからつりさげたものを外し、図４のようにゆっくりと引き上げました。おもりは立方体で高さが 15cm であったとき、糸Ｂが切れるのはおもりを液体の表面から何 cm 引き上げたときか求めなさい。

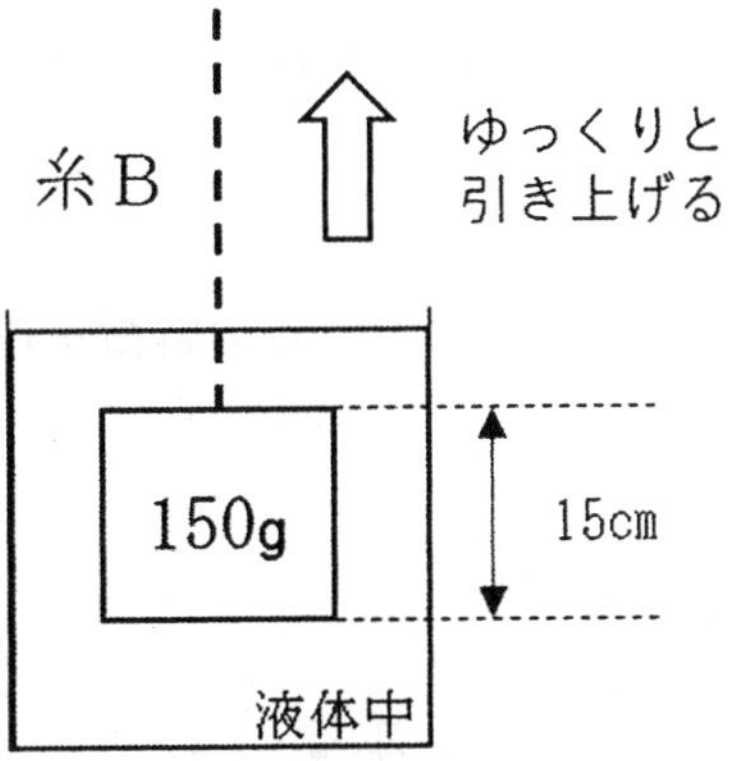

図４

2 白砂糖、デンプン、食塩、グラニュー糖はいずれも白い粉末です。これらを区別するために、粉末ごとに実験１～４をおこないました。次の各問いに答えなさい。

実験１：粉末の色やにおいを調べ、ルーペなどで見た目や粒《つぶ》の様子を観察する。
実験２：粉末を水が入った試験管に入れたときの様子を観察する。
実験３：粉末をアルミはくの容器に入れて弱火で熱し、変化の様子を観察する。
実験４：燃焼さじに粉末をのせて、ガスバーナーでしばらく加熱したのち、石灰水の入った集気ビンに入れて軽くふり、変化の様子を観察する。

問１　実験１で粒が立方体のような形をしていた粉末はどれですか。その名称を答えなさい。

問２　実験２で水に溶けないで、白くにごった粉末はどれですか。その名称を答えなさい。

問３　実験３で熱しても変化しない粉末はどれですか。その名称を答えなさい。

問４　実験４で集気ビンの石灰水が白くにごった粉末はどれですか。その名称をすべて答えなさい。

問５　実験４で石灰水が白くにごったのは、粉末の燃焼によって何が生じたからですか。その物質の名称を答えなさい。

問６　実験４で石灰水が白くにごった溶液に、BTB液を少しだけ入れたとき、溶液は何色になりましたか。次の（ア）～（エ）から選び、記号で答えなさい。
（ア）赤色　　（イ）黄色　　（ウ）緑色　　（エ）青色

3 種子をつくる植物の仲間は、そのからだのつくりの特徴から大きく２つに分けることができます。次の各問いに答えなさい。

問１　右図ＡとＢは植物の芽ばえを表しています。どちらか一方がトウモロコシで、もう一方がダイズです。ダイズの芽ばえは図ＡとＢのどちらですか。ＡまたはＢの記号で答えなさい。また図ＡとＢは芽ばえのつくりから何植物といいますか。漢字三文字で答えなさい。

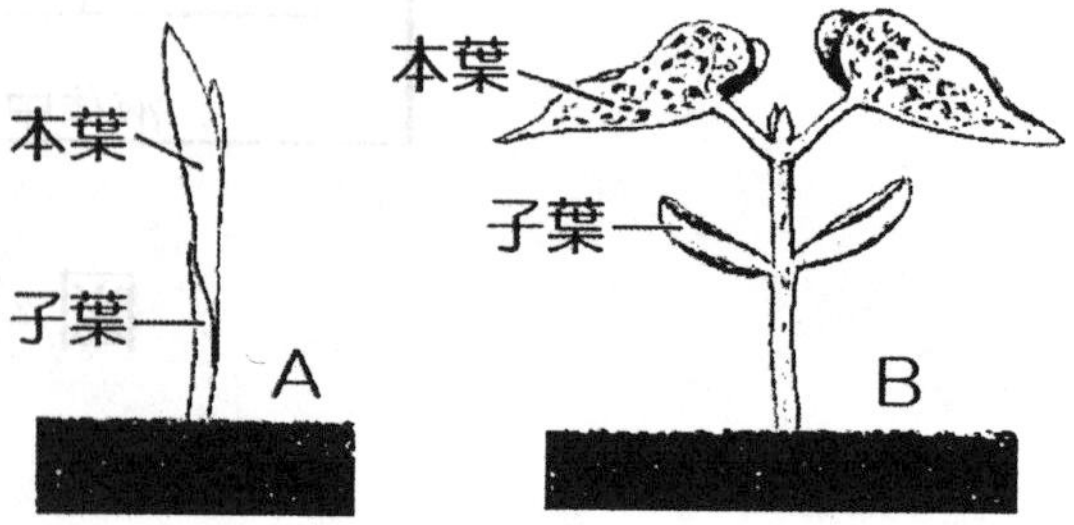

問２　右図ＣとＤはそれぞれトウモロコシとダイズのくきの断面を表しています。トウモロコシの断面図をＣまたはＤの記号で答えなさい。

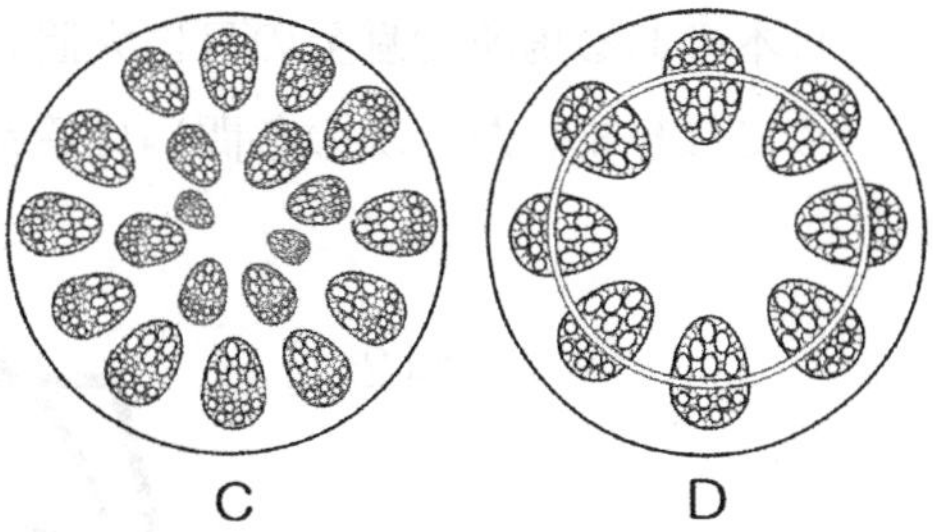

問３　トウモロコシとダイズに赤インクを混ぜた水を吸わせる実験を行いました。くきの断面図ＣとＤで赤く染まる部分はどこですか。当てはまる部分を解答用紙の図に黒くぬりつぶしなさい。

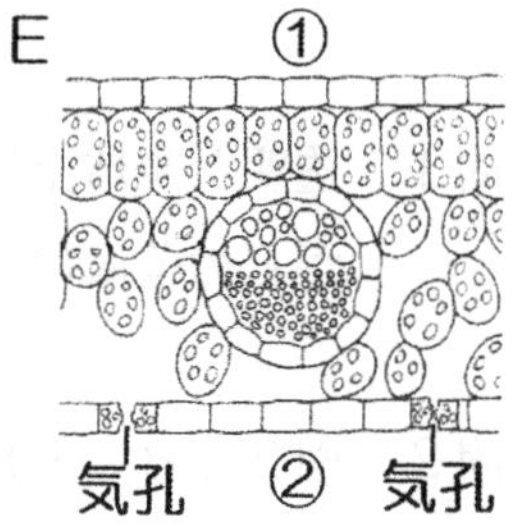

問４　右図Ｅはダイズの葉の断面を表しています。図Ｅの葉の表面は①と②のどちらですか。また、問３の実験で赤く染まる部分はどこですか。当てはまる部分を解答用紙の図に黒くぬりつぶしなさい。

問５　右図Ｅの気孔《こう》のはたらきを２つ書きなさい。

問６　トウモロコシと芽ばえのつくりが同じである植物はどれですか。次の（ア）～（カ）からすべて選び、記号で答えなさい。

（ア）ヘチマ　　（イ）ヒマワリ　　（ウ）イネ
（エ）ホウセンカ　　（オ）タマネギ　　（カ）コムギ

4　太陽の動きを観察するために以下の実験をおこないました。

操作１：画用紙に直行する二本の直線を引き、東西南北の方位に合わせる。
操作２：透明《とうめい》な半球を画用紙の中央に乗せて固定する。
操作３：透明な半球の上に、サインペンで太陽の動きを記録する。

図１

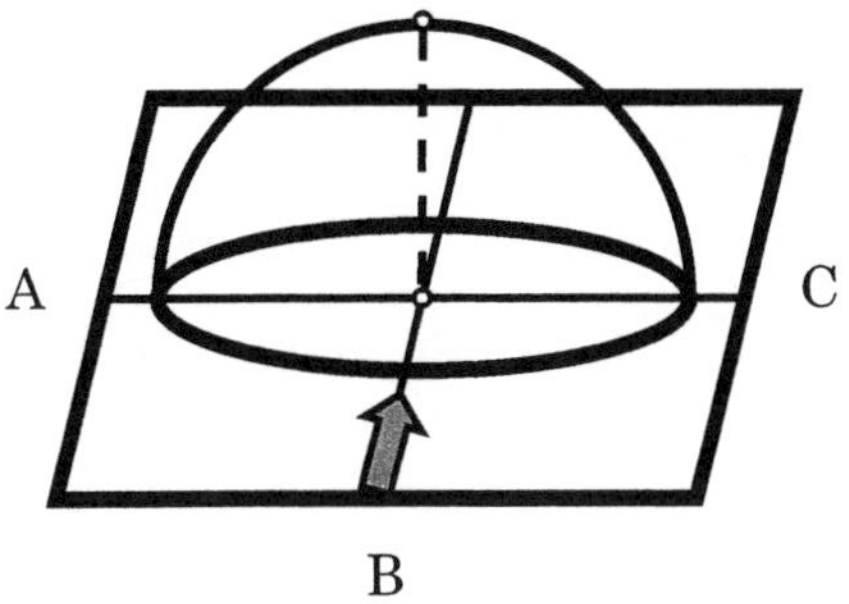

日本のある場所で夏至の日に太陽の動きを透明な半球に記録したところ、下図２のようになりました。次の各問いに答えなさい。

図２

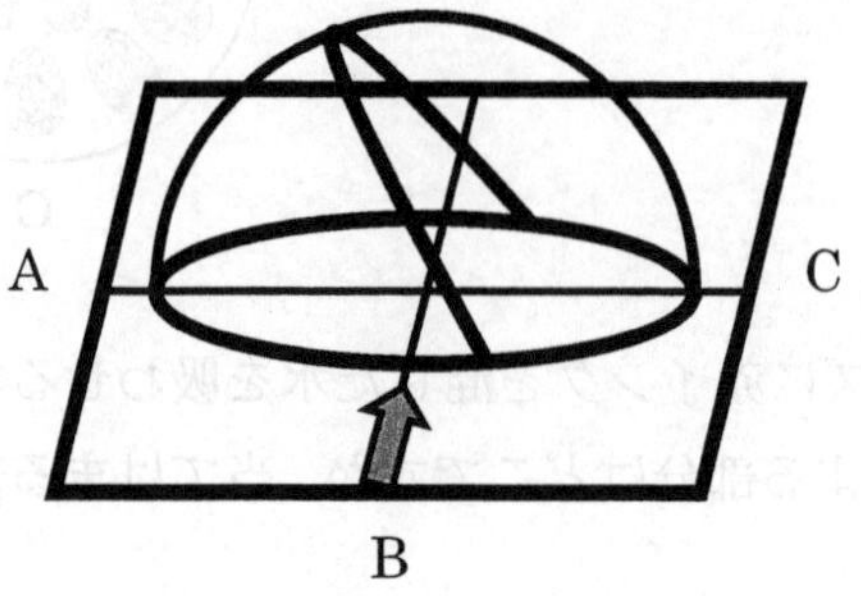

問１　透明な半球上に、サインペンで太陽の位置を記録するとき、サインペンの先端の影がどの位置に来るように印をつければよいか答えなさい。

問２　図２のＢの方角は、東・西・南・北のどれか答えなさい。

問３　図３は透明な半球をＢの方向から見た様子を表しています。春分の日に観察をおこなうとどのようになりますか。解答用紙の図に太陽の道すじを書き込みなさい。

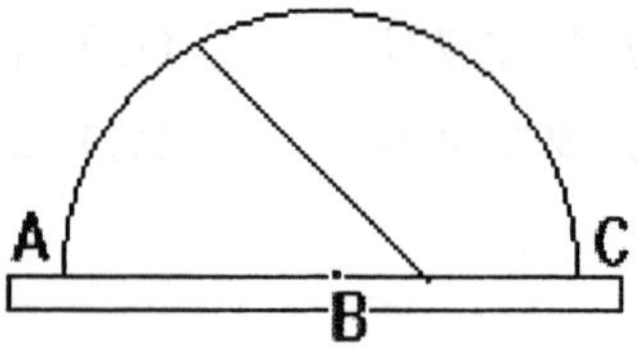

図３

問４　これらの現象は地球のある運動がもとで起きています。この地球の運動を何というか答えなさい。

問六　文章から次の一文がぬけています。文章中の【ア】～【エ】のどこに入るでしょうか。最もふさわしいものを選び、記号で答えなさい。

しかし、すべての生物がナンバー１になれる自分だけのニッチを持っているのです。

問七　――線部④「最強」・⑤「移動」と熟語の成り立ちが同じものを次の中からそれぞれ選び、記号で答えなさい。

ア　急病　　イ　未来　　ウ　山河　　エ　骨折　　オ　満足

問八　――線部⑥「陸の上でもがいている魚」とはどういうことの比喩《ひゆ》なのでしょうか。三十字程度で答えなさい。

問九　［F］に入ることばとして最もふさわしいものを次の中から選び、記号で答えなさい。

ア　好きなことをしているうちに得意になる　　イ　自分のためではなく他人のためにやる

ウ　得意な分野で他人と競争する　　エ　得意な人が得意なことをする

問十　この文章について説明した次の文の中から最もふさわしいものを選び、記号で答えなさい。

ア　オンリー１の大切さを伝える歌詞を引用し、人間社会は高度に発達していく中でナンバー１ではなくオンリー１が求められるようになったと指摘《してき》している。

イ　厳しい生存競争に勝ちぬいている生物たちを引き合いに出し、人間も競争社会を勝ちぬくために誰《だれ》にも負けない個性を身につける必要があると訴《うった》えている。

ウ　一見、弱そうであってもそれぞれのニッチで力強く生きる生物たちを例に挙げ、自分の役割が分かりにくくなった現代社会を生きる上でのヒントを伝えている。

エ　どんな生物でもそれぞれのニッチを見つけられる自然界と比べて、個性が軽《かろ》んじられて自分の社会的役割を見つけづらくなった人間社会を批判している。

エ　ナンバー１であろうとなかろうと人にはそれぞれ特別な個性があると歌詞に共感する意見。

オ　オンリー１とナンバー１のどちらを目指すべきか答えは存在しないと歌詞を非難する意見。

問二　【A】・【B】に入る一字をそれぞれ答え、四字熟語を完成させなさい。

問三　【C】～【E】に入ることばとして最もふさわしいものを次の中からそれぞれ選び、記号で選びなさい。

ア　たとえば　　イ　そして　　ウ　そのため　　エ　しかし　　オ　つまり

問四　――線部②「これは、どうしてなのでしょうか？」とありますが、その理由として最もふさわしいものを選び、記号で答えなさい。

ア　他の種類のゾウリムシと異なるエサを食べたり、異なる場所で活動したりすることで競争を避《さ》けて生きているから。

イ　他の種類のゾウリムシとの争いを通じて、自分たちにとって適した場所を見つけ出して生きているから。

ウ　他の種類のゾウリムシと争うことはせず、同じエサを分け合うなどたがいに協力しながら生きているから。

エ　他の種類のゾウリムシとの争いに勝てなくても、その世界のナンバー２としてほそぼそと生きのびているから。

問五　――線部③「すべての生物はナンバー１であり、そして、すべての生物はオンリー１なのです」とありますが、これについて説明した次の文の【Ⅰ】・【Ⅱ】に入ることばをそれぞれ指定された字数で文章中からさがし、ぬき出して答えなさい。

> 自然界は競争が激しく、【Ⅰ（13字）】。しかし、他の生物と全く同じ空間で生きたり、同じエサを食べたりするのではなく、それぞれが【Ⅱ（25字）】を持つことで生きているということ。

りません。

しかし、ニッチの考え方は、今まさに個性の時代を生きようとしている私たちにとっても、じつに参考になる話のように思えます。

人間は、「助け合う」ということを発達させてきました。助け合いを通して、さまざまな役割分担を行い、社会を築いてきたのです。

たとえば力の強い人たちは、獲物《えもの》を獲《と》りに狩《か》りに行きます。目の良い人たちは、果物などの食べ物を探しにいきます。泳ぐのが得意な人は魚を獲り、手先の器用な人たちは道具を作ったり、調理の得意な人たちは食べ物を調理しました。神に祈《いの》る人がいたり、子どもたちの面倒《めんどう》を見る人がいたり、人間は古くから役割分担をしていたのです。そうした役割分担によって、人間社会は発達してきました。「　F　」、これが人間の作り上げた社会です。

人間の一人ひとりが、社会の中のさまざまなポジションで、さまざまな役割を果たすことは、さまざまな生物種が、生態系の中でそれぞれの役割を担っているのと同じです。

しかし、社会は高度に複雑になり、役割分担もまたわかりにくくなってしまいました。誰がどんな役割分担を担っているかもわからないし、社会の中で自分が得意なのは何なのかも、簡単には見出せなくなってしまったのです。

そのため、「ニッチ」という生物の種の基本的な考え方が、自分の社会的役割を再考するのに、とても参考になるのではないでしょうか。私はそう思います。

（稲垣栄洋『はずれ者が進化をつくる　生き物をめぐる個性の秘密』より）

（注）　※　生態学者…生物とそれをとりまく環境《かんきょう》について研究する学者。

問一　――線部①「二つの意見」とありますが、それぞれの意見について説明した次の文の中で正しいものを二つ選び、記号で答えなさい。

ア　オンリー１を目指して努力する方が人間社会においては価値があると歌詞に賛同する意見。

イ　ナンバー１を目指して今の自分に満足することなく努力すべきだと歌詞に反発する意見。

ウ　ナンバー１以外は生物たちの世界で生きていくことができないと歌詞を批判する意見。

オケラはどうでしょうか。

オケラはコオロギの仲間です。地面の上にはたくさんの種類のコオロギがいますが、地面の下で穴を掘《ほ》って暮らしているコオロギなんて他にはいません。それだけで、間違いなくナンバー１なのです。

アメンボはどうでしょう。

アメンボのニッチもすごいです。

何しろ陸の上でも、水の中でもありません。地上にはたくさんの生き物がいます。水中にもたくさんの生き物がいます。しかし、水面という範囲《はんい》ではアメンボは最強の肉食昆虫《こんちゅう》です。

ミミズもオケラも、アメンボもみんなすごいニッチを持っているのです。【エ】

「フレーム理論」というものがあります。

たとえば、あなたが魚だったとしましょう。水の中であればスイスイと泳ぎ回るあなたも、陸の上に上げられたとたんにピチピチとはねることしかできません。陸上ではどんなに歯を食いしばって努力しても、他の生き物のように陸の上を歩くことはできません。あなたにとって大切なことは、水を探すことなのです。

あるいは、あなたがダチョウだったとしましょう。ダチョウは世界最大の鳥です。あなたは、誰《だれ》よりも強い脚力《きゃくりょく》で速く走ることができます。太い足で蹴《け》り上げるキック力は猛獣《もうじゅう》たちも恐《おそ》れるほどです。しかし、どうして他の小鳥のように空を飛べないのかと悩《なや》み始めたら、ダチョウはとてもダメな鳥になってしまいます。ダチョウは陸の上で力を発揮します。飛ぼうとしてはダメなのです。

あなたは自分のことをダメな存在だと思うことがあるかもしれません。しかし、本当にそうでしょうか。あなたは⑥陸の上でもがいている魚になっていないでしょうか。飛ぶことに憧《あこが》れるダチョウになっていないでしょうか。

誰にも自分の力を発揮できる輝《かがや》ける場所があります。ダメなのはあなたではなく、あなたに合わない場所なのかもしれません。

持っている力を発揮できるニッチを探すことが大切なのです。

勘違《かんちが》いしてはいけないのは、ここで紹介した「ニッチ」という考え方は、モンシロチョウやアフリカゾウといった、生物の種の単位での話です。

人間という生物は自然界の中で確かなニッチを確立しているのですから、本当は私たち個人個人がニッチを探す必要はあ

これは「ナンバー1が大切なのか、オンリー1が大切なのか？」という問いに対する自然界の答えです。

ナンバー1しか生きられない。これが自然界の鉄則です。

しかし、ナンバー1になる方法はたくさんあります。

そして、地球上に棲むすべての生物は、ナンバー1になれるものを持っているのです。このナンバー1になれるオンリー1のポジションのことを生態学では「ニッチ」といいます。

「ニッチ」という言葉は、もともとは、装飾品《そうしょくひん》を飾《かざ》るために教会の壁面《へきめん》に設けたくぼみのことです。

一つのくぼみには、一つの装飾品しか掛《か》けることができないように、一つのニッチには一つの生物種しか入ることができません。【ア】

私たちのまわりには、たくさんの生き物がいます。弱そうな生き物もいます。人間と比べると、単純でつまらない存在に見える生き物もたくさんいます。【イ】

「ぼくらはみんな　生きている」の歌詞で歌いだされる子どもたちに人気の唱歌「手のひらを太陽に（やなせたかし作詞・いずみたく作曲）」には、こんな歌詞があります。

ミミズだって　オケラだって　アメンボだって
みんな　みんな生きているんだ
友だちなんだ

ミミズもオケラも、アメンボも、けっして強い生き物には思えません。優秀《ゆうしゅう》な生き物にも思えません。

しかし、この生き物たちのニッチには、驚かされます。【ウ】

ミミズは、肉食でも草食でもありません。土の中で土を食べて生きています。土の中で土を食べる生き物の中でミミズは④最強です。

じつは、手も足もないミミズは、すいぶんと単純な生き物に思えるかもしれませんが、ミミズの祖先は、もともとは頭や⑤移動のための足のような器官をもつ生物だったと考えられています。しかし、土の中で土を食べて生きるというナンバー1になるために、足を捨ててしまったのです。

「ナンバー1しか生きられない」

これは、間違いなく自然界の鉄則です。

しかし、ゾウリムシもミドリゾウリムシも、どちらもナンバー1の存在として生き残りました。

[E]、ゾウリムシは水槽の上の方でナンバー1、ミドリゾウリムシは水槽の底の方のナンバー1だったのです。

このように、同じ水槽の中でも、ナンバー1を分け合うことができれば、競い合うこともなく共存することができます。

生物学では、これを「棲《す》み分け」と呼んでいます。

自然界には、たくさんの生き物が暮らしています。

つまり、すべての生き物は棲み分けをしながら、ナンバー1を分け合っています。

そのように、自然界に生きる生き物は、すべての生き物がナンバー1なのです。

自然界には、わかっているだけで一七五万種の生物が生存していると言われているのですから、少なくとも一七五万通りのナンバー1があるということになります。

ナンバー1になる方法はいくらでもあるということなのです。

ナンバー1しか生きられない。これが自然界の鉄則です。

自然界に暮らす生き物は、すべてがナンバー1です。どんなに弱そうに見える生き物も、どんなにつまらなく見える生き物も、必ずどこかでナンバー1なのです。

ナンバー1になる方法はいくらでもあります。

この環境《かんきょう》であれば、ナンバー1、この空間であればナンバー1、このエサであればナンバー1、この条件であればナンバー1……。こうしてさまざまな生き物たちがナンバー1を分け合い、ナンバー1しか生きられないはずの自然界に、多種多様な生き物が暮らしているのです。

自然界は何と不思議なのでしょう。

そして、ナンバー1はたくさんいますが、それぞれの生物にとって、ナンバー1になるポジションは、その生物だけのものです。すべての生物は、ナンバー1になれる自分だけのオンリー1のポジションを持っているのです。そして、オンリー1のポジションを持っているということはオンリー1の特徴《とくちょう》を持っているということになります。

つまり、③すべての生物はナンバー1であり、そして、すべての生物はオンリー1なのです。

に二種類のゾウリムシが共存することはできないのです。

「ナンバー１しか生きられない」

これが自然界の厳しい鉄則なのです。

競争は水槽の中だけではありません。

自然界は、[A]肉[B]食、激しい競争や争いが日々繰《く》り広げられている世界です。あらゆる生き物がナンバー１の座を巡《めぐ》って、競い合い、争い合っているのです。

[C]、不思議なことがあります。

自然界には、たくさんの生き物がいます。

もし、ナンバー１の生き物しか生き残れないとすれば、この世の中には、ナンバー１である一種類の生き物しか生き残れないことになります。それなのに、どうして自然界には、たくさんの種類の生き物がいるのでしょうか。

ゾウリムシだけを見ても、自然界にはたくさんの種類のゾウリムシがいます。

もし、ガウゼの実験のようにナンバー１しか生きられないとすれば、水槽の中と同じように、自然界でも一種類のゾウリムシだけが生き残り、他のゾウリムシは滅んでしまうはずです。しかし、自然界にはたくさんの種類のゾウリムシがいます。

②これは、どうしてなのでしょうか？

じつは、ガウゼが行った実験には、続きがあります。[D]、この実験が大きなヒントとなるのです。

続きの実験では、ガウゼはゾウリムシの一種類を変えて、ゾウリムシとミドリゾウリムシという二種類で実験をしてみました。

すると、どうでしょう。

驚《おどろ》くことに、どちらのゾウリムシも滅ぶことなく、二種類のゾウリムシは、一つの水槽の中で共存をしたのです。

これはどういうことなのでしょうか。

じつは、ゾウリムシとミドリゾウリムシは、違《ちが》う生き方をしていました。

ゾウリムシは、水槽の上の方にいて、浮《う》いている大腸菌《きん》をエサにしています。これに対して、ミドリゾウリムシは水槽の底の方にいて、酵母菌《こうぼきん》をエサにしているのです。

そのため、ゾウリムシとヒメゾウリムシのときのような争いは起きなかったのです。

三　次の文章を読み、あとの問いに答えなさい。

「世界に一つだけの花」（詞曲・槇原敬之《まきはらひろゆき》）という歌に、次のような歌詞があります。

「ナンバー１にならなくてもいい。もともと特別なオンリー１」

この歌詞に対しては、大きく①二つの意見があります。

一つは、この歌詞の言うとおり、オンリー１であることが大切という意見です。何もナンバー１にだけ価値があるわけではありません。私たち一人ひとりが特別な個性ある存在なのだから、それで良いのではないか。これはもっともな意見です。

一方、別の意見もあります。

そうは言っても、世の中は競争社会です。オンリー１で良いと満足してしまっては、努力する意味がなくなってしまいます。世の中が競争社会だとすれば、やはりナンバー１を目指さなければ意味がないのではないか。これも、納得できる意見です。

オンリー１で良いのか、それともナンバー１を目指すべきなのか。あなたは、どちらの考えに賛成するでしょうか？

じつは、生物たちの世界は、この問いかけに対して、明確な答えを持っているのです。

「ナンバー１しか生きられない」

じつは、生物の世界では、これが鉄則です。

理科の教科書には、ナンバー１しか生きられないという法則を証明する「ガウゼの実験」と呼ばれる実験が紹介《しょうかい》されています。

旧ソビエトの※生態学者ゲオルギー・ガウゼは、ゾウリムシとヒメゾウリムシという二種類のゾウリムシを一つの水槽《すいそう》でいっしょに飼う実験を行いました。

すると、どうでしょう。

最初のうちは、ゾウリムシもヒメゾウリムシも共存しながら増えていきますが、やがてゾウリムシは減少し始め、ついにはいなくなってしまいます。そして、最後には、ヒメゾウリムシだけが生き残ったのです。

二種類のゾウリムシは、エサや生存場所を奪《うば》い合い、ついにはどちらかが滅《ほろ》ぶまで競い合います。そのため、一つの水槽

問六　――線部④「入道雲のように膨《ふく》れあがる険悪な空気」に用いられている表現の工夫として最も適切なものを次の中から選び、記号で答えなさい。

ア　擬《ぎ》人法　イ　対句　ウ　直喩《ちょくゆ》　エ　隠喩《いんゆ》　オ　倒置《とうち》法

問七　――線部⑤「砂の……砂の海みたいなところを、ずっと泳いでるんです」とありますが、これは、基のどのような気持ちを表していますか。五十字以内で具体的に説明しなさい。

問八　――線部⑥「魔法《まほう》じゃなくて、呪《のろ》いかな」とありますが、これはどのようなことを言っているのですか。その説明として最もふさわしいものを次の中から選び、記号で答えなさい。

ア　基はテレビにも出た瑛太郎の素晴らしい経歴に憧《あこが》れるあまり、自分も有名になろうとあせっているということ。

イ　常に瑛太郎の存在を意識している基は、瑛太郎のように部をまとめられない自分を責めすぎているということ。

ウ　基は前向きな性格を買われ部長を任されたのに、瑛太郎への憧れがじゃまをして力が発揮《はっき》できていないということ。

エ　瑛太郎の演奏に近づくことにこだわる基は、自由に自分の理想を追い求められなくなっているということ。

問九　物語全体を通して、基の気持ちはどのように変化していますか。その説明として最もふさわしいものを次の中から選び、記号で答えなさい。

ア　オーディションではまわりの視線が気になり、納得のいく演奏ができなかったが、信頼《しんらい》する瑛太郎が、正確さよりも楽しむことを大切に演奏してくれたことで、明るく前向きな気持ちになっていく。

イ　オーディションで先輩を差し置いて合格したことに苦しんでいたが、まじめな瑛太郎が、いつになくふざけながら一緒《いっしょ》に演奏し励《はげ》ましてくれたことで、部長としてコンクールへ向けて気持ちを切り替えようと決意していく。

ウ　オーディションでは自分の演奏のことしか考えられなかったが、尊敬する瑛太郎と自由気ままに一緒に演奏することを通して、音楽の楽しさを部員たちと味わいたいと思うようになり、落ち込《こ》んでいた気分が晴れていく。

エ　オーディションでは課題曲の難しさにとまどっていたが、目標である瑛太郎もミスを気にせずに演奏してくれたことで肩《かた》の力が抜《ぬ》け、『スケルツァンド』という曲の奥深さにひきこまれていく。

ア　こわくなって、おどおどして答えると
イ　緊張《きんちょう》し、力んで答えると
ウ　か細い声で、不安げに答えると
エ　話し終える前に、きっぱりと答えると

問二　――線部②「きっと、ここにいる全員が池辺先輩《せんぱい》と同じことを思っているのだ」とありますが、「同じこと」の内容として最もふさわしいものを次の中から選び、記号で答えなさい。
ア　コンクールメンバーに選ばれることを気にもかけないような基の発言に呆《あき》れ、苛立《いらだ》っていること。
イ　オーディションに合格したにもかかわらず、喜びを隠《かく》そうとする基の態度が気に入らないこと。
ウ　後輩《こうはい》の立場でありながら、コンクールメンバーのオーディションに参加した無神経な基が許せないこと。
エ　結果通り、自分はコンクールメンバーに相応《ふさわ》しいと認めた生意気な基に何も言えないこと。

問三　――線部③「瑛太郎《えいたろう》の言葉が自分の中を素通りしていく」とありますが、これは基のどのような様子を表していますか。最もふさわしいものを次の中から選び、記号で答えなさい。
ア　瑛太郎がさりげなくフォローしてくれたことで、プレッシャーから救われ安心している。
イ　先輩たちを怒《おこ》らせてしまったことで頭がいっぱいになり、瑛太郎の言葉がまるで入ってこない。
ウ　自分が思っていたことを言葉にしてくれた瑛太郎に感謝し、胸が熱くなっている。
エ　瑛太郎が何と言おうと自分の信念を曲げることはできないので、聞く耳を持たない。

問四　[A]に入る語句として適切なものを、文章中のここより前から十六字でさがし、ぬき出して答えなさい。

問五　[B]～[D]に入ることばを次の中からそれぞれ選び、記号で答えなさい。
ア　さらりと　イ　ひょいひょいと　ウ　ふわふわと　エ　ぱくぱくと　オ　そっと

の人は見ている。さっきまでいろいろ悩《なや》んでいたのに。今日まで苦しい思いをしてきたのに。恐《おそ》らく、明日からもするのに。

不思議なもので、そんな不安とかうんざりした気持ちが、※9ベルから音になって飛んでいく。ステンドグラス越しに青く発光しながら、くるくる回って消えていく。

音も合ってないし、テンポもずれてる。和音も歪《いびつ》。コンクールだったら減点の嵐だ。

でも、

でも。

困ったことに、堪《たま》らなく楽しかった。スケルツァンドって、きっとこういうことだ。不破瑛太郎と自分が今、一緒に演奏しているんだという事実を、基はかみ絞《し》めた。何だか口の中が甘《あま》かった。花のような甘い香りが鼻孔《びこう》をくすぐった。

こういう気持ちに、コンクールのステージの上でなれたらいい。そうしたらきっと、僕たちは全日本にだってどこにだって行ける。

（額賀澪『風に恋う』より）

（注）
※1　淡泊《たんぱく》…こだわらずあっさりしていること。
※2　糾弾《きゅうだん》する…責《せ》めること。
※3　玲於奈《れおな》…茶園基《ちゃえんもとき》の二歳年上の幼なじみ。吹奏楽部の部長だったが、瑛太郎に基と交代させられた。
※4　雄弁《ゆうべん》…人の心を動かすような、力強い話し方。
※5　チャペル…校内にある礼拝《れいはい》堂。千間《せんげん》学院高校はキリスト教系の学校。
※6　スケルツァンド…コンクールの課題曲。音楽用語で「たわむれるように、おどけて」の意味。
※7　リード…口にくわえるマウスピースに固定し、ふるわせることで音を出す。
※8　自嘲《じちょう》…自分自身をつまらないだめな人間だと軽蔑《けいべつ》すること。
※9　ベル…金管楽器の先端部分。大きく開いている。

問一　——線部①「喰《く》い気味に答えると」とありますが、ここでの意味として最もふさわしいものを次の中から選び、記号で答えなさい。

自然と俯《うつむ》いてしまっていた顔を上げて、基は問いかけた。喉《のど》が軋《きし》んで声にならなかったのに、瑛太郎にはちゃんと届いていた。

「お前がオーディションに受かることじゃなくて、自分の理想を追いかけることに一生懸命《けんめい》になれる奴《やつ》だからだよ」

ははっと笑った彼《かれ》の口が、マウスピースに触《ふ》れる。ふう、と息を吹き入れ、音を伸《の》ばす。低い音から高い音へ、高い音から低い音へ。

「あの……」

そんな **C** 言わないでほしい。音出しの合間の雑談みたいな扱《あつか》い、しないでほしい。できることならもう一度同じ台詞《せりふ》を言ってほしい。

彼の今の言葉を、一生、自分の中に焼き付けておきたかった。

「先生は、今から何をするつもりですか」

「砂の海を藻掻《もが》きながら泳いでいるのを助けてやることはできないが、一緒《いっしょ》に泳ぐくらいはしてやろうと思って」

「一緒に……って」

「オーディション前だと茶園に特別指導をしたって誤解されると思って、控《ひか》えてたんだ」

『スケルツァンド』、頭から。そう言って彼は音出しを続ける。慌《あわ》ててサックスに息を吹き入れたが、満足に音出しもできないまま、瑛太郎は「ワン、ツー、さん」と合図を送ってきた。

大事な大事な最初の一音を盛大に外《はず》した。口が力んでリードが上手く振動《しんどう》せず、悲鳴のような甲高《かんだか》い音がこぼれる。歪《いびつ》な音が不格好《ぶかっこう》に間延《まの》びして、瑛太郎が噴《ふ》き出した。そのせいで彼の音も揺れる。まるで、スキップでもするみたいに。

自分がアルトサックスのファーストを吹けばいいのか、セカンドの楽譜に従って吹けばいいのかもわからないまま、瑛太郎の音に引き摺《ず》られるようにして曲は進む。無茶苦茶だ。彼はファーストを吹いたと思ったらさっさとそれを基に譲《ゆず》り、クラリネットやトランペットのパートを吹いたりした。油断すると戻ってきて、基が吹こうとした主旋律《しゅせんりつ》を奪《うば》う――と思ったら、ぽいと基に返してくる。彼の頭にはスコアが叩《たた》き込まれていて、 **D** いろんなパートを行ったり来たりできるのだ。面白そうなところ、楽しそうなところに、自由気ままに。

ふざけやがって。

そんな言葉が、ふっと湧《わ》き上がってくる。ああ、なんてふざけた演奏だ。あたふたと演奏する基のことを、楽しそうにこ

「⑤砂の……砂の海みたいなところを、ずっと泳いでるんです。カラカラで、息ができなくて、出口がなくて、苦しいんです」

　両目の奥《おく》に鈍《にぶ》い痛みが走った。風船が膨らむみたいにそれは大きくなって、目頭が熱くなる。やはり自分の胸を占《し》めているのはこれなのだ。池辺先輩のこと、部長としての至らなさ。それらを小さく感じてしまうくらい、自分は自分の演奏に夢中になっている。

「自分の理想に追いつきたいのに追いつけないっていうのは、しんどいもんだ」

「しんどいです」

　擦《かす》れた声で基が頷《うなず》くと、瑛太郎が立ち上がった。基が楽器の準備を終えたのを見て、「しんどいよな」と繰《く》り返す。

「茶園には魔法《まほう》がかかってるみたいだ。ていうか、⑥魔法じゃなくて、呪《のろ》いかな」

　基を指さしたあと、瑛太郎は自分の顔を指さした。

「君は、不破瑛太郎が素晴らしい人間だという思い込《こ》みが強すぎる」

　どこか※8自嘲《じちょう》気味に、そんなことを言う。

「確かに俺は七年前の千学の部長で、テレビにも出て、全日本にも出場した。茶園はそれに憧《あこが》れて吹奏楽を始めたかもしれない。でも、今の俺はただのコーチだ」

「でも、僕は先生の『スケルツァンド』を聴《き》いて、どうして自分はあんな風に吹けないんだろうって、毎日毎日……、毎日思いました。今だって思ってます」

「では、そんな茶園に一つアドバイスをしよう」

　十字架を背に、瑛太郎はサックスのキーに指をかけた。

「憧れの向こう側にあるものには、追いつけなくて当然だ。だから焦《あせ》らなくていい。君は君の理想を、コンクールまでじっくり追いかけていけばいい」

「でも、部長は自分のことばかりじゃいけない」

「みんなに気を配ってほしいとか、上級生相手にリーダーシップを発揮してほしいなら、俺は茶園を部長になんてしなかったよ」

「じゃあ、どうして」

「先生がさっき言った通り、自分に挙手しなかったってことは、自分は【A】、つまり、オーディションを辞退したのと一緒《いっしょ》だと思います」

音楽室内の空気が蠢《うごめ》いて、「確かにそうだ」という声が聞こえてきた。

「ちょっとちょっと、そういう言い方はないでしょ」

玲於奈が制したけれど、収まらない。不愉快《ふゆかい》なものをみんなで排除《はいじょ》しようという圧《あつ》が、どんどん大きくなる。

「勘違《かんちが》いするなよ」

④入道雲のように膨《ふく》れあがる険悪な空気を破ったのは、やはり、瑛太郎の声だった。笑いを含《ふく》んだ声に、基は顔を上げる。譜面《ふめん》台に頬杖《ほおづえ》をついた瑛太郎は、何故か口の端《はし》を吊《つ》り上げていた。

「さっきも言っただろ。今、君達が腹を立てている茶園をコンクールメンバーに選んだのは、君達自身だ。まあ、部長にしたのは俺だけどな」

基をコンクールメンバーから外す気も、部長を交代させる気もない。瑛太郎の微笑《ほほえ》みは、※4雄弁《ゆうべん》にそう語っていた。一人、また一人、渋々《しぶしぶ》という顔で口を噤《つぐ》んでいく。

部活の解散後、瑛太郎は自分も楽器を持ち、基を校内の※5チャペルに連れて行く。

「茶園、この前堂林《どうばやし》とここで、俺が※6『スケルツァンド』を吹《ふ》いているのを覗《のぞ》いただろ」

「ばれてたんですね」

基が※7リードを準備し楽器を組み立てるのを、瑛太郎は座席に座って待っていてくれた。リードをマウスピースに固定しながら、基は淡《あわ》い青色に染まる十字架《じゅうじか》を見上げた。

「楽譜通り正確なリズムや音程で吹けるとか、指のテクニックとか、そういうのは練習すれば何とかなります。そうじゃなくて、先生みたいに吹いてみたいなって思って。でも僕《ぼく》の力じゃ逆立ちしても真似《まね》できなくて」

適切な表現がすぐに出てこなくて、基は口を【B】数回動かした。

池辺先輩の唾《つば》が、基の頬《ほお》に飛んでくる。ワイシャツの襟《えり》がねじり上げられ、息が苦しくなる。自分の演奏に夢中ですっかり忘れていた。池辺先輩がコンクールメンバーに落ちたこと。アルトサックスでは、ただ一人。

「納得がいかなかった？　落ちた俺への当てつけかよ。落ちた他の連中に対する嫌みかよ！」

池辺先輩の怒鳴《どな》り声に、周囲が静まりかえる。誰《だれ》も何も言わない。越谷先輩が止めに入ろうとしているけれど、言葉が出てこないみたいだった。②きっと、ここにいる全員が池辺先輩と同じことを思っているのだ。

自分を、張り倒《たお》したくなった。罵《ののし》って、引っぱたいて……そして、どうすればいいんだろう。

「池辺」

瑛太郎の声が、聞こえた。さざ波のように、基に淡《あわ》く打ちつける。

「気持ちはわかるが、お前が落ちたのは茶園のせいじゃない。みんなの選択《せんたく》の結果だ」

唇《くちびる》を噛《か》んだ池辺先輩は、基を一睨《ひとにら》みして、胸ぐらから手を離《はな》した。基にしか聞こえない微《かす》かな舌打ちをして、自分の席に戻《もど》っていく。越谷先輩が困ったように笑って、でも頬を強《こわ》ばらせながら基の前を通り過ぎる。他の先輩たちも同じだった。

窓の外が真っ暗になる頃、すべてのパートの審査《しんさ》が終わった。六十四人の部員の中から五十五人が選ばれ、九人が落ちた。

「君達が君達の判断で選んだ五十五人で、全日本を目指して明日からまだ練習していく。ただ、コンクールのステージに上がる直前まで気は抜かないように。落ちた九人の方がいい演奏ができるようなら、積極的に替《か》えていくから」

③瑛太郎の言葉が自分の中を素通りしていく。辛《かろ》うじて「今日はここまで」という声に、部長として号令を掛《か》けることができた。

基に謝罪のチャンスすら与《あた》えず、池辺先輩は真っ直ぐ音楽室を出ていってしまった。

「あのね、基」

サックスを抱《かか》えたまま呆然《ぼうぜん》と立ち尽《つ》くしていた基のもとに、※3玲於奈《れおな》がやって来る。

「あれはない、って私も思ったよ」

頑張《がんば》って練習したのに落ちちゃった人もいるんだからね。玲於奈が呆《あき》れながらも、穏《おだ》やかな声色《こわいろ》で話し始めたときだった。

「瑛太郎先生、茶園は結局、コンクールメンバーになるんですか？」

誰《だれ》かが、そう言った。声だけで誰だかはわかった。わかったけれど、基はそちらを見ないようにした。見てしまったら、もう、明日からここに来られない気がする。

二　次の文章を読んで後の問いに答えなさい。

茶園基《ちゃえんもとき》は、千間《せんげん》学院高校（文章中では千学）に通う高校一年生。高校では吹奏楽部《すいそうがくぶ》に入部するつもりはなかったが、かつて名門だった頃《ころ》の元部長・不破瑛太郎《ふわえいたろう》がコーチとして戻《もど》ってきたことを知り、入部した。しかし瑛太郎は、吹奏楽部を立て直すために、一年生の基を部長に任命するなど波乱を巻き起こす。さらに瑛太郎は、コンクールメンバーを決める部内オーディションを行う。一人ずつ演奏させ、パートごとに部員の挙手による投票で出場メンバーを決めていく。

「アルトサックスが茶園基、越谷《こしがや》和彦。テナーが柄本《つかもと》純子、バリトンが矢沢美穂《やざわみほ》」

これまで同様に※1淡泊《たんぱく》にそう告げた瑛太郎は突然《とつぜん》、「茶園」と基を呼んだ。

「どうして、自分に手を挙げなかった」

瑛太郎の声も視線も、決して怒《おこ》ってはいなかった。ただ、一斉《いっせい》に振《ふ》り返った部員達の顔は冷ややかで、憤《いきどお》りや苛立《いらだ》ちに満ちていて、たくさんの視線に基は串刺《くしざ》しにされた。

「……すみません」

深々と頭を下げ、そのまま動けなくなる。つむじに感じる鋭《するど》い視線は、和《やわ》らぐことがない。

「お前は、自分の演奏がコンクールメンバーに相応《ふさわ》しくないと、そう思ったのか」

「違《ちが》います」

①喰《く》い気味に答えると、目の前に座る部員達の中から、確かに、「はあ？」という声がした。悪意に満ちた、基を※2糾弾《きゅうだん》する声が。

「オーディションとかコンクールとか関係なく、ただ、納得がいかなかったんです」

基が言い終わらないうちに、隣《となり》から――池辺先輩《せんぱい》の手が伸《の》びてきた。乱暴に胸ぐらを掴《つか》まれて、切れ長の目が基を睨《にら》んでくる。

「お前、俺《おれ》を馬鹿にしてんのかっ！」

二〇二二年度 日本学園中学校

【国　語】〈第一回試験〉（五〇分）〈満点：一〇〇点〉

一　次の――線部①～⑩の漢字はひらがなに、カタカナは漢字に直しなさい。

① 有名な絵画が飾《かざ》られている。
② はずかしくなって目を背ける。
③ 芸の極意《ごくい》を会得した。
④ 換気《かんき》のため、戸を定期的に開閉する。
⑤ 紙一重の差で世界記録に届かなかった。
⑥ 畑をタガヤして春を待つ。
⑦ 目の前に美しいコウケイが広がっていた。
⑧ 立派な人物になってオン返しをしたい。
⑨ 彼《かれ》のオウボウなふるまいは目に余る。
⑩ ジジツムコンの疑いを受ける。

2022年度

日本学園中学校　▶解説と解答

算　数　＜第１回試験＞（50分）＜満点：100点＞

解　答

1 (1) 101　(2) 210　(3) 5.94　(4) $5\frac{7}{10}$　(5) 1　(6) $1\frac{2}{3}$　**2** (1) 9　(2) 1357　(3) 17　(4) 20　(5) 67.5　(6) 251.2　**3** (1) 9本　(2) 68本　**4** (1) 1875m　(2) 毎分75m　(3) $1\frac{8}{25}$倍　**5** (1) 黒色　(2) 2500枚　(3) 38段　**6** (1) 16cm^3　(2) 72cm^2

解　説

1 四則計算，計算のくふう

(1) $243-176+34=67+34=101$

(2) $78+22\times 6=78+132=210$

(3) $3.9\times 0.6+2.52\div 0.7=2.34+3.6=5.94$

(4) $\left(\frac{5}{8}+\frac{1}{6}\right)\div\frac{5}{6}\times 6=\left(\frac{15}{24}+\frac{4}{24}\right)\times\frac{6}{5}\times 6=\frac{19}{24}\times\frac{36}{5}=\frac{57}{10}=5\frac{7}{10}$

(5) $A\times B+A\times C=A\times(B+C)$となることを利用すると，$1\frac{1}{7}\times 0.5+1\frac{1}{7}\times 0.25+1\frac{1}{7}\times 0.125=1\frac{1}{7}\times(0.5+0.25+0.125)=1\frac{1}{7}\times(0.75+0.125)=1\frac{1}{7}\times 0.875=\frac{8}{7}\times\frac{7}{8}=1$

(6) $\left\{4-3.25\times\left(1-\frac{2}{3}\right)\right\}\div 1\frac{3}{4}=\left(4-3\frac{1}{4}\times\frac{1}{3}\right)\div\frac{7}{4}=\left(4-\frac{13}{4}\times\frac{1}{3}\right)\times\frac{4}{7}=\left(\frac{48}{12}-\frac{13}{12}\right)\times\frac{4}{7}=\frac{35}{12}\times\frac{4}{7}=\frac{5}{3}=1\frac{2}{3}$

2 比の性質，割合，つるかめ算，濃度《のうど》，角度，体積

(1) $A:B=C:D$のとき，$A\times D=B\times C$となるので，□：5＝0.36：0.2のとき，□×0.2＝5×0.36となる。よって，□×0.2＝1.8，□＝1.8÷0.2＝9になる。

(2) 2日目の入場者数は，1000×(1＋0.15)＝1150(人)だから，3日目の入場者数は，1150×(1＋0.18)＝1357(人)である。

(3) 2760円の60円に注目すると，10円玉は6枚か16枚になるが，16枚のとき，100円玉と500円玉が合わせて，25－16＝9(枚)で，2760－10×16＝2600(円)をつくることはできない。よって，10円玉の枚数は6枚とわかるので，100円玉と500円玉は合わせて，25－6＝19(枚)で，2760－60＝2700(円)となる。500円玉が19枚あるとすると，金額は，500×19＝9500(円)となり，実際よりも，9500－2700＝6800(円)多くなる。そこで，500円玉を減らして，かわりに100円玉を増やすと，金額は1枚あたり，500－100＝400(円)ずつ少なくなる。したがって，100円玉の枚数は，6800÷400＝17(枚)と求められる。

(4) (食塩の重さ)＝(食塩水の重さ)×(濃度)より，8％の食塩水300gにふくまれる食塩の重さは，300×0.08＝24(g)である。この食塩水に食塩45gを加えると，食塩水の重さは，300＋45＝345(g)となり，そこにふくまれる食塩の重さは，24＋45＝69(g)だから，できた食塩水の濃度は，69

÷345×100＝20（％）とわかる。

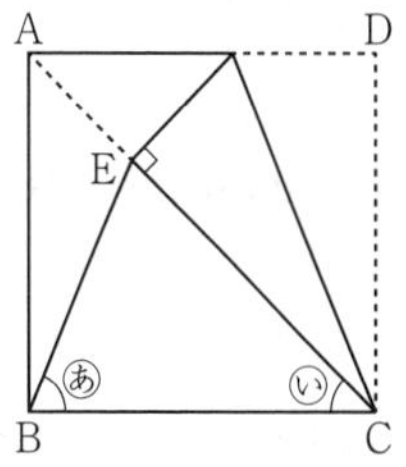

⑸　右の図で，BC＝DC＝ECなので，三角形BCEは二等辺三角形になる。また，三角形ABCはAB＝BCの直角二等辺三角形より，ⓘの角の大きさは45度だから，ⓐの角の大きさは，（180－45）÷２＝67.5（度）となる。

⑹　この立体の底面積は，５×５×3.14×$\frac{144}{360}$＝10×3.14（cm^2）なので，この立体の体積は，10×3.14×８＝80×3.14＝251.2（cm^3）である。

3　相当算

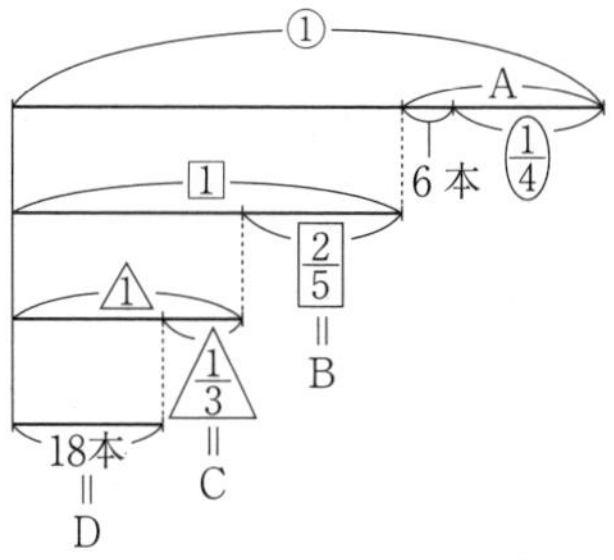

⑴　右の図で，18本はＢが取ったあとの残り（△1）の，$1-\frac{1}{3}=\frac{2}{3}$にあたるから，Ｂが取ったあとの残りの本数（△1）は，$18\div\frac{2}{3}$＝27（本）となる。よって，Ｃが取ったえんぴつの本数は，$27\times\frac{1}{3}$＝９（本）になる。

⑵　⑴と同様に，27本はＡが取ったあとの残り（□1）の，$1-\frac{2}{5}=\frac{3}{5}$にあたるので，Ａが取ったあとの残りの本数（□1）は，$27\div\frac{3}{5}$＝45（本）となる。よって，45＋６＝51（本）が全体（①）の，$1-\frac{1}{4}=\frac{3}{4}$にあたるから，えんぴつは全部で，$51\div\frac{3}{4}$＝68（本）あった。

4　旅人算

⑴　太郎君は毎分125ｍで15分進んだので，125×15＝1875（ｍ）である。

⑵　３km＝3000ｍより，次郎君は15分で，3000－1875＝1125（ｍ）を進んだから，次郎君の進む速さは毎分，1125÷15＝75（ｍ）になる。

⑶　３回目にすれちがうまでに，２人合わせて池のまわりを３周する。また，２人はそれぞれ池のまわりをちょうど何周かしており，太郎君の方が速いから，太郎君が２周，次郎君が１周したことがわかる。はじめてすれちがったときから３回目にすれちがうまでに，次郎君は1875ｍを進んだので，かかった時間は，1875÷75＝25（分）である。また，太郎君は25分で，3000＋1125＝4125（ｍ）を進んだから，そのときの速さは毎分，4125÷25＝165（ｍ）とわかる。よって，太郎君の速さはそれまでの，165÷125＝$1\frac{8}{25}$（倍）と求められる。

5　図形と規則

⑴　□段の１番下のタイルの枚数は，□×２－１で求められるので，□×２－１＝17と表すことができる。そして，□×２＝17＋１＝18，□＝18÷２＝９より，９段とわかる。よって，９÷３＝３より，１番下の段から，赤，白，黒が３回くり返されるから，１番上のタイルの色は黒とわかる。

⑵　□×２－１＝99より，□×２＝99＋１＝100，□＝100÷２＝50（段）である。また，□段全部のタイルの枚数は，１から連続する□個の奇数《きすう》の和なので，□×□で求められる。よって，タイルの枚数は全部で，50×50＝2500（枚）となる。

⑶　上下でとなり合う白と黒のタイルの枚数の差は２枚ずつだから，白と黒の段数が同じとき（１番上の段が黒か赤のとき），タイルの枚数の差は偶数《ぐうすう》，１番上の段が白のとき，さらに１枚白のタイルが増えて，タイルの枚数の差は奇数となる。よって，白と黒のタイルの枚数の差が25枚だから，１番上の段から白，赤となり，その後，黒，白，赤のくり返しが△回続くとすると，タイルの枚数

の差について，１＋２×△＝25が成り立ち，２×△＝25－１＝24，△＝24÷２＝12となる。したがって，タイルの段数は，２＋３×12＝38(段)と求められる。

6 **立体図形―構成，体積，表面積**

(1)　右の図１のように，問題文中の真上から見た図のそれぞれの場所に，積み重ねた立方体の個数をかくと，３個，１個，４個，２個が１か所ずつで，他が１個ずつのときもっとも少ない個数とわかる。よって，立方体の個数は，１×７＋２＋３＋４＝16(個)あるので，この立体の体積は，１×１×１×16＝16(cm³)である。

図１
真上から見た図

			1
		1	1
	1	1	1
3	1	4	2

３　１　４　２
真正面から見た個数

(2)　立方体の個数がもっとも多いとき，右下の図２のようになり，左から１列目に立方体を３個，２列目に，１×２＝２(個)，３列目に，４×３＝12(個)，４列目に，２×４＝８(個)積み重ねた立体ができる。このとき，上下から見たときの正方形の面の数はそれぞれ，１＋２＋３＋４＝10(面)あり，前後から見たときにそれぞれ，３＋１＋４＋２＝10(面)あり，左右から見たときにそれぞれ，４×３＋２＝14(面)ある。さらに，かげの部分の４面を加えると，全部で，(10＋10＋14)×２＋４＝72(面)あるから，この立体の表面積は，１×１×72＝72(cm²)とわかる。

図２

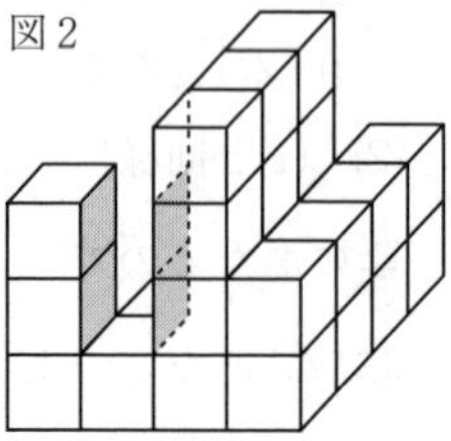

社　会　＜第１回試験＞(30分)＜満点：50点＞

解　答

1 **問１**　**１**　イ　**２**　タ　**３**　ケ　**４**　キ　**５**　オ　**６**　ト　**７**　ス　**８**　セ　**問２**　ア　**問３**　〔**１**〕　富山県　〔**２**〕　群馬県　〔**３**〕　新潟県　**問４**　**４**　エ　**７**　ウ　**東京**　ア　**問５**　木曽川　**問６**　ウ　**問７**　四日市　**問８**　エ　**問９**　ア

2 **問１**　**１**　立法　**２**　国民　**３**　岸田文雄　**４**　特別　**５**　衆議院の優越　**問２**　オ　**問３**　ウ　**問４**　エ　**問５**　Ｂ　**問６**　オ

3 **問１**　**１**　ウ　**２**　エ　**３**　ソ　**４**　ト　**５**　サ　**６**　ア　**７**　シ　**８**　チ　**９**　ク　**10**　イ　**問２**　**A**　邪馬台国　**B**　卑弥呼　**C**　1603　**D**　寺子屋　**問３**　ウ　**問４**　大仙陵古墳(仁徳天皇陵)　**問５**　日本書紀　**問６**　エ　**問７**　エ　**問８**　岩倉使節団

解　説

1 **日本の地形や産業などについての問題**

問１　**１**　長野県は中部地方に位置する内陸県で，全国で最も多い８つの県と接している。1998年には，冬季オリンピックが長野県で行われた。　**２**　諏訪《すわ》湖は長野県の中央に位置する湖で，地《ち》殻《かく》の変動でできたくぼみに水がたまってできた断層湖である。また，天竜《てんりゅう》川の水源としても知られる。　**３**　諏訪湖周辺は，第二次世界大戦中に東京や名古屋などから工場が疎開《そかい》してきたこと，きれいな水と空気にめぐまれていたことなどを背景として，戦後は時計などをつくる精密機械工業が発展した。現在は，電子工業もさかんになっている。　**４**　松本市は長野県中部に位置する都市で，江戸時代には松本城の城下町として栄えた。松本盆地では，ぶどうなどの果樹がさかんに栽培されている。　**5**　北アルプスは飛騨《ひだ》山脈の通称で，新潟・長野・富山・岐阜の４県にまたがって連なる。奥穂高岳《おくほたかだけ》は北アルプスの南部にそびえる穂高岳の主峰《しゅほう》で，標高3190mは日本で３番目に高い。なお，飛騨山脈と木曽山脈(中央アルプス)・赤石山脈(南アルプス)を合わせて日本アルプスという。　**6**　フォッサマグナ(大地溝帯《だいちこうたい》)は，本州を地質学的に東西に分ける大きな溝《みぞ》で，その溝の西の端が糸魚川《いといがわ》市(新潟県)と静岡市を結ぶ糸魚川・静岡構造線である。　**7**　札幌市は北海道の道庁所在地で，明治時代に屯田兵《とんでんへい》によって開発された。1972年には，日本で初めてとなる冬季オリンピックが札幌市で行われた。　**8**　アイヌは北海道の先住民族で，狩《か》りと漁を中心とする独自の文化を築いてきた。北海道の地名の多くは明治時代以降につけられたものだが，その中にはアイヌ語に由来するものも多い。

問2　Ａの諏訪湖は長野県のほぼ中央，Ｂの松本市は長野県の中西部に位置する。また，飛騨山脈は奥穂高岳の付近では，長野県の西に位置する岐阜県との境となっている。これらのことから，図１は南から北の方向を見て撮影したものだとわかる。

問3　**〔1〕**　富山県の神通《じんづう》川流域では，上流の神岡鉱山(岐阜県)から流出したカドミウムを原因として，イタイイタイ病という公害病が発生した。また，産卵のためにホタルイカが富山湾に集まり，海面が光るようすは，「ホタルイカ群遊海面」として国の特別天然記念物に指定されている。

〔2〕　群馬県西部の嬬恋《つまごい》村では，夏でも涼《すず》しい高原の気候を生かし，キャベツなどを高原野菜として栽培・出荷している。また，群馬県南東部の太田市や大泉町では自動車工業がさかんで，北関東(関東内陸)工業地域を形成している。「関東最大の河川」とは，利根川のことである。　**〔3〕**　日本最長の河川である信濃川は，長野県内では千曲《ちくま》川とよばれ，新潟県に入って信濃川と名を変える。信濃川の下流部に広がる越後《えちご》平野は，日本有数の水田単作地帯となっている。

問4　**4**　松本市は内陸に位置するため一年を通じて降水量が少なく，夏と冬の気温の差が大きい中央高地の気候に属している。また，１月の平均気温が０℃を下回るので，エがあてはまる。

7　札幌市は，梅雨の影響《えいきょう》がほとんどないことや，冬の寒さが厳しいことが特徴《とくちょう》の北海道の気候に属しているので，ウが選べる。　**東京**　東京は，夏は高温多雨，冬は乾燥《かんそう》小雨となる太平洋側の気候に属しているが，年間の降水量は1600mmほどで，１か月の降水量が300mmにせまるほど雨が降る月はないので，アがあてはまる。

問5　木曽川は長野県南西部の鉢森《はちもり》山を水源とし，岐阜県・愛知県・三重県を流れて伊勢湾に注ぐ。中～下流域では，ともに木曽三川に数えられる長良《ながら》川・揖斐《いび》川と並んで流れ，濃尾《のうび》平野を形成している。

問6　木曽三川が集中して流れる濃尾平野南西部は古くから水害の多い土地だったため，水害対策として周囲を堤防で囲んだ，輪中とよばれる集落が発達した。

問7　三重県北東部の四日市市では，石油化学コンビナートから排出された煙《けむり》にふくまれていた亜硫酸《ありゅうさん》ガス(二酸化硫黄《いおう》)が原因で，四日市ぜんそくという公害病が発生した。

問8　中部国際空港は，愛知県西部の知多半島沖合に浮かぶ人工島上の空港で，セントレアという愛称で知られる。なお，アは千葉県，イは東京都，ウは大阪府にある空港。

問9　図２中のＧには，名古屋港がある。名古屋港のある愛知県には，日本最大の工業地帯である中京工業地帯が広がっており，愛知県は特に自動車を中心とする輸送用機械機器の生産がさかんである。そのため，名古屋港の輸出品目もこれに関連するものが上位を占《し》めている。

2 国会と政治のしくみについての問題

問１　**１**　日本国憲法第41条は，国会を「国権の最高機関であって，唯一《ゆいいつ》の立法機関」と位置づけている。　**２**　日本国憲法は，国の政治のあり方を最終的に決める権限である主権が，国民にあることを定めている。国民主権は，平和主義，基本的人権の尊重とともに，日本国憲法の三大原理とされている。国民は，選挙によって代表者を選ぶことなどで，主権を行使する。　**３**　岸田文雄は2021年９月，菅《すが》前首相のあとを受けて自民党(自由民主党)の総裁になると，翌10月に開かれた臨時国会で第100代の内閣総理大臣に指名された。　**４**　衆議院が解散されると，40日以内に選挙が行われ，選挙の日から30日以内に特別国会が開かれる。特別国会では最初にそれまでの内閣が総辞職し，その後，内閣総理大臣の指名が行われる。　**５**　衆議院には，いくつかの議案において参議院よりも強い権限が与えられている。これを衆議院の優越という。

問２　衆議院議員の任期は４年で，参議院議員の６年に比べて短く，任期途中で解散されることもある。これにより，より国民の意見を反映しやすいと考えられていることから，参議院に対する衆議院の優越が認められている。

問３　条約は内閣が締結《ていけつ》し，事前または事後に国会が承認する。

問４　2021年10月に行われた衆議院議員総選挙では，自民党が最も多くの議席を獲得《かくとく》した。この選挙では「野党共闘《きょうとう》」とよばれる野党の選挙協力が行われ，立憲民主党が２番目に多い議席を獲得した。また，大阪府の地方政党からスタートした日本維新の会が，地元といえる近畿地方を中心に議席を増やし，３番目に多い議席を獲得した。

問５　衆議院議員の被選挙権は25歳以上，参議院議員の被選挙権は30歳以上の国民に与えられる。また，衆議院は小選挙区比例代表並立制，参議院は選挙区選挙と比例代表制によって選挙が行われる。問２の解説も参照のこと。

問６　問３でみたように，条約は内閣が締結したものを国会が承認する。なお，条約の承認について両院の議決が分かれた場合には両院協議会が開かれ，意見が一致しない場合には衆議院の議決が国会の議決となる。

3 各時代の歴史的なことがらについての問題

問１　**１**，**２**　1946年，群馬県の岩宿遺跡から相沢忠洋《ただひろ》が打製石器を発見した。この発見により，日本にも旧石器時代が存在していたことが証明された。　**３**　竪穴《たてあな》住居は，地面を掘《ほ》り下げて床《ゆか》とし，いくつかの穴を掘って柱を立て，わらなどで屋根をつくった古代の住居で，縄文時代から奈良時代ごろまで，一般の人々の住居として用いられた。　**４**　三内丸山遺跡は青森県にある縄文時代の大規模集落跡で，大型住居跡や植物の栽培跡，土器などが出土している。　**５**　明治時代初めに来日したアメリカの動物学者モースは，横浜から新橋に向かう汽車の車窓から大森貝塚を発見した。　**６**　佐賀県の吉野ヶ里遺跡は弥生時代の大規模環濠《かんごう》集落の跡で，敵の侵入《しんにゅう》を防ぐため，集落の周りに濠《ほり》や柵《さく》がめぐらされていた。　**７**，**８**　弥生時代には，青銅器や鉄器などの金属器が日本にもたらされた。銅剣は青銅器のひとつで，初めは武器として使われていたが，のちには祭器として用いられるようになったと考えられている。島根県の荒神谷《こうじんだに》遺跡からは，大量の銅剣が発見された。　**９**　埴輪《はにわ》は素焼きの土製品で，古墳の周りや頂上などに置かれた。円筒《えんとう》形の円筒埴輪や，人や馬，家などの形をした形象埴輪がある。　**10**　飛鳥時代には，中国にならって律令が整備されていった。この時代後期の701年に大宝律令が完成したことで律令制度が確立され，奈良時代には律令政治が行われた。なお，律は現在の刑法，令は民法・行政法などにあたる。

問２　**Ａ**，**Ｂ**　３世紀の日本には，邪馬台国《やまたいこく》という強国があって30あまりの国を従え，女王の卑弥《ひみ》呼《こ》がまじないによってこれを治めていたと伝えられる。　**Ｃ**　1600年，徳川家康は「天下分け目の戦い」とよばれる関ヶ原の戦いに勝利すると，1603年に征夷《せいい》大将軍に任じられて江戸幕府を開いた。　**Ｄ**　寺子屋は江戸時代に各地につくられた庶民《しょみん》の子どものための教育機関で，僧や神官，武士などが教師となって読み・書き・そろばんなどを教えた。

問３　邪馬台国や卑弥呼の記述は『魏志《ぎし》』倭人《わじん》伝に見られ，３世紀前半に卑弥呼が魏(中国)の皇帝に使いを送ったことや，弥生時代の日本の人々の風俗なども記されている。なお，アには紀元前１世紀ごろ，イには５世紀ごろ，エには１世紀ごろ，オには７世紀の日本のようすが書かれている。

問４　大仙陵《りょう》古墳(大山古墳)は大阪府堺市にある日本最大の前方後円墳で，仁徳《にんとく》天皇陵と伝えられている。2019年には「百舌鳥《もず》・古市古墳群」のひとつとして，ユネスコ(国連教育科学文化機関)の世界文化遺産に登録された。

問５　『日本書紀』は，奈良時代の720年に完成した最初の公式な国家の歴史書で，神話の時代から持統天皇までの時代のことが年代順に漢文でつづられている。同時代の712年に完成した『古事記』と合わせて，「記紀」とよばれる。

問６　鎌倉時代には，産業の発達によって交通の要所や寺社の門前などで月に三度の定期市(三斎《さんさい》市《いち》)が開かれるようになったが，農業を行う人口が減ったかどうかを確認するための資料はとぼしく，また，市の商品が農産物や手工業品であったことから，農業をおこなう人が減ったのが原因とは考えにくい。

問７　国会開設の詔《みことのり》が出されたのは1881年，大日本帝国憲法が発布されたのは1889年，日清戦争が始まったのは1894年(終戦は1895年)，日露戦争が始まったのは1904年(終戦は1905年)のことである。

問８　明治時代初めの1871年，政府は江戸幕府が結んだ不平等条約の改正交渉《こうしょう》を行うため，岩倉具視《ともみ》(写真の中央の人物)を団長とする岩倉使節団を欧米に派遣した。岩倉使節団は1873年に帰国し，不平等条約の改正は果たせなかったが，彼らが学んだ欧米の進んだ政治制度や経済，文化は，その後の日本の近代化に大きな影響を与えた。

理　科　＜第１回試験＞(30分)＜満点：50点＞

解　答

１　**問１**　25cm　**問２**　50ｇ　**問３**　75ｇ　**問４**　５cm　**２**　**問１**　食塩　**問２**　デンプン　**問３**　食塩　**問４**　白砂糖，デンプン，グラニュー糖　**問５**　二酸化炭素　**問６**　(エ)　**３**　**問１**　**ダイズ**…Ｂ　**Ａ**…単子葉(植物)　**Ｂ**…双子葉(植物)　**問２**　Ｃ　**問３**　下の図Ⅰ　**問４**　①／下の図Ⅱ　**問５**　(例)　水蒸気の排出／酸素の出入り　**問６**　(ウ)，(オ)，(カ)　**４**　**問１**　(例)　２本の直線の交点　**問２**　東　**問３**　下の図Ⅲ　**問４**　自転

図Ⅰ

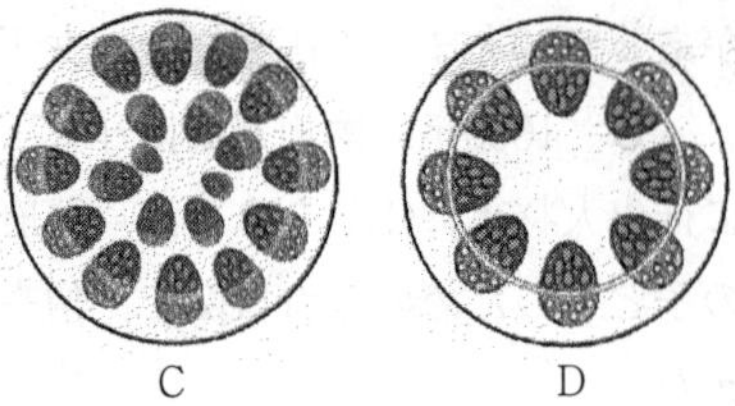

図Ⅱ

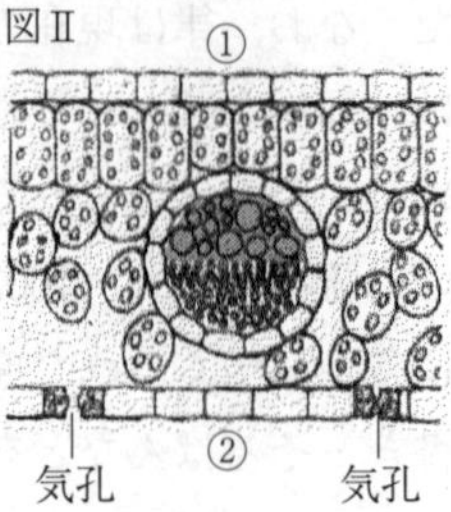

図Ⅲ

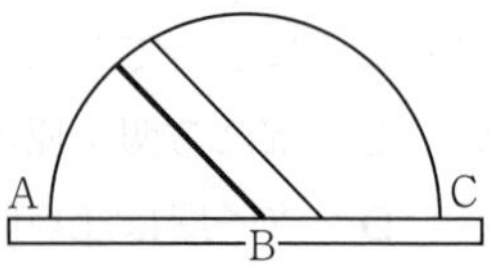

解　説

1　てこのつりあいについての問題

問１　棒をかたむけるはたらきの大きさ(モーメント)は，(加える力の大きさ)×(支点からの距離《きょり》)で求められ，左回りと右回りのモーメントが等しいときに棒はつりあう。図１で，棒を天井から糸Ａでつるしたところを支点に棒のつりあいを考えると，50ｇのおもりによる左回りのモーメントは，50×50＝2500である。100ｇのおもりを用いて右回りのモーメントを2500にして棒をつりあわせるとき，このおもりの支点からの位置を□cmとすると，100×□＝2500が成り立ち，□＝2500÷100＝25(cm)となる。支点から25cmの位置は，棒の右端《うたん》から，50－25＝25(cm)の位置であることから，糸Ｂにかかる力を100ｇより軽くして糸Ｂを切らないためには，おもりを棒の右端から25cmより手前(右)につりさげればよいとわかる。

問２　図２で，糸が切れるとき，糸Ｂを手で上向きに引く力の大きさは100ｇなので，糸Ｂによる左回りのモーメントは，100×25＝2500となる。このとき，右回りのモーメントも2500になっているので，棒の右端につりさげているおもりのおもさを□ｇとすると，□×50＝2500が成り立ち，□＝2500÷50＝50(ｇ)と求められる。

問３　図３で，30ｇのおもりによる左回りのモーメントは，30×50＝1500なので，Ⓐに加わる力の大きさを□ｇとすると，□×20＝1500より，□＝1500÷20＝75(ｇ)のときに棒はつりあう。つまり，Ⓐに75ｇのおもりがつりさがっている状態と等しい。

問４　図３で，150ｇのおもりは液体に沈《しず》めたことにより，おもりがおしのけた液体のおもさの分だけ上向きの力(浮力《ふりょく》)を受けている。問３より，その浮力の大きさは，150－75＝75(ｇ)である。図４で，100ｇのおもさが加わり，糸Ｂが切れるとき，おもりにはたらく浮力は，150－100＝50(ｇ)になるので，おもりが完全に液体に沈んでいるときよりも浮力の大きさが，75－50＝25(ｇ)小さくなる。このとき，おもりの上面は液体の表面から，$15\times\frac{25}{75}=5$(cm)引き上げられている。

2　固体を区別する実験についての問題

問１　立方体のような形をしているのは，食塩(塩化ナトリウム)の粒《つぶ》である。

問２　水に入れると，白砂糖や食塩，グラニュー糖は溶《と》けるが，デンプンは溶けない。

問３　弱火で熱すると，食塩は変化しないが，白砂糖とデンプン，グラニュー糖はこげて茶色や黒っぽい色になる。

問４，問５　白砂糖やデンプン，グラニュー糖は炭素をふくんでいるため，これらの粉末を加熱して燃焼させると，炭素と酸素が結びついて二酸化炭素が発生する。発生した二酸化炭素を実験４のようにして石灰水に通すと，水に溶けにくい白い固体(炭酸カルシウム)ができて，石灰水が白くにごる。

問６　石灰水は，水酸化カルシウムが水に溶けたアルカリ性の水溶液《すいようえき》で，二酸化炭素を通すと水酸化カルシウムが別の物質に変化する。実験４では粉末の加熱によりできた二酸化炭素の量はあまり多くなく，二酸化炭素は水に溶けるが，非常に溶けやすいわけではないため，石灰水が白くにごった溶液には水酸化カルシウムが残っていると考えられる。よって，BTB液を入れると，青色になる。

3　植物のからだのつくりについての問題

問１　ダイズは双子葉《そうしよう》植物で，図Ｂのように芽生え時に２枚の子葉を出す。一方，トウモロコシは単子葉植物で，図Ａのように子葉が１枚である。

問２　トウモロコシのような単子葉植物では，道管と師管がまとまっている維管束《いかんそく》が，図Ｃのようにくき全体に散らばっている。一方，ダイズのような双子葉植物は，図Ｄのように輪状の形成層にそって維管束がならんでいる。

問３　根から吸い上げた赤インクを混ぜた水が通る道管が，赤く染まる。くきの維管束では，くきの内側に道管，外側に師管がある。

問４　図Ｅで，葉の表側では，①のように表皮の下に細胞《さいぼう》がすき間なくならんでいる。一方，葉の裏側では，②のように細胞がすき間をあけてまばらにならび，ふつう表側に比べて表皮に気孔《きこう》が多く見られる。また，図Ｅの中央に見られる円はくきの維管束とつながる葉脈で，葉の表側には道管，裏側には師管が集まっている。したがって，赤く染まる部分は葉脈の上側にある道管の部分になる。

問５　気孔は気体が出入りするための穴である。気孔では蒸散によって水蒸気が出ていくほか，光合成や呼吸で使われたりつくられたりする，酸素や二酸化炭素も出入りしている。

問６　イネ，タマネギ，コムギはいずれもトウモロコシと同じ単子葉植物なので，これらの芽生えのつくりは同じようになる。なお，ヘチマとヒマワリ，ホウセンカは双子葉植物である。

4　太陽の動きについての問題

問１　サインペンの先端の影《かげ》が，図１の画用紙の中央にある２本の直線の交点(交点Ｏとする)にくるようにして，透明《とうめい》な半球にサインペンで印をつける。このようにすると，太陽と交点Ｏを結んだ直線上にサインペンの先端がきて，交点Ｏから見た太陽の位置を透明な半球上に記録することができる。

問２　日本では，太陽は東からのぼり，南の空の高いところを通って，西に沈むように見える。図２では，太陽の高度がＡの位置で最も高くなっていることから，Ａは南の方角とわかる。したがって，Ｂは東，Ｃは北である。

問３　春分の日の太陽は真東からのぼるので，春分の日の太陽の道すじはＢを通り，図３の夏至の日の太陽の道すじに平行な線で表すことができる。

問４　地球が西から東に約１日で１回転している(これを地球の自転という)ため，地球から太陽を見ると，太陽が東から西に動いて見える。

国　語　＜第１回試験＞（50分）＜満点：100点＞

解　答

一　①　かいが　②　そむ(ける)　③　えとく　④　かいへい　⑤　かみひとえ　⑥～⑩　下記を参照のこと。　二　**問１**　エ　**問２**　ア　**問３**　イ　**問４**　コンクールメンバーに相応しくない　**問５**　**B**　エ　**C**　ア　**D**　イ　**問６**　ウ　**問７**　（例）　瑛太郎のように演奏できないことをずっと悩み，良い方法も見つからず，あがき続けている苦しい気持ち。　**問８**　エ　**問９**　ウ　三　**問１**　イ，エ　**問２**　**A**　弱　**B**　強　**問３**　**C**　エ　**D**　イ　**E**　オ　**問４**　ア　**問５**　Ⅰ　ナンバー１しか生きられない　Ⅱ　ナンバー１になれる自分だけのオンリー１のポジション　**問６**　イ　**問７**　④　ア　⑤　オ　**問８**　（例）　自分に合わない場所でもがいて，持っている力を発揮できていないこと。　**問９**　エ　**問10**　ウ

●漢字の書き取り

一　⑥　耕(し)　⑦　光景　⑧　恩　⑨　横暴　⑩　事実無根

解　説

一　漢字の読みと書き取り

①　絵。　②　音読みは「ハイ」で，「背反」などの熟語がある。　③　よく理解して，または修練して，自分のものにすること。　④　開けたり閉めたりすること。　⑤　紙一枚の厚さほどの，わずかなちがい。　⑥　音読みは「コウ」で，「耕作」などの熟語がある。　⑦　目の前に見えている景色や事件のありさま。　⑧　人から受ける，感謝するべき行い。　⑨　権力や暴力を用いて，自分勝手にふるまうこと。　⑩　事実に根ざしていないこと。全く事実ではないこと。

二　出典は額賀澪《ぬかがみお》の『風に恋《こ》う』による。コンクールのオーディションで，自分自身に挙手しなかった基《もとき》は部員たちの反発にあうが，その後，コーチの瑛太郎《えいたろう》と演奏をすることで，基の中のわだかまりがなくなっていく。

問１　「喰《く》い気味」とは，相手が言い終わらないうちにくいこんで発言するようす。基は，瑛太郎の質問が終わらないうちに，「違《ちが》います」とはっきり答えたのである。

問２　瑛太郎の質問に対して，基は，オーディションやコンクールに関係なく，ただ自分の演奏に納得がいかなかったので，手を挙げなかったのだと答えた。基の発言は，コンクールメンバーに選ばれることなどどうでもいいと言ったようなものだったため，ほかの部員たちの反感を買ったのだとわかる。

問３　問２で確認したように，基は，自分の発言がほかの部員たちの反感を買ったことに気づき，「自分を，張り倒《たお》したくなった」のである。自分のうかつな発言と，それがもたらす影響《えいきょう》に気を取られていたために，基は，瑛太郎の言葉が耳に入らなかったのだから，イが選べる。

問４　はじめの部分で，瑛太郎が基に「自分の演奏がコンクールメンバーに相応《ふさわ》しくない」と思ったのか，と質問したことを受けて，「自分に挙手しなかったってことは，自分は」コンクールメンバーに相応しくないと判断したということであり，「オーディションを辞退したのと一緒《いっしょ》」ではな

いか，と発言したのである。

問５　Ｂ　自分の言いたいことがなかなか出てこなくて口を開け閉めするようすなので，「ぱくぱくと」が合う。　Ｃ　基は瑛太郎の言葉がうれしかったが，「音出しの合間の雑談みたい」に言わないでほしい，と思っていることから，あっさりと言うようすの「さらりと」が合う。　Ｄ　「いろんなパートを行ったり来たり」するようすなので，軽やかに動く「ひょいひょいと」が合う。

問６　ぼう線部④は，「膨《ふく》れあがる険悪な空気」を「入道雲」にたとえている。「ように」「みたいな」などを使って，ほかのものにたとえる表現技法を直《ちょく》喩《ゆ》という。

問７　一つ前の基の言葉から読み取る。「楽譜《がくふ》通り正確なリズムや音程」や「指のテクニック」は練習すれば何とかなるが，「先生みたいに吹《ふ》いてみたい」のに「逆立ちしても真《ま》似《ね》できな」い，と悩《なや》みを打ち明けている。基は，瑛太郎のように演奏してみたいと思っているが，どうすればそれができるのかわからず，もがき苦しんでいることがわかる。

問８　基は，瑛太郎と同じように演奏したいということにこだわりすぎていて，自分にとっての理想を自由に追求することができなくなっていた。瑛太郎の演奏を理想とするだけでなく，瑛太郎のように演奏することにとらわれてしまうと，自分らしい演奏ができなくなるので，「魔《ま》法《ほう》」というより「呪《のろ》い」がかかっているようだ，と瑛太郎は伝えたのである。

問９　瑛太郎の演奏を理想とし，自分の演奏にばかりとらわれていた基は，ほかの部員たちのことを全く意識していなかった。しかし，瑛太郎と自由に演奏することで，基は音楽の楽しさを再認識し，この楽しさをほかの部員たちとも分かち合いたいと感じるようになったのである。

三　**出典は稲垣栄洋《いながきひでひろ》の『はずれ者が進化をつくる　生き物をめぐる個性の秘密』による。**生物の世界では，ナンバー１しか生き残れないが，ナンバー１になる方法はたくさんあることを紹介し，人間にとっても参考になると述べている。

問１　ぼう線部①に続く部分に着目する。一つは，「オンリー１であることが大切という意見」であり，「何もナンバー１にだけ価値があるわけでは」なく，「私たち一人ひとりが特別な個性ある存在なのだから，それで良いのではないか」という，歌詞に賛成する意見である。もう一つは，「オンリー１で良いと満足してしまっては，努力する意味がなくなって」しまうので，「やはりナンバー１を目指さなければ意味がないのではないか」という，歌詞に反対する意見である。

問２　「弱肉強食」は，弱いものが強いもののえじきになったり，強いものが弱いものをおさえて栄えること。

問３　Ｃ　自然界では，「あらゆる生き物がナンバー１の座を巡《めぐ》って，競い合い，争い合っている」が，「不思議なこと」に「自然界には，たくさんの生き物」がいるという文脈なので，前のことがらを受けて，それに反する内容を述べるときに用いる「しかし」が合う。　Ｄ　前では「ガウゼが行った実験には，続きが」あるとして，後では「この実験が大きなヒントとなる」と続くので，前のことがらを受けて，さらにつけ加える意味を表す「そして」があてはまる。　Ｅ　「ゾウリムシもミドリゾウリムシも，どちらもナンバー１の存在として」生き残ったという内容を，「ゾウリムシは水槽《すいそう》の上の方でナンバー１，ミドリゾウリムシは水槽の底の方のナンバー１だった」とくわしく説明しているので，要するにという意味の「つまり」が選べる。

問４　ぼう線部②に続く，ゾウリムシとミドリゾウリムシの実験に着目すると，それぞれ違う場所で生きて，違うエサを食べていることがわかる。空らんＥの次の段落ではこれをまとめて「競い合うこともなく共存する」ことができると述べている。

問５　「つまり」に続いていることから，ぼう線部③は前の部分を要約しているとわかる。前の六段落に注目すると，自然界は競争が厳しく，生物の世界では，「ナンバー１しか生きられない」というのが鉄則であるが，「それぞれの生物にとって，ナンバー１になるポジションは，その生物だけのもの」であり，「すべての生物は，ナンバー１になれる自分だけのオンリー１のポジションを持っている」と述べられている。

問６　もどす文は「しかし」で始まり「すべての生物が～ニッチを持っている」と続いている。「弱そうな生き物」や，「人間と比べると，単純でつまらない存在に見える生き物」がたくさんいるが，「すべての生物がナンバー１になれる」と説明できることから，イがふさわしい。

問７　④　「最強」「急病」は，上の漢字が下の漢字を修飾《しゅうしょく》している熟語。　⑤　「移動」「満足」は，似た意味の漢字を重ねた熟語。　なお，「未来」は，上の漢字が打ち消しの意味を表す熟語。「山河」は，対等の漢字を並べた熟語。「骨折」は，上の漢字が主語で，下の漢字が述語になっている熟語。

問８　二段落前で，「水の中であればスイスイと泳ぎ回る」魚も，「陸の上に上げられたとたん」はねることしかできず，陸上ではどんなに努力しても歩くことはできないと述べられている。「陸の上でもがいている魚」は，自分に「合わない場所」にいるために，「自分の力を発揮《はっき》」することができず，苦しんでいる姿をたとえている。

問９　人間は「助け合いを通して，さまざまな役割分担を行い，社会を築いてきた」，「役割分担によって，人間社会は発達して」きたと述べられていることから，空らんＦには「役割分担」と同じ意味の言葉があてはまるとわかる。それぞれが自分の得意なことを行い，役割を果たすのが人間の社会だということができる。

問10　ミミズやオケラやアメンボは，「けっして強い生き物」には見えないが，それぞれのニッチではナンバー１として生きていることを例にあげ，「ニッチの考え方」は，「今まさに個性の時代を生きようとしている私たちにとっても，じつに参考になる話」だとしているので，ウの内容がふさわしい。

2021年度　日本学園中学校

〔電　話〕　03(3322)6331
〔所在地〕　〒156－0043　東京都世田谷区松原２－７－34
〔交　通〕　井の頭線 ― 明大前駅より徒歩５分

【算　数】〈第１回試験〉（50分）〈満点：100点〉

1　次の計算をしなさい。

(1)　$132-68+12$

(2)　$74-4\times12+8$

(3)　$2\frac{3}{4}-1\frac{7}{8}\div\frac{9}{2}$

(4)　$4.8\times(11.2-3.4)\div2.4+7.6$

(5)　$510\times0.211+8.1\times21.1-32\times2.11$

(6)　$\left\{2.25-\left(3.75-\frac{5}{6}\right)\div2\frac{1}{3}+\frac{2}{3}\right\}\times2.4$

2　次の □ にあてはまる数を答えなさい。

(1)　$1\frac{2}{5}:6=2.8:$ □

(2)　６でも９でもわりきれる数のうち、500に最も近い整数は □ です。

(3)　Ａ町とＢ町の間を、行きは毎時４km、帰りは毎時６kmの速さで往復しました。
往復の平均の速さは毎時 □ kmです。

(4)　10％の食塩水200ｇと５％の食塩水300ｇを混ぜたところ、□ ％の食塩水ができました。

(5) 図は、２つのおうぎ形を組み合わせたものです。色のついた部分のまわりの長さは □ cmです。ただし、円周率を3.14とします。

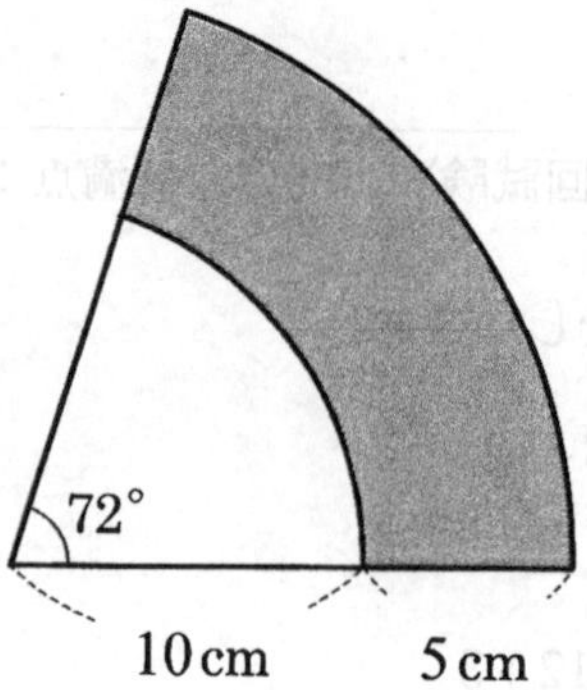

(6) 図の正八角形において、㋐の角の大きさは □ 度です。

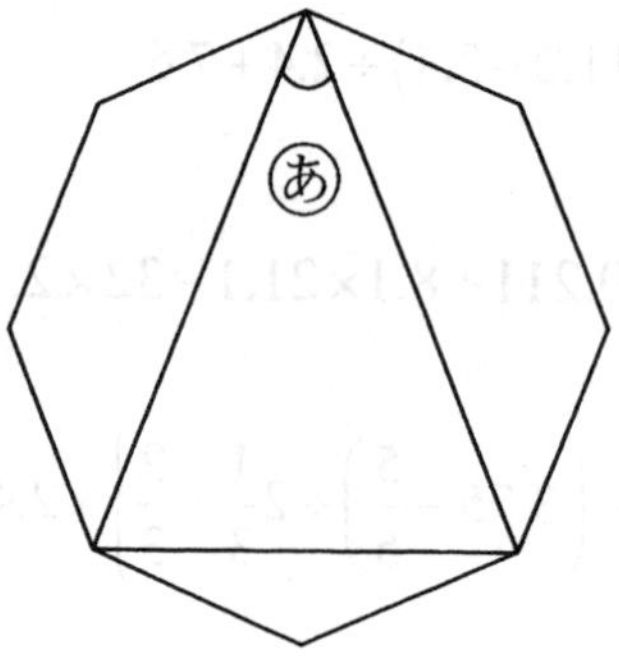

3 次のように、あるきまりにしたがって数が並んでいます。
このとき、次の各問いに答えなさい。

10, 3, 11, 5, 12, 7, 13, 9, ・・・・・

(1) はじめから数えて20番目の数は何ですか。

(2) はじめから60番目までの数の和はいくつになりますか。

(3) 99が出てくるのは、はじめから数えて何番目と何番目ですか。

4 ある牧場で、牛を24頭放牧《ほうぼく》したら20日間で草を全部食べつくしてしまいます。また、32頭放牧したら12日間で草を全部食べつくしてしまいます。このとき、次の各問いに答えなさい。ただし、草は毎日一定の割合で生え、どの牛も毎日同じ量の草を食べるとします。

(1) 1日に生える草の量は、牛1頭が1日に食べる草の量の何倍ですか。

(2) 60日間で草を全部食べつくしてしまうのは、牛を何頭放牧したときですか。

5 図のように、AB＝15 cm，BC＝24 cm の長方形 ABCD があり、AC と BD の交わる点を O とします。また、辺 AD 上に点 E を AE：ED＝２：１となるようにとり、AC と BE の交わる点を F とします。このとき、次の各問いに答えなさい。

(1) AE の長さは何 cm ですか。

(2) 三角形 AFE の面積は何 cm^2 ですか。

(3) 四角形 EFOD の面積は長方形 ABCD の面積の何倍ですか。

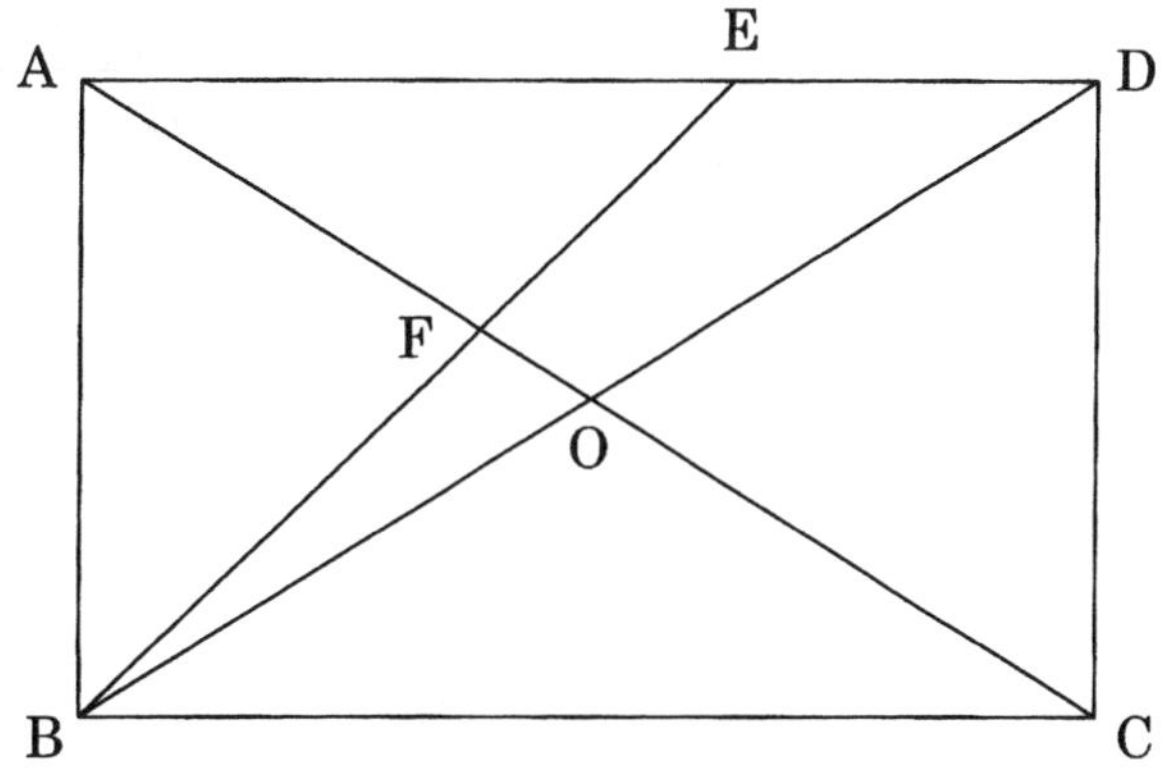

6 図のように、平らな机の上に置いた三角柱の容器に底から12 cmのところまで水が入っています。AB＝20 cm，BC＝15 cm，CF＝15 cmであるとき、次の各問いに答えなさい。

⑴ GHの長さは何cmですか。

⑵ 入っている水の体積は何cm^3ですか。

⑶ この容器を三角形ABCの面が底面になるように置くとき、水面の高さは何cmになりますか。

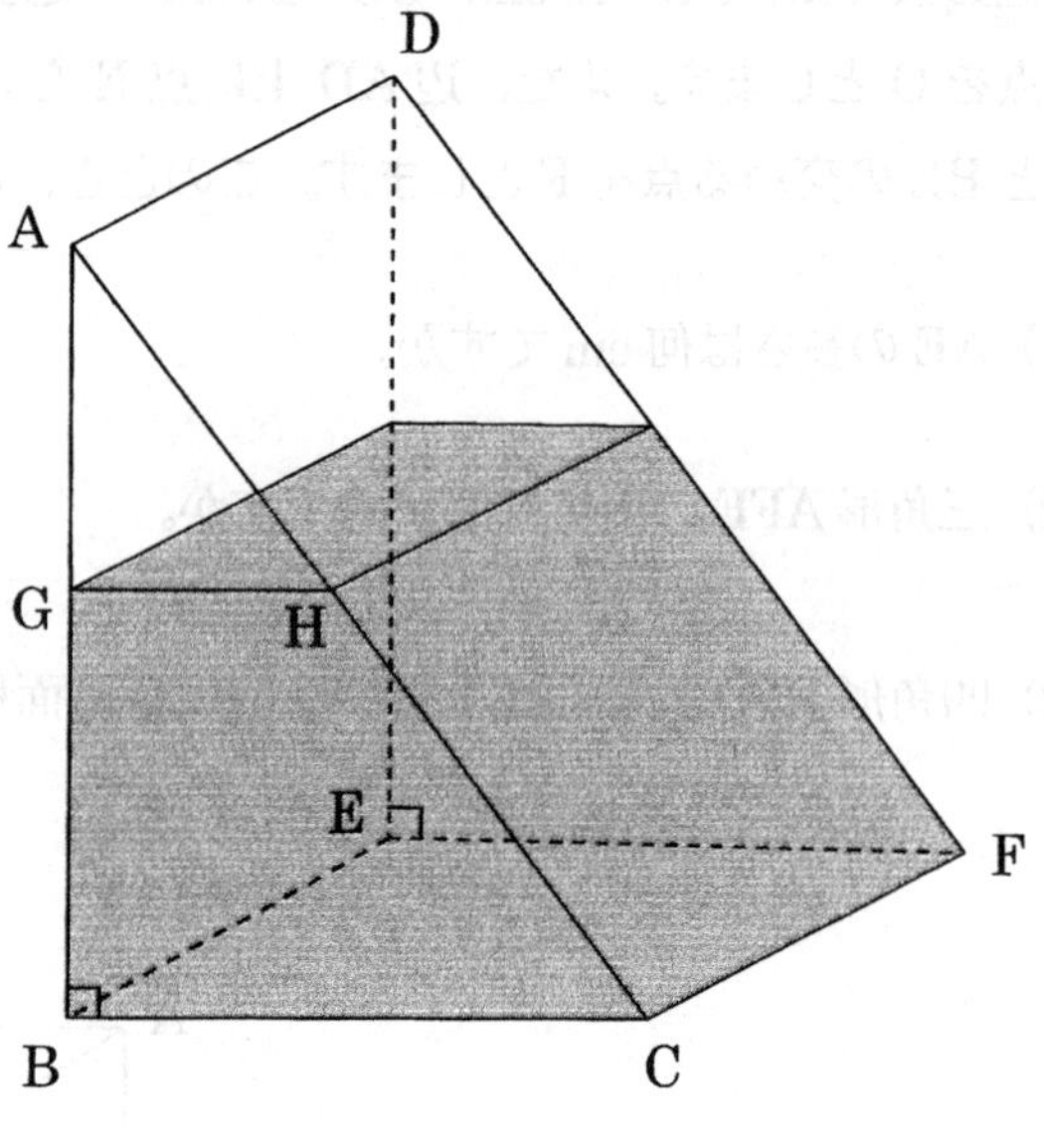

【社　会】〈第１回試験〉（30分）〈満点：50点〉

〈編集部注：実物の試験問題では，**1**の地図以外はカラー印刷です。〉

1　一年間の気候を月ごとの平均気温で見たときに、最も気温が高い月（最暖月）と最も気温が低い月（最寒月）の平均気温差を「気温の年較差（ねんかくさ）」と言います。一般的に、内陸部は気温の年較差が大きく、海洋上は年較差が小さいという特徴があります。次ページの雨温図①～⑥は、下の地図に示した**ア～カ**の気温と降水量を示したものです。次の文章を読み、あとの問いに答えなさい。

雨温図①、②は、地図中**ア**、**イ**のいずれかの雨温図です。地図中**ア**は北方領土を除く日本最北端の都市で、都市**イ**は（　１　）盆地に位置し、日本で三番目に長い（　２　）川が流れています。いずれも北海道内の各振興局の中心都市で、冬には氷点下になりますが、上の文章にあるとおり、内陸にある**イ**のほうが気温の年較差が大きい気候です。

雨温図③、④は地図中**ウ**、**エ**のいずれかの雨温図です。**ウ**、**エ**はいずれも県庁所在地です。この２都市は、気温の年較差に大きな差は見られませんが、降水の特徴に違いが見られます。都市**ウ**は冬に（　３　）から吹く季節風の影響を受けた降水の特徴が見られる気候です。**エ**は周囲を山に囲まれた盆地であり、内陸性の気候です。

雨温図⑤、⑥は、地図中**オ**、**カ**のいずれかの雨温図です。**オ**は日本標準時子午線が通る町として知られ、（　４　）島との間には自動車用の橋が架かっており、（　５　）県で収穫された野菜が大阪や兵庫の都市部へトラックで運ばれています。**カ**は太平洋に突き出た岬で、沖合を流れる（　６　）の影響で冬でも温暖な気候です。この**カ**が立地する（　５　）県の平野部では、温暖な気候を利用してピーマンやキュウリの（　７　）栽培がおこなわれています。

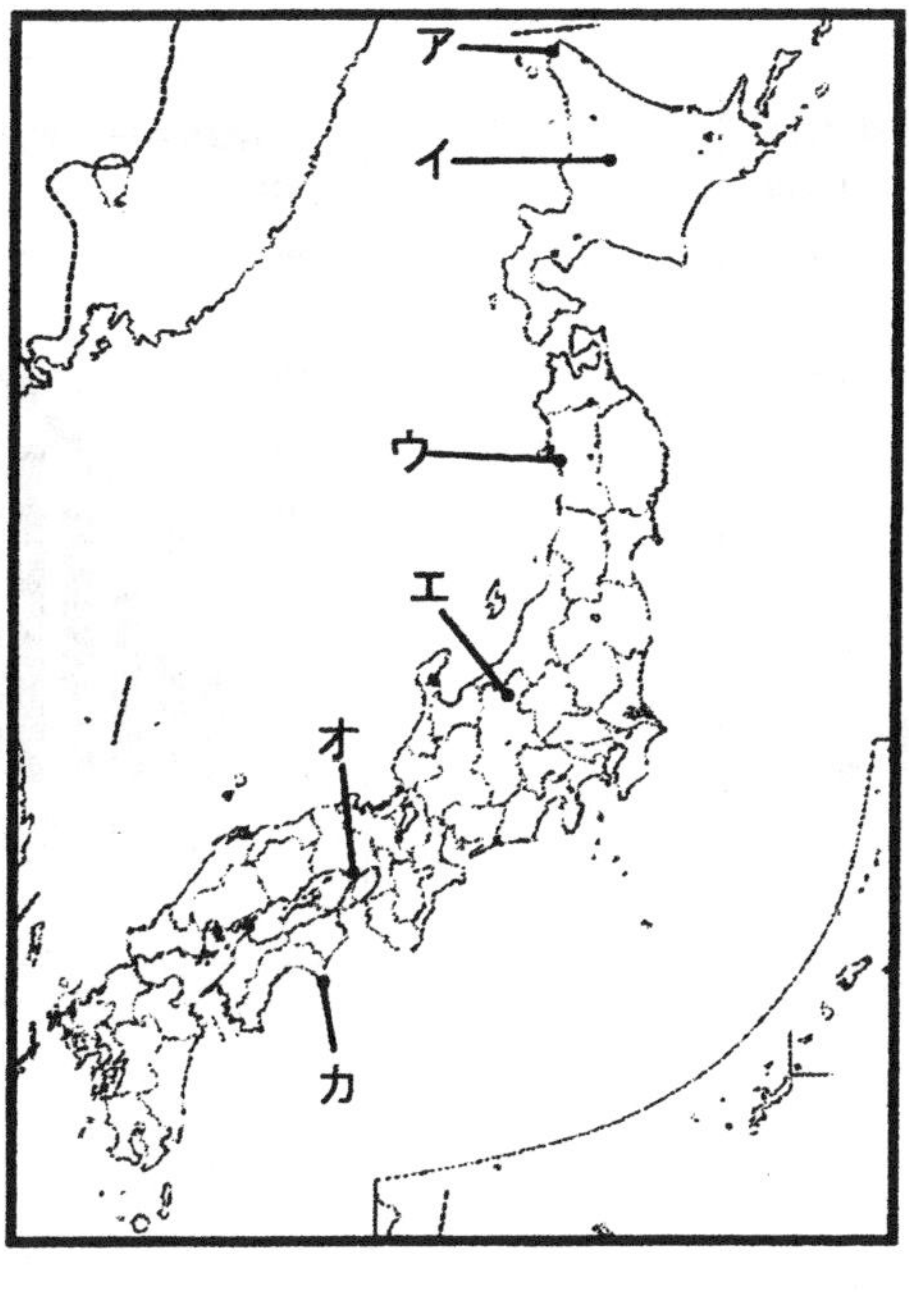

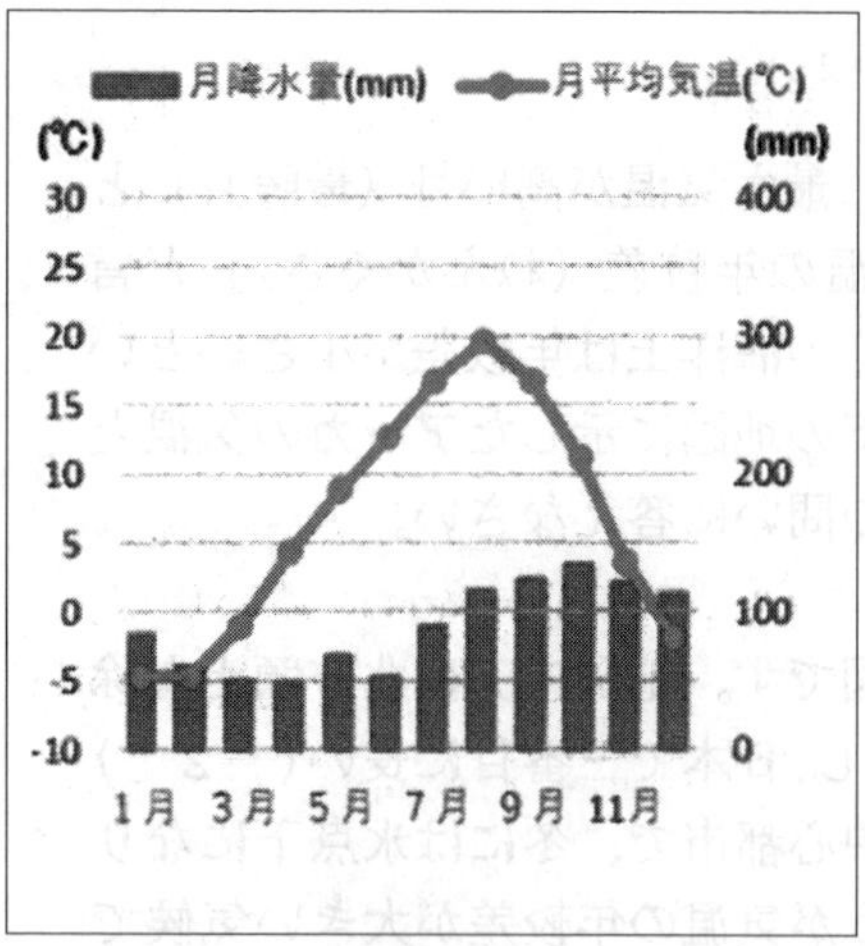
月降水量(mm)
月平均気温(℃)
(℃)
(mm)
30 25 20 15 10 5 0 -5 -10
400 300 200 100 0
1月 3月 5月 7月 9月 11月

①

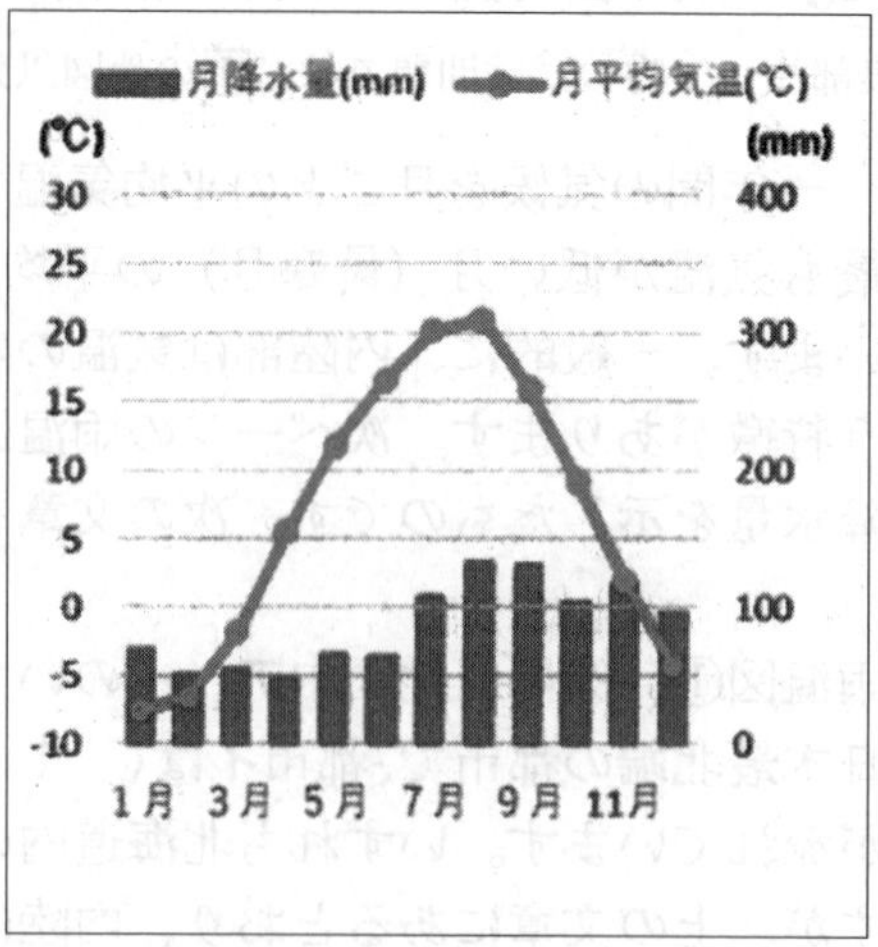
月降水量(mm)
月平均気温(℃)
(℃)
(mm)
30 25 20 15 10 5 0 -5 -10
400 300 200 100 0
1月 3月 5月 7月 9月 11月

②

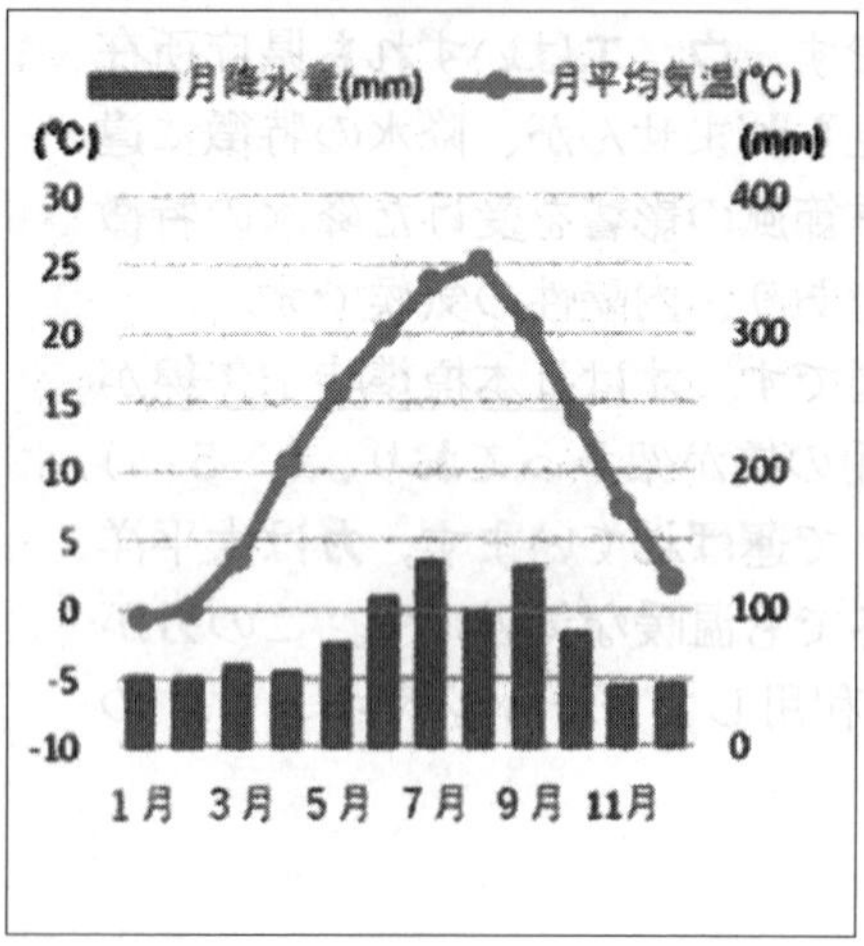
月降水量(mm)
月平均気温(℃)
(℃)
(mm)
30 25 20 15 10 5 0 -5 -10
400 300 200 100 0
1月 3月 5月 7月 9月 11月

③

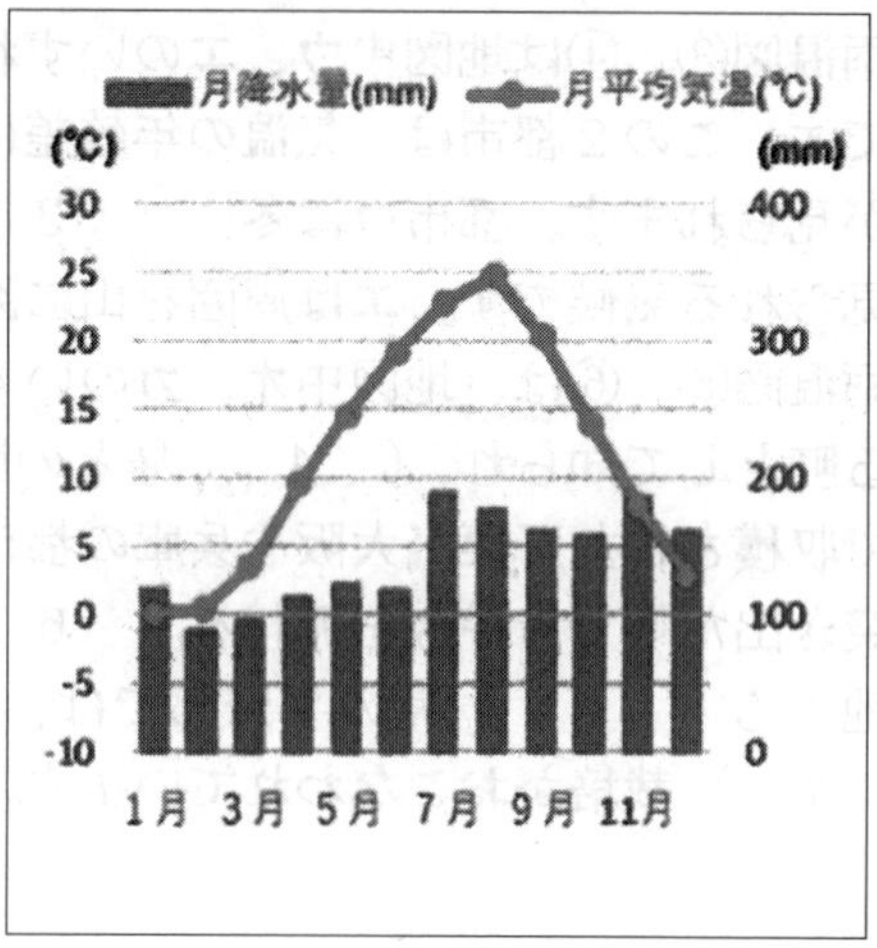
月降水量(mm)
月平均気温(℃)
(℃)
(mm)
30 25 20 15 10 5 0 -5 -10
400 300 200 100 0
1月 3月 5月 7月 9月 11月

④

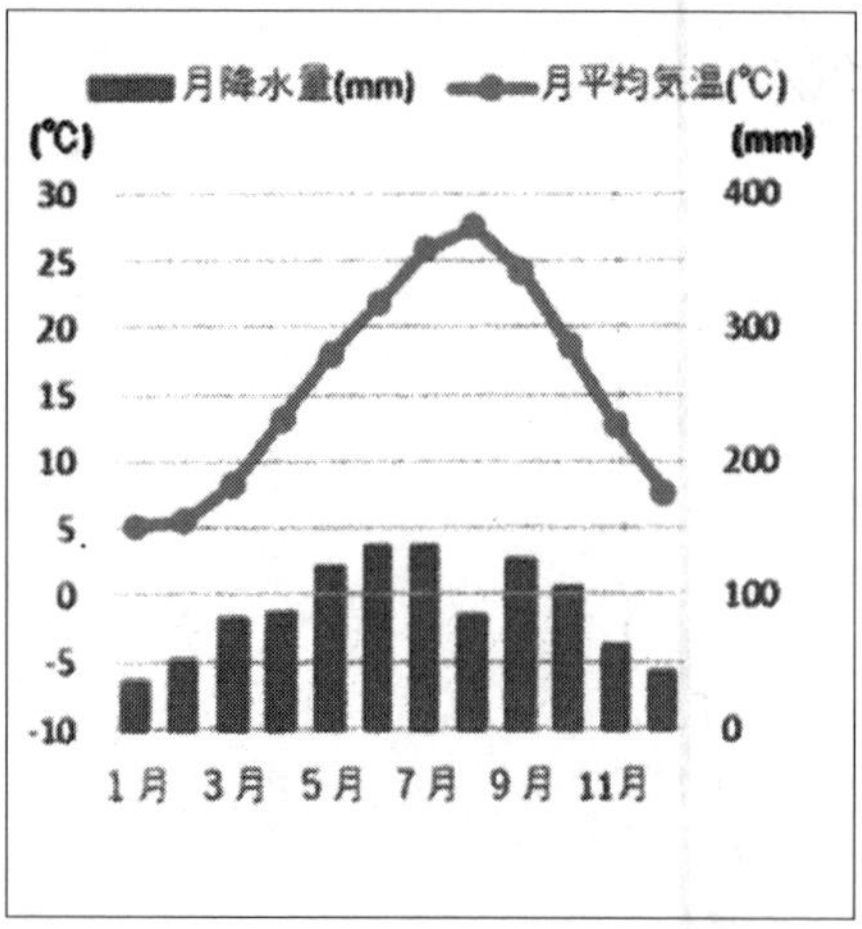
月降水量(mm)
月平均気温(℃)
(℃)
(mm)
30 25 20 15 10 5 0 -5 -10
400 300 200 100 0
1月 3月 5月 7月 9月 11月

⑤

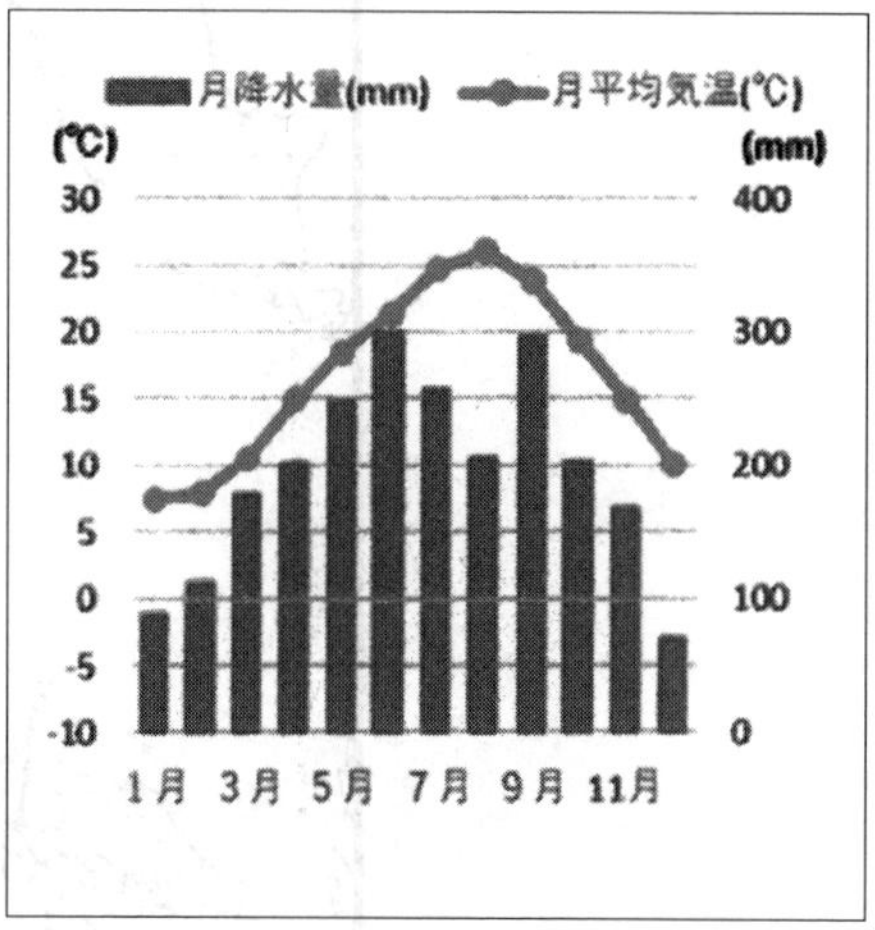
月降水量(mm)
月平均気温(℃)
(℃)
(mm)
30 25 20 15 10 5 0 -5 -10
400 300 200 100 0
1月 3月 5月 7月 9月 11月

⑥

問１、地図中**ア～カ**の地名を、下から選んで記号で答えなさい。

あ．長野	い．前橋	う．仙台	え．秋田	お．足摺岬
か．山形	き．旭川	く．明石	け．稚内	こ．潮岬
さ．富山	し．甲府	す．姫路	せ．仙台	そ．室戸岬

問２、文章中の（　１　）～（　７　）にあてはまる語句を、下から選んで記号で答えなさい。

あ．北東	い．北西	う．南東	え．南西	お．北上
か．促成	き．抑制	く．上川	け．白川	こ．高知
さ．最上	し．石狩	す．球磨	せ．黒潮	そ．親潮
た．小豆	ち．淡路	つ．隠岐	て．赤潮	と．青潮

問３、雨温図①～⑥が示す都市を、地図中**ア～カ**からそれぞれ選んで記号で答えなさい。

問４、文章中の下線部について、この子午線の経度を答えなさい。

2　2020年７月中旬の父と子の会話を読み、あとの問いに答えなさい。

子：お父さん、最近ニュースで「野党が国会を開くように要請している」って聞いたんだけど、国会って一年中やってるものじゃないの？

父：うん、一年中やっているわけじゃないんだよ。

子：でも、今日授業で、「国会は（　１　）の最高機関であって、国の唯一の（　２　）機関である」と憲法に書いてあるって習ったよ。そんなに大切な国会が、ずっとやってないって、なんか変だなと思うんだけど…

父：毎年必ず１月には（　３　）を開いて、翌年度の予算を決めているよ。（　３　）は６月頃に終わるけれど、だいたい秋には臨時国会が開かれるね。内閣が国会で話し合って欲しいことがある場合や、①衆議院と参議院どちらかの議員の４分の１以上の要求があった場合には臨時国会が開かれることになっている。

子：つまり、国会で何か決めたいときに臨時国会を開くってこと？

父：そうだね。国会は法律を作るだけじゃなく、②国にとって大切なことをいろいろ決める場だからね。

子：じゃあ、今って絶対にやった方がいいんじゃない？　コロナ対策とか、いろいろ考えてほしいし。③ぼくの住んでる場所だって、Go To トラベルキャンペーンから除外されちゃったしさ、何とかしてほしいよ。
あ、でも、そういうのは④知事の仕事なのかな？　今月の選挙で圧勝したもんね、いろいろ対策をとってくれるってことだよね。

父：そうだなあ…コロナ対策については、新型インフルエンザ等対策特別措置法という法律があって、これを改正して新型コロナウイルスにも適用できるようにしたんだ。だから、地方自治体が独自に対策をとるというよりは、この法律に沿って対策をしていくことになるんだよ。

子：え、でも、地方自治体って、独自に法律が作れるんじゃないの？　住民が法律を作ってほしいって請求ができるんじゃなかったっけ？
父：(　４　)のことかな？　地方自治体が独自に定めるきまりのことだけど、これは「法律の範囲内で」ということになっているね。住民が（　４　）を作ってほしいと請求できるというのはそのとおりだよ。⑤直接請求権の一つだね。
子：そうかあ…知事って、そんなに自由にいろいろできるってわけじゃないんだね。
父：でも、直接請求権があることで、住民はその地域の政治に参加することができる。そうやって民主主義というものを学んでいくことができるんだ。
子：うん、ぼくも、新型コロナのことがあってから、政治に興味を持つようになったよ。
父：そうだね。ニュースを見たり、新聞を読んだりしながら、いろいろ考えていけるといいね。

問１、（　１　）～（　４　）にあてはまる語句を答えなさい。
問２、下線部①について、国会は衆議院と参議院の二院制をとっています。これについて説明した次の文章のうち、正しいものを下から選んで記号で答えなさい。

ア．衆議院の任期は６年で、衆議院にのみ解散がある。
イ．参議院の任期は４年で、２年ごとに半数が改選される。
ウ．衆議院の被選挙権は25歳、参議院の被選挙権は30歳である。
エ．二院制をとる理由は、衆議院と参議院がそれぞれ別々の法律を審議していく方が効率的だからである。
オ．参議院には内閣不信任決議権があり、衆議院には予算の先議権がある。

問３、下線部②について、国会の権限について説明した次の文章のうち、間違っているものを下から選んで記号で答えなさい。

ア．国会議員の中から内閣総理大臣を指名する。
イ．弾劾裁判を行って、裁判官が適正かどうかを裁判することができる。
ウ．各議院の総議員の過半数の賛成で、憲法改正の発議ができる。
エ．内閣が外国と結んだ条約を審議して承認する。
オ．政治について調査する国政調査権を持ち、行政を監督することができる。

問４、下線部③について、この場所はどこか、都道府県名で答えなさい。
問５、下線部④について、次の問いに答えなさい。
（１）この知事の氏名を漢字で答えなさい。
（２）都道府県知事の任期は何年か、答えなさい。
問６、下線部⑤について、直接請求権にあてはまらないものを下から選んで記号で答えなさい。

ア．都道府県知事や市町村長の解職請求
イ．地方議会の解散請求
ウ．地方議員の解職請求
エ．監査の請求
オ．地方議会の開催請求

3　次の文章を読み、あとの問いに答えなさい。

日本の歴史では、海を渡って来た人たちが、しばしば日本の政治や文化に大きな影響を与えてきました。今回は、日本の歴史に足あとを残した外国人たちのことを、振り返ってみましょう。

古墳時代には、朝鮮半島から倭国に移り住んだ渡来人たちによって、大陸の進んだ文化が伝えられました。６世紀半ば、朝鮮半島の（　１　）の王からヤマト政権の大王に仏像や経典がおくられ、仏教が伝えられました。７世紀初めの飛鳥文化における（　２　）の仏像は、渡来人の子孫が作ったといわれています。

奈良時代、唐の僧（　３　）は、何度も航海に失敗しながらも、日本に渡って仏教の僧になるための制度を伝えました。①聖武天皇も（　３　）から教えを受けた一人です。

1543 年、ポルトガル人が［　Ａ　］に来航して日本に鉄砲を伝え、1549 年には、（　４　）が鹿児島に上陸して日本に②キリスト教を伝えました。このころからポルトガル人やスペイン人が日本に来航して貿易を行うようになりました。

1600 年、オランダ船リーフデ号が九州に流れ着くと、徳川家康は水先案内人の（　５　）らを相談役にしました。江戸幕府は、初めのうちは外国貿易をさかんにおこなっていましたが、しだいに外国との関係を制限するようになり、1639 年には（　６　）船の来航を禁止して、オランダの商館を長崎の［　Ｂ　］にうつしました。

その後の日本はいわゆる「鎖国」となりましたが、18 世紀末になると、欧米諸国の船が日本近海にあらわれるようになりました。1792 年、ロシアの（　７　）が根室に来航し、日本人の漂流民を送りとどけて幕府に通商を求めました。

19 世紀に入り、（　８　）がオランダ商館の医師として、日本に来ました。（　８　）は長崎近くに③鳴滝塾をつくり、日本人に西洋の医学を教えました。ところが（　８　）は④日本地図を国外へ持ち出そうとしたため、幕府から国外追放の処分を受けました。

1853 年、アメリカの（　９　）が艦隊をひきいて浦賀に来航し、翌年に日米和親条約が結ばれて、日本はついに開国することになりました。江戸幕府が滅んだ後、明治政府は西洋の文明を取り入れるため、西洋諸国からさまざまな分野の専門家を招きました。いわゆる「おやとい外国人」で、建築家の⑤コンドルもその一人でした。

日清戦争後、日本のめざましい近代化に学ぶため、中国から多くの若者が、日本に留学するようになりました。しかし、第１次世界大戦中の 1915 年、日本が中国に［　Ｃ　］の要求を突きつけると、中国では日本の要求に反対する運動が起こりました。

昭和になると外国の有名人が日本を訪れるようになり、1932 年には映画俳優のチャップリンが来日しました。チャップリンは犬養毅首相と会う予定でしたが、ちょうどその時、首相が海軍将校らに暗殺されるという［　Ｄ　］事件が起こりました。

その後、第二次世界大戦に敗北した日本は、アメリカの軍人である（　10　）を最高司令官とする⑥連合国軍に占領され、民主化改革が進められました。

問１、（　１　）～（　10　）に当てはまる語句を下から選んで記号で答えなさい。

ア．法隆寺	イ．アダムズ	ウ．イギリス	エ．鑑真	オ．ラクスマン
カ．空海	キ．レザノフ	ク．ザビエル	ケ．百済	コ．シーボルト
サ．スペイン	シ．新羅	ス．ペリー	セ．延暦寺	ソ．ウィルソン
タ．高句麗	チ．マッカーサー	ツ．中尊寺	テ．ポルトガル	ト．道鏡

問２、［　Ａ　］～［　Ｄ　］に当てはまる言葉を答えなさい。

問３、下線部①の天皇に関する史料として正しいものを、下から選んで記号で答えなさい。

ア．「この世をば　わが世とぞ思ふ　望月の　かけたることも　なしと思へば」
イ．「諸国の守護の仕事は、京都大番役をすすめ、反逆人・殺害人を捕らえることだ。」
ウ．「太陽がのぼる国の天子が、手紙を太陽がしずむ国の天子に送ります。おかわりはありませんか。」
エ．「天下の富を持つ者は私で、天下の権力を持つ者も私だ。この富と権力で大仏をつくる。その事業はたやすいが、私の願いがかなうのはむずかしい。」
オ．「和をもって貴しとなし、争うことが無いようにせよ。」

問４、下線部②について、間違っているものを下から選んで記号で答えなさい。

ア．日本に来た宣教師たちは、南蛮寺と呼ばれる教会を建てた。
イ．1582年、九州の３人の大名が４人の少年使節をローマ教皇のもとにおくった。
ウ．織田信長は一向一揆とだけでなく、キリシタン一揆とも戦った。
エ．豊臣秀吉は1587年、キリスト教宣教師を国外に追放する命令を出した。
オ．1637年、九州で多くのキリシタンをふくむ一揆がおこった。

問５、下の史料は下線部③で学んだ人物が書いた本の中の文章です。この本を書いた人物を下から選んで記号で答えなさい。

「今回、幕府はイギリス船（注：アメリカ船のまちがい）を大砲で打払った。イギリスはいわば日本とつきあいの無い他人の国である。その国がわざわざ日本人の漂流民を送ってくれたのに、打払うようなことをすれば、日本は人民を大切に思わない、正義に反する国だと思われるだろう。こんどイギリス船が漂流民を送ってきたらこれを受け入れて、通商を求められたら、その時はことわればよい。」

ア．新井白石	イ．大塩平八郎	ウ．高野長英
エ．松平定信	オ．吉田松陰	

問６、下線部④の地図は、ある人物が 17 年かけて全国を歩き回り、測量したものです。その人物を下から選んで記号で答えなさい。

ア．伊能忠敬	イ．平賀源内	ウ．前野良沢
エ．本居宣長	オ．松尾芭蕉	

問７、下の写真は、下線部⑤の人物が設計して、1883（明治16）年に完成した建物です。外国人相手の社交場として夜会などがおこなわれた、この建物の名前を答えなさい。

問８、下線部⑥について、連合国が日本を占領していた時期に起こったできごととして、間違っているものを下から選んで記号で答えなさい。

ア．サンフランシスコ平和条約の調印
イ．日本の国際連合加盟
ウ．朝鮮戦争
エ．日本国憲法の公布
オ．農地改革

【理　科】〈第１回試験〉（30分）〈満点：50点〉

1　重さ100g、長さ120cmで太さが一様な棒《ぼう》ABがあります。次の各問いに答えなさい。ただし、糸のおもさは考えず、糸は切れないものとします。

問１　図１のように棒の中央を天井《てんじょう》につるし、右端Ｂに100gのおもりをつるしました。棒を水平にするためには100gのおもりを左端Ａから何cmの位置につるせばよいか求めなさい。

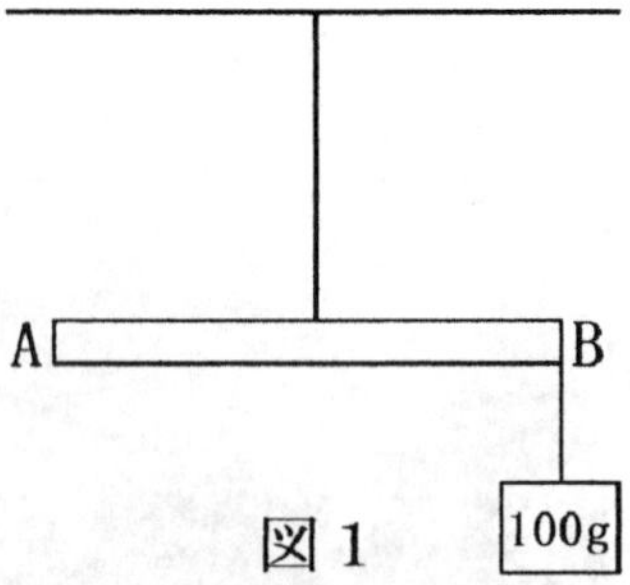

図１

問２　図２のように棒の左端Ａから80cmを天井につるし、右端Ｂに、あるおもさのおもりをつるしました。このとき棒が水平になるためには右端Ｂに何gのおもりをつるせばよいか求めなさい。

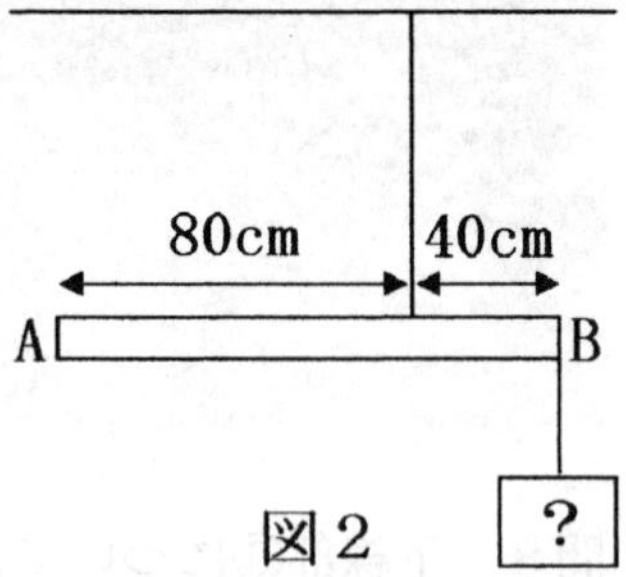

図２

問３　図３のように棒の中央を天井につるし、右端Ｂに100gのおもりをつるし、左端Ａに50gのおもりをつるしました。棒を水平にするためには200gのおもりを左端Ａから何cmの位置につるせばよいか求めなさい。

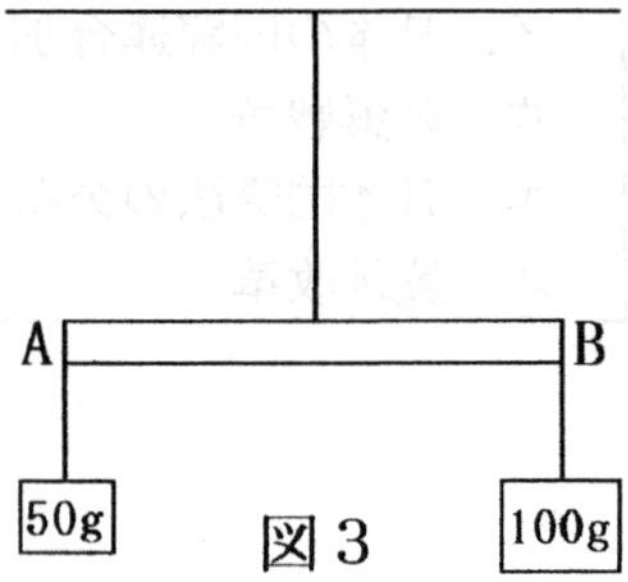

図３

問４　図４のように棒の左端Ａを天井につるし、右端Ｂをばねばかりにつるしたところ棒は水平になりました。ばねばかりは何gを示すか求めなさい。

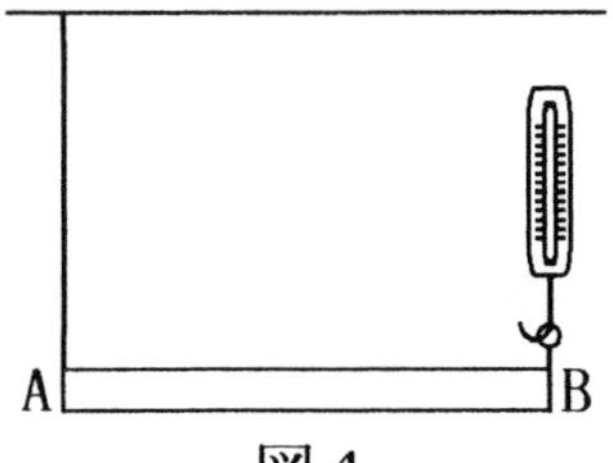

図４

2 次の各問いに答えなさい。

問１　下の溶液の組み合わせ（１）～（５）について、溶液を区別する方法が正しいものを選び、記号で答えなさい。ただし、あてはまるものが２つ以上あるときは、すべて答えること。

溶液の組み合わせ	溶液を区別する方法
（１）食塩水と砂糖水	直流の電気を通す。
（２）塩酸と食塩水	赤色リトマス紙をひたす。
（３）アンモニア水と水酸化ナトリウム水溶液	青色リトマス紙をひたす。
（４）塩酸と水酸化ナトリウム水溶液	鉄くぎを浸して、気体が発生するか観察する。
（５）アンモニア水と塩酸	蒸発皿にのせて乾燥《かんそう》させ、白い粉が残るか観察する。

問２　水 90g に食塩 30g を溶《と》かした食塩水があります。次の（１）、（２）に答えなさい。

（１）水 50g に食塩を溶かして、同じ濃さの食塩水をつくりたい。食塩は何 g 必要ですか。最も近いものを（ア）～（オ）から選び、記号で答えなさい。

（ア）6.1g　（イ）7.8g　（ウ）9.6g　（エ）12.4g　（オ）16.7g

（２）同じ濃さの食塩水を 150g つくるには、水と食塩はそれぞれ何 g 必要ですか。最も近いものを（ア）～（コ）から選び、記号で答えなさい。

（ア）25.0g　（イ）37.5g　（ウ）42.0g　（エ）50.0g　（オ）63.5g
（カ）100.0g　（キ）108.0g　（ク）112.5g　（ケ）125.0g　（コ）137.5g

3 右図は、ヒトの体内における血液の流れをかんたんに表したものです。図の矢印は血液の流れる向きを表しています。次の各問いに答えなさい。

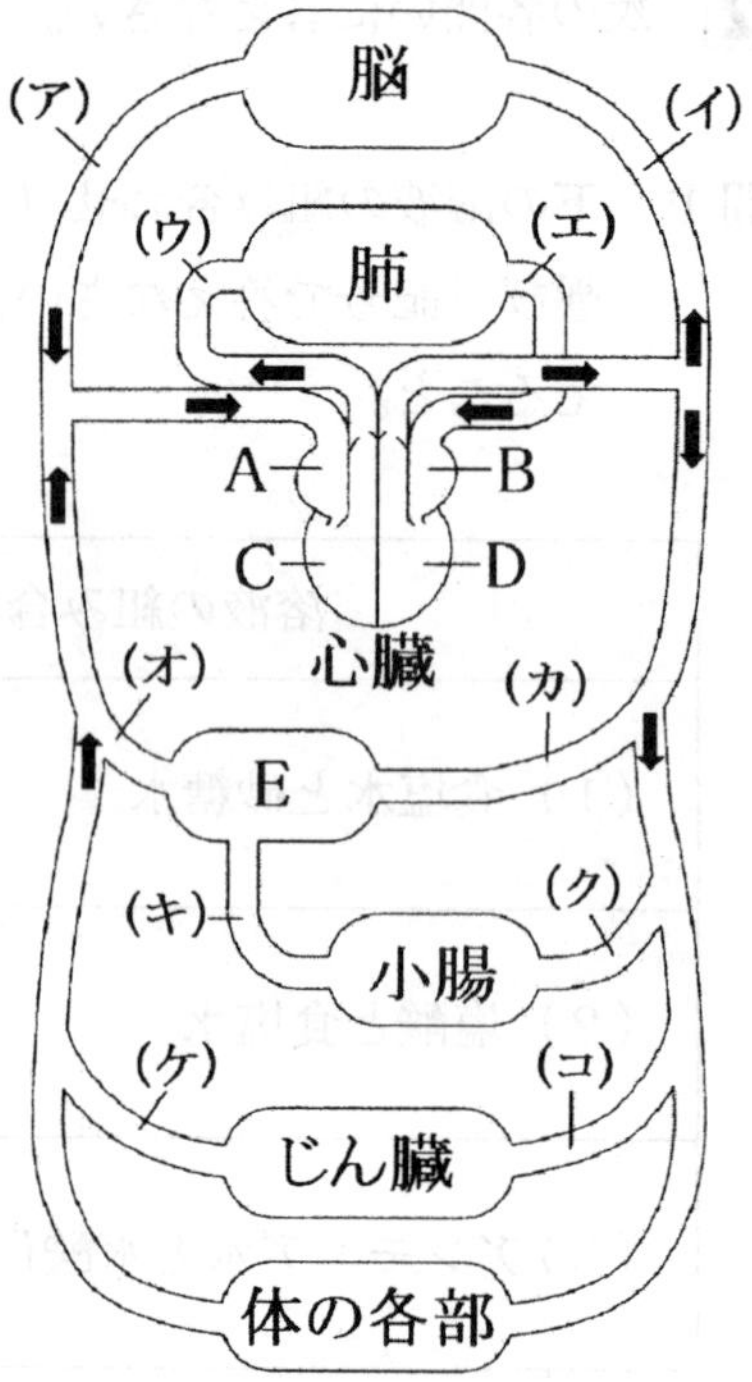

問１　図の心臓の４つの部屋A〜Dのうち、最も厚い筋肉でできているものはどれですか。A〜Dから選び、記号で答えなさい。

問２　問１で答えた心臓の部屋を何といいますか。その名称を答えなさい。

問３　近年、駅や学校などの公共施設《しせつ》には、心臓が止まったり、けいれんしたときに、電気ショックを与えて正常な心臓の動きにもどすための装置《そうち》が置かれるようになっています。この装置の名前を何といいますか。アルファベット三文字で答えなさい。

問４　心臓のつくりがヒトと同じ生物はどれですか。次の（ア）〜（エ）から選び、記号で答えなさい。

（ア）メダカ　　（イ）クジラ　　（ウ）カエル　　（エ）ヘビ

問５　酸素の量が最も少ない血液が流れているのは、どの血管ですか。最も適当なものを上図の（ア）〜（コ）から選び、記号で答えなさい。

問６　上図の内臓Eの名前は何といいますか。その名称を答えなさい。

4 下の文章を読み、次の各問いに答えなさい。

人類初の月面着陸に成功したのが1969年7月のこと。それから50年。今では無人探査機《たんさき》ではあるが、月より遠く離《はな》れた天体に到達することも可能になった。

2014年、日本では「月よりも遠い天体に着陸し、その天体の砂を地球に持ち帰る」という世界初のプロジェクトの始まりとなる (1) ロケットの打ち上げに成功した。

2018年、(2) 太陽系第4惑星と第5惑星の間にあるとされる小惑星群の一つ「(①)」に到着した。そこで、人工的にクレーターを作成し、天体の砂を採取して再び地球に向けて移動を開始した。

2020年12月6日未明に「(①)」で採取した砂を入れたカプセルが (②) の砂漠にパラシュートで着陸した。

問１ 波線(1)について、このロケットは鹿児島県のある島の宇宙センターから打ち上げられました。ロケットが打ち上げられた島の名前を、次の (ア) ～ (オ) から選び、記号で答えなさい。

(ア) 桜島　(イ) 小豆島　(ウ) 大島　(エ) 種子島　(オ) 新島

問２ 波線(2)について、太陽系第4惑星と第5惑星の名称をそれぞれ答えなさい。

問３ 2020年に持ち帰ってきた砂は、何という小惑星のものですか。文章中の「(①)」に入る小惑星の名称を答えなさい。

問４ このとき利用された小惑星探査機はどれですか。次の (ア) ～ (エ) から選び、記号で答えなさい。

(ア) はやぶさ　(イ) はやぶさ２　(ウ) イトカワ　(エ) アカツキ

問５ 小惑星の砂を採取したカプセルは、地球のどの場所に着陸しましたか。文章中の (②) に入る国名をカタカナで答えなさい。

問十　――線部⑦「なんとなく人とうまくいかないなと思ったら、自分の顔の動きに気づいてみる必要があるかもしれません」とありますが、それはなぜでしょうか。その理由として最もふさわしいものを次の中から選び、記号で答えなさい。

ア　表情は自分でコントロールすることができないので、気をつけていないとネガティブな感情も顔にあらわれてしまい、相手を不快にさせてしまうことがあるから。

イ　人とコミュニケーションをする上で表情が重要な役割を果たしているのに加えて、表情に応じて自分の中に新たな感情がわいてくるということもあるから。

ウ　表情は自分で自由につくることができるため、相手の表情から感情を読み取ることは実際にはできないが、表情と感情につながりがあると勘違《かんちが》いしている人も多いから。

エ　人とコミュニケーションをする際に表情をつくらないと相手に自分の感情を読み取ってもらえない上、無表情でいると自分自身の感情さえも全くわいてこないから。

問五　――線部④「意図しない表情がないとすると、その苦労ははかりしれないものがあります」とありますが、それはなぜでしょうか。その理由を五十字前後で答えなさい。

問六　［ D ］に入ることばとして最もふさわしいものを次の中から選び、記号で答えなさい。

ア　悪循環《あくじゅんかん》　　イ　危機　　ウ　落とし穴　　エ　矛盾《むじゅん》

問七　――線部⑤「れる」と同じ用法のものを次の中から一つ選び、記号で答えなさい。

ア　この服は丈夫《じょうぶ》だからまだ着られるよ。　　イ　伯父《おじ》は家族を大切にされる方《かた》だった。

ウ　故郷に帰ると昔のことが思い出される。　　エ　みなにひどい人だと思われるのは心外だ。

問八　本文の……線で囲われた部分には小見出しがついています。その小見出しとして最もふさわしいものを次の中から選び、記号で答えなさい。

ア　コミュニケーションに会話は不可欠　　イ　無表情は万病のもと

ウ　表情はコミュニケーションの原点　　エ　会話は病気の特効薬

問九　――線部⑥「表情は、心の中に生じる情動の発達のためにも大事な役割を果たす」とありますが、表情が大事であることについて説明した次の文の［ Ⅰ ］・［ Ⅱ ］に入ることばをそれぞれ指定された字数で文章中からさがし、ぬき出して答えなさい。

幼い子どもは、感情を爆発《ばくはつ》させては周囲の大人からしつけられることをくり返し、感情をコントロールできるようになっていく。その際に、子どもは［ Ⅰ（6字） ］ことで感情をあらわし、周囲の大人に気づいてもらうことができる。

また、普段《ふだん》のコミュニケーションにおいて、相手と小さな感情がぶつかり合う体験を重ねて、自身の小さな感情の変化に対処できるようになっていく。その際に、人は［ Ⅱ（8字） ］を通じて相手の感情を読み取っているのである。

（注）
※１　水痘帯状疱疹《すいとうたいじょうほうしん》…赤い斑点《はんてん》と小さな水ぶくれが帯状《おびじょう》にあらわれる病気。
※２　難儀《なんぎ》…苦労。困難。
※３　アルツハイマー病…脳の神経細胞《さいぼう》が減少し、記憶《きおく》力や認知力が少しずつ低下していく病気。
※４　癇癪《かんしゃく》を起こし…叫《さけ》び声をあげたり泣いたりして、激しく怒《おこ》ること。
※５　大頬骨筋《だいきょうこつきん》…頬《ほほ》のあたりに位置する筋肉。
※６　皺眉筋《しゅうびきん》…眉《まゆ》の上に位置する筋肉。

問一　A～C に入ることばとして最もふさわしいものを次の中からそれぞれ選び、記号で選びなさい。
ア　たとえば　　イ　もし　　ウ　もしくは　　エ　しかし　　オ　つまり

問二　この文章中から「すべてのことに関する興味や情熱までも、取り戻《もど》したように思えたそうです。」という一文がぬけていています。この一文は文章中の【ア】～【エ】のどこに入るでしょうか。最もふさわしいものを選び、記号で答えなさい。

問三　――線部①「麻痺した当時のつらさには、他の病気にはみられない、独特のものがありました」とありますが、他の病気とどこが違ったのでしょうか。最もふさわしいものを次の中から選び、記号で答えなさい。
ア　細かい表情の動きができなくなり、周囲の家族に苦痛や違和感《いわかん》を与えていたこと。
イ　自分のつくりたい表情をつくれなくなり、周りの人に誤解を与えていたこと。
ウ　しゃべることが面倒《めんどう》で無口になり、周囲の人々を嫌な気持ちにさせていたこと。
エ　一人で食事することが難しくなり、看病してくれる家族に迷惑をかけていたこと。

問四　――線部②「満足」・③「実感」と熟語の成り立ちが同じものを次の中からそれぞれ選び、記号で答えなさい。
ア　貧富　　イ　運送　　ウ　決心　　エ　私立　　オ　善行

泣いているばかりの赤ちゃんから自我が芽生え始めた二歳をすぎたくらいの頃、気に入らないことがあると癇癪を起こし、欲しいものを泣いてせがんで、自分勝手に感情を爆発《ばくはつ》させる時期が続きます。第一次反抗期《はんこうき》と呼ばれるこの頃、わがままな感情の爆発は根気強くしつけられて、感情をコントロールできるようになっていくのです。思い通りにいかなくても我慢《がまん》する、人前ではわがままを言わない、特にネガティブな情動は抑《おさ》える……これらは友達やきょうだいと仲良くするために、家庭や学校で学習されてきたことなのです。

当たり前のように過ぎてきたこの時期、もし表情を使って自分の感情を出す機会がなかったら、どうなるでしょうか。もちろん表情をつくることができないからといって、感情がわかないわけではないのです。感情はふつうにわきますが、表情がないため、周りの大人に自分の感情に気づいてもらえません。結果、感情をコントロールする訓練を受けるきっかけを失ってしまいます。こうした訓練を受けずに大人になると、ネガティブな情動を自分で止めることができずに、暴走してしまいかねないというわけです。

また、ふだんの生活の中では、思わず発した相手の小さな表情の変化から、その人がなにを感じているかを推し量り、互《たが》いにぶつかり合わないようにしているところもあります。こうした小さな感情のぶつかりあいを体験していないと、自分の小さな感情の変化に対処できないことにもつながります。感情の経験はネガティブな感情だけではなく、ポジティブな感情を産み出すことにも必要です。大笑いすることで感情を強化することがないと、そういった感情を体験できなくなってしまうというのです。

表情と感情の直接的なつながりを、ペンや箸《はし》を使って体験することができる、こんな実験があります。

ペンや箸を横にして口にくわえてみてください。ペンをくわえると口角があがり、微笑《びしょう》をつくる時の筋肉である※5大頬骨筋《だいきょうこつきん》が動きます。たったこれだけで、気分が変わるという研究もあります。もともと何の感情がわいていなくても、筋肉が動かすだけで感情がわきあがるというのです。大頬骨筋はポジティブな表情と感情に働きかけますが、眉《まゆ》を寄せる時に働く※6皺《しゅう》眉筋《びきん》はネガティブな表情をつくる時に使われ、この筋肉を緊張《きんちょう》させることによってネガティブな感情をつくり上げることができるといわれています。

⑦なんとなく人とうまくいかないなと思ったら、自分の顔の動きに気づいてみる必要があるかもしれませんね。

(山口真美『自分の顔が好きですか？　「顔」の心理学』より)

ントロールを失った元患者による報告です。【ウ】

　周囲は決して意地悪をしているわけではないのですが、表情の乏《とぼ》しい人には、イエスかノーで答えるような簡単な質問しかしなくなるといいます。会話が成り立つような、広がりのある質問をしないというのです。これでは会話をしようとしても、どうにもなりません。

　そもそも無表情とは、表情がないだけでなく、もっとネガティブな雰囲気《ふんいき》をかもし出してしまっているようなのです。こわばった顔は、本人はそう思っていなくても、「イライラしていて不機嫌《ふきげん》」なように見えてしまうのです。それだけでなく、「お前には興味ない」と言っているように、あるいは「私は鈍いし、退屈《たいくつ》ですよ」と言っているように、とらえられてしまうといいます。無表情の顔でいると、その人の魅力すらも消え失せていくようで、結果として、近寄りがたい存在になってしまうのでしょう。周囲の受け止め方がそんな感じだと、本人も周りへの興味を失うという［D］に陥《おちい》っていきます。そして内に閉じこもり、顔や世界から遠ざかって生きようとするようになってしまうということでした。

　しかしこれらすべての状況は、顔面麻痺が消え、表情がよみがえると、消え去りました。【エ】

　こうしたことからも、表情がつくれないだけで、ひどい苦労をすることがわかります。人との関係をつくるためには、表情を持つことが必須とされる⑤所以《ゆえん》なのです。それではもし、生まれつき表情をつくることができないとしたら、どんな人生を送ることになるのでしょうか。メビウス症候群という、生まれつき顔の両側の筋肉に麻痺が生じる病気があるそうです。

　先の顔面麻痺のように、しだいに周囲から遠ざかり、うつになることもあるそうですが、生まれついて表情がない場合、もっと大きなハンデを生み出すことになるようです。激しくまき起こる情動をコントロールできないとみなされがちだというのです。なぜ、そうなるのでしょうか。

⑥表情は、心の中に生じる情動の発達のためにも大事な役割を果たすのです。

　自分の感情が、どのように発達したかを思い起こしてみましょう。小さい頃《ころ》※4に癇癪《かんしゃく》を起こしたり、欲しいものを泣いてねだったりした記憶はありませんか。

周囲の違和感《いわかん》、これが表情をなくしてしまった時に起きる最大の問題なのです。

表情をなくすだけで、その人を取り巻く状況《じょうきょう》はがらりと変わります。なぜでしょうか。

脳の障害により、少しずつ運動機能が低下して、姿勢の維持《いじ》や運動の速度調節がうまく行えなくなるパーキンソン病は、表情もとぼしくなることがわかっています。パーキンソン病は※3アルツハイマー病のように、老人では比較的《ひかくてき》身近な病気です。みなさんも、名前を聞いたことがあるかもしれません。

パーキンソン病では、進行するとベッドや車椅子《くるまいす》での介助《かいじょ》が必要な生活となります。身体が動かなくなることは大きなショックで、家族にも大きな負担となります。ですがそれ以上に、患者《かんじゃ》本人が無表情であることは、病人を支える家族に大きな壁《かべ》として横たわるようなのです。【イ】

パーキンソン病患者は意図的に表情をつくることはできるのですが、瞬時《しゅんじ》でつくる意図しない表情の動きができなくなるのです。意図的な表情ができればじゅうぶんかと思うかもしれませんが、そうではないのです。④意図しない表情がないとすると、その苦労ははかりしれないものがあります。

それは、友達となにげない会話をするときにも、あてはまります。こうした際に、周りを気にせずマイペースで一人喋《しゃべ》りする人は少ないでしょう。楽しい会話のやりとりの背後には、微妙《びみょう》な表情のかけあいがあるのです。相手の微妙な表情の変化を見て、この話はこれ以上しない方がいいなとか、この話は面白いから続けようと、話は進んでいくのです。もしそこにまったく表情の変化がないとしたら……なんとも話しにくいことでしょう。

面白い話に思わず吹《ふ》き出したり、嫌《いや》な話に思わず不愉快《ふゆかい》な顔をしたり、これらの表情は意図せずに自発的に生じるもので、円滑《えんかつ》なコミュニケーションをするためには必須《ひっす》なのです。人と違和感なく会話が続くのは、表情のリアクションがあるからこそなのです。表情をなくすと、味気ない人生を送らざるをえない可能性があるのです。

パーキンソン病の患者の場合、介護《かいご》している周囲からすると、昔のように会話できないことは、なによりつらいことなのです。しかも自分が表情をつくることができないだけでなく、他人の表情の認識も鈍《にぶ》るようなのです。自分が表情をつくらないと、情動的な顔を想像しにくくなるといわれているのです。

自分が表情を失ったとき、周囲はどのように変わるのか、注意深く観察した人がいます。顔面神経麻痺で顔面筋のコ

三 次の文章を読み、あとの問いに答えなさい。

親しい人の顔を思い起こしてみてください。

どんな顔が思い出されますか?

友達の笑った顔、先生の怒《おこ》った顔……、思い出すのは、さまざまな表情がついた顔ではないでしょうか。逆にいえば、無表情の顔を思い出すのは難しいでしょう。

A 親しい人の顔は、表情付きで覚えているのです。口を大きく開けて楽しそうに笑う友人、はにかみがちに笑う友人、それぞれがよく見せる表情で覚えています。

表情には、その人の人となりがより強くあらわれるのです。その人の顔とは、その人がよくする表情なのです。

ふだん元気でエネルギーに満ちて美しかった友達が、ふと見せるぼんやりした無表情の顔を見て、印象が全く違《ちが》って驚《おどろ》いたことはないでしょうか。無表情の顔には、魅力《みりょく》も個性もそぎ落とされてしまった印象があるように思います。顔はつくりではなくて、表情なのです。それには表情をつくる筋肉の動きが、大きく貢献《こうけん》しています。

B 、表情がつくれないとしたら、どんな人生を送ることになるのでしょうか。実は、表情をつくることができなくなる病気があるのです。

表情をつくる筋肉を動かすことができなくなる、顔面麻痺《がんめんまひ》は身近にもみられる病気です。ストレスが原因で起きる顔面麻痺は、芸能人がなったと騒《さわ》がれることもあります。一度は耳にしたことがあるのではないでしょうか。【ア】

顔面麻痺には、治りやすいものからそうでないものまで、さまざまな種類があります。実は筆者も、ラムゼイハント症候群《しょうこうぐん》と呼ばれる顔面麻痺にかかったことがあります。水ぼうそうを起こすウイルスがストレスをきっかけに再発し、ふつうは※1水《すい》痘《とう》帯状疱疹《たいじょうほうしん》となるのですが、たまたま顔面神経に近いところで活動すると顔面麻痺となるのです。麻痺から回復することはできたのですが、①麻痺した当時のつらさには、他の病気にはみられない、独特のものがありました。

顔面麻痺は、片側の筋肉だけが麻痺することが多いため、表情をつくることには※2難儀《なんぎ》は感じません。どちらかというと、口の開け閉じに不自由を感じ、②満足にしゃべれないことと、食事の際に不便を感じました。 C それは自分の③実感であって、周囲の印象とはちょっと違うようでした。まったく気づかなかったのですが、表情の少ない顔をしていることが、家族にはとても苦痛だったようなのです。

問七　――線部⑤「ごくりとつばを飲みこんで、たしかめてみる」とありますが、この時の幸三の気持ちとして最もふさわしいものを次の中から選び、記号で答えなさい。

ア　洋三のことばを待ちながら、なみだを捨てた旭山は本当に元気になるだろうかと心配な気持ち。
イ　洋三のあまりにも自信たっぷりなことばと表情に、かえって信じられなくなり用心する気持ち。
ウ　洋三の話が本当ならば、泣き虫な自分を変えることができるのではないかと期待する気持ち。
エ　洋三の口から思った通りのことばを聞き、もっと詳しい話を聞いてみたいと勢いづく気持ち。

問八　――線部⑥「毎日あんなに泣いているのに、自分にもまだがまんしていたなみだが、あったのだろうか」とありますが、幸三が「がまんしていたなみだ」とはどのようななみだですか。簡潔に説明しなさい。

問九　あるクラスでこの作品について話し合いました。その発言の中で文章の内容と合った説明をしたと思われる生徒を次の中から選び、記号で答えなさい。

先生　「作品の中に何度もちくわが登場したけれど、物語の中でどのような意味があるのかな。みんなはどう思う？意見を出してみよう。」

A君　「ちくわはお父さんの気持ちを映しているよ。元気いっぱいそうだけれど、心にぽっかりと大きな穴を持っていて、いじけた幸三に怒ったりめげたり。それでも気を取り直して、幸三を励ますために一肌《ひとはだ》ぬいだりもして。」

B君　「そうかなぁ。ぼくは幸三の気持ちを表していると思うんだ。お父さんがいる時は気が張っているからちくわは立っているけれど、いなくなったとたんにしょんぼりしたからたおれてしまったんじゃないか。」

C君　「ぼくは二人の意見と違《ちが》うんだ。海の匂《にお》いを感じさせるちくわがなみだの穴のように連想され、その穴に泣き虫だった幸三がなみだを捨てることで大きく成長できるきっかけになったと思うんだ。」

D君　「ちくわは家を留守にしがちな洋三に代わって幸三を見守る存在とはいえないかな。太陽や月が高い空からぼくたちのことを見守ってくれているように、泣いてばかりの孤独《こどく》な幸三の支えになっているよ。」

ア　A君　　イ　B君　　ウ　C君　　エ　D君

問二　——線部②「え？」とありますが、この時の幸三の気持ちを文章中のことばを使って、五十字以内で説明しなさい。

問三　——線部③「きまりが悪くなった幸三」とありますが、その理由として最もふさわしいものを次の中から選び、記号で答えなさい。

ア　めぐまれた体格をいかしきれず、何事にも失敗して仲間に迷惑《めいわく》をかけてばかりいる自分の姿を思い出したから。

イ　めぐまれた体格なのに、同級生に泣かされている自分のことを父親が言っているように思えたから。

ウ　めぐまれた体格に育ったばかりに、何をしても目立ち、攻撃《こうげき》の的になっている自分の姿を思いうかべたから。

エ　めぐまれた体格をいかして頑張《がんば》っているのに、父親はそれを全く理解しようとはしてくれないから。

問四　［A］～［C］に入ることばとして最もふさわしいものを次の中からそれぞれ選び、記号で答えなさい。

ア　ふがふが　イ　もごもご　ウ　そろそろ　エ　とぼとぼ　オ　ほくほく

問五　〰〰線部a「あっけにとられた」・b「にわかに」の文章中での意味としてふさわしいものを次の中からそれぞれ選び、記号で答えなさい。

a「あっけにとられた」

ア　おどろきあきれた　イ　不愉快《ふゆかい》に思った　ウ　同情した　エ　にがにがしく思った

b「にわかに」

ア　簡単に　イ　全然　ウ　はっきりと　エ　すぐに

問六　——線部④「ありゃあ、まるでなみだの穴でも見たみたいだな」とありますが、「なみだの穴」はどのような力を持っていますか。解答らんのことばにつながるように文章中から三十字でさがし、はじめと終わりの五字をそれぞれぬき出して答えなさい。

どなり声を思い出すと、ますますなみだがあふれてきた。父親は泣き虫の自分のことが、どんなに情けないことだろう。

幸三は歯をくいしばる。

ふがいない。

そう思うと、幸三の胸にどなり声とはうらはらな、洋三のやさしい笑顔がよみがえってきて、たまらなくなった。

「ううっ」

幸三は、食いしばった歯の間から、声をもらした。

さみしい。心細い。

洋三は明日からまたいなくなる。船が出るのだ。

つぎの日の朝、幸三はすっきりした気分で目をさました。

昨日、幸三のなみだが止まったのは、どこからか入ってきたすき間風が、すっとほっぺたをなでたときだった。風を感じたとたん、スイッチが切れるようになみだが止まったのだ。泣いていた記憶《きおく》すらうたがってしまうくらい、すっぱりなみだが引っこんだ。

そして、幸三の顔は朝の光がさしこんだように、明るくなっていた。それまで心をしばっていた、うんざりするような重たい気持ちが、はじけて消えたようだった。

(まはら三桃『なみだの穴』より)

(注) ※ 板子一枚下《いたごいちまいした》は地獄《じごく》…船乗りの仕事が危険であることのたとえ。

問一 ――線部①「いけっ」とありますが、この時の幸三の気持ちを説明したものとして最もふさわしいものを次の中から選び、記号で答えなさい。

ア 体の小さな花の海の、たたかう前から負けを意識しているような表情に、いらだっている気持ち。

イ 小柄《こがら》な体格を言いわけにせず、どんな相手にも一生懸命《いっしょうけんめい》にたたかう花の海にあこがれる気持ち。

ウ 大きな相手でも、小さな体をいかし、花の海が奇跡《きせき》を起こしてくれることを信じようとする気持ち。

エ だれもが巨漢《きょかん》の旭山《あさひやま》の勝利を信じて疑わずにいたため、小兵《こひょう》である花の海をかわいそうに思う気持ち。

すこっ。

すがすがしい音がした。洋三がせんぬきで、ビールのせんをぬくときみたいな音だ。

「あれ？」

幸三は、今度は目を丸くした。ちくわの穴がぴかっと光った気がした。

「なんだ？」

幸三はよく見ようと腰《こし》を浮《う》かせたが、足がしびれていたのか、体がよろけた。

「うわっ」

そのとたん、背中に稲妻《いなずま》のような痛みが走った。尻もちをついたのだ。

「いたたたたっ」

火が出るほど痛かった。

あっというまになみだがにじんだ。いや、にじんだくらいではなかった。熱い液体が、両方の目から、水鉄砲《みずでっぽう》みたいに飛び出してきたのだ。

なんだ、なんだ？

それはこれまで流していたなみだとは、まるで違っていた。目ではなく、体のずっと奥《おく》の方から出てくる。しかも、自動的に出てくる感じなのだ。幸三は、飛び出してくるなみだに、しばらくほうぜんとしてしまった。

もしかして。

やがて幸三は、気がついて視線を動かした。にじんだ視線がちくわをとらえる。

なみだの穴？

幸三は、きいたばかりの洋三の話を思い出して、首をひねった。

⑥毎日あんなに泣いているのに、自分にもまだがまんしていたなみだが、あったのだろうか。

なみだを飛び出させながら、幸三は、はらはらとふすまを見た。出ていった洋三がもどってきやしないかと心配だったのだ。

「また、泣いたな」

「とつぜん大量のなみだが出てきたんで、おおかた自分でもびっくりしたんだろう。あいつは今場所、負けてばかりだったからな。ありゃ、よっぽどこらえていたんだな」

洋三は思いやるように声を落したあと、きゅうに明るく言った。

「まあ、これですっきりして元気になるだろう。明日からが楽しみだ」

[C] と笑い、ついでのようにこう言った。

「旭山もしばらくは、なみだを流さないだろうよ」

幸三は、はっと顔をあげた。きき逃《のが》せない言葉だった。

「穴に捨てたら、なみだは出なくなるのか？」

⑤ごくりとつばを飲みこんで、たしかめてみる。

「ああ」

洋三はゆっくりとうなずいた。

「すっぱり出なくなる。三年、五年、いや、人によっては、十年、十五年は大丈夫《だいじょうぶ》っていう人もいるな」

「十五年！」

なんということだろう。十五年もすれば、立派な大人になるじゃないか。幸三はおもわずこぶしをにぎった。その間、泣き虫をふうじこめていれば、いじめられることもないんじゃないか。

「あっ」

幸三はそこまで考えて、声をあげた。舌打ちをしたいような気持ちになる。なみだの穴は、なみだをがまんしている人のところへ行くと、きいたばかりだ。

おれはいつも泣いてばかりだからな。

幸三はうなだれた。皿には、半分になったちくわが一本、まっすぐに立っていた。

「さ、風呂にでも入ってくるか」

話し終えると洋三は、立ちあがって部屋を出ていった。そして、うしろ手で、カタンとふすまを閉めた。そのはずみで風がおこったのか、皿の上のちくわがぱたんとたおれた。ぷんとちくわのしょっぱい匂いが鼻をつく。

と、そのときだった。

「すぽんっと海面に穴が開くのさ。そして、中から光があふれだす。まったくきれいな穴だが、見ると泣けて泣けてしょうがない。それまでこらえていた感情が、とめどないなみだになって出てくるんだよ」

洋三は、はるかな海をながめるように目をほそめながら言った。

「海に穴が現れたら、おれたちは、まずその穴になみだを捨てる。なにしろ『※板子《いたご》一枚《いちまい》下《した》は地獄《じごく》』だからな。どんなことがあるかしれない。海の上では、自分の心だけが頼《たよ》りだから、心をしっかり持ってなきゃ、いざというとき助からない。泣いてるひまなどありゃしない。だからなみだを捨てて、気持ちをさっぱりさせるんだ。うまくしたもんで、気持ちがさっぱりすると、力がもりもり出てくるのさ」

それは、bにわかには信じられない話だった。けれども、洋三の語り口はなめらかで、それでいて力強く、心地よかった。きいているうちに、幸三はふっと海の匂《にお》いをかいだような気分になった。大きな海を思い描《えが》くと、心がすっと広がるようで、幸三は深く空気をすいこんだ。

洋三の話によれば、なみだを穴に捨てるのは、昔々から海の男のならわしだったらしい。なみだの穴のパワーは強力で、ちっぽけな人間の悲しみなんか、掃除機《そうじき》みたいにすいとってくれるのだそうだ。

「なんといっても海は生命が生まれるところだからな。大きなエネルギーを持っているのさ」

洋三は言った。なみだを捨てて、すっきりとした体で力いっぱい海で働き、丘《おか》ではなみだを流さない。それが海の男の生き方なのだと、胸をはった。

けれども幸三は首をひねった。

「その穴をどうして旭山が見たんだ？」

思えば不思議なことだった。海にあるはずの穴を、どうして土俵で見ることができたのだろう。

すると、洋三は「いい質問だ」とばかりに、にやりと笑ってみせた。

「なみだの穴は、ときどきは陸にも流れていくからな。なみだをがまんしている人のところに行くのさ。きっと旭山のところにも行ったんだろう。見ただろ、あのすごい泣きっぷりを」

「うん」

幸三はうなずいた。たしかに、旭山のなみだはすごかった。そして、そんなに泣いてしまう自分におどろいてもいるようだった。

すこっ。

「え？」

幸三は、画面ににじり寄った。旭山の様子がへんだったのだ。口を［A］させている。

泣いているのか？

幸三が思ったとき、旭山の両目から、だーっと滝《たき》のようななみだが飛び出した。

「うわっ、すごいなみだ」

幸三は叫んだ。旭山の泣き方は、だれの目にも異様にうつったのだろう。会場のお客さんたちも、a あっけにとられたような顔をしていた。テレビのアナウンサーも、おどろいたように、

「旭山は、よほど悔しかったんでしょうか。男泣きにくれています。いやはやひどい泣き方です」

と、実況中継《じっきょうちゅうけい》をした。

だが、いちばんおどろいているのは旭山のようだった。泣き声をはりあげながらも、しきりに首をひねっている。自分でもどうしてこんなに泣けるのか、不思議でしかたないみたいだ。

洋三が不可解なことを言ったのは、旭山が泣きながら花道を引きあげたときだった。

④「ありゃあ、まるでなみだの穴でも見たみたいだな」

「なみだの穴？」

ききかえした幸三に、洋三は真面目な顔でうなずいた。

「ああ、そうだ。なみだの穴だ。間違《まちが》いない。旭山はきっと見たんだ」

「どういうことだ？」

さっぱりわからない話に、幸三が眉《まゆ》を寄せると、洋三は、

「おう幸三、教えてやるとも」

と、にたりと笑った。そして、つまみのちくわをひとかじりし、

「ああ、海はまったく不思議なところだよ」

口を［B］させながら話しはじめた。

なみだの穴は、広い海に、とつぜん現れるという。

だめとはわかっていながら、こぶしを固めて、花の海を応援する。

「おっ」［ロ］

つぎの瞬間《しゅんかん》、幸三は声をあげた。花の海が意外な動きをしたからだ。左足をふみこむと見せかけ、右足をふみ出し、相手のふところにもぐりこんだ。ふいをつかれた大きな旭山は、一瞬相手を見失ったようだった。あわてたのが、画面を通してでもわかった。

「お、お、お、」

父親はあいの手のような声をあげる。そのリズムにちょうど合わせるように、花の海は全力で相手を押《お》し出していく。体のバランスをくずされた旭山は一気にさがった。土俵ぎわでなんとか体勢を立てなおしたが、間に合わなかった。旭山は、最後は体当たりで突き飛ばされ、勢大にひっくりかえってしまった。

「どりゃあーっ」

洋三は叫《さけ》び、

「よっしゃー」

幸三は叫んだ。続けて洋三は悔《くや》しそうに言った。

「やられたー」

②「え？」

幸三は、思わず父親の顔を見た。

「大きな方を応援してたのか？」

こういう場合は、小さい方を応援するのが普通《ふつう》ではないのだろうか。なのに、洋三はちょっと不ゆかいそうに口を曲げた。

「当たり前だろ。大きなくせに負けてどうするよ」

幸三は首をすくめる。洋三はどうやら自分のことを言っているらしかった。③きまりが悪くなった幸三は、画面に目をもどした。

画面では、取り組みを終えたふたりの力士が、土俵の上でおじぎをしているところだった。

と、そのとき。みょうな音がテレビからきこえてきた。

二 次の文章を読み、あとの問いに答えなさい。

河原の土手にはすでにだれもいなかった。幸三《こうぞう》はそこに座りこもうとしてやめた。まだ、お尻が痛かった。

幸三は、同じクラスの剛《たけし》にさっきここで突《つ》き飛ばされたのだ。尻もちをついた拍子《ひょうし》に、石で尾《び》てい骨をしたたかに打った。背中に、高圧電流が流れたみたいになって、転がったままうめいた。こみあげたなみだをぬぐっていると、持っていたお菓子《かし》を取りあげられた。洋三がお土産《みやげ》に買ってきてくれた、めずらしいココナッツのお菓子だ。

父の洋三は遠洋漁業の漁師だ。大きな船に乗って、遠い外国まで魚を追いかけていく。一度船出をすると、何か月も帰ってこない。そのかわり帰ってくるときには、外国のめずらしいお菓子や果物などを、たくさんお土産に買ってきてくれるのだ。

小学校五年生の幸三は、クラスでいちばん背が高い。体重だって平均よりもずっとある。このごろは特にきたえてもいないのに、筋肉もついてきた。そんな幸三が、どうして同級生にお菓子を取りあげられてしまうのか。理由は簡単だ。幸三が泣き虫だからだ。

（中略）

家に帰ると、洋三はテレビを見ていた。大相撲《おおずもう》の中継《ちゅうけい》をやっている。ちゃぶ台の上にはビールのグラスと、ちくわののった皿が置いてあって、幸三は胸をなでおろした。父親は、よいがまわると、きげんがよくなるのだ。

「よし。いけっ」

身を乗り出して応援《おうえん》する洋三のむかいに、幸三もお尻にさわらないように、静かに腰《こし》をおろした。画面に見入る。相撲観戦は、幸三も大好きだ。

画面では、体の小さな力士が、そびえ立つような相手と対戦しているところだった。小兵《こひょう》の花の海と、巨漢《きょかん》の旭山《あさひやま》。どう見ても初めから勝負はついている。旭山は、大きなうえに、うでも長い。あんなうででひと突きされたら、花の海なんか、観客席まで飛んでいってしまいそうだ。

「よし、わきが開いた。そこにつけこめ」

①「いけっ」

洋三がしきりに声援をするのをききながら、幸三も息をつめた。

二〇二一年度
日本学園中学校

【国　語】〈第一回試験〉（五〇分）〈満点：一〇〇点〉

一 次の――線部①〜⑩の漢字はひらがなに、カタカナは漢字に直しなさい。

① くわしいことは省いて説明した。
② 参加者の有無を事前に確認する。
③ この二つの商品はあまりに類似している。
④ 人が少ない時間に神社へ参拝する。
⑤ あなたの考えは合理的だね。
⑥ 相手を思いやり、ウヤマう気持ちを大切にする。
⑦ 毎日運動するシュウカンをつける。
⑧ 私の友人はクラシック音楽にセイツウしている。
⑨ 留学というキチョウな経験をした。
⑩ ゼンダイミモンの出来事に社会は混乱した。

2021年度

日本学園中学校

▶解説と解答

算　数　＜第１回試験＞（50分）＜満点：100点＞

解　答

1 (1) 76　(2) 34　(3) $2\frac{1}{3}$　(4) 23.2　(5) 211　(6) 4　2 (1) 12　(2) 504　(3) 4.8　(4) 7　(5) 41.4　(6) 45　3 (1) 21　(2) 1695　(3) 98番目と179番目　4 (1) 12倍　(2) 16頭　5 (1) 16cm　(2) 48cm^2　(3) $\frac{7}{60}$倍　6 (1) 6 cm　(2) 1890cm^3　(3) 12.6cm

解　説

1 四則計算，計算のくふう

(1) $132-68+12=64+12=76$

(2) $74-4\times12+8=74-48+8=26+8=34$

(3) $2\frac{3}{4}-1\frac{7}{8}\div\frac{9}{2}=2\frac{3}{4}-\frac{15}{8}\times\frac{2}{9}=2\frac{9}{12}-\frac{5}{12}=2\frac{4}{12}=2\frac{1}{3}$

(4) $4.8\times(11.2-3.4)\div2.4+7.6=4.8\div2.4\times7.8+7.6=2\times7.8+7.6=15.6+7.6=23.2$

(5) $A\times C+B\times C=(A+B)\times C$となることを利用すると，$510\times0.211+8.1\times21.1-32\times2.11=51\times10\times0.211+8.1\times10\times2.11-32\times2.11=51\times2.11+81\times2.11-32\times2.11=(51+81-32)\times2.11=(132-32)\times2.11=100\times2.11=211$

(6) $\left\{2.25-\left(3.75-\frac{5}{6}\right)\div2\frac{1}{3}+\frac{2}{3}\right\}\times2.4=\left\{2\frac{1}{4}-\left(3\frac{3}{4}-\frac{5}{6}\right)\div\frac{7}{3}+\frac{2}{3}\right\}\times2\frac{2}{5}=\left\{\frac{9}{4}-\left(3\frac{9}{12}-\frac{10}{12}\right)\times\frac{3}{7}+\frac{2}{3}\right\}\times\frac{12}{5}=\left\{\frac{9}{4}-\left(\frac{45}{12}-\frac{10}{12}\right)\times\frac{3}{7}+\frac{2}{3}\right\}\times\frac{12}{5}=\left(\frac{9}{4}-\frac{35}{12}\times\frac{3}{7}+\frac{2}{3}\right)\times\frac{12}{5}=\left(\frac{9}{4}-\frac{5}{4}+\frac{2}{3}\right)\times\frac{12}{5}=\left(\frac{4}{4}+\frac{2}{3}\right)\times\frac{12}{5}=\left(\frac{12}{12}+\frac{8}{12}\right)\times\frac{12}{5}=\frac{20}{12}\times\frac{12}{5}=4$

2 比の性質，整数の性質，速さ，濃度《のうど》，長さ，角度

(1) $A:B=C:D$のとき，$A\times D=B\times C$になるから，$1\frac{2}{5}:6=2.8:\square$のとき，$1\frac{2}{5}\times\square=6\times2.8=16.8$となる。よって，$\square=16.8\div1\frac{2}{5}=16\frac{4}{5}\div\frac{7}{5}=\frac{84}{5}\times\frac{5}{7}=12$になる。

(2) 6と9の最小公倍数は18なので，6でも9でもわりきれる数は18でもわりきれる。$500\div18=27$余り14より，このような数のうち500に最も近い整数は，$18\times(27+1)=504$となる。

(3) (往復の平均の速さ)＝(往復の道のり)÷(往復にかかった時間)で求められる。片道の道のりを1とすると，行きにかかった時間は，$1\div4=\frac{1}{4}$，帰りにかかった時間は，$1\div6=\frac{1}{6}$だから，往復にかかった時間は，$\frac{1}{4}+\frac{1}{6}=\frac{5}{12}$である。また，往復の道のりは，$1\times2=2$なので，往復の平均の速さは毎時，$2\div\frac{5}{12}=4.8$(km)とわかる。

(4) (食塩の重さ)＝(食塩水の重さ)×(濃度)より，10％の食塩水200ｇと5％の食塩水300ｇにふくまれる食塩の重さはそれぞれ，$200\times0.1=20$(ｇ)，$300\times0.05=15$(ｇ)である。これらを混ぜてできる食塩水，$200+300=500$(ｇ)には食塩が，$20+15=35$(ｇ)ふくまれるから，混ぜてできる食塩水の濃度は，35÷500×100＝７(％)になる。

⑸　半径10cmと半径，10＋５＝15(cm)で，中心角72度のおうぎ形の弧《こ》の長さの和は，10×２×3.14×$\frac{72}{360}$＋15×２×3.14×$\frac{72}{360}$＝４×3.14＋６×3.14＝(４＋６)×3.14＝10×3.14＝31.4(cm)である。直線部分の長さの和は，５×２＝10(cm)なので，色のついた部分のまわりの長さは，31.4＋10＝41.4(cm)となる。

⑹　N角形の内角の和は，180×(N－２)で求められるから，八角形の内角の和は，180×(８－２)＝1080(度)である。そこで，正八角形の１つの内角は，1080÷８＝135(度)になる。また，右の図で，四角形ABCDは台形なので，(い)の角と(う)の角の大きさの和は180度であり，(う)の角の大きさは，180－135＝45(度)とわかる。よって，(あ)の角の大きさは，135－45×２＝45(度)と求められる。

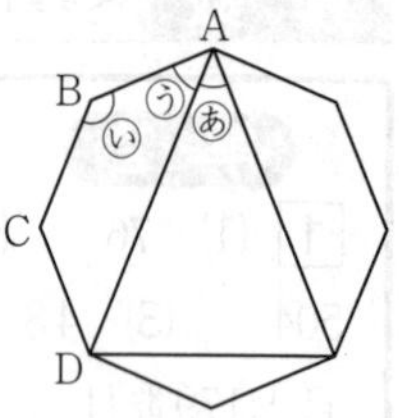

3　数列

⑴　奇数《きすう》番目の数は，10，11，12，13，…と10から１ずつ大きくなる。偶数《ぐうすう》番目の数は，３，５，７，９，…と３から２ずつ大きくなっている(あるいは，□番目に１を加えた数ともいえる)。よって，はじめから数えて20番目の数は，20＋１＝21とわかる。

⑵　60÷２＝30より，奇数番目の数と偶数番目の数は30個ずつある。奇数番目の30個目の数は，10＋(30－１)＝39，偶数番目の30個目の数は，３＋２×(30－１)＝61なので，はじめから60番目までの数の和は，(10＋39)×30÷２＋(３＋61)×30÷２＝735＋960＝1695と求められる。

⑶　偶数番目に出てくる99ははじめから数えて，99－１＝98(番目)である。また，奇数番目に出てくる99を奇数番目の□個目とすると，10＋(□－１)＝99より，□＝99－10＋１＝90(個目)なので，はじめから数えて，90×２－１＝179(番目)とわかる。

4　ニュートン算

⑴　毎日生えてくる草の量を①，牛１頭が１日に食べる草の量を$\boxed{1}$とする。24頭で草を食べるとき，20日間で，①×20＝⑳の草が生える。その間に，$\boxed{1}$×24×20＝$\boxed{480}$の草を食べて，草がなくなる。同様に，32頭で草を食べるとき，12日間で，①×12＝⑫の草が生える。その間に，$\boxed{1}$×32×12＝$\boxed{384}$の草を食べて，草がなくなる。よって，右上の図のようになり，⑳－⑫＝⑧にあたる量と，$\boxed{480}$－$\boxed{384}$＝$\boxed{96}$にあたる量が等しいので，①にあたる量は，$\boxed{96}$÷８＝$\boxed{12}$となり，１日に生える草の量は牛１頭が１日に食べる草の量の12倍とわかる。

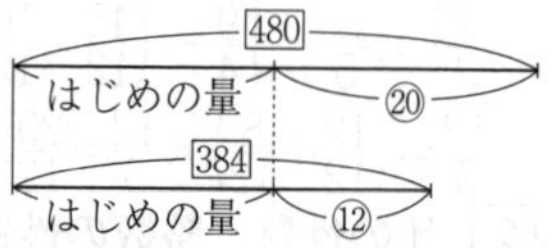

⑵　20日間で生えた草の量は，$\boxed{12}$×20＝$\boxed{240}$だから，はじめに生えていた草の量は，$\boxed{480}$－$\boxed{240}$＝$\boxed{240}$である。また，60日間で生える草の量は，$\boxed{12}$×60＝$\boxed{720}$なので，牛が60日間で食べた草の量は，$\boxed{240}$＋$\boxed{720}$＝$\boxed{960}$とわかる。よって，この草の量を60日間で食べるには，960÷60＝16(頭)の牛を放牧する必要がある。

5　平面図形―相似，長さ，面積

⑴　辺ADの長さは辺BCと等しく24cmで，AE：ED＝２：１だから，辺AEの長さは，24×$\frac{2}{2+1}$＝16(cm)となる。

⑵　辺AEと辺BCが平行なので，三角形AEFと三角形CBFは相似であり，EF：BF＝AE：CB＝２：(２＋１)＝２：３である。また，三角形AFEと三角形AFBは，辺EFと辺BFを底辺と見ると，

高さが等しいので，面積の比も２：３とわかる。よって，三角形ABEの面積は，$16\times15\div2=120$(cm^2)だから，三角形AFEの面積は，$120\times\frac{2}{2+3}=48$($cm^2$)と求められる。

(3)　長方形ABCDの面積は，$15\times24=360$(cm^2)で，三角形ADOの面積は長方形ABCDの面積の$\frac{1}{4}$なので，$360\times\frac{1}{4}=90$(cm^2)である。よって，四角形EFODの面積は，$90-48=42$(cm^2)だから，四角形EFODの面積は長方形ABCDの面積の，$42\div360=\frac{7}{60}$(倍)とわかる。

6　立体図形―相似，水の深さと体積

(1)　辺GHと辺BCが平行なので，三角形AGHと三角形ABCは相似である。よって，GH：BC＝AG：AB＝(20－12)：20＝２：５となり，辺GHの長さは，$15\times\frac{2}{5}=6$(cm)になる。

(2)　台形GBCHの面積は，$(6+15)\times12\div2=126$(cm^2)だから，入っている水の体積は，$126\times15=1890$(cm^3)である。

(3)　三角形ABCの面積は，$15\times20\div2=150$(cm^2)なので，これを底面とすると水面の高さは，$1890\div150=12.6$(cm)と求められる。

社会　＜第１回試験＞（30分）＜満点：50点＞

解答

1　**問１**　**ア**　け　**イ**　き　**ウ**　え　**エ**　あ　**オ**　く　**カ**　そ　**問２**　**1**　く　**2**　し　**3**　い　**4**　ち　**5**　こ　**6**　せ　**7**　か　**問３**　①　ア　②　イ　③　エ　④　ウ　⑤　オ　⑥　カ　**問４**　東経135度　**2**　**問１**　**1**　国権　**2**　立法　**3**　常会(通常国会)　**4**　条例　**問２**　ウ　**問３**　ウ　**問４**　東京都　**問５**　(1)　小池百合子　(2)　４年　**問６**　オ　**3**　**問１**　**1**　ケ　**2**　ア　**3**　エ　**4**　ク　**5**　イ　**6**　テ　**7**　オ　**8**　コ　**9**　ス　**10**　チ　**問２**　**A**　種子島　**B**　出島　**C**　二十一カ条　**D**　五・一五　**問３**　エ　**問４**　ウ　**問５**　ウ　**問６**　ア　**問７**　鹿鳴館　**問８**　イ

解説

1　日本の各地方の気候や地形についての問題

問１　アは北方領土を除く日本最北端《たん》の都市である稚内《わっかない》市，イは北海道中央部に位置する旭川市，ウは秋田県の県庁所在地である秋田市，エは長野県の県庁所在地である長野市，オは日本標準時子午線が通る町として知られる兵庫県明石《あかし》市，カは高知県の南東部に突《つ》き出た室戸岬《むろとざき》である。

問２　**1，2**　旭川市は上川盆地に位置しており，日本で三番目に長い石狩川が流れている。

3　日本海側に位置する秋田市などでは，冬に冷たくしめった北西の季節風の影響を受けるため，降水(雪)量が多くなる。　**4**　明石市に隣接《りんせつ》する神戸市と淡路《あわじ》島の間には明石海峡大橋が架《か》けられており，自動車専用道路が通っている。　**5～7**　高知県は，沖合を暖流の黒潮(日本海流)が流れているため，冬でも比較《ひかく》的温暖な気候である。また，高知平野では，この気候の特徴を生かした野菜の促成栽培がさかんで，夏野菜のピーマンやキュウリ，ナスなどが冬～初夏にかけて，トラックでおもに大都市へと出荷されている。

問３　①，②　ともに寒さの厳しい北海道の気候を示している。本文の説明から，気温の年較差《ねんかくさ》がより大きい②が，内陸部に位置する旭川市で，①が稚内市と判断できる。　③，④　年間降水量が少ない③が中央高地の気候に属する長野市に，冬の降水量が多い④が日本海側の気候に属する秋田市にあてはまる。　⑤，⑥　年間降水量が少ない⑤が瀬戸内の気候に属する明石市に，夏の降水量が多い⑥が太平洋側の気候に属する室戸岬にあてはまる。

問４　日本では，兵庫県明石市を通る東経135度の経線が標準時子午線に定められている。

2　国会や地方自治についての問題

問１　**１**，**２**　日本国憲法第41条は，国会を「国権の最高機関であって，国の唯一《ゆいいつ》の立法機関」と位置づけており，法律を制定する権限である立法権を，国会だけに認めている。　**３**　毎年１月から150日間（１回だけ延長できる）にわたって開かれる国会を常会（通常国会）といい，おもに次年度の予算が話し合われる。　**４**　憲法と法律の範囲《はんい》内で地方議会が制定し，その地方自治体（地方公共団体）の中で適用されるきまりを条例といい，その地域の状況に合わせて独自の内容を盛りこむことができる。

問２　ア　衆議院の任期は４年である。　イ　参議院の任期は６年で，３年ごとに半数が改選される。　ウ　衆議院と参議院の被選挙権について，正しく説明している。　エ　二院制をとる理由は，同じ議題について，それぞれの議院がくり返し検討《けんとう》することで，審議を慎重に行うためである。　オ　内閣不信任決議権は，衆議院だけに認められている。

問３　憲法改正の発議には，衆・参各議院の総議員の３分の２以上の賛成を得ることが必要となる。その後，国民の承認を得るための国民投票において有効投票の過半数の賛成があれば憲法改正が決定し，天皇が国民の名で公布する。よって，ウが間違っている。

問４　新型コロナウイルスの感染拡大によって大きな打撃《だげき》を受けた観光業を支援するため，政府は2020年７月から旅行費用を割り引いたり，旅行先での飲食などに使えるクーポンを発行したりするなどのGo To トラベルキャンペーンを実施した。しかし，新型コロナウイルスが再拡大していた東京都を発着地とする旅行は，対象から除外された。

問５　(1)　2020年７月に行われた東京都知事選挙では，現職の小池百合子《ゆりこ》が再選をはたした。

(2)　都道府県知事の任期は４年である。

問６　地方自治で認められている直接請求権には，条例の制定や改廃の請求，監査請求，地方議会の解散請求，首長や地方議会議員の解職請求（リコール）などがあるが，地方議会の開催《かいさい》請求はふくまれていない。

3　日本の歴史に影響を与えた外国人を題材とした問題

問１　**１**　６世紀半ばの538年（一説には552年），朝鮮半島にあった百済《くだら》の聖明王《せいめいおう》からヤマト政権の大王《おおきみ》に仏像や経典などがおくられたことが，仏教の公式の伝来とされている。　**２**　法隆寺は７世紀初めに聖徳太子が大和《やまと》国（奈良県）の斑鳩《いかるが》に建てたとされる寺である。その一部は現存する世界最古の木造建築物として知られており，ユネスコ（国連教育科学文化機関）の世界文化遺産に登録されている。また，法隆寺には，渡来人の子孫である鞍作鳥《くらつくりのとり》（止利《とり》仏師）によってつくられた仏像（釈迦三尊《しゃかさんぞん》像）がおさめられている。　**３**　唐（中国）の高僧であった鑑真《がんじん》は，奈良時代に朝廷の招きに応じて日本に渡ることを決意し，５度の渡航失敗と失明するという不運を乗りこえ，753年に６度目の航海で念願の来日をはたした。鑑真は正式な戒律《かいりつ》（僧が守るべきいましめ）を伝え，都に唐《とう》招提寺《しょうだいじ》を建てるなど，日本の仏教発展に力をつくした。　**4**　フランシスコ＝ザビエルはスペイン人のイエズス会宣教師で，1549年に鹿児島に上陸して日本に初めてキリスト教を伝えた。ザビエルは九州一帯や山口で布教活動を行い，京都にも上るなど，約２年にわたり熱心に布教してまわった。　**5**　1600年にオランダ船リーフデ号で豊後《ぶんご》（大分県）に漂着《ひょうちゃく》したイギリス人のウィリアム＝アダムス（三浦按針《あんじん》）は，徳川家康に外交の相談役として重用された。　**6**　江戸幕府は1613年，全国にキリスト教の禁止令を出し，1624年にはスペイン船の来航を禁止した。さらに，1635年に日本人の海外への渡航と日本への帰国を，1639年にポルトガル船の来航を禁止し，1641年には平戸にあったオランダ商館を長崎の出島にうつして，鎖国体制を完成させた。　**7**　1792年，ロシア使節のラクスマンは漂流民の大黒屋光太夫《こうだゆう》らを連れて北海道の根室《ねむろ》に来航し，通商を求めた。しかし，鎖国中であったため江戸幕府に通商を断られ，長崎への入港許可を与えられただけで帰国した。　**8**　シーボルトは長崎のオランダ商館の医師として来日したドイツ人で，長崎郊外で診《しん》療《りょう》を行うかたわら，鳴滝塾を開いて医学などの講義を行った。帰国するさいに国外への持ち出しが禁じられていた日本地図が所持品の中から発見され，国外追放の処分を受けた。　**9**　ペリーはアメリカの東インド艦隊《かんたい》司令長官で，1853年に浦賀（神奈川県）にアメリカ使節として来航し，日本に開国するよう求めた。そして，翌54年に再び来航したペリーと江戸幕府との間で日米和親条約が結ばれ，下田（静岡県）と函館（北海道）の２港を開き，アメリカ船に水・食料・燃料などを供給することや，下田に領事を置くことなどが約束された。　**10**　マッカーサーはアメリカの陸軍元帥《げんすい》で，第二次世界大戦では対日戦を指揮した。1945年８月に日本が無条件降伏《こうふく》すると，連合国軍最高司令官総司令部（GHQ）の最高司令官として来日し，日本の民主化政策を進めていった。

問２　**A**　1543年，種子島（鹿児島県）に中国船が流れ着き，乗っていたポルトガル人によって日本に鉄砲が伝えられた。当時，日本は戦国時代だったこともあり，鉄砲は急速に全国各地へと広がった。　**B**　問１の６の解説を参照のこと。　**C**　第一次世界大戦中の1915年，日本は中華民国（中国）に二十一カ条の要求を突きつけ，そのほとんどを認めさせた。その後，第一次世界大戦が終結し，パリ講和会議でベルサイユ条約が結ばれたさい，二十一カ条の要求の多くが国際的な承認を受けた。その結果，不満を抱いた民衆による大規模な反日運動が起こった（五・四運動）。　**D**　1932年５月15日，海軍の青年将校らが首相官邸《かんてい》や日本銀行，警視庁などをおそい，犬養毅《いぬかいつよし》首相を暗殺した。この五・一五事件をきっかけに政党政治が終わり，軍部の政治に対する発言権が増すことになった。

問３　聖武天皇の時代には，貴族どうしの争いや疫病《えきびょう》の流行，ききんなどの社会不安があいついだため，天皇は仏教の力で国を安らかに治めようと願い，地方の国ごとに国分寺と国分尼《に》寺を建てさせ，都の平城京にはその大もととして東大寺と金銅の大仏をつくらせた。史料のエは，743年に出された大仏造立《ぞうりゅう》の詔《みことのり》の一部である。なお，アは藤原道長が詠《よ》んだ和歌，イは北条泰時《やすとき》が制定した御成敗式目（貞永《じょうえい》式目），ウは隋《ずい》（中国）の皇帝に遣隋使の小野妹子が渡した国書の内容，オは聖徳太子が定めた十七条の憲法。

問４　織田信長は尾張《おわり》国（愛知県西部）の戦国大名で，全国統一事業の過程において，一向一揆《いっき》などの仏教勢力とたびたび対立した。そこで，これに対抗させるためにキリスト教を保護し，京都や安土（滋賀県）に南蛮《なんばん》寺とよばれる教会や神学校をつくることを許可した。よって，ウが間違っている。

問５　この文章は，江戸幕府が，日本人漂流民を送りとどけてくれたアメリカ商船モリソン号に対し，1825年に出された外国船打払令にもとづいて砲撃を加え，追い返したという1837年のモリソン号事件を批判した高野長英の著書『戊《ぼ》戌《じゅつ》夢物語』の一部である。長英は鳴滝塾でシーボルトに学んだ蘭学《らんがく》者で，この本で幕府の政策を批判したことから，渡辺崋山《かざん》などとともに蛮社《ばんしゃ》の獄《ごく》で重い処《しょ》罰《ばつ》を受け，のちに自害した。

問６　伊能忠敬《ただたか》は，江戸幕府の命令により1800年から1816年まで全国の沿岸を測量してまわり，正確な日本地図を作製した人物である。この業績は忠敬の死後，弟子たちが「大日本沿海輿地《よち》全図」として完成させた。

問７　写真の建物は，東京日比谷に1883年に建てられた鹿鳴館《ろくめいかん》で，外国人相手の社交場として夜会などが行われた。この建物は，幕末に結んだ不平等条約を改正するため，外務卿《きょう》・外務大臣の井上馨《かおる》を中心に明治政府が進めた欧化政策の象徴的なものである。

問８　第二次世界大戦後，連合国が日本を占領していたのは，日本が敗戦した1945年からサンフランシスコ平和条約が発効した1952年までの期間。日本が国際連合への加盟を認められたのは，日ソ共同宣言が調印され，ソ連との国交が回復した1956年のことである。よって，イが間違っている。なお，アは1951年，ウは1950年(開戦の年)，エは1946年，オは1947～50年のできごと。

理　科　＜第１回試験＞（30分）＜満点：50点＞

解　答

１　**問１**　０cm　**問２**　50ｇ　**問３**　45cm　**問４**　50ｇ　**２**　**問１**　(1)，(4)　**問２**　(1)　(オ)　(2)　**水**…(ク)　**食塩**…(イ)　**３**　**問１**　Ｄ　**問２**　左心室　**問３**　AED　**問４**　(イ)　**問５**　(ウ)　**問６**　かん臓　**４**　**問１**　(エ)　**問２**　**第４惑星**…火星　**第５惑星**…木星　**問３**　リュウグウ　**問４**　(イ)　**問５**　オーストラリア

解　説

１　てこのつり合いについての問題

問１　図１では，太さが一様な棒ABの中央を糸でつるしているので，棒ABの重さは考えなくてもよい。支点(糸でつるした棒ABの中央)の左右に同じ100ｇのおもりをつるすとき，支点からの距離《きょり》が等しくなるようにすれば棒ABがつり合う。図１では，一方のおもりは右端《はし》Ｂにつるしたので，もう一方のおもりは左端Ａにつるすとよい。よって，左端Ａから０cmの位置につるすことになる。

問２　太さが一様な棒ABの重さは，中央に集まってかかっていると見なせる(この点を重心という)。図２で，棒ABを糸でつるした位置を支点とすると，棒の重さ100ｇは支点から左に，80－120÷２＝20(cm)のところにかかっている。また，てこを回そうとするはたらきは，(おもりの重さ)×(支点からの距離)で表され，右回りと左回りの大きさが等しいとき棒がつり合って水平になる。よって，右端Ｂにつるすおもりの重さを□ｇとしたときのつり合いの式は，100×20＝□×40となり，□＝2000÷40＝50(ｇ)とわかる。

問３　図３で，棒ABを糸でつるした位置(支点)は棒の中央なので，棒の重さは考えなくてもよい。また，右端Ｂにつるしたおもりの重さの方が左端Ａにつるしたおもりの重さより重いので，200ｇのおもりは支点より左につるすことになる。ここで，棒の両端から支点までの長さは，120÷２＝

60(cm)であるから，200gのおもりを支点から□cmの位置につるしたとすると，つり合いの式は，50×60＋200×□＝100×60となる。したがって，3000＋200×□＝6000，□＝(6000－3000)÷200＝15(cm)となる。この位置は左端Ａから，60－15＝45(cm)である。

問４　図４で，ばねばかりが示す重さを□gとすると，左端Ａを支点としたときのつり合いの式は，100×60＝□×120となる。よって，□＝6000÷120＝50(g)と求められる。

2　水溶液《すいようえき》についての問題

問１　(1)　食塩水は電流を通すが，砂糖水は電流を通さないので区別できる。　(2)　赤色リトマス紙はアルカリ性の水溶液に反応して青色に変化する。塩酸は酸性の水溶液，食塩水は中性の水溶液で，どちらも赤色リトマス紙の色を変化させないため区別できない。　(3)　青色リトマス紙は酸性の水溶液に反応して赤色に変化する。アンモニア水も水酸化ナトリウム水溶液もアルカリ性の水溶液で，どちらも青色リトマス紙の色を変化させないから区別できない。　(4)　塩酸は鉄と反応して水素を発生させるが，水酸化ナトリウム水溶液は鉄と反応しない。よって，区別できる。(5)　アンモニア水も塩酸も気体の物質が溶《と》けてできた水溶液で，このような水溶液では水を蒸発させても何も残らない。したがって，区別できない。

問２　(1)　水90gに食塩30gを溶かした食塩水は，水と食塩の重さの比が，90：30＝３：１となっている。濃《こ》さが同じときには水と食塩の重さの比が同じになっているから，水50gに食塩□gを溶かして同じ濃さの食塩水をつくると，３：１＝50：□となる。よって，□＝１×50÷３＝16.66…より，約16.7gと求められる。　(2)　同じ濃さの食塩水を150gつくるには，水が，150×$\frac{3}{3+1}$＝112.5(g)，食塩が，150－112.5＝37.5(g)それぞれ必要となる。

3　血液の流れについての問題

問１，問２　心臓には４つの部屋があり，Ａは全身からもどってきた血液が入る右心房《ぼう》，Ｂは肺からもどってきた血液が入る左心房，Ｃは肺へ血液を送り出す右心室，Ｄは全身へ血液を送り出す左心室である。これらのうち最も厚い筋肉でできているのは，全身に血液を送り出すために強い力を必要とするＤの左心室である。

問３　AED(自動体外式除細動器)は，心臓がけいれんを起こしたとき，電気ショックをあたえて正常な動きにもどるようにうながすための器具で，学校や公共施設《しせつ》などに設置されている。

問４　ヒトをふくむホ乳類と鳥類の心臓は，２つの心房と２つの心室からできている(２心房２心室という)。よって，ヒトと同じホ乳類のクジラが選べる。なお，メダカのような魚類は１心房１心室，カエルのような両生類は２心房１心室，ヘビのようなハ虫類は不完全な２心房２心室である。

問５　肺で血液中に酸素を取り入れ，血液中の二酸化炭素を放出しているので，心臓の右心室から肺に向かう血液が最も酸素の量が少ない。心臓の右心室と肺をつなぐ血管は(ウ)の肺動脈である。

問６　小腸で消化された食物から養分を取り入れた血液は，(キ)の門脈という血管を通って，Ｅのかん臓に入る。かん臓では取り入れた養分の一部をグリコーゲンという物質に変えてたくわえる。

4　小惑星《わくせい》探査についての問題

問１　鹿児島県の種子島には，JAXA《ジャクサ》(宇宙航空研究開発機構)が運用している種子島宇宙センターがあり，ここから多くのロケットが打ち上げられている。

問２　太陽系には，太陽から近い順に水星，金星，地球，火星，木星，土星，天王《てんのう》星，海王星の８つの惑星があり，これらの惑星は太陽から近い順に，太陽系第１惑星，第２惑星…ともよばれる。

また，第４惑星の火星と第５惑星の木星の間には，無数の小惑星(惑星より小さい，大小さまざまな大きさの天体)がある。

問３～問５　日本の小惑星探査機「はやぶさ２」は，2014年に打ち上げられ，2018年には目標の小惑星「リュウグウ」に到着《とうちゃく》した。そして，１年以上にわたって調査が行われ，表面の試料を採取することに成功し，2020年に試料の入ったカプセルがオーストラリアの砂漠《さばく》に着地した。

国　語　＜第１回試験＞（50分）＜満点：100点＞

解　答

一　①　はぶ(いて)　②　うむ　③　るいじ　④　さんぱい　⑤　ごうりてき　⑥～⑩　下記を参照のこと。　二　**問１**　ウ　**問２**　(例)　小さい方を応援するのが普通なのに，父親は体の大きな力士を応援していたことにおどろく気持ち。　**問３**　イ　**問４**　**A**　ア　**B**　イ　**C**　オ　**問５**　**a**　ア　**b**　エ　**問６**　ちっぽけな～ってくれる(力)　**問７**　ウ　**問８**　(例)　漁師の父親が長く家を不在にすることのさみしさや心細さから流すなみだ。　**問９**　ウ　三　**問１**　**A**　オ　**B**　イ　**C**　エ　**問２**　エ　**問３**　ア　**問４**　②　イ　③　オ　**問５**　(例)　楽しい会話のやりとりの背後にある微妙な表情のかけあいがなく，円滑なコミュニケーションができないから。　**問６**　ア　**問７**　エ　**問８**　ウ　**問９**　Ⅰ　表情をつくる　Ⅱ　小さな表情の変化　**問10**　イ

●漢字の書き取り

一　⑥　敬(う)　⑦　習慣　⑧　精通　⑨　貴重　⑩　前代未聞

解　説

一　漢字の読みと書き取り

①　音読みは「セイ」「ショウ」で，「反省」「省略」などの熟語がある。　②　有ることと無いこと。　③　似通っていて，共通点があること。　④　神社などにお参りして拝むこと。　⑤　理くつや道理にかなっていること。　⑥　音読みは「ケイ」で，「敬意」などの熟語がある。　⑦　長い間繰《く》り返して行っているうちに，きまりのようになったこと。　⑧　ある物事についてくわしく知っていること。　⑨　とうとび大切にすること。　⑩　これまで聞いたことがないくらい，めずらしくて変わっていること。

二　出典はまはら三桃《みと》の『なみだの穴《あな》』による。体が大きいのに泣き虫の幸三《こうぞう》は，遠洋漁業の漁師をしている父の洋三から，人間の悲しみをすいとってくれるという「なみだの穴」についての話を聞く。

問１　体の小さい花の海と巨漢《きょかん》の旭山《あさひやま》の対戦であり，「どう見ても初めから勝負はついている」と幸三は思っている。それでも，「だめとはわかっていながら，こぶしを固めて，花の海を応援《おうえん》」しているので，花の海が奇跡《きせき》を起こすのを信じようとしていることがわかる。

問２　幸三は洋三の顔を見て，「大きな方を応援してたのか？」とたずねている。「こういう場合は，小さい方を応援するのが普通《ふつう》」だと思っていたので，洋三が体の大きな旭山を応援していたことにおどろいたものと考えられる。

問３　ぼう線部③の直前に，「自分のことを言っているらしかった」とあることから，洋三の「大きなくせに負けてどうするよ」という言葉は，自分に向けたものだと幸三は感じている。めぐまれた体格をしているのに，同級生にお菓子を取り上げられた泣き虫の自分のふがいなさを指てきされ，きまりが悪くなったものと考えられる。

問４　**Ａ**　旭山のようすがへんだと思ったら，直後に泣き始めていることから，鼻や口から息がもれて，何を言っているのかよくわからないさまを表す「ふがふが」があてはまる。　**Ｂ**　洋三は，つまみのちくわをかじりながらしゃべっているので，口を大きく開かずに物をかんだり何か言ったりするさまを表す「もごもご」が入る。　**Ｃ**　洋三は，すごい泣きっぷりを見せた旭山について「まあ，これですっきりして元気になるだろう。明日からが楽しみだ」と笑っているので，うれしさをかくしきれないでいるさまを表す「ほくほく」がよい。

問５　**ａ**　「あっけにとられる」とは，思いがけないできごとにおどろき，あきれること。　**ｂ**　「にわかに」とは，急に物事が起こるさま。

問６　「なみだの穴」とは，とつぜん海に現れる穴で，そこに「なみだを捨て」ることで「気持ちをさっぱりさせる」ことができると洋三は話している。気持ちがさっぱりするのは，「ちっぽけな人間の悲しみなんか，掃除機《そうじき》みたいにすいとってくれる」ような強力なパワーがなみだの穴にあるからである。

問７　洋三の「旭山もしばらくは，なみだを流さないだろうよ」という言葉を聞いた幸三は，はっと顔をあげて「穴に捨てたら，なみだは出なくなるのか？」とたずねている。もし，これが本当なら，泣き虫な自分を変えることができるのではないかと期待したのだと考えられる。

問８　幸三は洋三の笑顔《えがお》を思い浮《う》かべ，食いしばった歯の間から「ううっ」と声をもらしている。そして，「洋三は明日からまたいなくなる」ので，「さみしい。心細い」と感じている。漁師である洋三が長く家を不在にすることのさみしさや心細さからなみだを流していることが読み取れる。

問９　「ちくわの穴がぴかっと光った気がした」のに続いて幸三の体の奥《おく》からなみだが飛び出している。海の匂《にお》いがするちくわは，なみだの穴を表していて，その穴になみだを捨てることで幸三が成長するためのきっかけになっているのだと考えられる。

三　**出典は山口真美《やまぐちまさみ》の『自分の顔が好きですか？　「顔」の心理学』による。**表情は，人とコミュニケーションをするうえで重要な役割を果たしているだけでなく，表情に応じて自分の中に新たな感情がわいてくることもあるということが述べられている。

問１　**Ａ**　親しい人の顔を思い起こす時，「友達の笑った顔」や「先生の怒《おこ》った顔」のように，さまざまな表情がついた顔を思い出すことを，「親しい人の顔は，表情付きで覚えている」としていると言いかえているので，前の内容を後で一言でまとめる時に使う「つまり」があてはまる。
Ｂ　直後に「表情がつくれないとしたら」とあるので，“かりにこうだとすると”という意味の「もし」が入る。　**Ｃ**　顔面麻痺《まひ》について，表情をつくることにはそれほど苦労はしないと前で述べながら，「それは自分の実感であって，周囲の印象とはちょっと違《ちが》うようでした」と続いているので，前のことがらを受けて，それに反することがらを述べる時に用いる「しかし」が合う。

問２　「すべてのことに関する興味や情熱までも，取り戻《もど》した」のだから，周りへの興味を失ったり内に閉じこもったりしていた状況《じょうきょう》が，「顔面麻痺が消え，表情がよみがえる」ことによって解消されたということが述べられた【エ】の後に続くと文脈が通る。

問３　「表情の少ない顔をしていることが，家族にはとても苦痛だった」という，「周囲の違和《いわ》感」が「表情をなくしてしまった時に起きる最大の問題」なのだと述べられている。

問４　②「満足」は似たような意味を持っている漢字の組み合わせであり，これと同じ組み合わせは「運送」である。　③「実感」は前の漢字が後の漢字を修飾《しゅうしょく》している熟語なので，同じ組み合わせのものは「善行」である。

問５　ぼう線部④の次の二段落で，「楽しい会話のやりとりの背後には，微妙《びみょう》な表情のかけあいがある」ため，意図せず自発的に生じる表情が「円滑《えんかつ》なコミュニケーションをするためには必須《ひっす》」であると説明されている。

問６　直前に，「無表情の顔でいると，その人の魅力《みりょく》すらも消え失《う》せていくようで，結果として，近寄りがたい存在になってしまう」とあり，さらに「周囲の受け止め方がそんな感じだと，本人も周りへの興味を失う」と続けているので，悪影響《えいきょう》を及《およ》ぼす関係が繰り返されて，事態がますます悪化していくという意味の「悪循環《じゅんかん》」があてはまる。

問７　ぼう線部⑤は「受け身」の意味があり，エがこれと同じ用法である。アは「可能」，イは「尊敬」，ウは「自発」である。

問８　破線で囲まれた部分の初めには「表情をなくすだけで，その人を取り巻く状況はがらりと変わ」るとあり，後ろから二番目の段落では「人との関係をつくるためには，表情を持つことが必須」と書かれていることから，コミュニケーションにおいては表情がおおもとにあることを述べているといえる。

問９　Ⅰ，Ⅱ　ぼう線部⑥の三つ後の段落で，表情を使って自分の感情を出す機会がなかったらどうなるかということについて述べられている。「表情をつくることができないからといって，感情がわかないわけではない」のだが，表情がないため，周りの大人に自分の感情に気づいてもらえず，感情をコントロールする訓練を受けるきっかけを失ってしまうとしている。つまり，感情をあらわすために「表情をつくる」ことをしているのである。また，その次の段落で「ふだんの生活の中では，思わず発した相手の小さな表情の変化から，その人がなにを感じているかを推《お》し量り，互《たが》いにぶつかり合わないようにしている」とある。

問10　破線で囲まれた部分から，表情はコミュニケーションの原点であり，人とコミュニケーションをするうえで重要な役割を果たしているということができる。また，終わりから二つ目の段落では，「もともと何の感情がわいていなくても，筋肉が動かすだけで感情がわきあがる」ということも述べられている。

2020年度　日本学園中学校

〔電　話〕　03(3322)6331
〔所在地〕　〒156－0043　東京都世田谷区松原２－７－34
〔交　通〕　井の頭線 ― 明大前駅より徒歩５分

【算　数】〈第１回試験〉（50分）〈満点：100点〉

1 次の計算をしなさい。

(1) $123-15+77$

(2) $15+52\div(33-29)\times8-29$

(3) $2.4\times0.45-1.08\div3+0.64\div3.2$

(4) $3\frac{4}{5}\div\left(2\frac{1}{3}-\frac{3}{4}\right)+8\times\frac{3}{40}$

(5) $500\times2.03-0.8\times50+5\times305$

(6) $\frac{4}{9}\times\left\{3\frac{17}{80}-\left(0.375-\frac{1}{5}\right)\right\}\div6\frac{3}{4}$

2 次の □ にあてはまる数を答えなさい。

(1) $7\frac{1}{2}:20=\frac{1}{3}:\frac{\square}{\square+1}$　（□ には同じ数が入ります）

(2) 5でも9でもわり切れる整数があります。この整数を5でわった答えと9でわった答えの和は98です。この整数は □ です。

(3) あるお店でアイスを売っています。1日目は仕入れた数の6割が売れ、2日目には残りの5割が売れ、2日間で960個のアイスが売れました。仕入れたアイスの数は □ 個です。

(4) みかんとりんごを合わせて27個買いました。みかん1個の値段は90円で、りんご1個の値段の半分です。みかんを □ 個買ったので、みかんとりんごの代金の合計は3420円になりました。

(5)　4%の食塩水 150 g に食塩を □ g 加えてよくかき混ぜたところ、20%の食塩水ができました。

(6)　下の図は、長方形の紙を折り返したものです。㋐の角の大きさは □ 度です。

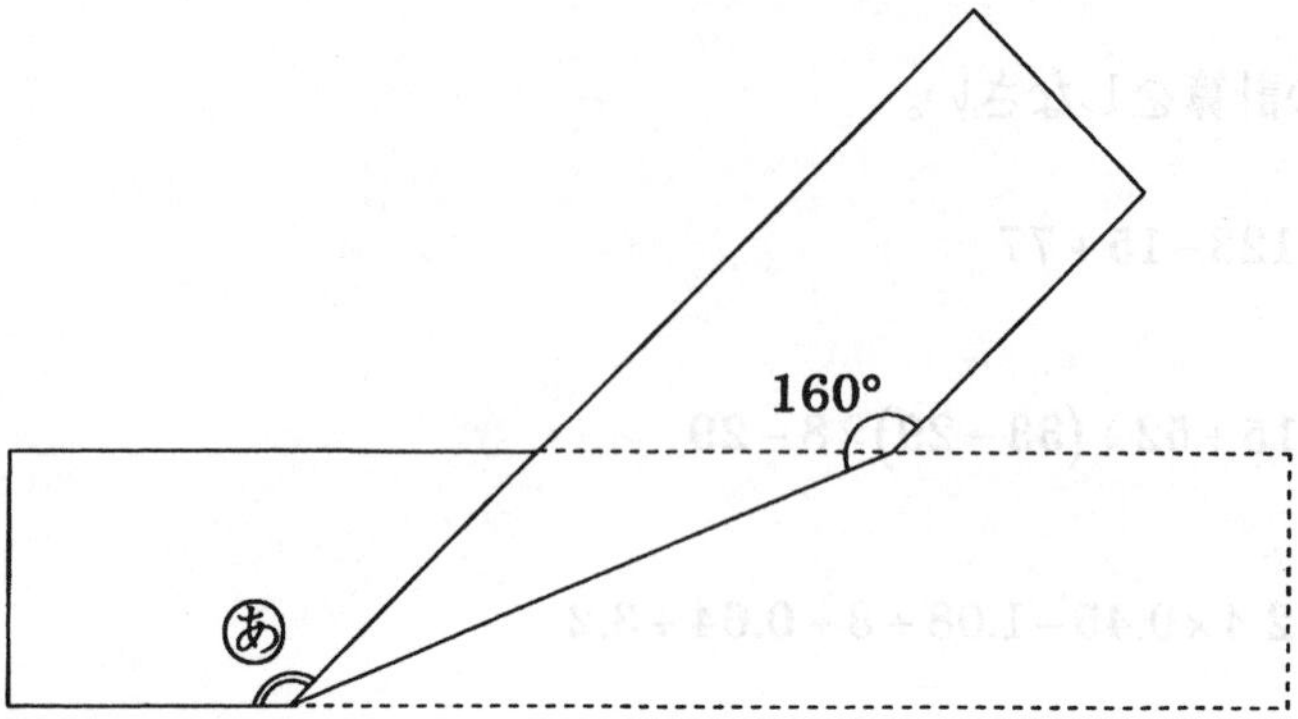

3　図1は、半径 8 cm、高さ 5 cm の円柱から半径 2 cm の円柱をくりぬいてできた立体です。このとき、次の各問いに答えなさい。ただし、円周率は 3.14 とします。

(1)　この立体の体積を求めなさい。

(2)　図２のようにこの立体を５等分したとき、１つ分の表面積を求めなさい。

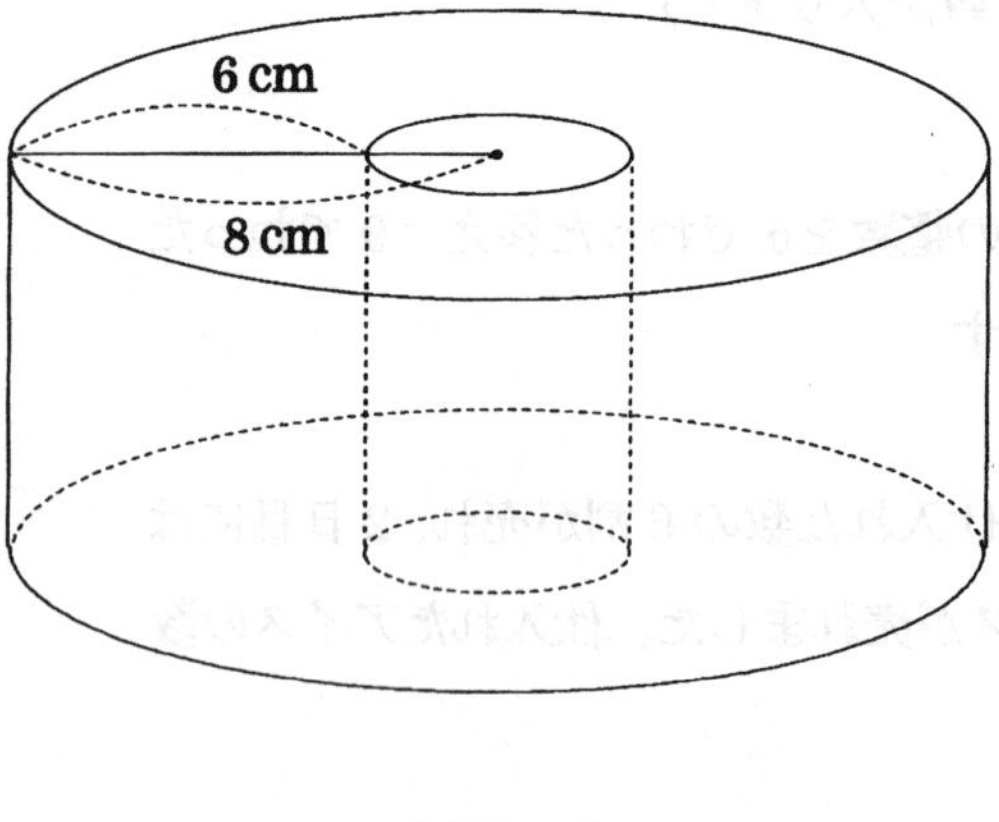

【 図１ 】

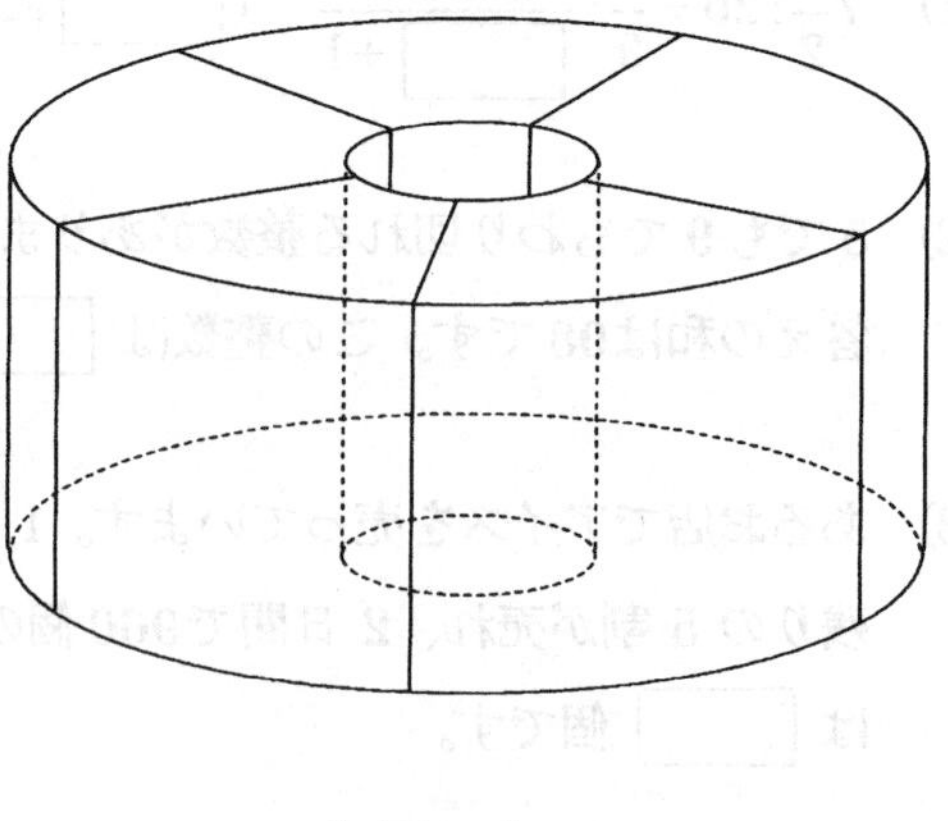

【 図２ 】

4 下の図において、四角形ABCDはADとBCが平行な台形で、四角形ABEDは$AB = 8$ cmの平行四辺形です。また、ACとEDの交わった点をFとします。
台形ABCDの面積が42 cm^2、三角形ABCの面積が30 cm^2のとき、次の各問いに答えなさい。

(1) 三角形ACDの面積を求めなさい。

(2) 平行四辺形ABEDの面積を求めなさい。

(3) EFの長さを求めなさい。

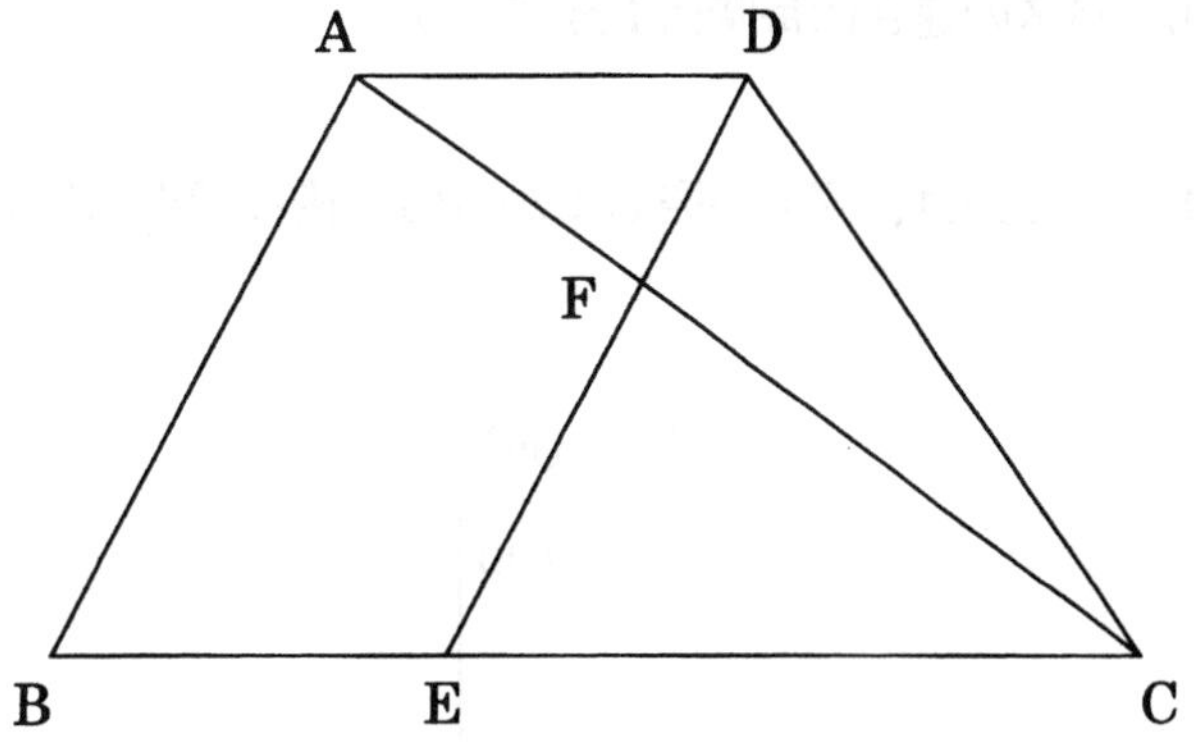

5 次のようにあるきまりにしたがって数が並《なら》んでいます。
このとき、次の各問いに答えなさい。

1, 1, 2, 1, 2, 3, 1, 2, 3, 4, 1, 2, 3, 4, 5, 1, 2, 3, ・・・

(1) はじめから数えて30番目の数は何ですか。

(2) 2回目に10が出てくるのは、はじめから数えて何番目ですか。

(3) はじめから200番目までに、3は何回出てきますか。

6 兄と弟が同時に家を出発して、同じ道を通り図書館まで行きました。兄は、はじめに自転車で10分間走り、4分間休けいしてふたたび自転車で図書館に向かいました。弟が5分間歩いてバス停まで向かいバス停で5分間バスを待ち、バスに4分間乗ったあと図書館までふたたび歩いて向かったところ、兄と弟は同時に図書館に着きました。下のグラフは、兄と弟の間の距離《きょり》の変化を表しています。歩く速さ、自転車やバスの速さはそれぞれ一定であるとき、次の各問いに答えなさい。

(1) 弟の乗ったバスが兄に追いついたのは家を出発してから何分後ですか。

(2) 兄が自転車で進む速さは毎分何mですか。

(3) バスの速さは毎時何kmですか。

(4) 兄と弟は、家を出発してから何分後に図書館に着きましたか。

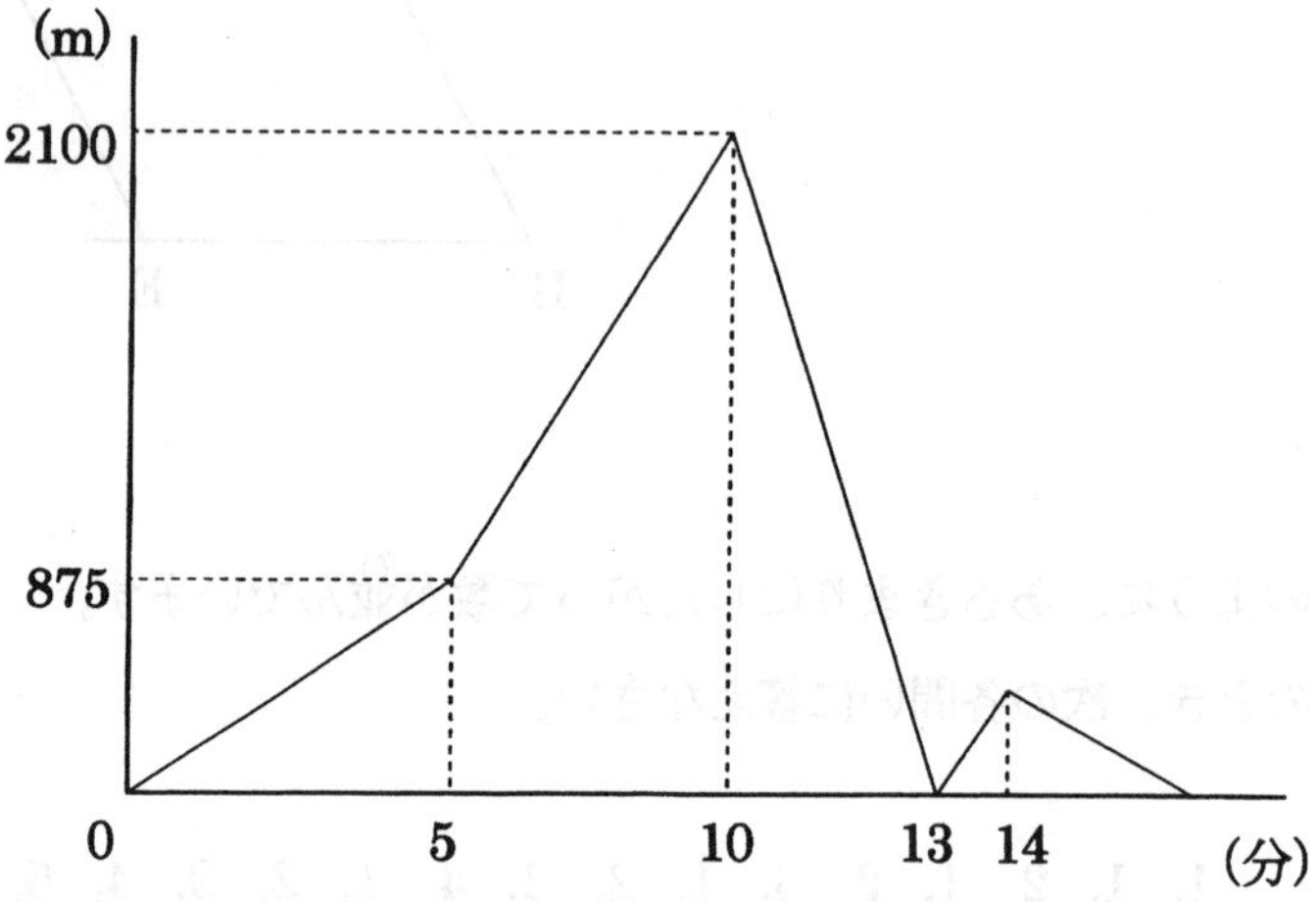

【社　会】〈第１回試験〉（30分）〈満点：50点〉

1 以下の文章を読んで、あとの問いに答えなさい。なお、文章中の（　１　）～（　６　）は、表中の１～６と同一の自治体です。

今年は東京オリンピックが開催されるため、多くの外国人が日本を訪れることが予想されます。外国人が訪れてくる旅行を「インバウンド」といいます。近年は各自治体がインバウンドの受け入れに力を入れていますが、都道府県別にインバウンドの状況を見ると、大きな差が見られます。以下の表は、2018 年度の外国人訪問者（観光・旅行目的）の訪問率の上位・下位それぞれ７自治体を示したものです。

表　　2018 年　外国人の都道府県別訪問率（%）＊

順位	自治体	訪問率	順位	自治体	訪問率
1	東京都	45.62	41	岩手県	0.32
2	大阪府	36.63	42	4	0.30
3	1	35.65	43	秋田県	0.30
4	2	25.77	44	徳島県	0.25
5	3	10.38	45	5	0.25
6	奈良県	8.95	46	高知県	0.21
7	北海道	7.86	47	6	0.17

観光庁　訪日外国人消費動向調査より作成

＊日本を出国する訪日外国人（一年以上の滞在者、日本の居住者、日本に入国しないトランジット客、乗員を除く）を対象に行った聞き取り調査の集計結果

この表を見ると、外国人旅行者の訪問率が高い都道府県には次のような特徴が見られます。まず、国際空港がある自治体です。東京や大阪は、さまざまなお店や飲食店が集中し、日本の中心的都市でもあり、大きな国際空港が立地しています。（　１　）は、東京とともに空の玄関口として重要な役割を果たしており、大きなテーマパークもあり、滞在日数は少ないですが多くの旅行者を迎えています。また、（　３　）は国際空港とともに、海の玄関となる港もあり、韓国からの距離も近いことから、特に東アジアからの旅行者を多く迎えています。次に、日本の伝統文化や豊かな自然などを観光資源とした自治体です。（　２　）や奈良県は、国際空港はありませんが、歴史的な町並みや多くの文化財があるため、日本を代表する観光地であり、外国人訪問率が高くなっています。特に近年は、伏見稲荷神社が外国人旅行者の人気を集めています。また、北海道は冬のスキーやスノーボードが人気となっています。

次に訪問率の低い自治体を見てみましょう。41 位から 46 位のうち［　Ａ　］つの自治体が東北地方の県で、他は中国・四国地方の県となっています。65 歳以上の人口率が高い県でもあります。また、①訪問率が最も低い（　６　）は北陸に位置し、他の北陸２県に比べて交通の面で不利な点があります。

しかし、これら低位の自治体にもそれぞれ魅力的な特徴があります。（　４　）は将棋駒や果樹の産地で、夏の花笠まつりや秋の芋（いも）煮などが年中行事として知られています。また、（　５　）には、10 月に日本中から神様が集まるとされる［　Ｂ　］

があり、日本の神話に接することができます。また、岩手県の［　Ｃ　］は世界文化遺産に登録されています。鳥取砂丘や（　６　）の東尋坊といった景勝地も、観光資源としての価値があります。

近年は、大規模なテーマパークでの娯楽、大都市の散策やショッピング、寺社仏閣の見学などの従来型の観光だけでなく、日本の伝統文化や産業を体験したり、アニメで登場する場所を訪問したりするなど、新しいタイプの観光が注目されています。また、地元の人々に親しまれてきた史跡・景観の文化的・自然的価値が広く知られるようになり、インバウンドが増えた場所もあります。このように、これまで訪問率が低かった自治体も、東京オリンピックをきっかけとして、②インバウンドの受け入れ環境を整え、今後の観光客の増加と地域の活性化が期待されます。

問１、表および文中の（　１　）～（　６　）にあてはまる都道府県を、それぞれ下から１つ選んで記号で答えなさい。

ア．長野県	イ．宮城県	ウ．千葉県	エ．愛知県	オ．香川県
カ．京都府	キ．石川県	ク．富山県	ケ．福井県	コ．新潟県
サ．福岡県	シ．沖縄県	ス．山形県	セ．島根県	ソ．岡山県
タ．広島県	チ．愛媛県	ツ．福島県	テ．群馬県	ト．青森県

問２、文中の［　Ａ　］に当てはまる数字を答えなさい。

問３、文中の［　Ｂ　］・［　Ｃ　］に当てはまる宗教施設を、それぞれ下から１つ選んで記号で答えなさい。

ア．中尊寺　　イ．伊勢神宮　　ウ．厳島神社　　エ．出雲大社　　オ．善光寺

問４、下線部①について、（　６　）が他の北陸各県よりも交通が不便なことの事例として正しいものを、下から１つ選んで記号で答えなさい。

ア．新幹線が通っておらず、東京からの所要時間が他の北陸の県より多くかかる。
イ．新幹線は通っているが航空便がなく、空路でのアクセスが不便である。
ウ．高速道路が通っておらず、自動車でのアクセスが不便である。
エ．県庁所在地への航空便が運行されているが、その便数が少ない。
オ．首都圏、中京圏、近畿圏のいずれからも半日以上の所要時間がかかる。

問５、下線部②について、外国人旅行者の訪問を増やす対策として適切ではないものを下から１つ選んで記号で答えなさい。

ア．東アジアからのインバウンドが多い地域では、日本語、英語のほかに中国語やハングルでの案内表示も設置する。
イ．レストランでは、メニューとともに材料を表示して、宗教上の食事の習慣に気を配る。
ウ．日本の文化を強調して、漢字とひらがなのみによる観光案内パンフレットを作成する。
エ．インターネットの接続環境の充実や、現金を使わずに支払いができる決済システムを整える。
オ．オリンピックに合わせて、東京とセットにした周遊プランを作成し、宣伝する。

問６、表中の奈良、岩手、秋田、徳島、高知各県の場所を、下の地図中から選んで記号で答えなさい。

問７、以下の【１】～【４】は、下の地図中　**あ　～　ふ**　のいずれかの都道府県に関する語句をあつめたものです。【１】～【４】が示す都道府県の場所を、下の地図中から選んで記号で答えなさい。

【１】：ア．浜名湖　　イ．楽器　　ウ．赤石山脈

【２】：ア．グラバー邸　　イ．造船　　ウ．雲仙岳

【３】：ア．みかん　　イ．しまなみ海道　　ウ．タオル

【４】：ア．偕楽園　　イ．れんこん　　ウ．利根川

2 2019年参議院議員選挙の際の父と子の会話を読み、あとの問いに答えなさい。

父：お、そろそろ８時だな。ちょっとテレビつけるぞ。
子：え、どうして？
父：今日は参議院議員選挙の日だからな。結果を知りたいんだよ。
子：そっか、今日一緒に投票に行ったもんね。あ、テレビ始まった！　いきなり結果が出たよ！　自民党勝利だって。野党第一党は…立憲民主党だ。
父：改憲勢力の議席数はどうなったかな？
子：なに、それ？
父：安倍首相は憲法改正を目指しているんだけど、①憲法改正ってなかなかできないんだよ。
子：じゃあ、自民党がもっと議席を獲得しないといけないってこと？　どのくらいならいいの？
父：自民党だけでなくてもいいんだよ、憲法改正に賛成している政党であればね。
子：あれ、テレビでやってる各党の獲得議席数、なんだか少なくない？　学校で習ったときは、参議院議員の数ってもっと多かった気がするんだけど…
父：参議院議員の任期は習ったか？
子：それは覚えてる！　６年でしょ？　で、衆議院の任期が（　１　）年！
父：そのとおりだ。参議院は３年ごとに半数改選、つまり３年ごとに（　２　）人ずつ選挙して入れ替えていく方式をとっているんだ。ああ、でも、今日の選挙と次回の選挙では、参議院の定数が増えて、124人ずつの選挙になるな。
子：え、それって、参議院議員の数が増えるってこと？　財政難とか言ってるのになんで国会議員を増やすの？
父：それは、一つには、一票の格差を是正するためだね。
子：あー、それ、よく分からないやつだ…
父：簡単な話だよ。たとえば、Ａ県では50票で当選できる。Ｂ県では100票で当選できる。そうなると、Ａ県の人の１票は、Ｂ県の人の２票分の価値があるってことになるだろう？
子：え、どうしてそんなことが起きるの？
父：議員一人当たりの人口・有権者数が選挙区によって大きく違っているからだね。それによって一票の格差が生じているから、②格差を少しでも縮小させようとしているわけだ。
子：ふうん…それで、今日の選挙では、とりあえず自民党が勝ったから、政権交代はなしってことだよね。
父：いやいや、今回は参議院の選挙だからな。憲法では、衆議院議員総選挙の後に初めて召集された国会で内閣は総辞職しなければならないと決まっている。その後新しい首相を指名するから、衆議院選挙の際には政権交代が行われる可能性があるが、参議院選挙の際には政権交代は行われないことになるね。
子：え、じゃあ、衆議院の方が偉いの？
父：さっきおまえも言っていたように、衆議院は参議院よりも任期が短いし、解散もあって、より民意を反映しやすいと言われている。だから、③いくつかの点で、参議院よりも強い権限を持っているんだよ。（　３　）というんだけど、学校で習っただろう？

子：そこはまだ習ってないよ。衆議院と参議院って、同じだと思ってた。

父：たとえば、④予算案の審議は必ず衆議院から始めることになっていたり、（　４　）決議権も衆議院だけが持っている。それぞれの議院の特性があるという感じかな。

子：でも、衆議院の方が強い権限を持っているなら、今日の選挙って何か意味があるの？参議院って、結局何のためにあるわけ？

父：国会というのは（　５　）の最高機関で、唯一の立法機関でもある。憲法の三大基本原則の一つに、（　６　）があるだろう？　国にとって大事なことを国民が決めるという原理だ。国民の代表者が集うから、国会には様々な権限がある。とても大事な機関で、多くのことを決めているからこそ、重要な決定を二度繰り返して検討することで、慎重に審議を行うことが必要なんだ。また、二院あることで、互いの院の行きすぎを防ぐこともできる。

子：ふうん、そうなんだね。じゃあ、今回の選挙も大事だったんだ。

父：そういうこと。おまえも、投票できるようになったらしっかり選挙に行くんだぞ。

問１、（　１　）～（　６　）にあてはまる言葉や数字を答えなさい。

問２、下線部①について、憲法改正の手続について説明した次の文章のうち、正しいものを下から１つ選んで記号で答えなさい。

ア．各議院の出席議員の過半数の賛成で国会が発議し、国民投票で３分の２以上の賛成を必要とする

イ．各議院の総議員の過半数の賛成で国会が発議し、国民投票で過半数の賛成を必要とする。

ウ．衆議院の出席議員の３分の２以上、参議院の出席議員の過半数の賛成で国会が発議し、国民投票で過半数の賛成を必要とする。

エ．衆議院の出席議員の過半数、参議院の出席議員の３分の２以上の賛成で国会が発議し、国民投票で過半数の賛成を必要とする。

オ．各議院の総議員の３分の２以上の賛成で国会が発議し、国民投票で過半数の賛成を必要とする。

問３、下線部②について、2017年９月の時点で、参議院議員選挙における議員一人当たりの有権者数が最も少ない選挙区は福井県でした。下の表は、2016年におけるその他の選挙区の福井県との格差を示したものです。福井県との格差を縮小するために選挙区の定数（当選する議員の数）を増やすとしたら、この表の中のどの選挙区がふさわしいか、答えなさい。

選挙区	議員一人当たりの有権者数	福井県との格差
東京都	932852	2.83
神奈川県	948660	2.88
和歌山県	420215	1.28
埼玉県	1014713	3.08
新潟県	981254	2.98

福井新聞（2016年７月12日）より作成

問４、下線部③について説明した次の文章のうち、正しいものを下から１つ選んで記号で答えなさい。

ア．衆議院で可決された法律案が参議院で否決された場合、衆議院で出席議員の３分の２以上の賛成で再可決すれば、その法律案は成立する。
イ．裁判官としてふさわしいかを裁判するための弾劾裁判所は、衆議院のみに設置される。
ウ．決算の承認は、衆議院のみでおこなわれる。
エ．内閣総理大臣の指名は、衆議院のみでおこなわれる。
オ．政治についての調査をし、行政を監督する国政調査権は、衆議院のみに認められている。

問５、下線部④について、主に次年度の予算を決めるために、毎年１回、１月に開かれる国会を何というか、答えなさい。

３ 次の文章を読み、あとの問いに答えなさい。

昨年は元号が令和にかわり、①大山古墳が世界遺産に選ばれるなど、天皇家に関わりのあるニュースが報道されました。今回は、天皇と日本の歴史について考えてみましょう。

大山古墳は、ヤマト政権の大王の墓だと考えられています。645年、中大兄皇子と中臣鎌足が蘇我蝦夷・入鹿父子をほろぼした後、初の元号である［　Ａ　］が定められました。中大兄皇子は倭国（日本）が白村江の戦いで敗れたのち、即位して（　１　）天皇となりました。（　１　）天皇の死後、大海人皇子と大友皇子との間で［　Ｂ　］の乱が起こり、勝利した大海人皇子は翌年、即位して（　２　）天皇となりました。この７世紀後半に、「大王」に代わって「天皇」という呼び名が使われるようになったという説があります。

奈良時代、反乱や流行病で落ちつかない世の中を仏教の力でしずめるため、（　３　）天皇は大仏をつくるようにとの命令を出し、長い年月の末、奈良に大仏が完成しました。しかし、奈良では寺院の力が強くなりすぎたこともあって、794年、（　４　）天皇は、都を②平安京にうつしました。

平安時代、摂関政治が盛んだったころ、藤原道長は４人の娘を天皇や皇太子のきさきとして権力をふるいました。道長の娘につかえた紫式部が書いた作品が『（　５　）』です。

12世紀の末、武士の政権である鎌倉幕府が開かれましたが、京都の朝廷はまだ大きな力を持っていました。1221年に（　６　）上皇は、鎌倉幕府の執権北条義時を討てという命令を全国に出しましたが、幕府は大軍を京都におくって上皇の軍をやぶりました。

14世紀の前半、後醍醐天皇は足利尊氏などの武士を味方につけて幕府をほろぼし、（　７　）の新政を始めましたが、のちに足利尊氏が天皇にそむいて、室町幕府を開きました。その後、南朝と北朝の天皇が二人並び立って、全国に内乱が広がりました。南朝と北朝は1392年、室町幕府３代将軍足利義満の時にようやく合体しました。

織田信長の死後、豊臣秀吉は1585年に天皇をたすける［　Ｃ　］という地位につき、天下統一をめざして、自分にしたがわない大名たちと戦いました。

1615年、江戸幕府は、朝廷のあり方を定める［　Ｄ　］諸法度という法をつくりました。幕末、日本が開国すると、天皇を尊び、外国人を追いはらえという③尊王攘夷運動が起こりました。しかし、江戸幕府がほろびた後、明治天皇は五箇条の誓文の中で、世界から多くの知識を学ぶ方針をとなえました。

明治10年代には、国会を開くことなどを求める自由民権運動がさかんになり、国民の間では多くの憲法草案が作られました。政党も作られ、（　８　）が自由党を、（　９　）が立憲改進党を結成しました。しかし、政府は（　10　）らが中心となって国民に秘密のうちに憲法草案を作り、1889年、天皇の名で④大日本帝国憲法を発布しました。

1912年、明治天皇が亡くなって大正天皇が即位しました。大正のころは、いわゆる⑤大正デモクラシーが盛り上がった時期と重なります。日本中学校（のちの日本学園）の校長だった杉浦重剛は、皇太子に人間の生き方を説く学問を教えました。この皇太子が、のちの昭和天皇です。

元号が「昭和」になってから日本は⑥戦争の時代に入り、世界の国々を相手とする戦争で敗北します。第二次世界大戦後は、連合国の占領下で日本の民主化が進められ、新しい憲法がつくられて天皇の地位も大きく変わることになりました。

問１、（　１　）～（　10　）にあてはまる語句をそれぞれ下から１つ選んで記号で答えなさい。

ア．板垣退助	イ．応仁	ウ．大久保利通	エ．平家物語	オ．桓武
カ．木戸孝允	キ．源氏物語	ク．建武	ケ．伊藤博文	コ．後白河
サ．後鳥羽	シ．陸奥宗光	ス．持統	セ．竹取物語	ソ．正長
タ．聖武	チ．天智	ツ．大隈重信	テ．天武	ト．枕草子

問２、［　Ａ　］～［　Ｄ　］に当てはまる言葉を答えなさい。

問３、下線部①は現在の都道府県でいうとどこにあるか、下から１つ選んで記号で答えなさい。

ア．岡山県　イ．大阪府　ウ．京都府　エ．奈良県　オ．兵庫県

問４、下線部②に関して、次の文章に当てはまる人物を下から１人選んで記号で答えなさい。

「私は都が平安京にうつされてから10年後、唐に渡って仏教を学び、それを日本に伝えて新しい宗派をおこしました。私は高野山に寺を建てて道場とし、のちに天皇から、都にある寺をたまわりました。私はまた、書道の名人としても知られています。」

ア．栄西　イ．法然　ウ．行基　エ．空海　オ．最澄

問５、下線部③に関して、次の文章に当てはまる人物を下から１人選んで記号で答えなさい。

「私は尊王攘夷の志士です。西洋と戦うには西洋のことを知らなければならないと思い、ペリーの軍艦に乗りこんでアメリカに渡ろうとしたものの、失敗しました。その後は故郷に帰って塾を開き、高杉晋作など多くの若者たちを教えましたが、安政の大獄で三十年の一生を終えました。」

ア．桂小五郎　イ．西郷隆盛　ウ．坂本龍馬
エ．中浜万次郎　オ．吉田松陰

問６、下線部④の説明として正しいものを下から１つ選んで記号で答えなさい。

ア．天皇は国の象徴として憲法にもとづいて国を治めた。
イ．天皇は陸海軍をまとめひきいた。
ウ．日本国民には言論・集会・結社の自由がみとめられなかった。
エ．帝国議会は衆議院と参議院から成り立っていた。
オ．太政大臣が天皇の政治をたすけた。

問７、下線部⑤に当てはまらないものを下から１つ選んで記号で答えなさい。

ア．原敬が初の本格的な政党内閣を作った。
イ．富山県で始まった米騒動が全国に広がった。
ウ．吉野作造が民本主義をとなえた。
エ．平塚らいてうが女性の解放をめざす運動をおこなった。
オ．満20歳以上の男女に選挙権があたえられた。

問８、下線部⑥に関するア～オのできごとを、古いものから新しいものへと順番に並べたとき、３番目になるものを下から１つ選んで記号で答えなさい。

ア．真珠湾攻撃　イ．二・二六事件　ウ．日本の国際連盟脱退
エ．満州事変の開始　オ．日中戦争の開始

【理　科】〈第１回試験〉（30分）〈満点：50点〉

1 おもさを無視できる棒《ぼう》で次の各装置《そうち》を作りました。各装置はつりあっているものとして、次の各問いに答えなさい。ただし、棒と棒はすべて直交《ちょっこう》しているものとします。

問１　Ⓐ につるされているおもりのおもさを求めなさい。

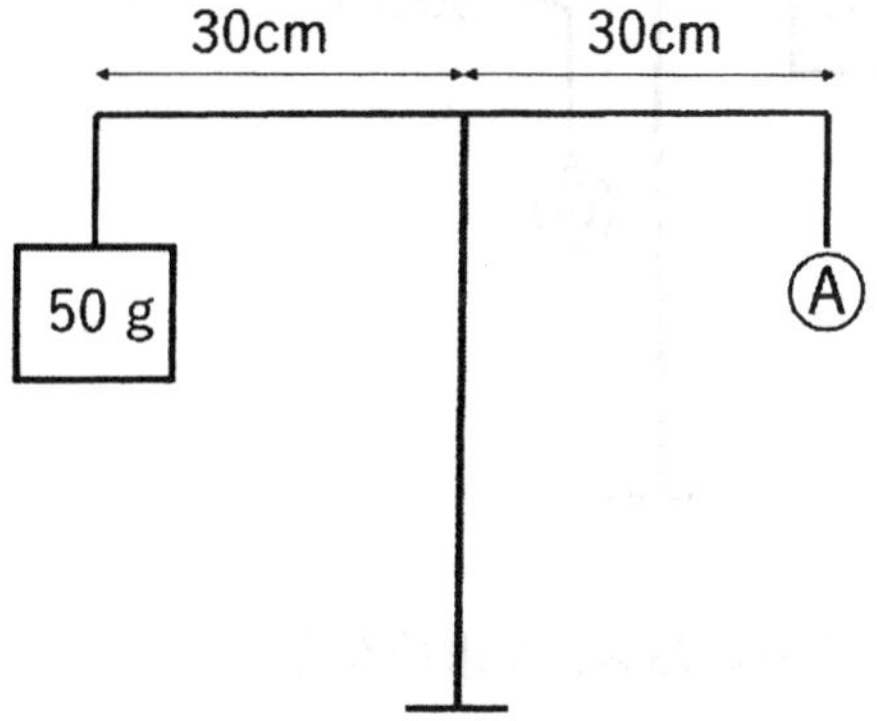

問２　Ⓑ につるされているおもりのおもさを求めなさい。

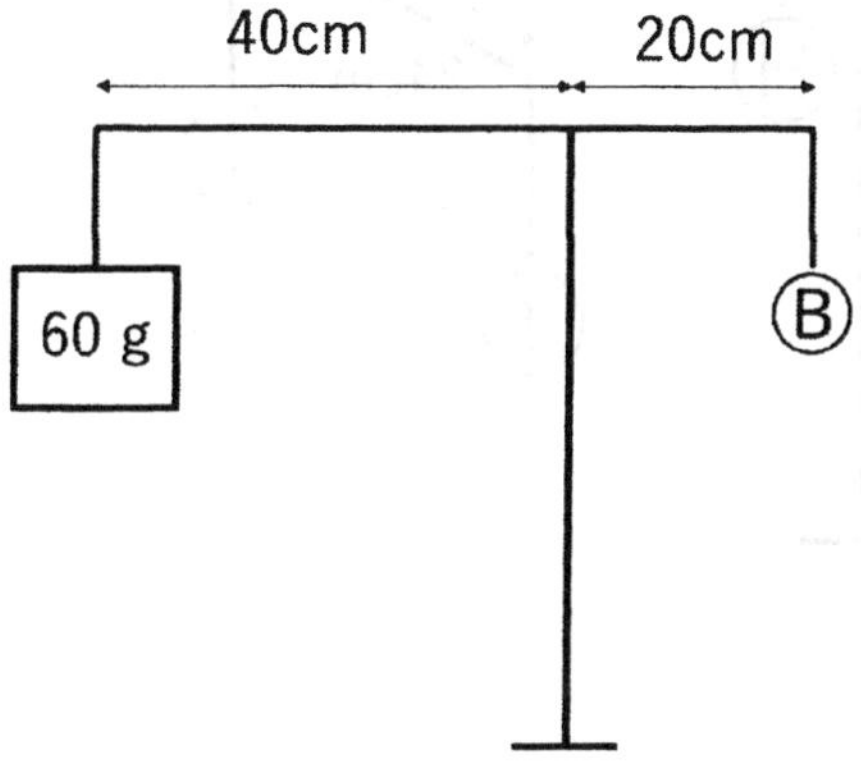

問３　Ⓒ と Ⓓ につるされているおもりのおもさを求めなさい。

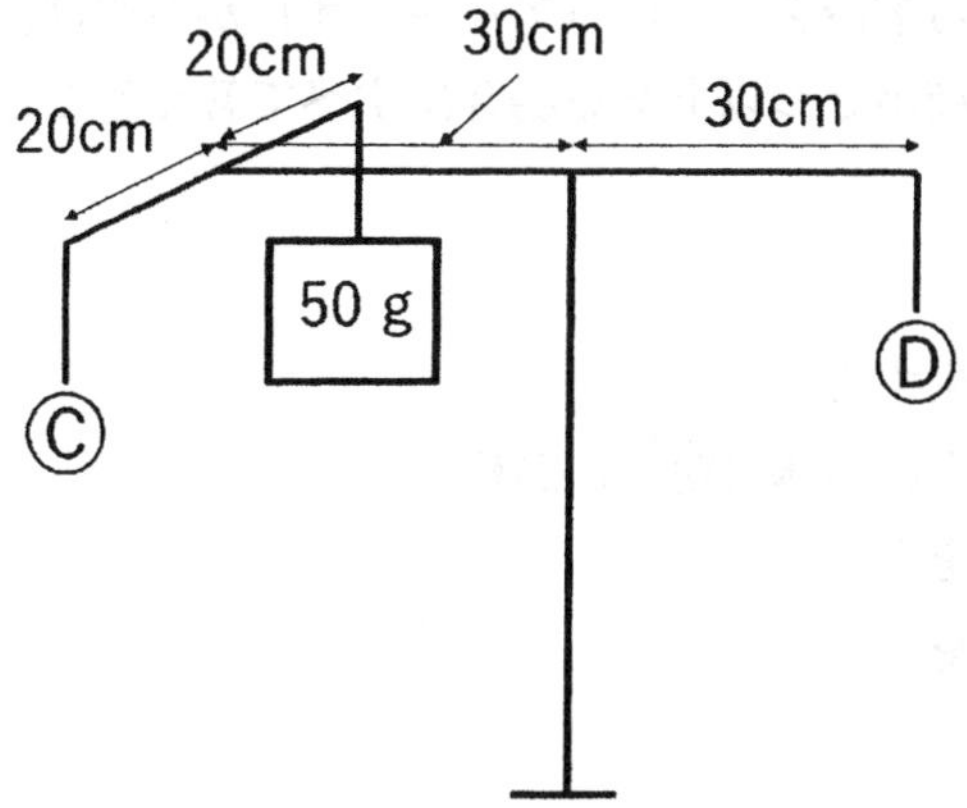

問４　Ⓔ ～ Ⓖ につるされているおもりのおもさを求めなさい。

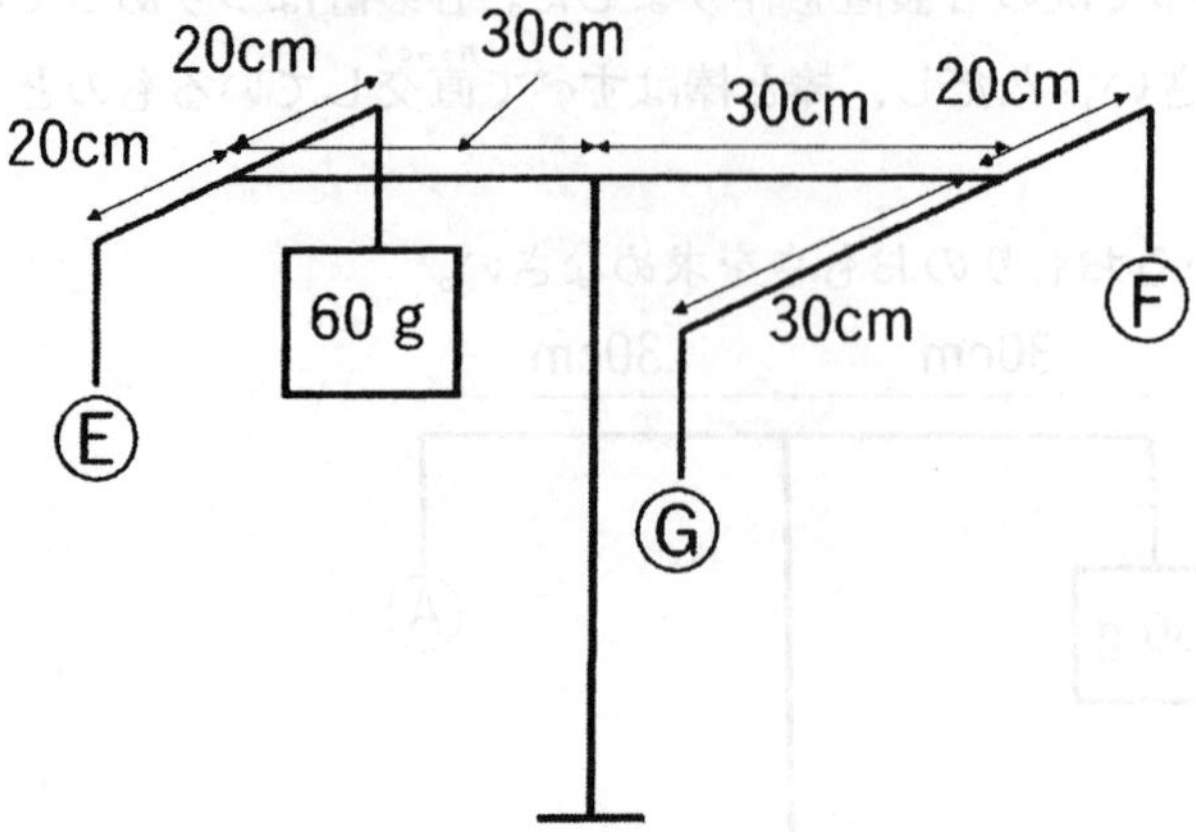

問５　Ⓗ ～ Ⓙ につるされているおもりのおもさを求めなさい。

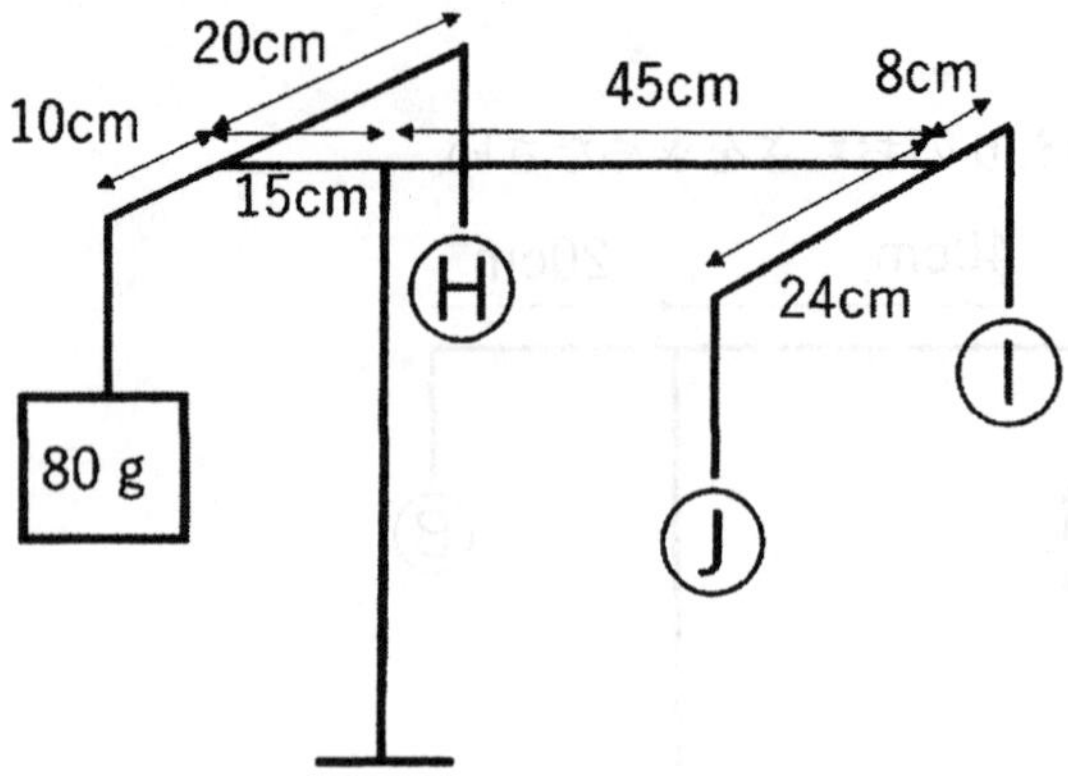

2　次の各問いに答えなさい。

問１　（１）～（５）にあてはまる溶《よう》液を、下の（ア）～（オ）から選び、記号で答えなさい。ただし、あてはまる溶液が２つ以上ある場合はすべて答えること。

（１）しげき臭《しゅう》がある。
（２）亜鉛《あえん》をひたすと、気体を発生する。
（３）水をすべて蒸発させると、白い固体（粉末《ふんまつ》）が残る。
（４）ＢＴＢ溶液を加えると黄色を示す。
（５）ＢＴＢ溶液を加えると青色を示す。

（ア）食塩水　（イ）水酸化ナトリウム水溶液　（ウ）塩酸
（エ）砂糖水　（オ）アンモニア水

問２　下の表は、ある物質Ａが 100 g の水に溶《と》ける最大量と温度の関係を表したものです。これについて（１）～（３）に答えなさい。ただし、蒸発による水の減少は無視するものとします。

温度	20℃	30℃	40℃	50℃	60℃	70℃	80℃
最大量	33 g	48 g	66 g	86 g	110 g	136 g	170 g

（１）40℃の水 250 g には、何 g の物質Ａが溶けますか。最《もっと》も近いものを、次の（ア）～（オ）から選び、記号で答えなさい。

（ア）66 g　（イ）98 g　（ウ）127 g
（エ）165 g　（オ）196 g

（２）30℃の水 200 g に、物資Ａ・200 g を加えてよくかきまぜて、ほうわ水溶液を作りました。このとき、溶けきらずに沈《ちん》でんしている物質Ａは何 g ですか。最も近いものを、次の（ア）～（オ）から選び、記号で答えなさい。

（ア）80 g　（イ）92 g　（ウ）104 g
（エ）152 g　（オ）168 g

（３）（２）の水溶液を熱して、物質Ａをすべて溶かし、ほうわ水溶液をつくりました。何℃に達したとき、物質Ａが溶けて、沈でんのないほうわ水溶液になりますか。最も近いものを、次の（ア）～（オ）から選び、記号で答えなさい。

（ア）40℃　（イ）55℃　（ウ）65℃
（エ）80℃　（オ）90℃

3 種子のつくりと発芽《はつが》について、次の各問いに答えなさい。

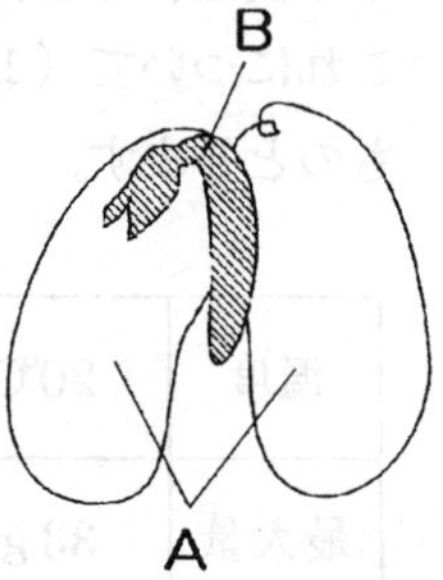

問１　右の図は発芽前のインゲンマメの種子を表したものです。
図中のAの部分を何といいますか。その名称を答えなさい。

問２　図中の斜線《しゃせん》で示したBの部分は、将来《しょうらい》何になりますか。
次の（ア）～（キ）から選び、記号で答えなさい。

（ア）葉　（イ）くき　（ウ）根　（エ）葉とくき
（オ）くきと根　（カ）葉とくきと根　（キ）養分として使われて無くなる

問３　インゲンマメの種子を使って、発芽に必要な条件を調べる実験１～５を行い、下の表にまとめました。これについて（１）～（４）に答えなさい。なお、解答は１～５の番号で答えること。

	種子をまいたところ	おいた場所	光
実験１	かわいた脱脂綿《だっしめん》	20℃の室内	当てる
実験２	水でしめらせた脱脂綿	20℃の室内	当てる
実験３	水でしめらせた脱脂綿	20℃の室内	当てない
実験４	水でしめらせた脱脂綿	4℃の冷蔵庫の中	当てない
実験５	水の中	20℃の室内	当てる

（１）数日後、種子が発芽していたのはどの条件の実験ですか。実験１～５からすべて選びなさい。

（２）発芽に空気が必要かどうかを調べたい時は、実験１～５のどれとどれを比《くら》べればよいか答えなさい。

（３）発芽に適当な温度が必要かどうかを調べたい時は、実験１～５のどれとどれを比べればよいか答えなさい。

（４）発芽に水が必要かどうかを調べたい時は、実験１～５のどれとどれを比べればよいか答えなさい。

4 宇宙には1000億を超《こ》す恒星《こうせい》があるといわれており、そのうちの一つに太陽があります。太陽を中心とする惑星《わくせい》群を太陽系といい、８つの惑星が太陽を中心に回っています。次の各問いに答えなさい。

問１　太陽系の８つの惑星の名称《めいしょう》を、太陽に近い側から順番にすべて答えなさい。

問２　地球から惑星を観察したとき、『明けの明星《みょうじょう》』として知られる惑星を何といいますか。その名称を答えなさい。

問３　右の図は、太陽と地球および問２の惑星の軌道《きどう》上の位置を表したものです。これについて（１）、（２）に答えなさい。

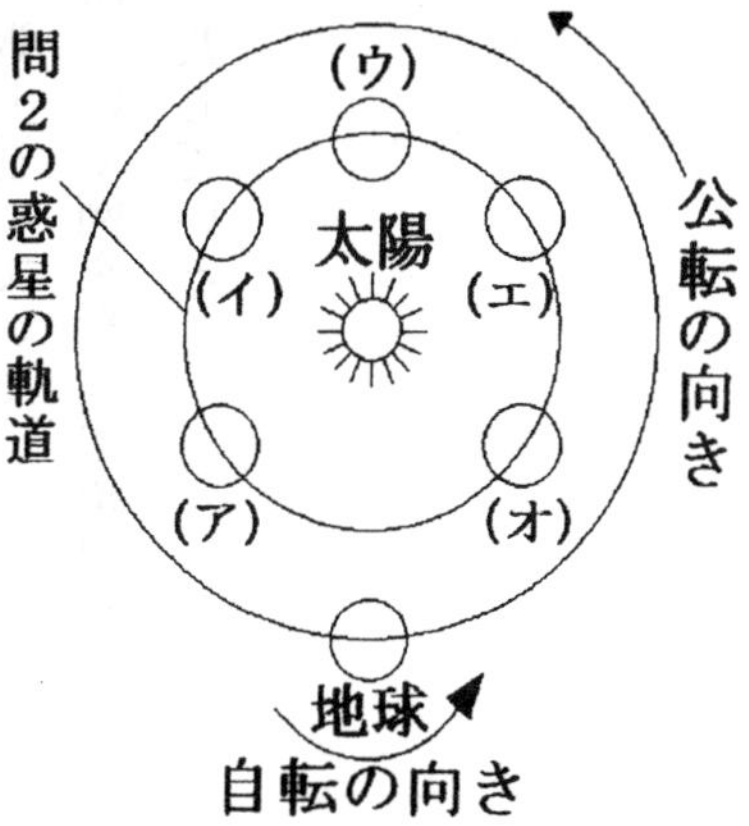

（１）『明けの明星』として問２の惑星が観察できる軌道上の位置を図の（ア）～（オ）から２つ選び、記号で答えなさい。

（２）『明けの明星』はいつごろ、どの方向に見えますか。次の（ア）～（エ）から選び、記号で答えなさい。

（ア）夕方、西　　（イ）明け方、西　　（ウ）夕方、東　　（エ）明け方、東

問４　昨年、ハヤブサ２が地質調査をするために着陸した小惑星の名称は何といいますか。次の（ア）～（エ）から選び、記号で答えなさい。

（ア）イトカワ　　（イ）リュウグウ　　（ウ）アカツキ　　（エ）トリトン

問八　F に入ることばとして最もふさわしいものを次の中から選び、記号で答えなさい。

ア　日本的　　イ　根本的　　ウ　創造的　　エ　平和的

問九　――線部⑦「現代での敬語は、そのような使い方をするものなのです」とありますが、筆者の考え方にしたがって「すごく距離がある」相手に敬語を使う場合、次の文はどのように改めれば良いでしょうか。考えて答えなさい。

あなたが言った通り、今日は雨が降った。明日はどうなるだろう。

問十　この文章について説明した次の文の中から最もふさわしいものを選び、記号で答えなさい。

ア　敬語を使うことは安心につながるということを敬語の語源にもさかのぼりながら説明し、読者相手にも敬語を使うことで読者を安心させようと試みている。

イ　全く異なる二つの場面を例に出して、敬語を使わないで話すことは失礼なだけでなく自分と相手の身を危険にさらすことにもつながると若い読者に警告している。

ウ　気持ちの良い人間関係を築くために敬語が必要な理由を最初に挙げてから、どんな相手に対しても敬語を使って話すべきだという主張をくり返し述べている。

エ　敬語を使う理由や場面について例を挙げて説明しており、この文章自体も丁寧語を使って書くことで筆者が読者と適度な距離を取ることを実践《じっせん》している。

問三　――線部②「あなたには～です」とありますが、それはなぜですか。その理由として最もふさわしいものを次の中から選び、記号で答えなさい。

ア　困っている人に対して、あいそ良く丁寧《ていねい》な言葉づかいで接することは礼儀《れいぎ》だから。
イ　見知らぬ相手に対して、自分と相手との間には距離《きょり》があることを示すことができるから。
ウ　自分よりも年齢《ねんれい》が上の相手に対して、目上の人を敬っている気持ちを伝えられるから。
エ　初対面の人に対して、何も話さず黙《だま》っていては相手に悪意を持っているという誤解を生むから。

問四　［Ｅ］に入る言葉として最もふさわしいものを次の中から選び、記号で答えなさい。

ア　危険の有無　　イ　会った回数　　ウ　年齢の違《ちが》い　　エ　好き嫌《きら》い

問五　――線部③「敬語には、そういう使い方もあるのです」とありますが、これはどういうことですか。それを説明した次の文の［Ⅰ］・［Ⅱ］に入ることばをそれぞれ指定された字数で文章中からさがし、ぬき出して答えなさい。

> ［Ⅰ（３字）］は相手との距離をなくし、相手を仲間のようにあつかう口のきき方であるのに対して、敬語は一定の距離を置いて接するつもりだということを相手に伝える［Ⅱ（４字）］のような役割を果たす口のきき方であるということ。

問六　――線部④「想像」・⑥「戦争」と熟語の成り立ちが同じものを次の中からそれぞれ選び、記号で答えなさい。

ア　思考　　イ　自他　　ウ　負傷　　エ　日照　　オ　新品

問七　――線部⑤「その楽器に、『丁寧』の文字が書いてあったのです」とありますが、なぜその楽器のことを「丁寧」と呼んだのでしょうか。その理由を六十字程度で答えなさい。

線と考えてもいいでしょう。

「非常警報が人の安心につながる」――これが、「丁寧」なのです。だから、アブナイ人にタメ口で話しかけられて、「その手にのるか」と思って、「なんですか」という丁寧の敬語を使うのは、「丁寧」のいちばん［ F ］な使い方なのです。

人と人との間には、いろんな距離があります。近くても「距離」で、遠くても「距離」です。だから、「距離があるからいやだ」と考えるのではなくて、「その距離をどうするのか？」と考えるのです。

いちばん近い人には、「距離」がなくてもいいような「ひとりごとの言葉」――タメ口でもだいじょうぶです。「ちょっと距離があるな」と思ったら、「丁寧の敬語」です。「ちょっと」どころではなくて、「すごく距離があるな」と思って、それが「丁寧の敬語では役にたたないくらい遠い」と思ってしまったら、「尊敬の敬語」や「謙譲の敬語」を使います。⑦現代での敬語は、そのような使い方をするものなのです。

世の中にはいろんな人がいて、その人たちとの間には、それぞれ「いろんな距離」があるのです。だから、そういう世の中でちゃんと生きていって、自分の考えをつたえるためには、その人たちとちゃんと話ができるような、「敬語」というものを知っておく必要があるのです。

（橋本治『ちゃんと話すための敬語の本』より）

問一　［ A ］～［ D ］に入ることばとして最もふさわしいものを次の中からそれぞれ選び、記号で選びなさい。

ア　たとえば　イ　もしくは　ウ　つまり　エ　でも　オ　だから

問二　――線部①「今の子って、ほんとにぶあいそうで気味が悪い」とありますが、このように相手をさげすむことを何と言いますか。最もふさわしいことばを次の中から選び、記号で答えなさい。

ア　顔をつぶす　イ　かたずを飲む　ウ　白い目で見る　エ　鼻であしらう

じなのです。

敬語というのは、「人と人との間には距離がある」ということを前提にした言葉です。「丁寧の敬語」は、「距離があるけど、この人との間の距離を近くしたい」と思う時に使う言葉でもありますが、「この人とは、距離を置きたい」という時に使う言葉でもあります。なんどでも言いますが、「距離がある」ということと、「 E 」は関係がないのです。

だから、見知らぬ人からいきなりタメ口で声をかけられたら、「なんですか?」と答えなければなりません。「です」という丁寧の敬語は、「あなたと私の間には距離がある」ということを、相手に伝えているのです。それは、「近くに来るな」ということで、「もしその警告を無視したら、大声を出すぞ」という、警戒《けいかい》警報の意味さえも持っているのです。「もう小学生じゃないから、いきなり大声を出すなんて恥ずかしい」と思っているあなたなら、そうして相手のようすを見て、「危険だったら大声を出す」という用意を整えなければいけないのです。③敬語には、そういう使い方もあるのです。

敬語の話になると、むずかしい漢字がいっぱいでてきます。いきなり「尊敬の敬語」で、「謙譲《けんじょう》の敬語」に「丁寧の敬語」です。「尊敬」はわかります。「謙譲」は、ちょっとわかりにくい考え方ですが、「わかりにくい考え方だから、こんなむずかしい漢字を使うんだな」ということはわかります。よくわからないのが、「丁寧」です。「ていねい」は、そんなにむずかしい考え方ではありません。それなのに、漢字で書くと、なんで「丁寧」などというわけのわからない漢字になるのでしょう? いったい、「丁寧」とはどういうことなんでしょう?

「丁寧」を、ちょっと大きな漢和辞典でしらべると、わけのわからないことが書いてあります。「大昔の中国で、兵士の宿舎にあった楽器」だというのです。ボワーンと鳴らすドラのようなものを④想像してください。⑤その楽器に、「丁寧」の文字が書いてあったのです。「丁」というのは、この場合、兵士のことです。「寧」というのは、「安心できる」ということで、「丁寧」は「兵士の安心」なのです。兵士が安心できるように、そう書いてある楽器をボワーンと鳴らすのです。でも、なんだかへんです。こんなものを鳴らしてすごく大きな音がしたら、「安心できる」ではなくて、うるさいだけでしょう。どうしてそれが「兵士の安心」になるのでしょう?

兵士は、⑥戦争のためにいます。敵が攻《せ》めてくることを、いつも考えています。そういう兵士たちにとって、「安心」とはどんなことでしょう? 敵が攻めてこないのがいちばんの安心であるのはもちろんですが、でも、敵は攻めてきてしまうのです。「いつ敵が攻めてくるのかわからない」とビクビクしていたら、兵士たちはおちつきません。ところが「丁寧」という楽器は、「敵が攻めてきたぞ! 危険があるぞ!」という時に鳴らす楽器なのです。つまり、非常警報なのです。防災無

っかりやめてしまったのです。

(中略)

「なんですか？」と「知りません」は、ただの「丁寧」です。「相手はぜんぜん知らない人で、相手と自分とのあいだには、とても距離がある」という状況《じょうきょう》だから、その「距離」をはっきりさせるためには、「丁寧の敬語」を使えばいいのです。それは、「あんたが好きだ」ということとは関係ありません。また、「丁寧の敬語」は、「どっちのランクが上か」ということとも、関係がありません。好きとか嫌いとは関係なくて、ただ、「その人との間には距離がある」というだけなのです。

(中略)

いろんな人が一緒《いっしょ》に生きている世の中では、人と人との間に距離があります。「距離があるからいやだ」と思っても、「ぜんぜん知らない人」はやっぱり「知らない人」で、世の中には「近づきたくない」と思う人だっています。

もう一度たとえば、あなたは一人で道を歩いています。そこに、知らない人が近づいてきます。まわりには、ほかに人がいません。ぜんぜん知らない人が近づいてきて、あなたにいきなり声をかけます。

「なにしてるの？　一人なの？　一緒にどっか行かない？」と言います。

なんだかへんな人です。「アブナイ人」である可能性は、とてもあります。そんな時、あなたはどうしますか？

学校では、「大声を出して逃《に》げろ」と教えられているかもしれません。でもあなたは、もう小学生ではありません。「いきなり大声を出せ」と言われても、「そんな恥《は》ずかしいことはできない」と思うかもしれません。もう小学生ではないあなたは、「もう小学生じゃないのだから、アブナイ人に声をかけられるなんてことはないんじゃないのか？」と思っていたりもします。だから、「一緒にどっか行かない？」と言われたあなたは、もしかしたら大声なんか出さずに、「え？」とか、「なアに？」とか、「やだ」とか言うかもしれません。そうすると、どうなるでしょう？

「え？」でも、「なアに？」でも、「やだ」でも、そこには敬語がありません。あなたがその相手を、「いやなやつだな」と思っていても、「そんな相手に敬語を使いたくない」と思っていたとしても、「敬語がない」というのは、タメ口なんです。つまりあなたは、見知らぬ、しかもかなりアブナイ可能性のある人にたいして、「自分のよく知っている仲間」のような口のきき方をしてしまったのです。

それは、とても危険なことです。あなたのしたことは、いきなりタメ口で話しかけてきた、見知らぬ危険な相手にたいして、「あっちへ行け」ではなくて、「そのままそばにいてもいいよ、もっと近くに来てもいいよ」と言ってしまったのと同

三　次の文章を読み、あとの問いに答えなさい。

人と人とのあいだには、「距離《きょり》」があります。「いい、悪い」ではなく、あたりまえのことです。

こどもの頃《ころ》だと、「自分とは違《ちが》った人」や、「自分とはぜんぜん違う人」と会うことが、そんなにも多くはありません。でも、大人になると違います。「ぜんぜん知らない人と話をする」というのは、大人にとってはあたりまえのことです。こどもだって、「ぜんぜん知らない人」と話すことはあります。そして、ちゃんと話せなくても、「こどもだからまァいいや」と許されてしまいます。

十代のはじめというのは、こどもから大人へと移って行く時期です。[A]、この時期には、「知らない人とちゃんと話す」ということを、マスターできるようにしなければなりません。それをしないと、大人になってから、「人間関係が嫌《きら》い」と言って、人と話せなくなってしまいます。

話相手がみんな「よく知っている友だち」だったら、タメ口でもかまいません。でも、そうじゃない人はいくらでもいます。[B]、「距離のある人」です。そういう人と話す時には、「丁寧《ていねい》の敬語」を使います。

[C]、あなたが一人で道を歩いています。知らない人に、「すみません」と声をかけられました。あなたは、「なんだ？」と思いました。

あなたが「なんだ？」と思って黙《だま》っていると、その人は道を聞いてきました。聞かれてもあなたには、道がよくわかりません。「どこなんだ、それは？」と、一人で考えます。考えてもわからないので、あなたは首を振《ふ》るか、首をひねるかしました。

相手は、あなたが道を知らないらしいことをわかって、「どうも」と言って去って行きました。

あなたはべつに、悪いことをしていません。[D]、去って行った人は、こう思うかもしれません。

①「今の子って、ほんとにぶあいそうで気味が悪い」。

②あなたには、言うべきことが二つありました。ひとつは、「なんですか？」です。もうひとつは、「知りません」です。

あなたは、それを悪意があって言わなかったわけじゃありません。ただ、「なんだ？」と思っていて、「なんですか？」と言うのを忘れただけです。なにも言わずに黙っていて、それで通ってしまったものだから、「知りません」と言うのも、う

問七　――線部⑤「子どもみたいに泣き続けていた」とありますが、ここで使われている表現技法としてふさわしいものを次の中から選び、記号で答えなさい。

ア　擬人《ぎじん》法　　イ　反復法　　ウ　直喩《ちょくゆ》法　　エ　倒置法

問八　本文の特徴《とくちょう》として最もふさわしいものを次の中から選び、記号で答えなさい。

ア　場の雰囲気《ふんいき》を出すためにさまざまな表現技法が用いられている。

イ　テンポを良くするために短く歯切れの良い文で書かれている。

ウ　登場人物の暗くしずんだ心を言い表すため情景描写が使われている。

エ　「ぼく」から見える景色や感じたことが一人称《いちにんしょう》で語られている。

問九　＝＝線部X「風がぼくの顔に体に吹き付けてきた」・Y「夕方の少し涼しくなった風が頬をなでた」とありますが、この「風」の表現から読み取れる「ぼく」の気持ちを説明したものとして最もふさわしいものを次の中から選び、記号で答えなさい。

ア　Xは中山を助けなければという強い義務感が表現されている。Yは聾《ろう》学校で習ったコミュニケーションの方法が役立ち、それを教えてくれた先生に感謝する気持ちが表現されている。

イ　Xは心身ともに疲《つか》れ果て何もかも投げ出したいという気持ちが表現されている。Yはやるべきことはもう何もないと言えるほどに全てを出し切り、満足感のような気持ちが表現されている。

ウ　Xは周囲の期待にこたえなければならないという責任の強さが表現されている。Yは二人とも意地を張らずに本音でぶつかり合えたので、さわやかな喜びの気持ちが表現されている。

エ　Xは自信がないまま向かわなければならないという不安な気持ちが表現されている。Yは自分の精一杯《せいいっぱい》の気持ちをストレートに伝えられ、達成感のような気持ちが表現されている。

問三　――線部①「俺はテニスに救われた」とありますが、それはどういうことですか。解答らんの書き出しに続くように文章中のことばを用いて六十字程度で説明しなさい。

問四　――線部②「坂井さんは駐輪場のほうに行こうとするぼくの肩《かた》を叩《たた》いた」とありますが、この時の坂井さんの気持ちとして当てはまらないものを次の中から一つ選び、記号で答えなさい。

ア　期待している　　イ　同情を寄せている　　ウ　支持している　　エ　勇気づけている

問五　――線部③「中山の母親は不安そうな表情を浮かべた」とありますが、その理由として最もふさわしいものを次の中から選び、記号で答えなさい。

ア　「ぼく」が何かを訴《うった》えようとしているのはわかるが、その声を言葉として聞き取ることが難しかったから。
イ　「ぼく」が必死になって何かを伝えようとしているのはわかるが、礼儀《れいぎ》正しい態度とはいえなかったから。
ウ　「ぼく」の一生懸命さはわかるけれど、仕事に行かなくてはならなくて時間ばかりが気になってしまったから。
エ　「ぼく」の言葉にならない声を聞いても意味がわからず、聞き直すこともできない自分が情けなかったから。

問六　――線部④「まってる……から……。おまえが……くるのを……まってる、から……」とありますが、このことばを口にするまでの「ぼく」について説明した次の文章の［Ⅰ］～［Ⅳ］に入ることばを、それぞれ指定された字数で文章中からさがし、ぬき出して答えなさい。

　ベッドの上の中山を目にした「ぼく」は、［Ⅰ（２字）］に駆《か》られ、中山を突《つ》き飛ばし、手話で叫び続けた。二人の間には［Ⅱ（６字）］があったし、素直になれなかったため落ち着いてしっかりとは話せなかった。気づくと、中山は生気のない顔と視線の合わない目をしており、別の世界に住んでいるのではと「ぼく」は［Ⅲ（２字）］に襲われた。しかし、それは中山の涙《なみだ》によって消され、［Ⅳ（12字）］と思った。「ぼく」はそんな中山に自分の思いをなんとしてでも伝える唯一《ゆいいつ》の方法を使ったのだった。

（注）

※１　執拗《しつよう》に…しつこく。

※２　坂井《さかい》さん…「ぼく」の所属するテニスサークルの仲間。安田コーチの友人でもあり、「ぼく」の理解者でもある。

※３　山岳部《さんがくぶ》…学校、会社などで、登山を愛好するものの集まり。登山部。

※４　庭球場…テニスコートのこと。

問一　A ～ D に入ることばをそれぞれ次の中から選び、記号で答えなさい。

ア　たとえば　　イ　けれど　　ウ　まるで　　エ　そして　　オ　さらに

問二　〰〰部a「怪訝《けげん》な」・b「埒《らち》があかなかった」・c「呆気《あっけ》にとられた」の文章中での意味をそれぞれ次の中から選び、記号で答えなさい。

a　「怪訝な」

ア　不思議で納得できないようす。　　イ　不愉快《ゆかい》で怒りがわくようす。

ウ　悲しみで胸がいっぱいなようす。　　エ　不信感で頭がいっぱいなようす。

b　「埒があかなかった」

ア　おもしろみがなかった。　　イ　気分が乗らなかった。

ウ　すっかり困り果てた。　　エ　話が進まなかった。

c　「呆気にとられた」

ア　その場の雰囲気《ふんいき》にのみこまれた。　　イ　意外なことに出会い、驚《おどろ》きあきれた。

ウ　予想に反した状況《じょうきょう》にいらいらした。　　エ　決意が固まらず、投げやりになった。

こんな時に泣いたりするな。

おまえはすぐ怒ってばかりのむかつく野郎でいなくちゃいけないんだ。そして、テニスのことばかり考え、勝つことだけにこだわる自己中野郎でなければいけないんだ。

ぼくは深く息を吸い、声帯《せいたい》を懸命に震わせた。喉《のど》の奥から声を引き出し、言葉を作った。

聾《ろう》学校で幼い日から習い続けた発音方法を呼び起こした。

なんとしてでも中山に伝えたかった。手話がわからないこいつに、こいつがわかる唯一《ゆいいつ》の方法で伝えなければならなかった。

「④まってる……から……。おまえが……くるのを……まってる、から……」

その言葉があいつの耳に届いたのかどうか、ぼくには知りようもなかった。

やつはまだ⑤子どもみたいに泣き続けていた。

中山の母親が、困り果てた顔をしてそこにいた。仕事の時間が近づいているのだろう。時計をしきりに気にしていた。

ぼくは母親に一礼すると、そのままふたりに背を向けた。ぼくにできることはもうこれ以上何もなかった。

自転車を押しながら、ぼくはすでに暗くなりかけた舗道《ほどう》を家へと歩いた。自動車が脇《わき》を通りぬけるたびに、Y夕方の少し涼《すず》しくなった風が頬をなでた。

俺はテニスに救われた。

安田コーチが坂井さんに言ったという言葉がふいに蘇《よみがえ》った。その言葉はぼくの心の底にすでに息づいていた。

信じようと思った。

あいつが必ずあの部屋の扉を開け、姿を見せることを。そして、いつものようにけんか腰《ごし》の顔付きでテニスコートに現れることを。

舗道の先に父と母がいるコンビニの明かりが見えた。決して強い輝《かがや》きではないが、安らぎを与《あた》えてくれる穏《おだ》やかな光だった。

ぼくはその明かりに向かってゆっくりと進んでいった。

（福田隆浩『熱風』より）

寝《ね》っ転《ころ》がって音楽でも聞いていたのだろうか、半身を起こしてぼくのほうを見上げると驚いた顔をした。頭にはあの時と同じようにバンダナを頭巾《ずきん》のように巻いていた。

坂井さんは、ぼくと中山がしっかりと話し合うことを安田コーチが望んでいると言った。

けれど、ぼくと中山がそんなふうにわかり合えるまで話せるはずがなかった。ぼくとこいつの間には言葉という壁があったし、素直になれない理由がいくつもあった。

気が付いた時にはぼくはやつの胸倉をつかみ、ベッドの上から引きずり下ろしていた。

中山もぼくを弾《はじ》き飛《と》ばすように腕《うで》を振り回した。ぼくと中山は部屋の中央でにらみ合って立った。

やつの口が動いた。「この野郎《やろう》」と中山が怒《ど》鳴《な》っているのがわかった。

ぼくは怒《いか》りに駆《か》られ、中山の胸倉を押し、壁《かべ》のほうに思いっきり突き飛ばした。やつは背中から本棚《ほんだな》にぶつかり、崩《くず》れるように座り込んだ。

「ふざけんな、馬鹿《ばか》野郎！」

ぼくは激しく手話を作り、中山の顔を指さした。

ゆっくりと言葉を作ることなどその時のぼくにはできなかった。伝わろうと伝わるまいと、もうどうでもよかった。

「おまえが誰《だれ》にいじめられようが俺には関係ないんだよ！　俺はテニスをしたいだけだ！　テニスをしたいんだ！」

中山はc呆気《あっけ》にとられた顔で激しく手話で叫《さけ》び続けるぼくを見上げていた。

「いつまでここにいるんだ。さっさとコートに来い、試合があるんだぞ！　ダブルスなんだ、俺《おれ》ひとりじゃできないんだ、おまえがいなけりゃならないんだ！　俺はおまえと組んで戦うんだ！」

ぼくの目の前で中山は本棚を背に力なく座り込んだままだった。

ずっと部屋の中にいたのだろうか、ぼんやりとした生気《せいき》のない顔をしている。視線の合わないこいつの目の奥に自分の姿は確かに映っているのだろうか。

不安に襲《おそ》われた。ぼくの言いたいこと伝えたいこと、そんなこと全てが中山にとってはまるで意味のないことで、こいつの住んでいる世界とは無縁のものになっているのではないかと思った。

その時、ぼくは中山が涙《なみだ》を流していることに気付いた。小さな子供みたいに肩を震《ふる》わせて泣いている。

くそっと思った。

今さらながら、聞こえない自分、話せない自分という存在が悔《くや》しかった。

階段を上り、二階のいちばん端《はし》の部屋のチャイムを押した。

チャイムが響いているのかどうか、部屋の奥から返事が返ってきているのかどうか、ぼくには、はっきりとわからなかった。

ぼくにはこの扉《とびら》が開くまで何度も何度もチャイムを押すしか方法がなかった。

やがて扉が開き、女の人が顔を出した。

香水《こうすい》の匂《にお》いがした。たぶんこの人が中山の母親なのだろう。鼻筋と目元が中山にそっくりだった。濃《こ》い化粧《けしょう》をし派手やかな服を身に付けていた。これから仕事に出かけるところなのだろう。

ぼくは頭を下げ、懸命に声を出した。

「中山、いますか？」

③中山の母親は不安そうな表情を浮かべた。

ぼくはもう一度繰《く》り返した。けれど、誤った発音だらけのぼくの声が彼女《かのじょ》に伝わるはずがなかった。

覚悟《かくご》はしていたことだった。

ぼくはノートを取り出し、懸命に文字を書き付けた。

〈中山に会いに来ました。ぼくはあいつとダブルスを組んでいます〉

母親はその文字をのぞき込み、困ったように眉根《まゆね》を寄せた。どうしたらいいのか迷っているようだった。

〈試合があるんです。あさってダブルスの試合があるんです〉

ぼくは再び文字を書き、母親に突《つ》き出した。たぶん彼女はテニスの試合のことなど知らないのだろう。ただ驚《おどろ》いたような顔でぼくを見た。

どうにもb埒《らち》があかなかった。

ぼくは頭を下げると、そのまま靴《くつ》を脱《ぬ》いだ。そして家に上がり込んだ。母親は、ぼくを止めるわけでもなく、ただうろたえているだけだった。

台所の板間の先に別の扉が見えた。外国のテニスプレイヤーの写真が貼《は》ってある。ぼくは構わずその扉を引き開けた。

部屋の奥にあるベッドの上に中山がいた。

その言葉が胸の奥《おく》に残った。

坂井さんは書き続けようかどうか少し迷っていたようだったが、決心したように文字を続けた。

〈彼の友人がひとりで登山に行く前にね、実はふたりの間に大きな衝突《しょうとつ》があったらしいんだ。それまでは無二の親友だったのに、何かのきっかけで大喧嘩《おおげんか》し、一切連絡《れんらく》を取り合わなくなってしまったらしいんだ。コーチね、友人の死を知るまで、友人がその危険な海外の登山に出かけたことも知らなかったんだよ。彼のことだから、友人がそんな登山をしようと計画しているのを聞けば、必ず止めたと思うよ。そして、それでもだめなら、彼、絶対に一緒についていって命懸《いのちが》けでサポートをしたと思う。彼のことだからね〉

すでにコートには予約している人たちが入ってきていて、ベンチに居残っているぼくたちのほうを a怪訝《けげん》な顔で見ていた。

坂井さんはそんなことには構わず手帳に書き続けた。

〈孝司君さ、中山君にちゃんと会って話しなよ。たぶんコーチもそれを望んでいると思うんだよ。コーチにとっては、君と中山君が、［C］自分と山で亡くなった友人みたいに思えるんじゃないのかな。すれ違《ちが》ったままであっさり終わってほしくないんだよ〉

ぼくと坂井さんは荷物を抱《かか》え、急いでコートを出た。

照明が明るく灯《とも》ったコートでは、すでにナイターの練習が至る所で始まっている。

②坂井さんは駐輪場《ちゅうりんじょう》のほうに行こうとするぼくの肩を叩いた。［D］、軽く手を振り、自分の車が止めてあるほうにバッグを重そうに抱えたまま歩いていった。

※4庭球場からの坂道を自転車で下るぼくの目には、遠く港に浮かぶ外国船の明かりが見えた。

自転車の速度が増すにつれ、X風がぼくの顔に体に吹き付《ふ》けてきた。

中山に会わなければいけないと強く思った。ぼくはひたすら坂道を下り続けた。

道路から幾筋《いくすじ》か入り込んだ所にあるアパートの前で、ぼくは、中山と共に公会堂に行った日のことを思い出していた。あの時、ぼくはこの場所でやつが出てくるのを待っていた。けれど、今日はなんとしてでもあいつを引っ張り出さなければならなかった。

バッグの奥を探り、いつも持ち歩いているノートとペンを取り出した。

〈安田コーチがどうして手話ができるか、君は知ってるかい？〉

ぼくは首を振《ふ》った。坂井さんは頷《うなず》き、［B］文字を続けた。

〈彼《かれ》ね、大学の※3山岳部《さんがくぶ》だったろう。実はね、同じ部の中に補聴器《ほちょうき》を付けてる友人がいたんだよ。そう、君みたいに手話が上手な子で、安田コーチは一緒《いっしょ》に山に登るたびに少しずつその友人から手話を教わったらしいよ〉

初めて聞く話だった。ぼくが知っていたのは、コーチが昔はテニスプレイヤーではなく登山家だったということだけだった。

〈大学卒業の前にね、不幸なことがあったんだよ。その友人がひとりで海外の山に登ってね、亡くなってしまったんだ。滑落《かつらく》事故だったらしい。本当はその山はとてもひとりで登るような山じゃなかったんだよ。しっかりとしたチームを組んで協力して登らなければ成功することが難しい山だったんだ。単独登頂に成功した人は数名しかいなかった。でもその友人はあえてその単独登山に挑戦《ちょうせん》したんだ〉

ぼくは手帳に懸命《けんめい》に文字を書き付けている坂井さんの顔を見た。

たまらなく辛《つら》そうな顔をしていた。ひょっとしたら坂井さんもその登山で亡くなった人とは知り合いだったのではないかと思った。

〈安田コーチにとってこの友人の死は耐《た》えきれない哀《かな》しみだったらしい。彼ね、それ以来、一度も山には登っていないんだ。登山とは縁《えん》を切ってね、ずいぶんめちゃくちゃな生き方を続けてたらしい。せっかく入社した商社もあっという間にやめちゃってね、仕事も転々としたんだよ。ちょうどそんな時にぼく、彼と再会してね、テニスをしないかって誘ったんだよ〉

顔をあげ坂井さんはやっと笑顔を浮《う》かべた。コーチとテニスを始めた頃のことを思い出しているようだった。

〈のめり込《こ》んだのめり込んだ。彼ね、そこまでやるかってくらいテニスにのめり込んでね、あっという間にぼくなんかを追い越《こ》して大会優勝の常連《じょうれん》になってしまったんだよ。もう当時は、今以上に真っ黒だったんだよ、彼〉

声をあげて坂井さんは笑った。

坂井さんの楽しそうな声の響《ひび》きが補聴器を通してぼくに伝わった。思わずぼくも頬《ほお》をゆるめた。

〈彼、言ってたよ。①俺はテニスに救われたって〉

テニスに救われた……。

二　次の文章を読み、あとの問いに答えなさい。

> 聴覚《ちょうかく》障がいを持ち、手話と筆談で周囲とコミュニケーションをとる「ぼく」（孝司）と、病気で頭髪《とうはつ》を失った中山はテニスをこよなく愛する中学二年生。互《たが》いに頑固《がんこ》で負けず嫌《ぎら》いな性格の二人はひょんなことからダブルスを組むことになった。反発しながらも猛《もう》練習を積み、少しずつ距離《きょり》が縮まっていく。ところが試合の数日前、事件が起こった。「ぼく」の父親が経営するコンビニエンスストアで、中山が仲間から万引きを強要《きょうよう》されるのを見てしまい、「ぼく」ははげしく動揺《どうよう》する。そして中山はテニスをやめるとコーチに告げ、「ぼく」の前から姿を消した。姿を見せない中山の態度にとうとう「ぼく」も試合には出ないと言い切ってしまう。

ぼくはあの時、見てはいけないものを見てしまった。

それは中山が今までひたすら隠《かく》し続けていたものだった。あいつは、あんな場面をぼくに見られたくなかったはずだ。ダブルスを組み、ボールを追いかけ、競い合い続けてきた相手に自分のもろさを見られてしまったことは、あいつにとっては耐《た》えられないことだったろう。

仲間に※１執拗《しつよう》にからかわれ、馬鹿《ばか》にされ続けていた中山の姿はあまりにも惨《みじ》めだった。そして、怒《おこ》ることも歯向かうこともせず、ただご機嫌《きげん》取《と》りの作り笑いを浮《う》かべていたあいつの姿はそれ以上に痛々しかった。

（中略）

「出場は取り消さない」

それがコーチが残した言葉だった。ぼくはどうしようもない気持ちになってそのままベンチに座り込んだ。

自分でもわかっていた。あの時のことを後悔《こうかい》していた。

あの時、中山が店を出ていった時、どうしてぼくはあいつを追いかけなかったのだろうか。

ぼくはあの時、力ずくでもあいつを押《お》しとどめ、なんとしてでも伝えるべきことがあったはずだった。［　A　］ぼくはその場から動くことができなかった。

※２坂井《さかい》さんがぼくの肩《かた》を叩《たた》いた。

そして、手帳の新しいページにゆっくりと文字を書き付けた。真剣《しんけん》な顔付きだった。

二〇二〇年度 日本学園中学校

【国語】〈第一回試験〉（五〇分）〈満点：一〇〇点〉

一　次の——線部①～⑩の漢字はひらがなに、カタカナは漢字に直しなさい。

① 不必要な言葉を省き、一文を短くした方が良い。
② 人の気配をまるで感じない通りだ。
③ お金は工面するから心配しないでくれ。
④ 梅干しは昔から保存食として重宝された。
⑤ 外国で道に迷い、右往左往する。
⑥ さつまいもをもらったのでムし焼きにした。
⑦ 良い勉強法を聞いて、サッソク行動に移した。
⑧ 事故のないよう、キリツを守って行動しましょう。
⑨ 試合終了の笛がなるまで油断はキンモツだ。
⑩ 祖父は田舎でジキュウジソクの暮らしを送っている。

2020年度
日本学園中学校 ▶解説と解答

算　数　＜第１回試験＞（50分）＜満点：100点＞

解　答

1 (1) 185　(2) 90　(3) 0.92　(4) 3　(5) 2500　(6) $\frac{1}{5}$　**2** (1) 8　(2) 315　(3) 1200　(4) 16　(5) 30　(6) 140　**3** (1) 942cm³　(2) 198.16 cm²　**4** (1) 12cm²　(2) 24cm²　(3) 4.8cm　**5** (1) 2　(2) 65番目　(3) 18回　**6** (1) 13分後　(2) 毎分245m　(3) 毎時42km　(4) 18分後

解　説

1 **四則計算，計算のくふう**

(1) $123-15+77=108+77=185$

(2) $15+52\div(33-29)\times 8-29=15+52\div 4\times 8-29=15+13\times 8-29=15+104-29=119-29=90$

(3) $2.4\times 0.45-1.08\div 3+0.64\div 3.2=1.08-0.36+0.2=0.72+0.2=0.92$

(4) $3\frac{4}{5}\div\left(2\frac{1}{3}-\frac{3}{4}\right)+8\times\frac{3}{40}=\frac{19}{5}\div\left(\frac{7}{3}-\frac{3}{4}\right)+\frac{3}{5}=\frac{19}{5}\div\left(\frac{28}{12}-\frac{9}{12}\right)+\frac{3}{5}=\frac{19}{5}\div\frac{19}{12}+\frac{3}{5}=\frac{19}{5}\times\frac{12}{19}+\frac{3}{5}=\frac{12}{5}+\frac{3}{5}=\frac{15}{5}=3$

(5) $500\times 2.03-0.8\times 50+5\times 305=500\times 2.03-0.08\times 500+500\times 3.05=500\times(2.03-0.08+3.05)=500\times 5=2500$

(6) $\frac{4}{9}\times\left\{3\frac{17}{80}-\left(0.375-\frac{1}{5}\right)\right\}\div 6\frac{3}{4}=\frac{4}{9}\times\left\{\frac{257}{80}-\left(\frac{3}{8}-\frac{1}{5}\right)\right\}\div\frac{27}{4}=\frac{4}{9}\times\left\{\frac{257}{80}-\left(\frac{15}{40}-\frac{8}{40}\right)\right\}\times\frac{4}{27}=\frac{4}{9}\times\left(\frac{257}{80}-\frac{7}{40}\right)\times\frac{4}{27}=\frac{4}{9}\times\left(\frac{257}{80}-\frac{14}{80}\right)\times\frac{4}{27}=\frac{4}{9}\times\frac{243}{80}\times\frac{4}{27}=\frac{1}{5}$

2 **比の性質，整数の性質，相当算，つるかめ算，濃《のう》度《ど》，角度**

(1) $A:B=C:D$のとき，$A\times D=B\times C$になるので，$7\frac{1}{2}:20=\frac{1}{3}:\frac{\square}{\square+1}$のとき，$7\frac{1}{2}\times\frac{\square}{\square+1}=20\times\frac{1}{3}$となる。よって，$\frac{\square}{\square+1}=20\times\frac{1}{3}\div 7\frac{1}{2}=\frac{20}{3}\div\frac{15}{2}=\frac{20}{3}\times\frac{2}{15}=\frac{8}{9}=\frac{8}{8+1}$より，$\square=8$とわかる。

(2) この整数は５でも９でもわり切れるから，５と９の最小公倍数の45の倍数になる。この整数を(45×□)とすると，この整数を５でわった答えと９でわった答えの和は，(45×□)÷５＋(45×□)÷９＝９×□＋５×□＝(９＋５)×□＝14×□となり，これが98になるので，14×□＝98より，□＝98÷14＝７と求められる。よって，この整数は，45×７＝315である。

(3) 仕入れた個数を１とすると，６割は0.6で，残りの５割は，(１－0.6)×0.5＝0.2だから，0.6＋0.2＝0.8が960個にあたる。よって，仕入れたアイスは，960÷0.8＝1200(個)と求められる。

(4) みかん１個の値段は90円で，りんご１個の値段の半分なので，りんご１個の値段は，$90\div\frac{1}{2}=180$(円)である。りんごを27個買ったとすると，代金の合計は，180×27＝4860(円)となり，実際よりも，4860－3420＝1440(円)高くなる。そこで，りんごを減らして，かわりにみかんを増やすと，代金の合計は１個あたり，180－90＝90(円)ずつ安くなる。よって，買ったみかんの個数は，1440÷90＝16(個)とわかる。

(5)　(食塩の重さ)＝(食塩水の重さ)×(濃度)より，４％の食塩水150ｇにふくまれる食塩の重さは，150×0.04＝６(ｇ)となり，水の重さは，150－６＝144(ｇ)である。また，食塩水に食塩を加えても水の重さは変わらないから，食塩を加えた後の食塩水にも144ｇの水がある。よって，食塩を加えた後の食塩水の重さを□ｇとすると，水の重さについて，□×(１－0.2)＝144(ｇ)となるので，□＝144÷(１－0.2)＝180(ｇ)と求められる。したがって，加えた食塩の重さは，180－150＝30(ｇ)である。

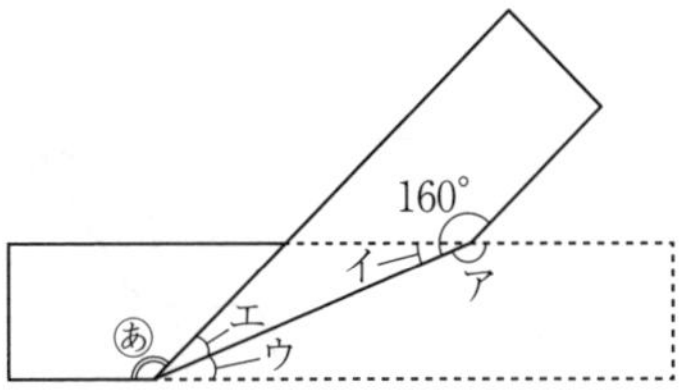

(6)　左の図は折り返したものなので，アの角の大きさは160度だから，イの角の大きさは，180－160＝20(度)になる。また，平行線の錯角《さっかく》は等しいので，ウの角の大きさはイの角の大きさと同じ20度となり，折り返しているから，エの角の大きさはウの角の大きさと同じ20度である。よって，㋐の角の大きさは，180－20×２＝140(度)と求められる。

3　立体図形―体積，表面積

図①

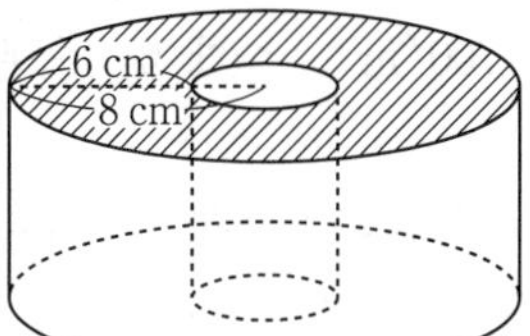

図②

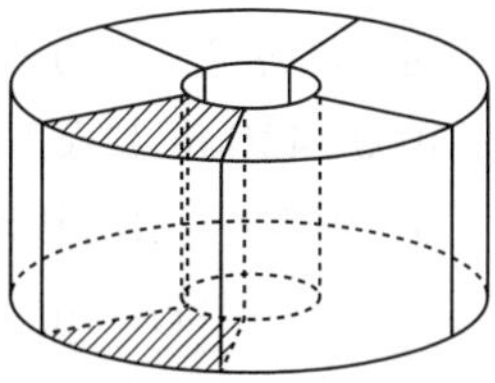

(1)　右の図①で，斜線《しゃせん》部分の面積は，８×８×3.14－２×２×3.14＝60×3.14(cm^2)となるから，この立体の体積は，60×3.14×５＝300×3.14＝942(cm^3)である。

(2)　右の図②で，２つの斜線部分の面積の和は，60×3.14÷５×２＝24×3.14＝75.36(cm^2)になる。また，１つの斜線部分の周りの長さの和は，８×２×3.14÷５＋２×２×3.14÷５＋６×２＝４×3.14＋12＝12.56＋12＝24.56(cm)なので，側面積は，24.56×５＝122.8(cm^2)とわかる。よって，この立体の１つ分の表面積は，75.36＋122.8＝198.16(cm^2)と求められる。

4　平面図形―面積，辺の比と面積の比，長さ

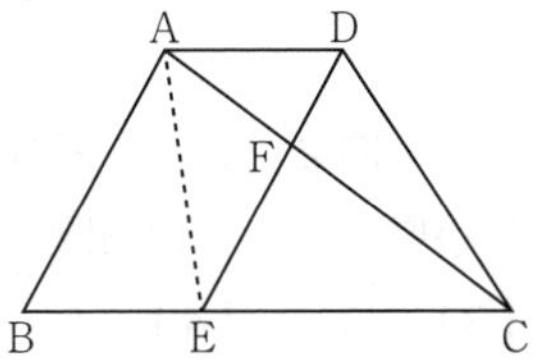

(1)　台形ABCDの面積が42cm^2，三角形ABCの面積が30cm^{2}だから，三角形ACDの面積は，42－30＝12(cm^2)である。

(2)　左の図で，辺ADと辺BCが平行だから，三角形AEDの面積は三角形ACDの面積と同じ12cm^{2}とわかる。よって，平行四辺形ABEDの面積は三角形AEDの面積の２倍なので，12×２＝24(cm^2)となる。

(3)　(2)より，三角形DECの面積は，42－24＝18(cm^2)である。また，辺ADと辺BCが平行だから，三角形AECの面積は三角形DECの面積と同じ18cm^{2}になる。さらに，三角形AECの面積と三角形ACDの面積の比は，18：12＝３：２だから，辺EFと辺FDの長さの比も３：２とわかる。したがって，平行四辺形ABEDより，DE＝AB＝８cmなので，辺EFの長さは，$8\times\frac{3}{3+2}=4.8$(cm)と求められる。

5　数列

(1)　問題文中の数列を，(１)，(１，２)，(１，２，３)，(１，２，３，４)，(１，２，３，４，５)，…と分け，それぞれ，１組，２組，３組，４組，５組，…とすると，□組の数は１から□ま

で□個並んでいるとわかる。よって，１＋２＋３＋４＋５＋６＋７＝（１＋７）×７÷２＝28，30－28＝２より，はじめから数えて30番目の数は８組の２番目の数なので，２である。

⑵　１回目に10が出てくるのは10組の10番目で，２回目に10が出てくるのは11組の10番目とわかる。よって，２回目に10が出てくるのは，はじめから数えて，１＋２＋３＋…＋10＋10＝（１＋10）×10÷２＋10＝55＋10＝65(番目)となる。

⑶　１＋２＋３＋…＋19＝（１＋19）×19÷２＝190，200－190＝10より，はじめから200番目の数は20組の10番目の数の10である。よって，１回目に出てくる３は３組の３で，最後に出てくる３は20組の３なので，出てくる３は，20－３＋１＝18(回)となる。

6　グラフ―旅人算

⑴　２人の進むようすをグラフに表すと，右のようになるから，弟の乗ったバスが兄に追いついたのは家を出発してから13分後である。

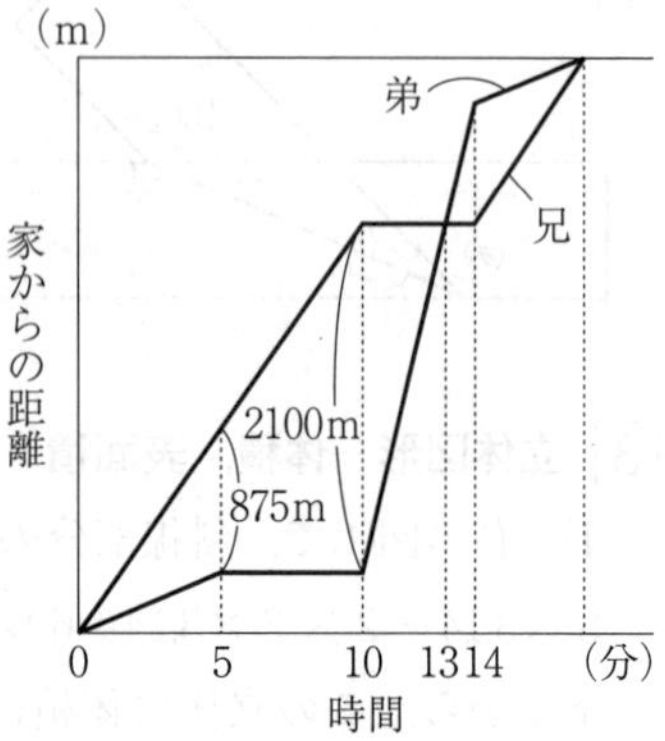

⑵　兄は，10－５＝５(分間)で，2100－875＝1225(m)進んだので，兄が自転車で進む速さは毎分，1225÷５＝245(m)となる。

⑶　バスは，13－10＝３(分間)で，2100m進んだから，バスの速さは毎分，2100÷３＝700(m)，つまり，毎時，700×60÷1000＝42(km)になる。

⑷　⑶より，13分後から14分後の１分間で，バスは，700×１＝700(m)進むので，14分後の兄と弟の間の距離《きょり》は700mである。はじめ，２人が家を出発してから５分間で875mの差ができるから，２人の速さの差は毎分，875÷５＝175(m)とわかる。よって，700mの距離が縮まるのに，700÷175＝４(分)かかるので，２人が図書館に着くのは家を出発してから，14＋４＝18(分後)と求められる。

社　会　＜第１回試験＞（30分）＜満点：50点＞

解　答

1　**問１**　**１**　ウ　**２**　カ　**３**　サ　**４**　ス　**５**　セ　**６**　ケ　**問２**　３　**問３**　**B**　エ　**C**　ア　**問４**　ア　**問５**　ウ　**問６**　**奈良県**…そ　**岩手県**…い　**秋田県**…あ　**徳島県**…て　**高知県**…な　**問７**　**【１】**　く　**【２】**　は　**【３】**　に　**【４】**　か

2　**問１**　**１**　４　**２**　121　**３**　衆議院の優越　**４**　内閣不信任　**５**　国権　**６**　国民主権　**問２**　オ　**問３**　埼玉県　**問４**　ア　**問５**　常会（通常国会）

3　**問１**　**１**　チ　**２**　テ　**３**　タ　**４**　オ　**５**　キ　**６**　サ　**７**　ク　**８**　ア　**９**　ツ　**10**　ケ　**問２**　**A**　大化　**B**　壬申　**C**　関白　**D**　禁中並公家　**問３**　イ　**問４**　エ　**問５**　オ　**問６**　イ　**問７**　オ　**問８**　イ

解　説

1　日本各地の特色と外国人訪日観光客についての問題

問１　**１**　「東京とともに空の玄関口として重要な役割を果たして」いる成田国際空港があり，東京ディズニーリゾートという「大きなテーマパーク」があるのは千葉県である。　**2**　奈良県とともに「日本を代表する観光地」で，「歴史的な町並みや多くの文化財」があるのは京都府である。京都市南部にある伏見稲荷《ふしみいなり》神社は，「千本鳥居」とよばれる数多くの鳥居で知られ，多くの外国人観光客が訪れる。　**3**　「韓国からの距離」が近く，東アジアから多くの旅行者が訪れるのは，福岡県である。韓国の釜山《プサン》港と博多港は，フェリーや高速船で結ばれている。　**4**　「将棋駒《しょうぎこま》や果樹の産地」で，毎年８月に「花笠《はながさ》まつり」が行われるのは山形県である。天童市は，伝統的工芸品の将棋駒の産地として知られる。県内の盆地では，全国一の生産量をほこるさくらんぼ(おうとう)のほか，ぶどうやりんごなどの果樹がさかんに栽培されている。　**5**　「10月に日本中から神様が集まるとされる」神社は，島根県東部にある。このため，一般に旧暦の10月は「神無月《かんなづき》」とよばれるが，この地域では「神在月《かみありづき》」という。　**6**　「北陸に位置し」，「東尋坊《とうじんぼう》といった景勝地」があるのは，福井県である。東尋坊は県北部の日本海沿岸にあり，水面からの高さが25mある断崖《だんがい》絶壁《ぜっぺき》である。

問２　４は山形県，５は島根県，６は福井県なので，41位から46位の県のうち，東北地方の県は岩手県・山形県・秋田県の３つとなる。

問３　**B**　島根県出雲《いずも》市の出雲大社は，「国譲《ゆず》り神話」の主人公として，また，縁《えん》結びの神様として知られる大国主神《おおくにぬしのかみ》をまつる神社で，大きなしめ縄があることでも知られる。　**C**　岩手県平泉の中尊寺は，平安時代に奥州藤原氏の初代清衡《きよひら》が再建した寺院で，1124年には阿弥陀《あみだ》堂として，屋根・壁・柱などを金箔《きんぱく》でおおった金色堂が建てられた。中尊寺を中心とする平泉の仏教遺跡群は，2011年にユネスコ(国連教育科学文化機関)の世界文化遺産に登録されている。　なお，イの伊勢神宮は三重県，ウの厳島《いつくしま》神社は広島県，オの善光寺は長野県にある。

問４　2015年３月に石川県の金沢駅まで開業した北陸新幹線は，そこから福井県を通り，大阪府まで延伸される予定になっているが，2019年末時点で開通しておらず，福井県に新幹線は通っていない。よって，アが正しい。

問５　外国人旅行者を増やすには，英語・中国語・ハングル(韓国語)といった多言語による観光案内パンフレットをつくる必要がある。よって，ウが適切ではない。

問６　奈良県は近畿地方南部の内陸に位置するので「そ」，岩手県は東北地方北東部の太平洋側に位置するので「い」，秋田県は東北地方北西部の日本海側に位置するので「あ」，徳島県は四国地方東部に位置するので「て」，高知県は四国地方南部に位置するので「な」である。

問７　**【１】**　浜名湖は「く」の静岡県の西部に位置し，うなぎの養殖がさかんなことで知られる。西部の浜松市は県内で人口が最も多い市で，楽器やオートバイの生産がさかんである。中央北部には，南アルプスともよばれる赤石山脈がのびている。　**【２】**　「は」の長崎県の長崎市には，世界文化遺産にも登録されているグラバー邸がある。また，長崎市は，古くから造船業がさかんな「造船のまち」として知られている。南東部の島原半島には，活火山の雲仙岳がそびえる。
【３】　「に」の愛媛県では，みかんなどのかんきつ類の栽培がさかんに行われている。全国一のタオルの産地として知られる今治《いまばり》市は，本州側の広島県尾道市と「しまなみ海道」(本州四国連絡橋の尾道－今治ルート)で結ばれている。　**【４】**　「か」の茨城県の県庁所在地である水戸市には，「日本三名園」に数えられる偕楽園《かいらくえん》がある。南部に広がる霞ヶ浦《かすみがうら》は，千葉県との県境となっている利根川とつながっており，周辺では茨城県が全国一の生産量をほこるれんこんの栽培がさかんであ

る。

2 2019年に行われた参議院通常選挙を題材にした問題

問１　**１**　衆議院議員の任期は４年で，任期途中での解散がある。　**２**　参議院議員の定数は，2018年に公職選挙法が改正されるまで242名であった。参議院議員は，３年ごとに定数の半数を改選することになっているため，2016年の選挙までは121名ずつ改選していた。　**３**　衆議院は参議院に比べて任期が短く解散もあることから，国民の意思（世論）を政治に反映しやすいと考えられている。そのため，いくつかの点で参議院よりも強い権限が認められている。これを「衆議院の優越」という。　**４**　内閣不信任（信任）決議権は衆議院だけの権限で，その代わりに，内閣は衆議院を解散できる。　**５**，**６**　日本国憲法は第41条で，国会を「国権の最高機関」「国の唯一《ゆいいつ》の立法機関」と規定している。国権の最高機関とされるのは，国会が，主権を持つ国民の選挙によって選ばれた代表者（国会議員）で構成されているからである。主権とは国の政治のあり方を決める最高権力のことで，「国民主権」は憲法の三大基本原則の一つである。

問２　憲法改正は，衆参各議院で総議員の３分の２以上の賛成を得て国会が発議（国民に提案）し，国民投票で過半数の賛成を得ると承認される。よって，オが正しい。

問３　表において，福井県との格差が最も大きいのは埼玉県なので，埼玉県の定数を増やして格差を是正《ぜせい》する必要がある。

問４　衆議院で可決した法律案を参議院で否決した場合，衆議院で出席議員の３分の２以上で再可決するとその法律案は成立する。よって，アが正しい。なお，イの弾劾裁判所の設置，ウの決算の承認，オの国政調査権の行使については，両院対等である。エの内閣総理大臣の指名は両院で行うが，衆議院が優越する。

問５　通常国会（常会）は毎年１回，１月に会期150日間（１回に限り延長できる）で開かれ，おもに次年度の予算について審議・決定される。

3 天皇と日本の歴史についての問題

問１　**１**，**２**　中大兄《なかのおおえの》皇子は長く皇子のまま政治を行ったのち，668年，近江《おうみ》大津宮（滋賀県）で天智天皇として即位《そくい》した。しかし，671年に亡くなると，翌672年，子の大友皇子と弟の大海人《おおあまの》皇子が皇位をめぐって争った。この戦いに勝利した大海人皇子は，天武天皇として即位した。　**３**　奈良時代，仏教を厚く信仰した聖武天皇は，仏教の力で国を安らかに治めようと願い，地方の国ごとに国分寺と国分尼《に》寺を建てさせ，都の平城京には総国分寺として東大寺を建てさせた。また，743年には大仏の建立を命じ，東大寺の大仏は752年に完成した。　**４**　桓武天皇は仏教勢力が強くなりすぎた平城京を離れて人臣を一新し，律令政治を立て直すため，794年に平安京に都をうつした。　**５**　藤原道長の長女で，一条天皇のきさきであった彰子《しょうし》に女官として仕えた紫式部は，古典文学の傑作《けっさく》として知られる長編小説『源氏物語』を著した。　**６**　後鳥羽《ごとば》上皇は政治の実権を鎌倉幕府から朝廷の手に取りもどそうとして，1221年に承久の乱を起こした。しかし，幕府軍に敗れ，隠岐《おき》（島根県）に流された。　**７**　後醍醐《ごだいご》天皇は1333年に鎌倉幕府をほろぼすと，建武の新政とよばれる朝廷中心の政治を復活させた。しかし，新政は公家中心の政治であったため武家の不満をまねき，２年半あまりで失敗に終わった。　**８**，**９**　1881年，政府が10年後の国会開設を約束すると，これに備えて板垣退助は日本初の本格的な政党である自由党を結成した。また，翌82年には大隈重信が立憲改進党を結成した。　**10**　伊藤博文は1882年にヨーロッパに渡って各国の憲法を調査・研究し，帰国後，君主権の強いドイツ(プロシア)憲法を手本に憲法草案を作成した。この憲法は，1889年２月11日に大日本帝国憲法として発布された。

問２　Ａ　645年，中大兄皇子と中臣鎌足《なかとみのかまたり》らは蘇我蝦夷《そがのえみし》・入鹿《いるか》父子をほろぼして政治改革を始めた。このとき初めての元号として「大化」が定められ，中大兄皇子らが始めた一連の政治改革はこの元号をとって大化の改新とよばれる。　Ｂ　大海人皇子と大友皇子が天智天皇の跡継《あとつ》ぎをめぐって争った戦いは，672年が十干十二支《じっかんじゅうにし》(干支《えと》)の「壬申《じんしん》」の年だったことから，壬申の乱とよばれる。　Ｃ　豊臣秀吉は朝廷の権威《けんい》を利用して全国統一事業をなしとげようと考え，1585年には関白，翌86年には太政《だいじょう》大臣となって政治を行った。　Ｄ　1615年，江戸幕府は朝廷や公家の動きを監視・統制するため，禁中並《ならびに》公家諸法度《しょはっと》を定めた。

問３　大山古墳は墳丘《ふんきゅう》の全長が486ｍにもおよぶ日本最大の前方後円墳で，仁徳《にんとく》天皇陵《りょう》と伝えられる。大山古墳をふくむ大阪府堺市の百舌鳥《もず》古墳群と，隣接《りんせつ》する羽曳野《はびきの》市・藤井寺市の古市古墳群は，2019年に「百舌鳥・古市古墳群」として世界文化遺産に登録された。

問４　空海(弘法大師)は平安時代初めの804年に学問僧として遣唐使船で唐(中国)に渡り，帰国後，高野山(和歌山県)に金剛峰寺《こんごうぶじ》を開いて真言宗の開祖となり，嵯峨《さが》天皇から平安京の東寺をたまわった。また，空海は嵯峨天皇・橘逸勢《たちばなのはやなり》とともに「三筆」に数えられる書道の名人として知られる。

問５　吉田松陰《しょういん》は長州藩(山口県)出身の思想家・教育者で，1854年にペリーが来航したさい海外への密航をくわだてたが失敗してとらえられた。その後，長州藩の萩郊外で松下村塾を営み，伊藤博文や高杉晋作《しんさく》など，明治維新で活躍《かつやく》する多くの人材を育てた。しかし，1859年，幕府の対外政策を批判したとして，大老井伊直弼《なおすけ》が行った安政の大獄《たいごく》によりとらえられて処刑された。

問６　ア　天皇を国の象徴《しょうちょう》としているのは，日本国憲法である。　イ　大日本帝国憲法は天皇を神聖化した天皇の権限の強い憲法で，天皇には軍隊を率いる統帥《とうすい》権があった。よって，正しい。　ウ　大日本帝国憲法でも言論・集会・結社の自由は認められていたが，法律により制限されていた。　エ　帝国議会は，貴族院と衆議院の二院制であった。　オ　大日本帝国憲法のもとでは，内閣が天皇の政治を助けた。

問７　満20歳以上の男女に選挙権があたえられたのは，太平洋戦争終戦後の1945(昭和20)年12月に衆議院議員選挙法が改正されたときのことである。よって，オがあてはまらない。

問８　アは1941年，イは1936年，ウは1933年，エは1931年，オは1937年のできごとなので，年代の古い順にエ→ウ→イ→オ→アとなる。

理科　＜第１回試験＞(30分)＜満点：50点＞

解答

[1]　**問１**　50ｇ　**問２**　120ｇ　**問３**　Ⓒ　50ｇ　Ⓓ　100ｇ　**問４**　Ⓔ　60ｇ　Ⓕ　72ｇ　Ⓖ　48ｇ　**問５**　Ⓗ　40ｇ　Ⓘ　30ｇ　Ⓙ　10ｇ　[2]　**問１**　(1)　(ウ)，(オ)　(2)　(ウ)　(3)　(ア)，(イ)，(エ)　(4)　(ウ)　(5)　(イ)，(オ)　**問２**　(1)　(エ)　(2)　(ウ)　(3)　(イ)
[3]　**問１**　子葉　**問２**　(カ)　**問３**　(1)　２，３　(2)　２と５　(3)　３と４　(4)　１と２　[4]　**問１**　水星→金星→地球→火星→木星→土星→天王星→海王星　**問２**　金星

問３　⑴　(エ), (オ)　⑵　(エ)　**問４**　(イ)

解　説

1　てこのつりあいについての問題

問１　棒《ぼう》のつりあいは，(加わる力の大きさ)×(支点からの距離《きょり》)で求められる回転力で考えることができ，左回りと右回りの回転力が等しいときに棒はつりあう。Ⓐにつるされているおもりのおもさを□ｇとすると，50×30＝□×30が成り立ち，□＝50(ｇ)と求められる。このように，支点からの距離が等しいときは，左右につるすおもりのおもさは等しくなる。

問２　Ⓑにつるされているおもりのおもさを□ｇとすると，60×40＝□×20となり，□＝2400÷20＝120(ｇ)である。

問３　左の，20＋20＝40(cm)の棒では，支点からのおもりまでの距離が等しいので，Ⓒにつるされているおもりのおもさは50ｇである。長い，30＋30＝60(cm)の棒では，左回りに加わる力の大きさは，50＋50＝100(ｇ)となり，支点からのおもりまでの距離が等しいので，Ⓓにつるされたおもりのおもさは100ｇとなる。

問４　左の40cmの棒では，支点からのおもりまでの距離が等しいので，Ⓔにつるされているおもりのおもさは60ｇである。長さ60cmのてこでは，支点からの両側の棒までの距離が等しいので，ⒻとⒼのおもさの合計は，60＋60＝120(ｇ)となる。ⒻとⒼにつるされたおもりのおもさの比は，支点からの距離の逆比となってつりあう。これより，(Ⓕにつるされているおもりのおもさ)：(Ⓖにつるされているおもりのおもさ)＝$\frac{1}{20}$：$\frac{1}{30}$＝３：２となるので，Ⓕにつるされているおもりのおもさは，120×$\frac{3}{3+2}$＝72(ｇ)，Ⓖにつるされているおもりのおもさは，120－72＝48(ｇ)である。

問５　Ⓗにつるしたおもりのおもさを□ｇとすると，80×10＝□×20より，□＝800÷20＝40(ｇ)である。ⒿとⒾにつるされているおもりのおもさの合計を△ｇとすると，(40＋80)×15＝△×45より，△＝120×15÷45＝40(ｇ)である。問４と同様に，(Ⓘにつるされているおもりのおもさ)：(Ⓙにつるされているおもりのおもさ)＝$\frac{1}{8}$：$\frac{1}{24}$＝３：１となるので，Ⓘにつるされているおもりのおもさは，40×$\frac{3}{3+1}$＝30(ｇ)，Ⓙにつるされているおもりのおもさは，40－30＝10(ｇ)である。

2　水溶液《すいようえき》の性質とものの溶《と》け方についての問題

問１　⑴　気体の塩化水素が溶けている塩酸と，気体のアンモニアが溶けているアンモニア水はどちらもしげき臭《しゅう》がある。　⑵　亜鉛《あえん》を塩酸にひたすと，亜鉛が溶けながら水素を発生する。なお，水酸化ナトリウム水溶液にひたしても水素が発生するが，その場合はふつう加熱が必要となる。⑶　食塩の溶けている食塩水と，水酸化ナトリウムが溶けている水酸化ナトリウム水溶液と，砂糖《さとう》の溶けている砂糖水は，水をすべて蒸発《じょうはつ》させると溶けていた物質が白い固体となって残る。⑷　BTB溶液を加えると黄色を示すのは，酸性の水溶液の塩酸である。　⑸　BTB溶液を加えると青色を示すのは，アルカリ性の水溶液の水酸化ナトリウム水溶液とアンモニア水である。

問２　⑴　物質Ａは40℃の水100ｇに66ｇ溶けるので，40℃の水250ｇに溶ける量は，66×$\frac{250}{100}$＝165(ｇ)である。　⑵　30℃の水200ｇに物質Ａは，48×$\frac{200}{100}$＝96(ｇ)まで溶けるので，200ｇのうち，200－96＝104(ｇ)は溶けきらずに沈《ちん》でんする。　⑶　水200ｇに物質Ａは，50℃のときには，86×$\frac{200}{100}$＝172(ｇ)溶け，60℃のときには，110×$\frac{200}{100}$＝220(ｇ)溶ける。これより，水200ｇに

物質Ａ200ｇがすべて溶けてほうわ水溶液になる温度は55℃が最も近いと考えられる。

3 種子のつくりと発芽の条件についての問題

問１　インゲンマメは無はい乳種子で，発芽のための養分をＡの子葉にたくわえている。

問２　Ｂは「はい」の一部で，幼《よう》芽・はいじく・幼根からなり，発芽したあと，幼芽は本葉，はいじくはくき，幼根は根となる。

問３　(1)　インゲンマメの発芽には，水と空気と適当な温度が必要で，光は関係しない。よって，実験２，実験３が発芽する。　(2)　おいた場所や光など空気以外の条件がそろっている，実験２と実験５を比べればよい。　(3)　温度以外の条件がそろっている，実験３と実験４を比べればよい。　(4)　水以外の条件がそろっている，実験１と実験２を比べればよい。

4 太陽系の惑星《わくせい》についての問題

問１　太陽系に属する惑星は，太陽に近い順に水星，金星，地球，火星，木星，土星，天王《てんのう》星，海王星の８つである。以前はめい王星をふくむ９つとされてきたが，2006年に開かれた国際天文学連合の総会で，惑星からめい王星をはずすことが決まった。

問２　金星は，地球の内側で太陽のまわりを公転しているため，地球から太陽の方向を見たときに太陽から最大で48度くらいまでしかはなれない。そのため，金星は日の入り後の２～３時間(このときの金星を「よいの明星《みょうじょう》」という)と，日の出前の２～３時間(このときの金星を「明けの明星」という)にしか見ることができない。

問３　(1)，(2)　金星が太陽より西側(図では右側)にあると，日の出前に金星が東の地平線からのぼり，「明けの明星」となる。よって，(エ)や(オ)の位置に金星があるときに「明けの明星」が見られる。

問４　2014年に種子《たねが》島宇宙センターからＨ－ⅡＡロケットで打ち上げられた「はやぶさ２」は，2018年に目的の小惑星リュウグウに到着《とうちゃく》し，2019年に２度のタッチダウンを行ってリュウグウの地表や地下の岩石を採取した。これらの岩石からは地球や地球上の生命の誕生のなぞが解き明かされることが期待されている。

国　語　＜第１回試験＞（50分）＜満点：100点＞

解　答

一　①　はぶ(き)　②　けはい　③　くめん　④　ちょうほう　⑤　うおうさおう　⑥～⑩　下記を参照のこと。　二　**問１**　Ａ　イ　Ｂ　オ　Ｃ　ウ　Ｄ　エ　**問２**　ａ　ア　ｂ　エ　ｃ　イ　**問３**　(例)　(安田コーチは無二の親友を登山での滑落事故で失い，)耐えきれない哀しみと後悔を負いめちゃくちゃな生き方をしていたが，テニスにのめり込み，立ち直ることができたということ。　**問４**　イ　**問５**　ア　**問６**　Ⅰ　怒り　Ⅱ　言葉という壁　Ⅲ　不安　Ⅳ　こんな時に泣いたりするな　**問７**　ウ　**問８**　エ　**問９**　エ　三　**問１**　Ａ　オ　Ｂ　ウ　Ｃ　ア　Ｄ　エ　**問２**　ウ　**問３**　イ　**問４**　エ　**問５**　Ⅰ　タメ口　Ⅱ　警戒警報　**問６**　④　ウ　⑥　ア　**問７**　(例)　「丁寧」というのは兵士の安心という意味の言葉であり，この楽器で敵が攻めてきたことを知らせることで兵士が普段，安心できたから。　**問８**　イ　**問９**　(例)　あなたがおっしゃった

通り，今日は雨が降りました。明日はどうなるでしょう。　**問10**　エ

●漢字の書き取り

一　⑥　蒸(し)　⑦　早速　⑧　規律　⑨　禁物　⑩　自給自足

解　説

一　漢字の読みと書き取り

①　音読みは「ショウ」で，「省略」などの熟語がある。　②　はっきりとは見えないが，何となく感じるようす。　③　いろいろな手段や方法を考えて，手はずを整えること。　④　便利で役に立つものとして使うこと。　⑤　混乱し，うろたえて，行ったり来たりすること。　⑥　音読みは「ジョウ」で，「蒸発」などの熟語がある。　⑦　すみやかに行うこと。　⑧　人の行動の基準として定められたもの。　⑨　してはいけないものごと。　⑩　必要とするものをほかに求めず，自分でまかなうこと。

二　出典は福田《ふくだ》隆浩《たかひろ》の『熱風』による。聴覚《ちょうかく》に障がいを持つ「ぼく」(孝司)は，ダブルスを組んでいる中山がテニスをやめると言って姿を消してしまったことに悩《なや》んでいたが，坂井《さかい》さんの助言にしたがって中山の家を訪《おとず》れ，自分の気持ちを精一杯《せいいっぱい》伝える。

問１　**A**　「ぼく」は，中山を力ずくでも押《お》しとどめ，「なんとしてでも伝えるべきことがあったはずだった」のだが，「その場から動くことができなかった」という文脈なので，前の内容と対立することがらを後に続ける時に使う「けれど」が入る。　**B**　前で手帳に文字を書きつけた坂井さんが，後でも「文字を続けた」のだから，前のことがらを受けて，その程度を進ませるようなことがらを後につけ加える時に用いる「さらに」がよい。　**C**　安田《やすだ》コーチにとって，「ぼく」と中山が「自分と山で亡《な》くなった友人みたいに思える」としているので，何かほかの別のものとよく似ていることを表す「まるで」があてはまる。　**D**　坂井さんが，ぼくの肩《かた》を叩《たた》いた後に軽く手を振《ふ》っているという文脈なので，前のことがらを受けて，それに続いてつぎのことが起こる意味を表す「そして」があてはまる。

問２　**a**　「怪訝《けげん》」とは，不思議で納得《なっとく》がいかないこと。　**b**　「埒《らち》があかない」とは，事態が進展せず，問題が解決しないこと。　**c**　「呆気《あっけ》にとられる」とは，予想外のできごとに，驚《おどろ》きあきれること。

問３　坂井さんが「ぼく」に筆談で語った内容に注目する。安田コーチにとって，山岳《さんがく》部の友人の死は「耐《た》えきれない哀《かな》しみ」であり，友人と大喧嘩《おおげんか》をしたことを悔《く》やんだ安田コーチは，それ以来登山と縁《えん》を切って「ずいぶんめちゃくちゃな生き方を続けてた」のだが，坂井さんに誘《さそ》われたテニスに「のめり込《こ》んだ」ことが，立ち直るきっかけになったと述べられている。

問４　坂井さんが「ぼく」の肩を叩いたことと，それまでの坂井さんの話や直後で「ぼく」に軽く手を振っていることからは，「ぼく」を応援《おうえん》したりはげましたりしていると考えられるが，同情しているというようすはうかがわれない。よって，イが合わない。

問５　「ぼく」は中山の母親に向けて懸命《けんめい》に声を出しているのだが，直後に「誤《あやま》った発音だらけのぼくの声が彼女《かのじょ》に伝わるはずがなかった」とあるように，聴覚障がいがあるため聞き取りにくい声になっているのだと考えられる。よって，アが正しい。

問６　Ⅰ　「ぼく」が中山をベッドから引きずり下ろしてにらみ合った後，「ぼくは怒《いか》りに駆《か》られ，

中山の胸倉《むなぐら》を押し，壁《かべ》のほうに思いっきり突《つ》き飛ばした」とある。　Ⅱ　「ぼく」と中山がわかり合えるまで話せるはずがない理由のひとつとして，「ぼくとこいつの間には言葉という壁があった」と書かれている。　Ⅲ　中山が力なく座《すわ》り込んだまま，ぼんやりとした生気のない顔をしているのを見た「ぼく」は，「不安に襲《おそ》われた」とある。　Ⅳ　中山が肩を震《ふる》わせて泣いているのに気づいた「ぼく」は，「こんな時に泣いたりするな」と思っている。

問７　「子どもみたいに」のように，あるものをほかのものにたとえる表現方法を比喩《ひゆ》といい，「みたい」「ようだ(な)」などを用いた表現を直喩という。

問８　「ぼくは」という言葉を用いて，「ぼく」の視点から語られているので，エがふさわしい。

問９　Xでは，「中山に会わなければいけない」と思いながら，どうするべきなのかということがまだはっきりとわかってはおらず，不安な気持ちが読み取れる。Yでは，「ぼくにできることはもうこれ以上何もなかった」とあるように，自分のできる限りのことをしたことによって中山が帰ってくることを信じようと思えるほどに，達成感を味わっている。

三　**出典は橋本治《はしもとおさむ》の『ちゃんと話すための敬語の本』による。**丁寧《ていねい》の敬語は他人との距離《きょり》をはっきりさせるために使うものであるとして，敬語を使う理由や場面について，知らない人に話しかけられた場合などの具体例をあげながら説明している。

問１　A　「十代のはじめというのは，こどもから大人へと移って行く時期」なので，「この時期には，『知らない人とちゃんと話す』ということを，マスターできるようにしなければ」ならないという文脈なので，前のことがらを理由・原因として，後にその結果をつなげるときに用いる「だから」があてはまる。　B　「よく知っている友だち」ではない人はいくらでもいるとした後で，それを「距離のある人」と言いかえているので，前に述べた内容を言いかえる時に用いる「つまり」があてはまる。　C　「あなたが一人で道を歩いています」と例をあげたうえで説明を続けているので，具体的な例をあげるときに用いる「たとえば」があてはまる。　D　前では「あなたはべつに，悪いことをしていません」としながら，後では去っていった人は「今の子って，ほんとにぶあいそうで気味が悪い」と思うかもしれないと述べられているので，前のことがらに対し，後のことがらが対立する関係にあることを表す「でも」があてはまる。

問２　「白い目で見る」とは，悪意のこもった冷淡《れいたん》な目つきで見ること。

問３　この後の部分で，「なんですか？」と「知りません」は，ただの「丁寧」であるが，相手と自分とのあいだに「距離」がある状況《じょうきょう》において，その「距離」をはっきりさせるためには，「丁寧の敬語」を使えばいいと述べられている。

問４　二つ前の段落で，「相手を，『いやなやつだな』と思っていても～『敬語がない』というのは，タメ口なんです」と述べられている。相手が「いや」でも距離を置きたいときには敬語を使うのだから，「好き嫌《きら》い」とは関係がないということになる。

問５　Ⅰ　「『敬語がない』というのは，タメ口」であるとした後で，それは「『自分のよく知っている仲間』のような口のきき方」だと述べられている。　Ⅱ　丁寧の敬語は，「あなたと私の間には距離がある」ということを相手に伝えていて，「近くに来るな」ということであり，「『もしその警告を無視したら，大声を出すぞ』という，警戒《けいかい》警報の意味さえも持っている」と述べられている。

問６　④　「想像」は，上の漢字が動作を表し，下の漢字が動作の対象を表す組み立てである。同じものはウの「負傷」。　⑥「戦争」は，似た意味の漢字を重ねた組み立て。同じものはアの「思考」。

問７　続く「丁寧」についての説明をまとめる。「丁」とは，兵士のことであり，「寧」とは，「安心できる」ということなので，「丁寧」とは，「兵士の安心」という意味の言葉であると説明されている。また，「丁寧」という楽器は，敵が攻《せ》めてきたときに鳴らす楽器であり，非常警報であるとして，「非常警報が人の安心につながる」と述べられている。

問８　「非常警報」として人の安心につながる役割を持っているのが「丁寧」であると述べられているので，「アブナイ人にタメ口で話しかけられ」たときに，警戒の意味を込めて丁寧の敬語を使うのは，いちばん基本的な使い方なのだと述べていると考えられる。「根本的」とは，その物事を成り立たせているおおもとになるもののこと。

問９　ぼう線⑦の直前で述べられているように「すごく距離がある」ときには「尊敬の敬語」や「謙譲《けんじょう》の敬語」も使う。まず，「言った」を尊敬の敬語である「おっしゃった」に改める。また，「降った」を「降りました」，「どうなるだろう」を「どうなるでしょう」のように，丁寧の敬語に改める。

問10　敬語を使う理由は，安心するためであるとして，知らない人に話しかけられた場合を具体例にあげながら説明している。また，文章全体で丁寧の敬語を使っており，丁寧の敬語は「距離」をはっきりさせるために使うものであるという筆者の主張を実践《じっせん》しているのだと考えられる。

出題ベスト10シリーズ

①国語読解ベスト10

②漢字合格の2790題

③計算合格の820題

④図形問題ベスト10

■過去の入試問題から出題例の多い問題を選んで編集・構成。受験関係者の間でも好評です！

有名中学入試問題集

●男子校編

●女子校編

■中学入試の全容をさぐる!!
■首都圏の中学を中心に、全国有名中学の最新入試問題を収録!!

※表紙は昨年度のものです。

算数の過去問25年分

■筑波大学附属駒場
■麻布
■開成

○名門３校に絶対合格したいという気持ちに応えるため過去問実績No.1の声の教育社が出した答えです。

都立中高一貫校 適性検査問題集

■都立一貫校と同じ検査形式で学べる！

●自己採点のしにくい作文には「採点ガイド」を掲載。
●保護者向けのページも充実。
●私立中学の適性検査型・思考力試験対策にもおすすめ！

当社発行物の無断使用は固くお断りいたします。御使用の前はまずご相談ください。

当社発行物には500点余の首都圏中・高過去問をはじめ、６点の学校案内、そのほかいくつかの情報誌などがございます。その多くが年度版で、限られたスタッフが来るべき受験シーズン前に余裕を持って受験生へ届けられるよう、日夜作業にあたり出版を重ねております。

その中で、最近、多くの印刷物やネット上において当社発行物からの無断使用が見受けられ、一部で係争化しているところもございます。事例といたしましては、当社の新刊発行を待ち、それを流用して毎年ネット上に新改訂として掲載していたＡ社、当社過去問から三百箇所をはぎ合わせ「自社制作につき無断転載禁止」とし、集客材としてホームページに掲載していたＢ社、当社版誌面を無断スキャンし、記述式解答は一部殆ど丸取りして動画を制作していた家庭教師グループＣ社、当社発行物の表紙を差し替え、内容を複製し配布していた塾のＤ社などほか数社がございます。

当社発行物の全部もしくは一部を無断使用することは固くお断りいたします。

当社コンテンツの中にはリーズナブルな設定でご提供している事例もたくさんございますので、ご利用されたい方はまずは、お気軽にご相談くださいますようお願いします。同時に、当社発行物を無断で使用している媒体などにつきましての情報もお寄せいただければ幸いです（呈薄謝）。

株式会社 声の教育社

スーパー過去問の 解説執筆・解答作成スタッフ（在宅）募集！

※募集要項の詳細は、10月に弊社ホームページ上に掲載します。

2025年度用
中学スーパー過去問

■編集人 声の教育社・編集部
■発行所 株式会社 声の教育社
〒162-0814 東京都新宿区新小川町8-15
☎03-5261-5061㈹ FAX03-5261-5062
https://www.koenokyoikusha.co.jp

※本書の内容についての一切の責任は当社にあります。内容・解説・解答・その他は当社ホームページよりお問い合わせ下さい。

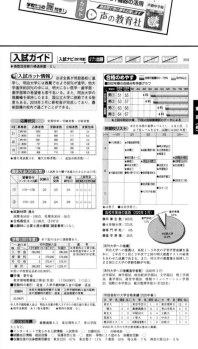

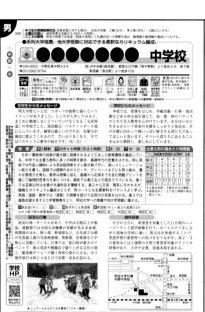

カコを追いかけ
ミライをつかめ

よくある解答用紙のご質問

01

実物のサイズにできない

拡大率にしたがってコピーすると，「解答欄」が実物大になります。配点などを含むため，用紙は実物よりも大きくなることがあります。

02

A3用紙に収まらない

拡大率164％以上の解答用紙は実物のサイズ（「出題傾向＆対策」をご覧ください）が大きいために，Ａ３に収まらない場合があります。

03

拡大率が書かれていない

複数ページにわたる解答用紙は，いずれかのページに拡大率を記載しています。どこにも表記がない場合は，正確な拡大率が不明です。

04

１ページに２つある

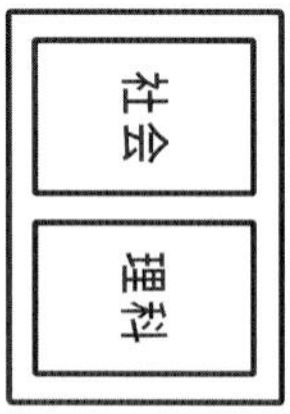

１ページに２つ解答用紙が掲載されている場合は，正確な拡大率が不明です。ほかの試験回の同じ教科をご参考になさってください。

日本学園中学校

【別冊】入試問題解答用紙編

禁無断転載

解答用紙は本体からていねいに抜きとり、別冊としてご使用ください。

※　実際の解答欄の大きさで練習するには、指定の倍率で拡大コピーしてください。なお、ページの上下に小社作成の見出しや配点を記載しているため、コピー後の用紙サイズが実物の解答用紙と異なる場合があります。

●入試結果表

— は非公表

年度	回	項　目	国語	算数	社会	理科	２科合計	４科合計	２科合格	４科合格
2024	第１回	配点(満点)	100	100	50	50		300		最高点
		合格者平均点	—	—	—	—		—		262
		受験者平均点	—	—	—	—		—		最低点
		キミの得点								190
	第２回	配点(満点)	100	100	50	50		300		最高点
		合格者平均点	—	—	—	—		—		248
		受験者平均点	—	—	—	—		—		最低点
		キミの得点								196
年度	回	項　目	国語	算数	社会	理科	２科合計	４科合計	２科合格	４科合格
2023	第１回	配点(満点)	100	100	50	50	200	300	最高点	最高点
		合格者平均点	57.9	62.8	33.1	39.4	120.7	193.2	162	237
		受験者平均点	44.5	43.1	26.4	33.4	87.6	147.4	最低点	最低点
		キミの得点							120	175
	第２回	配点(満点)	100	100	50	50	200	300	最高点	最高点
		合格者平均点	68.2	71.7	28.8	26.7	139.9	195.4	154	212
		受験者平均点	51.5	49.6	23.4	20.2	101.1	144.7	最低点	最低点
		キミの得点							142	185
年度	回	項　目	国語	算数	社会	理科	２科合計	４科合計	２科合格	４科合格
2022	第１回	配点(満点)	100	100	50	50	200	300	最高点	最高点
		合格者平均点	—	—	—	—	—	—	145	201
		受験者平均点	44.8	34.1	20.8	16.8	78.9	116.5	最低点	最低点
		キミの得点							65	103
年度	回	項　目	国語	算数	社会	理科	２科合計	４科合計	２科合格	４科合格
2021	第１回	配点(満点)	100	100	50	50	200	300	最高点	最高点
		合格者平均点	—	—	—	—	—	—	—	—
		受験者平均点	—	—	—	—	—	—	最低点	最低点
		キミの得点							72	106
年度	回	項　目	国語	算数	社会	理科	２科合計	４科合計	２科合格	４科合格
2020	第１回	配点(満点)	100	100	50	50	200	300	最高点	最高点
		合格者平均点	—	—	—	—	—	—	—	—
		受験者平均点	—	—	—	—	—	—	最低点	最低点
		キミの得点							65	116

※　表中のデータは学校公表のものです。ただし、２科合計・４科合計は各教科の平均点を合計したものなので、目安としてご覧ください。

２０２４年度　　日本学園中学校

算数解答用紙　第１回

番号		氏名		評点	／100

1	(1)	
	(2)	
	(3)	

2	(1)	
	(2)	
	(3)	
	(4)	
	(5)	
	(6)	

3	(1)		cm^2
	(2)	①	cm^3
		②	cm

4	(1)	本
	(2)	番目

5	(1)	km
	(2)	分後
	(3)	毎時　　km

6	(1)	%
	(2)	%
	(3)	%

（注）この解答用紙は実物を縮小してあります。Ｂ５→Ｂ４(141%)に拡大コピーすると、ほぼ実物大の解答欄になります。

〔算　数〕100点(推定配点)

1～6　各５点×20

２０２４年度　日本学園中学校

社会解答用紙　第１回

番号		氏名		評点	／50

1

問1 ② ③

問2 ① ⑤

問3 〔1〕 県 〔2〕 県 〔3〕 県 〔4〕 県

問4

問5 ② 市 ③ 市

問6 市

問7

問8

問9

問10

問11

2

問1 (1) (2) (3)

問2

問3

問4

問5

問6

問7

問8

3

問1 (1) (2) (3) (4) (5)
(6) (7) (8) (9) (10)

問2 〔A〕 〔B〕

問3

問4

問5

問6

問7

問8 (1)1番目 2番目 3番目
(2)

（注）この解答用紙は実物を縮小してあります。Ｂ５→Ａ３（163%）に拡大コピーすると、ほぼ実物大の解答欄になります。

〔社　会〕50点（推定配点）

1　問１〜問５　各１点×11　問６，問７　各２点×２　問８，問９　各１点×２　問10　２点　問11　１点

2　各１点×10　3　問１〜問７　各１点×17　問８　(1)　１点＜完答＞　(2)　２点

２０２４年度　　日本学園中学校

理科解答用紙　第１回

番号		氏名		評点	／50

1

問1	(1)		(2)	cm	(3)	cm	(4)	

問2	(1)		(2)		(3)	

2

問1	水酸化ナトリウム水溶液	塩酸

問2	

問3		問4		問5	%

3

問1		問2	

問3	幼虫	成虫

問4	名称	記号

4

問1	(1)		(2)		(3)	

問2		問3	(1)		(2)	

（注）この解答用紙は実物を縮小してあります。Ｂ５→Ｂ４（141%）に拡大コピーすると、ほぼ実物大の解答欄になります。

〔理　科〕50点（推定配点）

1～4　各２点×25<1の問２の(1)，(3)，2の問２，3の問１，問４の記号は完答>

２０２４年度　日本学園中学校

国語解答用紙　第一回

番号　　氏名　　評点　／100

一

①　く　②　③　④　⑤

⑥　り　⑦　⑧　⑨　⑩

二

問一　A　B　C　D

問二　問三

問四

問五

問六　Ⅰ　Ⅱ

問七　問八

問九　問十　生徒

三

問一

問二　〜　点

問三

問四　問五

問六　問七

問八　F　G　H

問九　Ⅰ　Ⅱ　Ⅲ

問十　生徒

（注）この解答用紙は実物を縮小してあります。Ｂ５→Ａ３（163％）に拡大コピーすると、ほぼ実物大の解答欄になります。

〔国　語〕100点(推定配点)

一　各２点×10　二　問１　各２点×４　問２〜問10　各３点×10　三　各３点×14

2024年度　日本学園中学校

算数解答用紙　第2回

番号		氏名		評点	／100

1	(1)	
	(2)	
	(3)	

2	(1)	
	(2)	
	(3)	
	(4)	
	(5)	
	(6)	

3	(1)	
	(2)	番目
	(3)	番目

4	(1)	:
	(2)	cm
	(3)	cm^2

5	(1)	L
	(2)	毎分　　L
	(3)	分後

6	(1)	回
	(2)	回
	(3)	回

（注）この解答用紙は実物を縮小してあります。Ｂ５→Ｂ４（141％）に拡大コピーすると、ほぼ実物大の解答欄になります。

〔算　数〕100点（推定配点）

1　(1)　4点　(2)，(3)　各5点×2　2　各5点×6　3　(1)　4点　(2)，(3)　各5点×2　4　(1)　4点　(2)，(3)　各5点×2　5　(1)　4点　(2)，(3)　各5点×2　6　(1)　4点　(2)，(3)　各5点×2

２０２４年度　日本学園中学校

社会解答用紙　第２回

番号		氏名		評点	／50

1

問1	問2	問3
問4		

問5	[お]	[か]	[き]	[く]
	[け]			

問6	(1)	(2)	(3)	(4)
	(5)	(6)	(7)	(8)
	(9)	(10)	(11)	

2

問1	問2	問3
問4	問5	問6
問7	問8	問9
問10		

3

問1	(1)	(2)	(3)	(4)	(5)
	(6)	(7)	(8)	(9)	(10)

問2	問3	問4
問5	問6	問7
問8	問9	問10
問11		

（注）この解答用紙は実物を縮小してあります。Ｂ５→Ａ３（163%）に拡大コピーすると、ほぼ実物大の解答欄になります。

〔社　会〕50点（推定配点）

1～3　各１点×50

２０２４年度　日本学園中学校

理科解答用紙　第２回

番号		氏名		評点	／50

1

問1	(1)	g	(2)	g	(3)	cm

問2	(1)		(2)			(3)	kg

2

問1	g

問2	(1)	g	(2)	

(3)	塩化カリウム	硝酸カリウム	(4)	

3

問1		

問2	(1)	記号	名称	(2)	記号	名称

問3	記号	名称

問4	

問5	

4

問1	A地点　℃	B地点　℃

問2	A地点　℃	C地点　℃

問3	℃

問4	

（注）この解答用紙は実物を縮小してあります。Ｂ５→Ｂ４（141％）に拡大コピーすると、ほぼ実物大の解答欄になります。

〔理　科〕50点(推定配点)

1　各２点×6　2　問１　２点　問２　各３点×4＜(3)は完答＞　3　各２点×6＜問１，問３は完答，問２は各々完答＞　4　各２点×6

２０２４年度　日本学園中学校

国語解答用紙　第二回

番号		氏名		評点	/100

一

①　う	②	③	④	⑤
⑥	⑦	⑧	⑨	⑩

二

問一　問二 a b

問三 ・

問四 Ⅰ 〜 Ⅱ 〜

問五　問六

問七

問八 Ⅰ 〜 Ⅱ 〜 Ⅲ

問九 〜

問十

三

問一 A B C D

問二

問三 ② ③　問四

問五　問六

問七 E F

問八

問九 生徒　問十

（注）この解答用紙は実物を縮小してあります。Ｂ５→Ａ３（163％）に拡大コピーすると、ほぼ実物大の解答欄になります。

〔国　語〕100点（推定配点）

一　各２点×10　二　問１　３点　問２　各２点×２　問３〜問10　各３点×12　三　問１　各２点×４　問２　３点　問３　各２点×２　問４〜問６　各３点×３　問７　各２点×２　問８〜問10　各３点×３

２０２３年度　日本学園中学校

算数解答用紙　第１回

番号		氏名		評点	／100

1	(1)	
	(2)	
	(3)	

2	(1)	
	(2)	
	(3)	
	(4)	
	(5)	
	(6)	

3	(1)	cm^2
	(2)	cm^3

4	(1)	番目
	(2)	
	(3)	個

5	(1)	①	回
		②	秒後
	(2)		秒後

6	(1)	g
	(2)	g
	(3)	%

(注) この解答用紙は実物を縮小してあります。Ｂ５→Ｂ４(141%)に拡大コピーすると、ほぼ実物大の解答欄になります。

〔算　数〕100点(推定配点)

1～6　各５点×20

２０２３年度　日本学園中学校

社会解答用紙　第１回

番号		氏名		評点	／50

1

問1　(1)　(2)　(3)　(4)

問2　〔あ〕　〔い〕　〔う〕　〔え〕

問3　Ⅰ　　県　Ⅱ　　県　Ⅲ　　県　Ⅳ　　県

問4　問5　問6　問7

問8　　県　問9　(1)　(2)　(3)

2

問1　(1)　(2)　(3)　(4)　(5)

問2　問3　問4

問5　問6

3

問1　(1)　(2)　(3)　(4)　(5)　(6)　(7)　(8)　(9)　(10)

問2　問3　問4　問5

問6　問7　問8

問9　問10　問11

（注）この解答用紙は実物を縮小してあります。Ｂ５→Ａ３（163%）に拡大コピーすると、ほぼ実物大の解答欄になります。

〔社　会〕50点（推定配点）

1～3　各１点×50

2023年度　日本学園中学校

理科解答用紙　第１回

番号		氏名		評点	／50

1

問1	(1)	g	(2)	cm	(3)	cm

問2	(1)	m	(2)	m	(3)	秒間

2

問1	(1)		(2)		(3)		(4)	

問2	(1)		(2)		

3

問1	A		B		C	

問2		問3		問4	

4

問1		問2		問3	

問4		問5		問6	

（注）この解答用紙は実物を縮小してあります。Ｂ５→Ｂ４（141%）に拡大コピーすると、ほぼ実物大の解答欄になります。

〔理　科〕50点(推定配点)

1～4　各２点×25

二〇二三年度　日本学園中学校

国語解答用紙　第一回

番号		氏名		評点	/100

一

① やした	② ら	③	④	⑤
⑥ して	⑦	⑧ く	⑨	⑩

二

問一　　問二 a　b

問三　　問四

問五 Ⅰ　Ⅱ

問六　　問七

問八 Ⅰ　Ⅱ　Ⅲ

問九　　問十

三

問一　・

問二 ②　③

問三

問四

問五

問六 A　B

問七

問八 Ⅰ　Ⅱ

問九　　問十

（注）この解答用紙は実物を縮小してあります。Ｂ５→Ａ３（163%）に拡大コピーすると、ほぼ実物大の解答欄になります。

〔国　語〕100点(推定配点)

一　各1点×10　二　問1　4点　問2　各2点×2　問3，問4　各4点×2　問5　各3点×2　問6，問7　各4点×2　問8　各3点×3　問9，問10　各4点×2　三　問1　各4点×2　問2　各2点×2　問3　4点　問4，問5　各3点×2　問6　4点　問7，問8　各3点×3　問9，問10　各4点×2

２０２３年度　　日本学園中学校

算数解答用紙　第２回

番号		氏名	

評点	／100

1	(1)	
	(2)	
	(3)	

2	(1)	
	(2)	
	(3)	
	(4)	
	(5)	
	(6)	

3	(1)	
	(2)	個
	(3)	番目

4	(1)	度
	(2)	cm^2

5	(1)	回
	(2)	個
	(3)	

6	(1)	cm^3
	(2)	cm
	(3)	cm^3

（注）この解答用紙は実物を縮小してあります。Ｂ５→Ｂ４（141%）に拡大コピーすると、ほぼ実物大の解答欄になります。

〔算　数〕100点(推定配点)

1～6　各５点×20

２０２３年度　日本学園中学校

社会解答用紙　第２回

番号		氏名		評点	／50

1

問1	(1)	(2)	(3)	(4)	(5)
	(6)	(7)	(8)	(9)	

問2	[あ]	[い]	[う]	[え]	[お]
	[か]	[き]			

問3	問4	問5	問6

2

問1

問2	(2)	(3)	(4)

問3	問4	問5
問6	問7	問8

3

問1	(1)	(2)	(3)	(4)	(5)
	(6)	(7)	(8)	(9)	(10)

問2	[A]	[B]	[C]	[D]

問3	問4	(1) (a)	(b)	(2)

問5	問6

（注）この解答用紙は実物を縮小してあります。Ｂ５→Ａ３（163%）に拡大コピーすると、ほぼ実物大の解答欄になります。

〔社　会〕50点（推定配点）

1～3　各１点×50

2023年度　日本学園中学校

理科解答用紙　第2回

番号		氏名		評点	／50

1

問1	(1)		(2)	cm	(3)	cm	(4)	

問2	(1)	cm	(2)	に	cm	(3)	

2

問1	①		②		③	

問2		問3		問4	

3

問1	A		B		C	

問2		問3		問4	

4

問1		問2	

問3	①				②			

問4	①				②			

（注）この解答用紙は実物を縮小してあります。B５→B４(141%)に拡大コピーすると、ほぼ実物大の解答欄になります。

〔理　科〕50点(推定配点)

1～4　各２点×25＜4の問３，問４は各々完答＞

二〇二三年度　日本学園中学校

国語解答用紙　第二回

番号　　氏名　　評点　／100

一

①　②　③　④　⑤
⑥　⑦　⑧　⑨　か　⑩

二

問一　A　B　C　D

問二　問三

問四

問五　問六

問七

問八

問九　生徒

問十

三

問一　a　b　　問二　(1)　(2)

問三　問四　A　B

問五

問六　～

問七

問八　Ⅰ　Ⅱ　Ⅲ

問九

（注）この解答用紙は実物を縮小してあります。B５→A３（163%）に拡大コピーすると、ほぼ実物大の解答欄になります。

〔国　語〕100点(推定配点)

一　各１点×10　二　問１　各２点×４　問２，問３　各４点×２　問４　３点　問５～問７　各４点×３　問８　３点　問９，問10　各４点×２　三　問１　各２点×２　問２～問５　各４点×６　問６　３点　問７　４点　問８　各３点×３　問９　４点

２０２２年度　日本学園中学校

算数解答用紙　第１回

番号		氏名		評点	／100

1	(1)	
	(2)	
	(3)	
	(4)	
	(5)	
	(6)	

2	(1)	
	(2)	
	(3)	
	(4)	
	(5)	
	(6)	

3	(1)	本
	(2)	本

4	(1)	m
	(2)	毎分　m
	(3)	倍

5	(1)	色
	(2)	枚
	(3)	段

6	(1)	cm^3
	(2)	cm^2

（注）この解答用紙は実物を縮小してあります。Ｂ５→Ｂ４（141％）に拡大コピーすると、ほぼ実物大の解答欄になります。

〔算　数〕100点(推定配点)

1　各４点×６　2　(1)，(2)　各４点×２　(3)～(6)　各５点×４　3　(1)　４点　(2)　５点　4　(1)　４点　(2)，(3)　各５点×２　5，6　各５点×５

２０２２年度　　日本学園中学校

社会解答用紙　第１回

番号		氏名	

評点	／50

1

設問Ⅰ

問1

(1)	(2)	(3)	(4)	(5)	(6)
(7)	(8)				

問2

問3

〔1〕	〔2〕	〔3〕

問4

(4)	(7)	東京

設問Ⅱ

問5　問6　問7

問8　問9

2

問1

(1)	(2)	(3)	(4)
(5)			

問2　問3　問4　問5

問6

3

問1

(1)	(2)	(3)	(4)	(5)
(6)	(7)	(8)	(9)	(10)

問2

A	B	C	D

問3　問4　問5

問6　問7　問8

（注）この解答用紙は実物を縮小してあります。Ｂ５→Ｂ４(141％)に拡大コピーすると、ほぼ実物大の解答欄になります。

〔社　会〕50点(推定配点)

1～3　各１点×50

２０２２年度　日本学園中学校

理科解答用紙　第１回

番号		氏名	

評点	／50

1

問1	問2	問3	問4
cm	g	g	cm

2

問1	問2
問3	問4
問5	問6

3

問1			問2	問3
ダイズ	A	植物		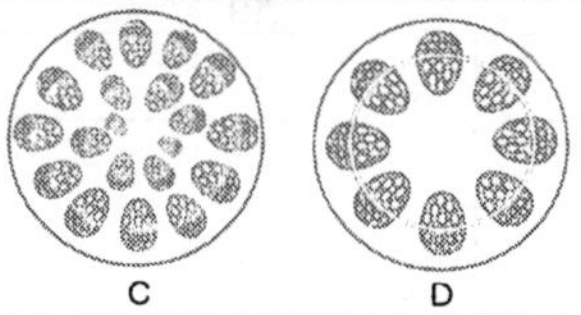 C　D
	B	植物		

問4		問5	問6
	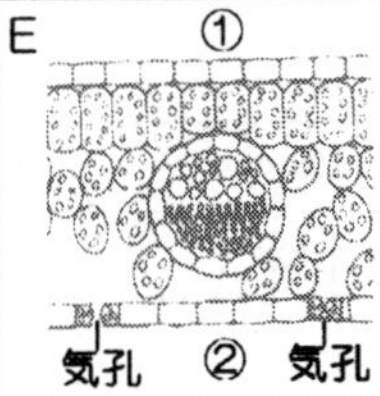		

4

問1	問2	問3	問4
		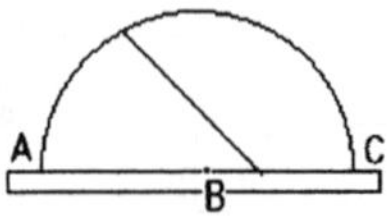	

（注）この解答用紙は実物を縮小してあります。Ｂ５→Ａ３（163%）に拡大コピーすると、ほぼ実物大の解答欄になります。

〔理　科〕50点（推定配点）

1，2　各２点×10　3　問１～問３　各２点×３＜問１，問３は完答＞　問４～問６　各３点×４＜問５，問６は完答＞　4　各３点×４

二〇二二年度　日本学園中学校

国語解答用紙　第一回

番号　　氏名　　評点 /100

一

① ② ける ③ ④ ⑤
⑥ し ⑦ ⑧ ⑨ ⑩

二

問一　問二　問三

問四

問五　B　C　D　問六

問七

問八　問九

三

問一　問二　A　B　問三　C　D　E　問四

問五　I　II

問六　問七　④　⑤

問八

問九　問十

（注）この解答用紙は実物を縮小してあります。B５→A３（163%）に拡大コピーすると、ほぼ実物大の解答欄になります。

〔国　語〕100点(推定配点)

一　各１点×10　二　問１～問４　各４点×４　問５，問６　各２点×４　問７　８点　問８，問９　各４点×２　三　問１～問４　各２点×７<問２は完答>　問５　I　４点　II　８点　問６　４点　問７　各２点×２　問８　８点　問９，問10　各４点×２

2021年度　日本学園中学校

算数解答用紙　第１回

番号		氏名		評点	／100

1	(1)	
	(2)	
	(3)	
	(4)	
	(5)	
	(6)	

2	(1)	
	(2)	
	(3)	
	(4)	
	(5)	
	(6)	

3	(1)	
	(2)	
	(3)	番目と　　番目

4	(1)	倍
	(2)	頭

5	(1)	cm
	(2)	cm^2
	(3)	倍

6	(1)	cm
	(2)	cm^3
	(3)	cm

（注）この解答用紙は実物を縮小してあります。Ｂ５→Ｂ４（141%）に拡大コピーすると、ほぼ実物大の解答欄になります。

〔算　数〕100点（推定配点）

1～3　各４点×15<3の(3)は完答>　4～6　各５点×８

２０２１年度　日本学園中学校

社会解答用紙　第１回

番号		氏名		評点	／50

1

問1

ア	イ	ウ	エ	オ	カ

問2

(1)	(2)	(3)	(4)	(5)	(6)
(7)					

問3

①	②	③	④	⑤	⑥

問4

2

問1

(1)	(2)	(3)	(4)

問2　問3　問4

問5

(1)	(2)

問6

3

問1

(1)	(2)	(3)	(4)	(5)
(6)	(7)	(8)	(9)	(10)

問2

A	B	C	D

問3　問4　問5　問6

問7　問8

（注）この解答用紙は実物を縮小してあります。Ｂ５→Ｂ４（141%）に拡大コピーすると、ほぼ実物大の解答欄になります。

〔社　会〕50点(推定配点)

1～3　各１点×50

2021年度　　日本学園中学校

理科解答用紙　第1回

番号		氏名	

評点	／50

1

問1	問2	問3	問4
cm	g	cm	g

2

問1	問2		
	(1)	(2) 水	食塩

3

問1	問2	問3
問4	問5	問6

4

問1	問2	
	第4惑星	第5惑星
問3	問4	問5

（注）この解答用紙は実物を縮小してあります。B５→A３(163%)に拡大コピーすると、ほぼ実物大の解答欄になります。

〔理　科〕50点(推定配点)

1　各２点×4　2～4　各３点×14<2の問１，問２の(2)，4の問２は完答>

二〇二二年度　日本学園中学校

国語解答用紙　第一回

番号		氏名		評点	/100

一

①　いて　②　③　④　⑤

⑥　う　⑦　⑧　⑨　⑩

二

問一

問二

問三

問四　A　B　C

問五　a　b

問六　～　カ

問七

問八

問九

三

問一　A　B　C

問二

問三

問四　②　③

問五

問六

問七

問八

問九　Ⅰ　Ⅱ

問十

（注）この解答用紙は実物を縮小してあります。Ｂ５→Ａ３（163%）に拡大コピーすると、ほぼ実物大の解答欄になります。

〔国　語〕100点(推定配点)

一　各１点×10　二　問１　４点　問２　８点　問３　４点　問４，問５　各２点×５　問６　５点　問７　４点　問８　６点　問９　４点　三　問１　各２点×３　問２，問３　各４点×２　問４　各２点×２　問５　８点　問６　４点　問７　２点　問８　４点　問９　各２点×２　問10　５点

2020年度　日本学園中学校

算数解答用紙　第1回

番号		氏名		評点	／100

1	(1)	
	(2)	
	(3)	
	(4)	
	(5)	
	(6)	

2	(1)	
	(2)	
	(3)	
	(4)	
	(5)	
	(6)	

3	(1)	cm^3
	(2)	cm^2

4	(1)	cm^2
	(2)	cm^2
	(3)	cm

5	(1)	
	(2)	番目
	(3)	回

6	(1)	分後
	(2)	毎分　　　m
	(3)	毎時　　　km
	(4)	分後

(注) この解答用紙は実物を縮小してあります。Ｂ４用紙に135%拡大コピーすると、ほぼ実物大で使用できます。(タイトルと配点表は含みません)

〔算　数〕100点(推定配点)

1～5　各４点×20　6　各５点×4

２０２０年度　日本学園中学校

社会解答用紙　第１回

番号		氏名		評点	／50

1

問1

(1)	(2)	(3)	(4)	(5)	(6)

問2

問3 [B] [C]

問4

問5

問6

奈良県	岩手県	秋田県	徳島県	高知県

問7

【1】	【2】	【3】	【4】

2

問1

(1)	(2)	(3)
(4)	(5)	(6)

問2　問3　問4

問5

3

問1

(1)	(2)	(3)	(4)	(5)
(6)	(7)	(8)	(9)	(10)

問2

A	B	C	D

問3　問4　問5　問6

問7　問8

〔社　会〕50点(推定配点)

1～3　各１点×50

２０２０年度　日本学園中学校

理科解答用紙　第１回

番号		氏名		評点	／50

1

問１	問２	問３	
Ⓐ	Ⓑ	Ⓒ	Ⓓ
g	g	g	g

問４			問５		
Ⓔ	Ⓕ	Ⓖ	Ⓗ	Ⓘ	Ⓙ
g	g	g	g	g	g

2

問１				
(１)	(２)	(３)	(４)	(５)

問２		
(１)	(２)	(３)

3

問１	問２	問３			
		(１)	(２)	(３)	(４)
			と	と	と

4

問１
→　→　→　→　→　→　→

問２	問３		問４
	(１)	(２)	

〔理　科〕50点(推定配点)

1　各２点×5＜問３，問４，問５は完答＞　2～4　各２点×20＜2の問１は各々完答，3の問３の(1)，4の問１は完答＞

二〇二〇年度　日本学園中学校

国語解答用紙　第一回

番号		氏名		評点	/100

一

①	き	②		③		④		⑤	
⑥	し	⑦		⑧		⑨		⑩	

二

問一　A　B　C　D

問二　a　b　c

問三　安田コーチは無二の親友を登山での滑落事故で失い、

問四

問五

問六　I　II　III　IV

問七

問八

問九

三

問一　A　B　C　D

問二

問三

問四

問五　I　II

問六　④　⑥

問七

問八

問九

問十

（注）この解答用紙は実物を縮小してあります。A３用紙に156%拡大コピーすると、ほぼ実物大で使用できます。（タイトルと配点表は含みません）

〔国　語〕100点(推定配点)

一　各１点×10　二　問１，問２　各２点×７　問３　６点　問４～問９　各３点×９　三　問１　各２点×４　問２～問５　各３点×５　問６　各２点×２　問７　６点　問８　３点　問９　４点　問10　３点